JN129292

いろは引市町村名索引
【昭和4年初版】

杉田久信 著

地方自治法研究
復刊大系〔第二六二巻〕

いろは引市町村名索引

〔昭和四年初版〕

日本立法資料全集 別巻
1072

信山社

福神出版部藏版

いろは引市町村名索引

文録社發行

市郡別索引（内地）

（イロハ順）

イの部

市郡	府縣
揖斐（イビ）郡	岐阜縣
揖保（イボ）郡	兵庫縣
揖宿（イブスキ）郡	鹿兒島縣
庵原（イハラ）郡	靜岡縣
壹岐（イキ）郡	長崎縣
生駒（イコマ）郡	奈良縣
膽澤（イザワ）郡	青森縣
伊香（イカ）郡	滋賀縣
伊都（イト）郡	和歌山縣
伊豫（イヨ）郡	愛媛縣
伊佐（イサ）郡	鹿兒島縣
伊具（イグ）郡	宮城縣
夷隅（イスミ）郡	千葉縣
糸島（イトシマ）郡	福岡縣
一宮（イチノミヤ）市	愛知縣
一志（イチシ）郡	三重縣
市原（イチハラ）郡	千葉縣
入間（イリマ）郡	埼玉縣
犬上（イヌカミ）郡	滋賀縣
岩手（イワテ）郡	岩手縣
岩瀬（イワセ）郡	福島縣
岩船（イワフネ）郡	新潟縣
岩内（イワナイ）郡	北海道
岩美（イハミ）郡	鳥取縣
磐田（イワタ）郡	靜岡縣
何鹿（イカルガ）郡	京都府
板野（イタノ）郡	德島縣
磯谷（イソヤ）郡	北海道
泉北（イヅキタ）郡	大阪府
泉南（イヅナミ）郡	大阪府
出石（イヅシ）郡	兵庫縣
出水（イヅミ）郡	鹿兒島縣
稻敷（イナシキ）郡	茨城縣
稻葉（イナバ）郡	岐阜縣
員辨（ヰナベ）郡	三重縣
引佐（イナサ）郡	靜岡縣
今治（イマバル）市	愛媛縣
今立（イマダテ）郡	福井縣
石川（イシカハ）郡	福島縣・石川縣
石城（イハキ）郡	福島縣
石狩（イシカリ）郡	北海道
飯南（イヒナ）郡	三重縣
飯石（イヒシ）郡	島根縣
印旛（インバ）郡	千葉縣
印南（インナン）郡	兵庫縣

ハの部

市郡	府縣
芳賀（ハガ）郡	栃木縣
幡豆（ハヅ）郡	愛知縣
幡多（ハタ）郡	高知縣
葉栗（ハクリ）郡	愛知縣
羽咋（ハグヒ）郡	石川縣
羽島（ハシマ）郡	岐阜縣
榛原（ハイバラ）郡	靜岡縣
埴科（ハニシナ）郡	長野縣
八ノ戸（ハチノヘ）市	青森縣
八王子（ハチワウジ）市	東京府
八丈島（ハチゼウジマ）	東京府
花咲（ハナサキ）郡	北海道
飽託（ハウタク）郡	熊本縣
速見（ハヤミ）郡	大分縣
濱松（ハママツ）市	靜岡縣
濱名（ハマナ）郡	靜岡縣
濱益（ハママス）郡	北海道
函館（ハコダテ）市	北海道

ニの部

邇摩(ニマ)郡　島根縣
爾志(ニシ)郡　北海道
仁多(ニタ)郡　島根縣
丹生(ニフ)郡　福井縣
丹羽(ニハ)郡　愛知縣
二戸(ニノヘ)郡　岩手縣
西宮(ニシノミヤ)市　兵庫縣
西茨城(ニシイバラキ)郡　茨城縣
西多摩(ニシタマ)郡　東京府
西山梨(ニシヤマナシ)郡　山梨縣
西八代(ニシヤツシロ)郡　山梨縣
西礪波(ニシトナミ)郡　富山縣
西筑摩(ニシチクマ)郡　長野縣
西春日井(ニシカスガヰ)郡　愛知縣
西加茂(ニシカモ)郡　愛知縣
西牟婁(ニシムロ)郡　和歌山縣
西宇和(ニシウワ)郡　愛媛縣
西松浦(ニシマツウラ)郡　佐賀縣
西彼杵(ニシソノキ)郡　長崎縣
西國東(ニシクニサキ)郡　大分縣
西諸縣(ニシモロガタ)郡　宮崎縣
西臼杵(ニシウスキ)郡　宮崎縣
西津輕(ニシツガル)郡　青森縣
西磐井(ニシイハヰ)郡　岩手縣
西村山(ニシムラヤマ)郡　山形縣
西置賜(ニシオイタマ)郡　山形縣
西田川(ニシタガハ)郡　山形縣
西白河(ニシシラカハ)郡　福島縣
西蒲原(ニシカンバラ)郡　新潟縣
西頸城(ニシクビキ)郡　新潟縣
新潟(ニイガタ)市　新潟縣
新治(ニヒハル)郡　茨城縣
新田(ニツタ)郡　群馬縣
新居(ニヰ)郡　愛媛縣
新冠(ニヒカツプ)郡　北海道
新島(ニイシマ)　東京府

ホの部

幌泉(ホロイヅミ)郡　北海道
幌別(ホロベツ)郡　北海道
本斗(ホント)郡　樺太
寶飯(ホイ)郡　愛知縣

ヘの部

別府(ベツプ)市　大分縣
碧海(ヘキカイ)郡　愛知縣

トの部

戸畑(トバタ)市　福岡縣
富內(トムナイ)郡　樺太
富山(トヤマ)市　富山縣
利根(トネ)郡　群馬縣
登米(トメ)郡　宮城縣
十勝(トカチ)郡　北海道
土岐(ドキ)郡　岐阜縣
土佐(トサ)郡　高知縣
遠田(トヲダ)郡　宮城縣
豐橋(トヨハシ)市　愛知縣
豐原(トヨハラ)郡　樺太
豐多摩(トヨタマ)郡　東京府
豐能(トヨノ)郡　大阪府
豐田(トヨタ)郡　廣島縣
豐浦(トヨウラ)郡　山口縣
鳥取(トツトリ)市　鳥取縣
東伯(トウハク)郡　鳥取縣
德島(トクシマ)市　德島縣
苫田(トマダ)郡　岡山縣
苫前(トママイ)郡　北海道
常呂(トコロ)郡　北海道
泊居(トマリオル)郡　樺太
利島(トシマ)　東京府
東京(トウキヤウ)市　東京府

チの部

千葉(チバ)市　千葉縣

千葉(チバ)郡　千葉縣
千歳(チトセ)郡　北海道
知多(チタ)郡　愛知縣
知夫(チブリ)郡　島根縣
小縣(チイサガタ)郡　長野縣
秩父(チチブ)郡　埼玉縣
築上(チクビウ)郡　福岡縣
長生(チヤウセイ)郡　千葉縣
散江(チリエ)郡　樺太

リの部

利尻(リイジリ)郡　北海道

ヌの部

額田(ヌカタ)郡　愛知縣
沼津(ヌマツ)市　靜岡縣
沼隈(ヌマクマ)郡　廣島縣

ルの部

留萠(ルモイ)郡　北海道
留多加(ルタカ)郡　樺太

ヲの部

小樽(ヲタル)市　北海道
小樽(ヲタル)郡　北海道
小笠原(ヲガサハラ)島　東京府
小笠(ヲガサ)郡　靜岡縣
小田(ヲダ)郡　岡山縣
小城(ヲギ)郡　佐賀縣
雄勝(ヲカチ)郡　秋田縣
牡鹿(ヲシカ)郡　宮城縣
越智(ヲチ)郡　愛媛縣
穩地(オチ)郡　島根縣
愛宕(オダギ)郡　京都府
麻植(ヲエ)郡　德島縣
邑智(オホチ)郡　島根縣
邑樂(オフラ)郡　群馬縣
邑久(オク)郡　岡山縣
乙訓(オトクニ)郡　京都府
岡山(オカヤマ)市　岡山縣
岡崎(ヲカザキ)市　愛知縣
大分(オホイタ)市　大分縣
大牟田(オワムタ)市　福岡縣
大阪(オホサカ)市　大阪府
大津(オホツ)市　滋賀縣
大泊(オホドマリ)郡　樺太
大垣(オホガキ)市　岐阜縣
大野(オウノ)郡　大分縣・岐阜縣・福井縣
大里(オホザト)郡　埼玉縣
大原(オホハラ)郡　島根縣
大津(オホツ)郡　山口縣
大島(オウシマ)郡　鹿兒島縣・山口縣
大島(オホシマ)　東京府
大沼(オホヌマ)郡　福島縣
大川(オホカハ)郡　香川縣
大分(オウイタ)郡　大分縣
大飯(オホイ)郡　福井縣
尾道(オノミチ)市　廣島縣
奧尻(オクジリ)郡　北海道
忍路(オシヨロ)郡　北海道
遠賀(ヲンガ)郡　福岡縣
遠敷(ヲニフ)郡　福井縣
溫泉(オンセン)郡　愛媛縣

ワの部

和歌山(ワカヤマ)市　和歌山縣
和賀(ワカ)郡　岩手縣
和氣(ワケ)郡　岡山縣
若松(ワカマツ)市　福島縣・福岡縣
亘理(ワタリ)郡　宮城縣
度會(ワタライ)郡　三重縣

カの部

鹿兒島市	カゴシマ	鹿兒島縣
鹿兒島郡	カゴシマ	鹿兒島縣
鹿島郡	カジマ	石川縣・茨城縣
鹿足郡	カノアシ	島根縣
鹿本郡	カモト	熊本縣
鹿角郡	カヅノ	秋田縣
加茂郡	カモ	岐阜縣・静岡縣
加佐郡	カサ	京都府
加古郡	カコ	兵庫縣
加東郡	カトウ	兵庫縣
加西郡	カサイ	兵庫縣
加美郡	カミ	宮城縣
可兒郡	カニ	岐阜縣
香美郡	カミ	高知縣
賀茂郡	カモ	廣島縣
嘉穂郡	カホ	福岡縣
香取郡	カトリ	千葉縣
香川郡	カガハ	香川縣

海上郡	カイゼウ	千葉縣
海津郡	カイツ	岐阜縣
海草郡	カイサウ	和歌山縣
海部郡	カイフ	徳島縣
河内郡	カハチ	栃木縣
河北郡	カハキタ	石川縣
河藝郡	ガハゲ	三重縣
河邊郡	カハベ	秋田縣
河沼郡	カハヌマ	福島縣
河東郡	カトウ	北海道
河西郡	カセイ	北海道
樺戸郡	ガバト	北海道
葛野郡	カドノ	京都府
刈羽郡	カリハ	新潟縣
刈田郡	カリタ	宮城縣
川崎市	カハサキ	神奈川縣
川越市	カハゴエ	埼玉縣
川邊郡	カハナベ	鹿兒島縣
川邊郡	カハベ	兵庫縣
川上郡	カハカミ	北海道・岡山縣

勝浦郡	カツウラ	徳島縣
勝田郡	カツタ	岡山縣
金澤市	カナザハ	石川縣
茅部郡	カヤベ	北海道
蒲生郡	ガマフ	滋賀縣
鎌倉郡	カマクラ	神奈川縣
龜田郡	カメタ	北海道
上川郡	カミカハ	北海道
上磯郡	カミイソ	北海道
上都賀郡	カミツガ	栃木縣
上新川郡	カミニヒカハ	富山縣
上高井郡	カミタカヰ	長野縣
上伊那郡	カミイナ	長野縣
上水内郡	カミミノチ	長野縣
上浮穴郡	カミウキアナ	愛媛縣
上縣郡	カミアガタ	長崎縣
上益城郡	カミマスキ	熊本縣
上北郡	カミキタ	青森縣
上閉伊郡	カミヘイ	岩手縣
神戸市	カウベ	兵庫縣
神崎郡	カンザキ	滋賀縣・兵庫縣
神埼郡	カンザキ	佐賀縣
神津島	カミツ	東京府
糟屋郡	カスヤ	福岡縣

ヨの部

與謝郡	ヨサ	京都府
余市郡	ヨイチ	北海道
四日市市	ヨツカイチ	三重縣
米澤市	ヨネザハ	山形縣
米子市	ヨナゴ	鳥取縣
養老郡	ヨウロウ	岐阜縣
橫濱市	ヨコハマ	神奈川縣
橫須賀市	ヨコスカ	神奈川縣
吉敷郡	ヨシキ	山口縣
吉野郡	ヨシノ	奈良縣
吉城郡	ヨシキ	岐阜縣
吉田郡	ヨシダ	福井縣

タの部

多野(タノ)郡	群馬縣
多氣(タケ)郡	三重縣
多賀(タガ)郡	茨城縣
多可(タカ)郡	兵庫縣
多紀(タキ)郡	兵庫縣
田方(タガタ)郡	靜岡縣
田川(タガハ)郡	福岡縣
田村(タムラ)郡	福島縣
伊達(ダテ)郡	福島縣
橘樹(タチバナ)郡	神奈川縣
竹野(タカノ)郡	京都府
高松(タカマツ)市	香川縣
高岡(タカヲカ)市	富山縣
高崎(タカサキ)市	群馬縣
高田(タカタ)市	新潟縣
高島(タカシマ)郡	北海道・滋賀縣
高市(タケイチ)郡	奈良縣
高岡(タガヲカ)郡	高知縣
高田(タカタ)郡	廣島縣
玉名(タマナ)郡	熊本縣
玉造(タマツクリ)郡	宮城縣

レの部

禮文(レブン)郡	北海道

ソの部

宗谷(ソウヤ)郡	北海道
空知(ソラチ)郡	北海道
囎唹(ソヲ)郡	鹿兒島縣
添上(ソフノカミ)郡	奈良縣

ツの部

津(ツ)市	三重縣
津名(ツナ)郡	兵庫縣
津久井(ツクヰ)郡	神奈川縣
都筑(ツヅキ)郡	神奈川縣
都窪(ツクボ)郡	岡山縣
都濃(ツノ)郡	山口縣
鶴岡(ツルヲカ)市	山形縣
敦賀(ツルガ)郡	福井縣
綴喜(ツヅキ)郡	京都府
筑波(ツクバ)郡	茨城縣
筑紫(ツクシ)郡	福岡縣
津山(ツヤマ)市	岡山縣

ネの部

根室(ネムロ)郡	北海道
婦負(ネヒ)郡	富山縣

ナの部

名古屋(ナゴヤ)市	愛知縣
名賀(ナカ)郡	三重縣
名取(ナトリ)郡	宮城縣
名好(ナヨシ)郡	樺太
奈良(ナラ)市	奈良縣
那覇(ナハ)市	沖繩縣
那賀(ナカ)郡	島根縣・德島縣・和歌山縣
那珂(ナカ)郡	茨城縣
那須(ナス)郡	栃木縣
直入(ナホイリ)郡	大分縣
長崎(ナガサキ)市	長崎縣
長野(ナガノ)市	長野縣
長岡(ナガヲカ)市	新潟縣
長岡(ナガヲカ)郡	高知縣
長濱(ナガハマ)郡	樺太
中(ナカ)郡	京都府・神奈川縣
中川(ナカガハ)郡	北海道
中魚沼(ナカウヲヌマ)郡	新潟縣
中蒲原(ナカカンバラ)郡	新潟縣
中頸城(ナカクビキ)郡	新潟縣

中津輕（ナカツガル）	郡	青森縣
中頭（ナカガミ）	郡	沖縄縣
中河內（ナカカハチ）	郡	大阪府
中新川（ナカニヒカハ）	郡	富山縣
中島（ナカジマ）	郡	愛知縣
中巨摩（ナカコマ）	郡	山梨縣
仲多度（ナカタド）	郡	香川縣
行方（ナメカタ）	郡	茨城縣
南條（ナンデウ）	郡	福井縣
中津（ナカツ）	市	大分縣

ム、の部

室蘭（ムロラン）	市	北海道
宗像（ムナカタ）	郡	福岡縣
武庫（ムコ）	郡	兵庫縣
武儀（ムギ）	郡	岐阜縣

ウの部

宇都宮（ウツノミヤ）	市	栃木縣
宇部（ウベ）	市	山口縣
宇和島（ウワジマ）	市	愛媛縣
宇治山田（ウジヤマダ）	市	三重縣
宇治（ウヂ）	郡	京都府
宇陀（ウダ）	郡	奈良縣
宇智（ウチ）	郡	奈良縣
宇摩（ウマ）	郡	愛媛縣
宇土（ウド）	郡	熊本縣
宇佐（ウサ）	郡	大分縣
有珠（ウス）	郡	北海道
雨龍（ウリユウ）	郡	北海道
上田（ウヘダ）	市	長野縣
得撫（ウルツプ）	郡	北海道
歌棄（ウタスツ）	郡	北海道
浦河（ウラカハ）	郡	北海道
浮羽（ウキハ）	郡	福岡縣
碓氷（ウスヰ）	郡	群馬縣
鵜城（ウシロ）	郡	樺太

ノの部

野田（ノダ）	郡	樺太
野付（ノツケ）	郡	北海道
能義（ノギ）	郡	島根縣
能美（ノミ）	郡	石川縣

クの部

久留米（クルメ）	市	福岡縣
久米（クメ）	郡	岡山縣
久良岐（クラキ）	郡	神奈川縣
久慈（クジ）	郡	茨城縣
久世（クセ）	郡	京都府
久遠（クトホ）	郡	北海道
久春內（クシユンナイ）	郡	樺太
球磨（クマ）	郡	熊本縣
玖珂（クガ）	郡	山口縣
玖珠（クス）	郡	大分縣
九戸（クノヘ）	郡	岩手縣
黒川（クロカハ）	郡	宮城縣
國頭（クニガミ）	郡	沖縄縣
國後（クナシリ）	郡	北海道
栗太（クリタ）	郡	滋賀縣
栗原（クリハラ）	郡	宮城縣
桑名（クワナ）	郡	三重縣
呉（クレ）	市	廣島縣
鞍手（クラテ）	郡	福岡縣
熊本（クマモト）	市	熊本縣
熊野（クマノ）	郡	京都府
熊毛（クマゲ）	郡	山口縣・鹿兒島縣
釧路（クシロ）	市	北海道
釧路（クシロ）	郡	北海道
郡上（グジヤウ）	郡	岐阜縣
群馬（グンマ）	郡	群馬縣
倉敷（クラシキ）	市	岡山縣

ヤの部

八幡（ヤハタ）	市	福岡縣
八束（ヤツカ）	郡	島根縣
八頭（ヤツ）	郡	鳥取縣

八名郡 愛知縣
八女郡 福岡縣
八代郡 熊本縣
八重山郡 沖繩縣
養父郡 兵庫縣
野洲郡 滋賀縣
耶麻郡 福島縣
山形市 山形縣
山縣郡 廣島縣・岐阜縣
山田郡 群馬縣
山邊郡 奈良縣
山門郡 福岡縣
山本郡 秋田縣
山越郡 北海道
山口市 山口縣

マの部

眞壁郡 茨城縣
眞庭郡 岡山縣
眞岡郡 樺太
前橋市 群馬縣
丸龜市 香川縣
松山市 愛媛縣
松江市 島根縣
松本市 長野縣
松前郡 北海道
增毛郡 北海道
益田郡 岐阜縣

ケの部

氣仙郡 岩手縣
氣高郡 鳥取縣

フの部

不破郡 岐阜縣
太櫓郡 北海道
藤津郡 佐賀縣
古宇郡 北海道
古平郡 北海道
深安郡 廣島縣
雙三郡 廣島縣
雙葉郡 福島縣
船井郡 京都府
福島市 福島縣
福岡市 福岡縣
福山市 廣島縣
福井市 福井縣
富士郡 靜岡縣
鳳至郡 石川縣
伏見市 京都府

コの部

小倉市 福岡縣
古志郡 新潟縣
兒玉郡 埼玉縣
兒島郡 岡山縣
兒湯郡 宮崎縣
郡山市 福島縣
高知市 高知縣
甲府市 山梨縣
高座郡 神奈川縣
甲賀郡 滋賀縣
甲奴郡 廣島縣

エの部

江沼郡 石川縣
江刺郡 岩手縣
枝幸郡 北海道
擇捉郡 北海道
惠那郡 岐阜縣
射水郡 富山縣
荏原郡 東京府

テの部

天鹽郡 北海道

アの部

安蘇（アソ）	郡	栃木縣
安房（アワ）	郡	千葉縣
安倍（アベ）	郡	靜岡縣
安八（アンパチ）	郡	岐阜縣
安佐（アサ）	郡	廣島縣
安達（アダチ）	郡	福島縣
安藝（アキ）	郡	高知縣・廣島縣
安積（アサカ）	郡	福島縣
安濃（アノ）	郡	三重縣・島根縣
吾妻（アヅマ）	郡	群馬縣
吾川（アガハ）	郡	高知縣
網走（アバシリ）	郡	北海道
阿山（アヤマ）	郡	三重縣
阿波（アハ）	郡	徳島縣
阿哲（アテツ）	郡	岡山縣
阿武（アブ）	郡	山口縣
阿蘇（アソ）	郡	熊本縣
阿寒（アカン）	郡	北海道
海部（アマ）	郡	愛知縣
海士（アマ）	郡	島根縣
愛知（アイチ）	郡	愛知縣・滋賀縣
愛甲（アイカウ）	郡	神奈川縣
英田（アイタ）	郡	岡山縣
有馬（アリマ）	郡	兵庫縣
有田（アリタ）	郡	和歌山縣
青森（アヲモリ）	市	青森縣
明石（アカシ）	市	兵庫縣
明石（アカシ）	郡	兵庫縣
赤穂（アカホ）	郡	兵庫縣
赤磐（アカイハ）	郡	岡山縣
厚田（アツタ）	郡	北海道
厚岸（アツケシ）	郡	北海道
厚狭（アサ）	郡	山口縣
渥美（アツミ）	郡	愛知縣
飽海（アクミ）	郡	山形縣
綾歌（アヤウタ）	郡	香川縣
尼崎（アマガサキ）	市	兵庫縣
天田（アマタ）	郡	京都府
天草（アマクサ）	郡	熊本縣
虻田（アブタ）	郡	北海道
淺口（アサクチ）	郡	岡山縣
朝來（アサコ）	郡	兵庫縣
朝倉（アサクラ）	郡	福岡縣
旭川（アサヒガハ）	市	北海道
秋田（アキタ）	市	秋田縣
足利（アシカガ）	市	栃木縣
足利（アシカガ）	郡	栃木縣
足柄上（アシガラカミ）	郡	神奈川縣
足柄下（アシガラシモ）	郡	神奈川縣
足羽（アシハ）	郡	福井縣
足寄（アシヨロ）	郡	北海道
蘆品（アシナ）	郡	廣島縣
葦北（アシキタ）	郡	熊本縣
姶良（アヒラ）	郡	鹿兒島縣

サの部

佐世保（サセボ）	市	長崎縣
佐賀（サガ）	市	佐賀縣
佐波（サハ）	郡	山口縣・群馬縣
佐渡（サド）	郡	新潟縣
佐伯（サヘキ）	郡	廣島縣
榮濱（サカエハマ）	郡	樺太
佐用（サヨ）	郡	兵庫縣
佐賀（サガ）	郡	佐賀縣
猿島（サシマ）	郡	茨城縣
匝瑳（サフサ）	郡	千葉縣
沙流（サル）	郡	北海道
早良（サハラ）	郡	福岡縣
堺（サカイ）	市	大阪府
坂井（サカイ）	郡	福井縣
坂田（サカタ）	郡	滋賀縣
札幌（サツポロ）	市	北海道

札幌	サツポロ	郡	北海道
薩摩	サツマ	郡	鹿兒島縣
更級	サラシナ	郡	長野縣
相馬	サウマ	郡	福島縣
相樂	サウラク	郡	京都府
樣似	サマニ	郡	北海道
三戸	サンノヘ	郡	青森縣
三島	サントウ	郡	新潟縣
山武	サンブ	郡	千葉縣

キの部

岐阜	ギフ	市	岐阜縣
企救	キク	郡	福岡縣
吉備	キビ	郡	岡山縣
喜多	キタ	郡	愛媛縣
紀伊	キイ	郡	京都府
杵島	キジマ	郡	佐賀縣
木田	キタ	郡	香川縣
桐生	キリフ	市	群馬縣
北相馬	キタソウマ	郡	茨城縣
北甘樂	キタカンラク	郡	群馬縣
北葛飾	キタカツシカ	郡	埼玉縣
北埼玉	キタサイタマ	郡	埼玉縣
北足立	キタアダチ	郡	埼玉縣
北豐島	キタトシマ	郡	東京府
北多摩	キタタマ	郡	東京府
北巨摩	キタコマ	郡	山梨縣
北都留	キタツル	郡	山梨縣
北佐久	キタサク	郡	長野縣
北安曇	キタアツミ	郡	長野縣
北設樂	キタシタラ	郡	愛知縣
北牟婁	キタムロ	郡	三重縣
北桑名	キタクワナ	郡	京都府
北河内	キタカハチ	郡	大阪府
北葛城	キタカツラギ	郡	奈良縣
北宇和	キタウワ	郡	愛媛縣
北高來	キタタカキ	郡	長崎縣
北松浦	キタマツウラ	郡	長崎縣
北海部	キタアマベ	郡	大分縣
北諸縣	キタモロカタ	郡	宮崎縣
北津輕	キタツガル	郡	青森縣
北秋田	キタアキタ	郡	秋田縣
北村上	キタムラヤマ	郡	山形縣
北會津	キタアイヅ	郡	福島縣
北蒲原	キタカンバラ	郡	新潟縣
北魚沼	キタウヲヌマ	郡	新潟縣
城崎	キノサキ	郡	兵庫縣
菊池	キクチ	郡	熊本縣
君津	キミツ	郡	千葉縣
岸和田	キシワダ	市	大阪府
肝屬	キモツキ	郡	鹿兒島縣
京都	キヤウト	市	京都府

ユの部

夕張	ユウバリ	郡	北海道
勇拂	ユウフツ	郡	北海道
由利	ユリ	郡	秋田縣
結城	ユウキ	郡	茨城縣

メの部

目梨	メナシ	郡	北海道

ミの部

美濃	ミノ	郡	島根縣
美囊	ミナウ	郡	兵庫縣
美方	ミカタ	郡	兵庫縣
美馬	ミマ	郡	德島縣
美禰	ミネ	郡	山口縣
三浦	ミウラ	郡	神奈川縣
三方	ミカタ	郡	福井縣
三重	ミエ	郡	三重縣
三島	ミシマ	郡	大阪府
三原	ミハラ	郡	兵庫縣
三好	ミヨシ	郡	德島縣
三豐	ミトヨ	郡	香川縣
三井	ミヰ	郡	福岡縣

三池郡	ミイケ	福岡縣
三潴郡	ミヅマ	福岡縣
三養基郡	ミヤキ	佐賀縣
三石郡	ミツイシ	北海道
三宅島	ミヤケジマ	東京府
御津郡	ミツ	岡山縣
御調郡	ミツキ	廣島縣
御藏島	ミクラジマ	東京府
水戸市	ミト	茨城縣
南埼玉郡	ミナミサイタマ	埼玉縣
南足立郡	ミナミアダチ	東京府
南葛飾郡	ミナミカツシカ	東京府
南多摩郡	ミナミタマ	東京府
南巨摩郡	ミナミコマ	山梨縣
南都留郡	ミナミツル	山梨縣
南佐久郡	ミナミサク	長野縣
南安曇郡	ミナミアヅミ	長野縣
南設樂郡	ミナミシタラ	愛知縣
南牟婁郡	ミナミムロ	三重縣
南桑名郡	ミナミクワナ	京都府
南河内郡	ミナミカハチ	大阪府
南葛城郡	ミナミカツラギ	奈良縣
南宇和郡	ミナミウワ	愛媛縣
南高來郡	ミナミタカキ	長崎縣
南松浦郡	ミナミマツウラ	長崎縣
南海部郡	ミナミアマベ	大分縣
南那珂郡	ミナミナカ	宮崎縣
南津輕郡	ミナミツガル	青森縣
南秋田郡	ミナミアキタ	秋田縣
南置賜郡	ミナミオキタマ	山形縣
南村山郡	ミナミムラヤマ	山形縣
南會津郡	ミナミアイヅ	福島縣
南蒲原郡	ミナミカンバラ	新潟縣
南魚沼郡	ミナミウヲヌマ	新潟縣
宮崎市	ミヤザキ	宮崎縣
宮崎郡	ミヤザキ	宮崎縣
宮古郡	ミヤコ	沖繩縣
宮城郡	ミヤギノ	宮城縣
都城市	ミヤコノゼウ	宮崎縣
京都郡	ミヤコ	福岡縣
名東郡	ミヤウトウ	徳島縣
名西郡	ミヤウサイ	徳島縣

シの部

清水市	シミヅ	靜岡縣
磯城郡	シキ	奈良縣
滋賀郡	シガ	滋賀縣
宍粟郡	シサウ	兵庫縣
志太郡	シダ	靜岡縣
志田郡	シダ	宮城縣
志摩郡	シマ	三重縣
紫波郡	シハ	岩手縣
柴田郡	シバタ	宮城縣
後月郡	シツキ	岡山縣
鹽谷郡	シホヤ	栃木縣
蘂取郡	シベトロ	北海道
標津郡	シベツ	北海道
飾磨郡	シカマ	兵庫縣
靜岡市	シヅヲカ	靜岡縣
靜內郡	シヅナイ	北海道
白老郡	シラオヒ	北海道
白糠郡	シラヌカ	北海道
占守郡	シムシユ	北海道
敷香郡	シクカ	樺太
周桑郡	シウサウ	愛媛縣
信夫郡	シノブ	福島縣
上道郡	ジヤウダウ	岡山縣
上房郡	ジヤウボウ	岡山縣
積丹郡	シヤコタン	北海道
斜里郡	シヤリ	北海道
紗那郡	シヤナ	北海道
島尻郡	シマシリ	沖繩縣
島牧郡	シマコマキ	北海道
色丹郡	シコタン	北海道
首里市	シユリ	沖繩縣
下關市	シモノセキ	山口縣
下都賀郡	シモツガ	栃木縣
下新川郡	シモニヒカハ	富山縣
下高井郡	シモタカヰ	長野縣

下水内（シモミノチ）郡　長野縣
下伊那（シモイナ）郡　長野縣
下縣（シモアガタ）郡　長崎縣
下益城（シモマスキ）郡　熊本縣
下毛（シモゲ）郡　大分縣
下北（シモキタ）郡　青森縣
下閉伊（シモヘイ）郡　岩手縣
神石（ジンセキ）郡　廣島縣
新知（シンシル）郡　北海道

ヒの部

檜山（ヒヤマ）郡　北海道
日高（ヒダカ）郡　和歌山縣
日野（ヒノ）郡　鳥取縣
日田（ヒタ）郡　大分縣
日置（ヒオキ）郡　鹿兒島縣
美國（ビクニ）郡　北海道
比企（ヒキ）郡　埼玉縣
比婆（ヒバ）郡　廣島縣
簸川（ヒカハ）郡　島根縣
氷見（ヒミ）郡　富山縣
氷上（ヒカミ）郡　兵庫縣
弘前（ヒロサキ）市　青森縣
廣島（ヒロシマ）市　廣島縣
廣尾（ヒロヲ）郡　北海道
東茨城（ヒガシイバラキ）郡　茨城縣
東葛飾（ヒガシカツシカ）郡　千葉縣
東山梨（ヒガシヤマナシ）郡　山梨縣
東八代（ヒガシヤツシロ）郡　山梨縣
東礪波（ヒガシトナミ）郡　富山縣
東筑摩（ヒガシチクマ）郡　長野縣
東春日井（ヒガシカスガヰ）郡　愛知縣
東加茂（ヒガシカモ）郡　愛知縣
東淺井（ヒガシアサヰ）郡　滋賀縣
東牟婁（ヒガシムロ）郡　和歌山縣
東宇和（ヒガシウワ）郡　愛媛縣
東松浦（ヒガシマツウラ）郡　佐賀縣
東彼杵（ヒガシソノギ）郡　長崎縣
東國東（ヒガシクニサキ）郡　大分縣
東諸縣（ヒガシモロカタ）郡　宮崎縣
東臼杵（ヒガシウスギ）郡　宮崎縣
東津輕（ヒガシツガル）郡　青森縣
東磐井（ヒガシイハヰ）郡　岩手縣
東置賜（ヒガシオキタマ）郡　山形縣
東村山（ヒガシムラヤマ）郡　山形縣
東田川（ヒガシタガハ）郡　山形縣
東白川（ヒガシシラカハ）郡　福島縣
東頸城（ヒガシクビキ）郡　新潟縣
東蒲原（ヒガシカンバラ）郡　新潟縣
平鹿（ヒラガ）郡　秋田縣
稗貫（ヒエヌキ）郡　岩手縣
姫路（ヒメジ）市　兵庫縣

モの部

門司（モジ）市　福岡縣
最上（モガミ）郡　山形縣
本巣（モトス）郡　岐阜縣
本吉（モトヨシ）郡　宮城縣
盛岡（モリヲカ）市　岩手縣
桃生（モノフ）郡　宮城縣
紋別（モンベツ）郡　北海道
元泊（モトドマリ）郡　樺太

セの部

勢多（セタ）郡　群馬縣
世羅（セラ）郡　廣島縣
瀬棚（セタナ）郡　北海道
西伯（セイハク）郡　鳥取縣
小豆（セウド）郡　香川縣
仙臺（センダイ）市　宮城縣
仙北（センホク）郡　秋田縣
瀬戸（セト）市　愛知縣

スの部

諏訪（スワ）郡　長野縣
周吉（スキ）郡　島根縣
周智（スチ）郡　靜岡縣

壽都郡　北海道
鈴鹿郡　三重縣
珠洲郡　石川縣
駿東郡　靜岡縣

町村名索引

（イロハ順）

イの部

伊勢（イセ）村	兵庫縣	揖保郡
伊勢崎（イセザキ）町	群馬縣	佐波郡
伊勢崎（イセザキ）村	鳥取縣	東伯郡
伊勢原（イセハラ）町	神奈川縣	中郡
伊勢畑（イセハタ）村	茨城縣	東茨城郡
伊勢地（イセチ）村	三重縣	一志郡
伊勢寺（イセデラ）村	三重縣	飯南郡
伊那富（イナトミ）村	長野縣	上伊那郡
伊那佐（イナサ）村	奈良縣	宇陀郡
伊那里（イナザト）村	長野縣	上伊那郡
伊那（イナ）町	長野縣	上伊那郡
伊那（イナ）村	長野縣	上伊那郡
伊王野（イワウノ）村	栃木縣	那須郡
伊王島（イワウジマ）村	長崎縣	西彼杵郡
伊保庄（イホノシヤウ）村	山口縣	熊毛郡
伊保內（イホナイ）村	岩手縣	九戸郡
伊保（イホ）村	兵庫縣	印南郡
伊平屋（イヘヤ）村	沖繩縣	島尻郡
伊平（イタイラ）村	靜岡縣	引佐郡
伊野（イノ）町	高知縣	吾川郡
伊野（イノ）村	島根縣	八束郡
伊豆田（イヅタ）村	高知縣	幡多郡
伊豆（イヅ）村	東京府	三宅島
伊香保（イカホ）町	群馬縣	群馬郡
伊香立（イカタチ）村	滋賀縣	滋賀郡
伊香具（イカグ）村	滋賀縣	伊香郡
伊良原（イラハラ）村	福岡縣	京都郡
伊良湖岬（イラコサキ）村	愛知縣	渥美郡
伊良部（イラブ）村	沖繩縣	宮古郡
伊賀良（イガラ）村	長野縣	下伊那郡
伊加利（イカリ）村	兵庫縣	三原郡
伊佐澤（イサハ）村	山形縣	東置賜郡
伊佐（イサ）町	山口縣	美禰郡
伊佐（イサ）村	兵庫縣	養父郡
伊萬里（イマリ）町	佐賀縣	西松浦郡
伊集院（イジウヰン）町	鹿兒島縣	日置郡
伊東（イトウ）町	靜岡縣	田方郡
伊部（イベ）町	岡山縣	和氣郡
伊田（イタ）町	福岡縣	田川郡
伊作（イザク）町	鹿兒島縣	日置郡
伊丹（イタミ）町	兵庫縣	川邊郡
伊倉（イクラ）町	熊本縣	玉名郡
伊木力（イキリキ）村	長崎縣	西彼杵郡
伊ケ谷（イガヤ）村	東京府	三宅島
伊曾島（イソジマ）村	三重縣	桑名郡
伊米ケ崎（イメガサキ）村	新潟縣	南魚沼郡
伊奈良（イナラ）村	群馬縣	邑樂郡
伊波野（イハノ）村	島根縣	簸川郡

伊尾木（イヲキ）	村	高知縣	安藝郡
伊川谷（イカワヤ）	村	兵庫縣	明石郡
伊久身（イクミ）	村	靜岡縣	志太郡
伊江（イエ）	村	沖繩縣	國頭郡
伊吹（イブキ）	村	滋賀縣	坂田郡
伊庭（イバ）	村	滋賀縣	神崎郡
伊陸（イカチ）	村	山口縣	玖珂郡
伊美（イミ）	村	大分縣	東國東郡
伊澤（イサワ）	村	德島縣	阿波郡
伊興（イオキ）	村	東京府	南足立郡
伊里（イリ）	村	岡山縣	和氣郡
伊沼（イヌマ）	村	山梨縣	南巨摩郡
伊根（イネ）	村	京都府	與謝郡
伊讃（イサ）	村	茨城縣	眞壁郡
伊南（イナ）	村	福島縣	南會津郡
伊北（イホク）	村	福島縣	南會津郡
伊形（イガタ）	村	宮崎縣	東臼杵郡
伊草（イクサ）	村	埼玉縣	比企郡
伊參（イサマ）	村	群馬縣	吾妻郡
伊深（イフカ）	村	岐阜縣	加茂郡
伊井（イヰ）	村	福井縣	坂井郡
伊臺（イダイ）	村	愛媛縣	溫泉郡
伊手（イテ）	村	岩手縣	江刺郡
伊方（イカタ）	村	愛媛縣	西宇和郡
伊崎（イサキ）	村	茨城縣	稻敷郡
伊敷（イシキ）	村	鹿兒島縣	鹿兒島郡
伊仙（イセン）	村	鹿兒島縣	大島郡
揖斐（イビ）	町	岐阜縣	揖斐郡
揖屋（イヤ）	村	島根縣	八束郡
揖保（イボ）	村	兵庫縣	揖保郡
揖西（イッサイ）	村	兵庫縣	揖保郡
庵原（イハラ）	村	靜岡縣	庵原郡
藺牟田（ヰムタ）	村	鹿兒島縣	薩摩郡
怡土（イト）	村	福岡縣	糸島郡
維和（ヰワ）	村	熊本縣	天草郡
井荻（ヰオギ）	町	東京府	豐多摩郡
井出（ヰデ）	町	京都府	綴喜郡
井內谷（ヰノウチタニ）	村	德島縣	三好郡
井伊谷（ヰイノヤ）	村	靜岡縣	引佐郡
井野（ヰノ）	村	島根縣	那賀郡
井野（ヰノ）	村	茨城縣	北相馬郡
井ノ口（ヰノクチ）	村	高知縣	安藝郡
井口（ヰクチ）	村	富山縣	東礪波郡
		廣島縣	佐伯郡
井原（ヰハラ）	町	岡山縣	後月郡
		島根縣	邑智郡
		廣島縣	高田郡
井田川（ヰタカワ）	村	三重縣	鈴鹿郡
井田（ヰダ）	村	大分縣	大野郡
		島根縣	邇摩郡
		三重縣	南牟婁郡
井ノ上（ヰノウエ）	村	石川縣	河北郡
		長野縣	上高井郡
井栗（ヰクリ）	村	新潟縣	南蒲原郡
井尻（ヰジリ）	村	島根縣	能義郡
井泉（ヰイヅミ）	村	埼玉縣	北埼玉郡
井戸（ヰド）	村	香川縣	木田郡
井關（ヰセキ）	村	山口縣	吉敷郡
井波（ヰナミ）	村	富山縣	東礪波郡
井通（ヰドホリ）	村	靜岡縣	磐田郡

井川（ヰカワ）村　静岡縣　安倍郡
意東（イトウ）村　島根縣　八束郡
印南（イナミ）町　和歌山縣　日高郡
印野（インノ）村　靜岡縣　駿東郡
潮來（イタコ）町　茨城縣　行方郡
射添（イソウ）村　兵庫縣　城崎郡
射和（イザワ）村　三重縣　飯南郡
依那古（イナコ）村　三重縣　名賀郡
田舍館（イナカダテ）村　青森縣　南津輕郡
色川（イロカワ）村　和歌山縣　東牟婁郡
巖江（イハエ）村　福島縣　田村郡
巖根（イハネ）村　千葉縣　君津郡
巖（イワホ）村　山梨縣　北都留郡
　　　　　　　鳥取縣　西伯郡
磐清水（イワシミズ）村　岩手縣　東磐井郡
磐手（イワテ）村　大阪府　三島郡
磐戸（イハト）村　群馬縣　北甘樂郡
磐園（イハソノ）村　奈良縣　北葛城郡
磐城（イワキ）村　奈良縣　北葛城郡
磐保（イハホ）村　福島縣　耶麻郡

磐瀬（イハセ）村　福島縣　耶麻郡
磐崎（イハサキ）村　福島縣　石城郡
茨木（イバラキ）町　大阪府　三島郡
茨曾根（イバラソネ）村　新潟縣　中蒲原郡
祝（イハヒ）村　山梨縣　東八代郡
糸魚川（イトイカハ）町　新潟縣　西頸城郡
糸滿（イトマン）町　沖繩縣　島尻郡
糸崎（イトザキ）町　廣島縣　御調郡
糸之瀬（イトノセ）村　群馬縣　利根郡
糸口（イトクチ）村　大分縣　宇佐郡
糸生（イトフ）村　福井縣　丹生郡
糸井（イトヰ）村　兵庫縣　養父郡
糸引（イトヒキ）村　兵庫縣　飾磨郡
糸我（イトガ）村　和歌山縣　有田郡
糸田（イトダ）村　福岡縣　田川郡
一ノ宮（イチノミヤ）町　群馬縣　北甘樂郡
一宮（イチミヤ）町　千葉縣　長生郡
一宮（イチミヤ）村　島根縣　飯石郡
　　　　　　　岡山縣　苫田郡
　　　　　　　岡山縣　御津郡

　　　　　　　靜岡縣　周智郡
　　　　　　　山梨縣　東八代郡
　　　　　　　香川縣　香川郡
　　　　　　　三重縣　河藝郡
一ノ宮村　愛知縣　寶飯郡
　　　　　　　石川縣　羽咋郡
一宮（イツク）村　高知縣　土佐郡
一之瀬（イチノセ）村　岐阜縣　養老郡
　　　　　　　三重縣　度會郡
一色（イツシキ）町　愛知縣　幡豆郡
一色（イツシキ）村　岐阜縣　本巢郡
一身田（イツシンデン）町　三重縣　河藝郡
一條（イチゼウ）町　德島縣　板野郡
一戸（イチノヘ）町　岩手縣　二戸郡
一關（イチノセキ）町　岩手縣　西磐井郡
一尺屋（イツシヤクヤ）村　大分縣　北海部郡
一本木（イツポンキ）村　青森縣　東津輕郡
一本松（イツポンマツ）村　愛媛縣　南宇和郡
一町田（イツチヤウタ）村　熊本縣　天草郡
一乘谷（イチジヤウタニ）村　福井縣　足羽郡

一(イッ)勝地(ショウチ)村	熊本縣	球磨郡
一(イ)貴(キ)山(サン)村	福岡縣	糸島郡
一(イチ)方(カタ)井(ヰ)村	岩手縣	岩手郡
一(イチ)ノ木(キ)村	福島縣	耶麻郡
一(イチ)ノ谷(タニ)村	香川縣	三豊郡
一(イチ)宇(ウ)村	德島縣	美馬郡
一(イチ)武(ブ)村	熊本縣	球磨郡
一(イチ)已(アン)村	北海道	雨龍郡
一(イツ)箕(キ)村	福島縣	北會津郡
壹(イ)岐(キ)村	福岡縣	早良郡
一(イチ)迫(ハサマ)村	宮城縣	栗原郡
市(イチ)川大門(カワダイモン)町	山梨縣	西八代郡
市(イチ)川(カワ)町	千葉縣	東葛飾郡
市(イチ)川(カワ)村	廣島縣	高田郡
	青森縣	三戸郡
	長野縣	下高井郡
市(イチ)村	廣島縣	御調郡
	廣島縣	深安郡
	兵庫縣	三原郡

市(イチ)來(キ)村	宮崎縣	南那珂郡
	島根縣	邑智郡
市(イチ)場(バ)町	德島縣	阿波郡
市(イチ)場(バ)村	京都府	與謝郡
	兵庫縣	加東郡
市(イチ)原(ハラ)村	千葉縣	市原郡
	滋賀縣	蒲生郡
市(イチ)田(ダ)村	長野縣	下伊那郡
	埼玉縣	大里郡
市(イチ)之(ノ)倉(クラ)村	岐阜縣	土岐郡
市(イチ)ノ瀨(セ)村	和歌山縣	西牟婁郡
市(イチ)羽(ハネ)村	栃木縣	芳賀郡
市(イチ)江(エ)村	愛知縣	海部郡
市(イチ)邊(ベ)村	滋賀縣	蒲生郡
市(イチ)山(ヤマ)村	島根縣	邑智郡
市(イチ)振(フリ)村	新潟縣	西頸城郡
市(イチ)勢(セ)村	鳥取縣	東伯郡
市(イチ)條(デウ)村	山形縣	飽海郡
市(イチ)橋(ハシ)村	岐阜縣	稻葉郡
市(イチ)木(キ)村	三重縣	南牟婁郡

市(イチ)成(ナリ)村	鹿兒島縣	囎唹郡
櫟(イチ)本(ノモト)町	奈良縣	添上郡
入(イリ)新井(アラヰ)町	東京府	荏原郡
入(イル)間川(マカワ)町	埼玉縣	入間郡
入(イル)間(マ)村	埼玉縣	入間郡
入(イリ)野(ノ)村	高知縣	幡多郡
	廣島縣	豐田郡
	佐賀縣	東松浦郡
	群馬縣	多野郡
	靜岡縣	濱名郡
入(イリ)出(デ)村	靜岡縣	濱名郡
入(イル)鹿(カ)村	三重縣	南牟婁郡
入(イリ)舸(カ)村	北海道	積丹郡
入(イル)部(ベ)村	福岡縣	早良郡
入(イリ)來(キ)村	鹿兒島縣	薩摩郡
入(イリ)谷(ヤ)村	宮城縣	本吉郡
入(イリ)山邊(ヤマベ)村	長野縣	東筑摩郡
入(イリ)遠野(トホノ)村	福島縣	石城郡
入(イリ)東谷(ヒガシタニ)村	新潟縣	古志郡
入(イリ)廣瀨(ヒロセ)村	新潟縣	北魚沼郡

猪野瀬村	イヌノセ	福井縣	大野郡
猪苗代町	イナハシロ	福島縣	耶麻郡
猪位金村	ヰヰガネ	福岡縣	田川郡
猪川村	ヰカワ	岩手縣	氣仙郡
猪高村	ヰタカ	愛知縣	愛知郡
猪田村	ヰタ	三重縣	名賀郡
犬飼町	イヌガイ	大分縣	大野郡
犬伏町	イヌフセ	栃木縣	安蘇郡
犬山町	イヌヤマ	愛知縣	丹羽郡
犬居町	イヌイ	靜岡縣	周智郡
犬川村	イヌカワ	山形縣	東置賜郡
犬塚村	イヌツカ	福岡縣	三潴郡
乾ノ側村	イヌヰノカハ	福井縣	大野郡
乾村	イヌヰ	岐阜縣	武儀郡
岩村	イワ	岐阜縣	稻葉郡
		高知縣	香美郡
		神奈川縣	足柄下郡
岩田村	イワタ	岡山縣	吉備郡
		山口縣	熊毛郡
		福岡縣	三池郡
		和歌山縣	西牟婁郡
		靜岡縣	磐田郡
岩崎町	イワサキ	秋田縣	雄勝郡
岩崎村	イハサキ	岩手縣	和賀郡
		青森縣	西津輕郡
岩井町	イワヰ	茨城縣	猿島郡
		鳥取縣	岩美郡
岩石町	イワヰ	千葉縣	安房郡
岩倉町	イワクラ	愛知縣	丹羽郡
岩倉村	イワクラ	德島縣	美馬郡
		京都府	愛宕郡
		和歌山縣	有田郡
岩船町	イワフネ	新潟縣	岩船郡
岩船村	イワフネ	茨城縣	東茨城郡
岩舟村	イワフネ	栃木縣	下都賀郡
岩屋村	イワヤ	福岡縣	築上郡
		京都府	與謝郡
岩屋町	イワヤ	兵庫縣	津名郡
岩瀬町	イワセ	茨城縣	西茨城郡
岩瀬村	イワセ	埼玉縣	北埼玉郡
岩戸村	イワド	福岡縣	筑紫郡
		宮崎縣	西臼杵郡
岩間町	イワマ	茨城縣	西茨城郡
岩間村	イワマ	山梨縣	西八代郡
岩手村	イワテ	山梨縣	東山梨郡
		岐阜縣	不破郡
岩松町	イワマツ	愛媛縣	北宇和郡
岩松村	イワマツ	佐賀縣	小城郡
		靜岡縣	富士郡
岩野谷村	イワノタニ	群馬縣	碓氷郡
岩野田村	イワノダ	岐阜縣	山縣郡
岩野村	イツノ	熊本縣	鹿本郡
岩谷堂町	イハヤドウ	岩手縣	江刺郡
岩谷村	イワタニ	廣島縣	蘆永郡
岩谷村	イワヤ	秋田縣	由利郡
岩見澤町	イワミサワ	北海道	空知郡
岩見三内村	イワミサンナイ	秋田縣	河邊郡
岩根村	イワネ	福島縣	安達郡
		滋賀縣	甲賀郡
岩ケ崎町	イワケサキ	宮城縣	栗原郡

岩出山町	イワデヤマ	宮城縣	玉造郡
岩川町	イワカハ	鹿兒島縣	囎唹郡
岩村町	イワムラ	岐阜縣	惠那郡
岩出町	イワデ	和歌山縣	那賀郡
岩淵町	イワブチ	東京府	北豊島郡
岩槻町	イワツキ	埼玉縣	南埼玉郡
岩國町	イワクニ	山口縣	玖珂郡
岩內町	イワナイ	北海道	岩內郡
岩瀧町	イワタキ	京都府	與謝郡
岩沼町	イワヌマ	宮城縣	名取郡
岩井川村	イワヰカハ	宮崎縣	西臼杵郡
岩子島村	イワシシマ	廣島縣	御調郡
岩木村	イワキ	青森縣	中津輕郡
岩城村	イワキ	愛媛縣	越智郡
岩月村	イワツキ	福島縣	耶麻郡
岩脇村	イワワキ	宮崎縣	東臼杵郡
岩岡村	イワヲカ	兵庫縣	明石郡
岩泉村	イワイヅミ	岩手縣	下閉伊郡
岩津町	イワツ	愛知縣	額田郡
岩永村	イワナガ	山口縣	美禰郡
岩科村	イワシナ	靜岡縣	加茂郡
岩鼻村	イワハナ	群馬縣	群馬郡
岩首村	イハクビ	新潟縣	佐渡郡
岩坂村	イワサカ	島根縣	八束郡
岩塚村	イワツカ	新潟縣	三島郡
岩澤村	イワサハ	新潟縣	中魚沼郡
岩室村	イワムロ	新潟縣	西蒲原郡
岩島村	イワシマ	群馬縣	吾妻郡
岩平村	イワヒラ	群馬縣	北甘樂郡
岩代村	イワシロ	和歌山縣	日高郡
岩切村	イワキリ	宮城縣	宮城郡
岩館村	イハタテ	秋田縣	山本郡
岩滑村	イワナメ	靜岡縣	小笠郡
碇ケ關村	イカリケセキ	青森縣	南津輕郡
碇石村	イカリイシ	熊本縣	天草郡
斑鳩村	イカルガ	兵庫縣	揖保郡
板鼻町	イタハナ	群馬縣	碓氷郡
板柳町	イタヤナギ	青森縣	北津輕郡
板橋町	イタハシ	東京府	北豊島郡
板橋村	イタハシ	茨城縣	筑波郡
板倉村	イタクラ	新潟縣	中頸城郡
板取村	イタトリ	岐阜郡	武儀郡
板衛村	イタカ	栃木縣	上都賀郡
板城村	イタキ	廣島縣	賀茂郡
板木村	イタキ	廣島縣	雙三郡
板津村	イタツ	石川縣	能美郡
磯原町	イソハラ	茨城縣	多賀郡
磯濱町	イソハマ	茨城縣	東茨城郡
磯谷村	イソヤ	北海道	磯谷郡
磯津村	イソツ	愛媛縣	西宇和郡
磯田村	イソタ	滋賀縣	犬上郡
磯部村	イソベ	群馬縣	碓氷郡
磯部村	イソベ	福島縣	相馬郡
		福井縣	坂井郡
		三重縣	志摩郡
		新潟縣	西頸城郡
磯村	イソ	島根縣	周吉郡
泉町	イヅミ	岐阜縣	土岐郡
		福岡縣	京都郡
		栃木縣	鹽谷郡

泉(イヅミ)村	福島縣	石川郡
	福島縣	石城郡
	愛知縣	渥美郡
	靜岡縣	駿東郡
	山形縣	東田川郡
	愛媛縣	北宇和郡
	岡山縣	苫田郡
	新潟縣	中頸城郡
泉川(イヅミカワ)村	愛媛縣	新居郡
泉野(イヅミノ)村	長野縣	諏訪郡
泉田(イヅミダ)村	長野縣	小縣郡
出雲崎(イヅモサキ)町	新潟縣	三島郡
出雲(イヅモ)村	山口縣	佐波郡
出海(イヅミ)村	愛媛縣	喜多郡
出水(イヅミ)町	鹿兒島縣	出水郡
出石(イヅシ)町	兵庫縣	出石郡
出部(イヅヘ)村	岡山縣	後月郡
出羽(イヅハ)村	島根縣	邑智郡
出丸(イデマル)村	埼玉縣	比企郡
嚴島(イツクシマ)町	廣島縣	佐伯郡
嚴原(イヅハラ)町	長崎縣	下縣郡
嚴美(イツクシ)村	岩手縣	西磐井郡
嚴美(イヅミ)村	岐阜縣	山縣郡
五日市(イツカイチ)町	廣島縣	佐伯郡
	東京府	西多摩郡
五十崎(イカザキ)町	愛媛縣	喜多郡
五十澤(イサザハ)村	福島縣	伊達郡
五十澤(イカサワ)村	新潟縣	南魚沼郡
五十市(イソイチ)村	宮崎縣	北諸縣郡
五十公野(イジミノ)村	新潟縣	北蒲原郡
五十猛(イソタケ)村	島根縣	邇摩郡
五十河(イカガ)村	京都府	中郡
五木(イツキ)村	熊本縣	球磨郡
五馬(イツマ)村	大分縣	日田郡
五郷(イサト)村	三重縣	南牟婁郡
十六合(イザアヒ)村	山形縣	東田川郡
齋(イツギ)村	山形縣	東田川郡
稻田(イナダ)村	福島縣	岩瀬郡
	熊本縣	鹿本郡
	京都府	相樂郡
稻葉(イナハ)村	神奈川縣	橘樹郡
	栃木縣	下都賀郡
	三重縣	一志郡
	靜岡縣	志太郡
	鳥取縣	岩美郡
稻生澤(イナフサハ)村	靜岡縣	加茂郡
稻生(イナフ)村	三重縣	河藝郡
	高知縣	長岡郡
稻積(イナツミ)村	山梨縣	中巨摩郡
	富山縣	氷見郡
稻荷山(イナリヤマ)町	長野縣	更級郡
稻荷(イナリ)村	茨城縣	東茨城郡
稻庭(イナニハ)町	秋田縣	雄勝郡
稻取(イナトリ)町	滋賀縣	賀茂郡
稻澤(イナサワ)町	愛知縣	中島郡
稻戸井(イナトヰ)村	茨城縣	北相馬郡
稻岡南(イナオカミナミ)村	岡山縣	久米郡
稻部(イナベ)村	三重縣	員辨郡
稻垣(イナガキ)村	青森縣	西津輕郡
稻井(イナヰ)村	宮城縣	牡鹿郡

稲津村	イナツ	岐阜縣	土岐郡
稲築村	イナツキ	福岡縣	嘉穂郡
稲橋村	イナハシ	愛知縣	北設樂郡
稲倉村	イナクラ	岡山縣	小田郡
稲枝村	イナエ	滋賀縣	愛知郡
稲野村	イナノ	兵庫縣	川邊郡
稲瀬村	イナセ	岩手縣	江刺郡
稲舟村	イナフネ	山形縣	最上郡
稲川村	イナカワ	山形縣	飽海郡
稲城村	イナギ	東京府	南多摩郡
稲里村	イナサト	長野縣	更級郡
稲梓村	イナツキ	静岡縣	加茂郡
稲都村	イナト	千葉縣	安房郡
稲成村	イナリ	和歌山縣	西牟婁郡
稲原村	イナハラ	和歌山縣	日高郡
稲村	イナ	滋賀縣	愛知郡
忌部村	イムベ	島根縣	八束郡
家島村	イエシマ	兵庫縣	飾磨郡
家城村	イヘシロ	三重縣	一志郡
家中村	イヘナカ	栃木縣	下都賀郡
育波村	イクハ	兵庫縣	津名郡
以久田町	イクタ	京都府	何鹿郡
以西村	イセイ	鳥取縣	東伯郡
今渡町	イマワタリ	岐阜縣	可見郡
今尾町	イマヲ	岐阜縣	海津郡
今町	イマ	新潟縣	南蒲原郡
今村	イマ	岡山縣	御津郡
今宿村	イマシユク	福岡縣	糸島郡
		埼玉縣	比企郡
今津町	イマツ	兵庫縣	武庫郡
		廣島縣	沼隈郡
		滋賀縣	高島郡
今津村	イマヅ	熊本縣	天草郡
		福岡縣	糸島郡
		徳島縣	那賀郡
今津野村	イマツノ	廣島縣	御調郡
今市町	イマイチ	島根縣	簸川郡
		栃木縣	下都賀郡
今市村	イマイチ	島根縣	那賀郡
		大分縣	大野郡
今井町	イマヰ	奈良縣	高市郡
今井村	イマヰ	新潟縣	西頸城郡
		静岡縣	磐田郡
		長野縣	東筑摩郡
		岡山縣	小田郡
今福村	イマフク	長崎縣	北松浦郡
		島根縣	那賀郡
今伊勢村	イマイセ	愛知縣	中島郡
今諏訪村	イマスハ	山梨縣	中巨摩郡
今和泉村	イマイヅミ	鹿兒島縣	揖宿郡
今元村	イマモト	福岡縣	京都郡
今川村	イマカワ	福岡縣	京都郡
今城村	イマギ	岡山縣	邑久郡
今別村	イマベツ	青森縣	東津輕郡
今須村	イマス	岐阜縣	不破郡
今泉村	イマイヅミ	静岡縣	富士郡
今庄村	イマセウ	福井縣	南條郡
今富村	イマトミ	福井縣	遠敷郡
池川町	イケカワ	高知縣	吾川郡
池上町	イケガミ	東京府	荏原郡

池ノ上(イケノウヘ)村	熊本縣	飽託郡
池田(イケダ)町	北海道	中川郡
	長野縣	北安曇郡
	大阪府	豐能郡
	德島縣	三好郡
池田(イケダ)村	和歌山縣	那賀郡
	群馬縣	利根郡
	香川縣	小豆郡
	山梨縣	中巨摩郡
	岐阜縣	可兒郡
	岐阜縣	揖斐郡
	靜岡縣	磐田郡
	岡山縣	吉備郡
	鳥取縣	八頭郡
池內(イケウチ)村	京都府	加佐郡
池野(イケノ)村	福岡縣	宗像郡
	愛知縣	丹羽郡
池西(イケニシ)村	香川縣	香川郡
池多(イケタ)村	富山縣	婦負郡
池邊(イクベ)村	岐阜縣	養老郡

池新田(イケシンデン)村	靜岡縣	小笠郡
池ノ島(イケノシマ)村	大阪府	中河內郡
動橋(イブリバシ)村	石川縣	江沼郡
指宿(イブスキ)村	鹿兒島縣	揖宿郡
生駒(イコマ)町	奈良縣	生駒郡
生野(イクノ)町	兵庫縣	朝來郡
生地(イクヂ)町	富山縣	下新川郡
生田(イクタ)村	山口縣	厚狹郡
	長野縣	下伊那郡
	神奈川縣	橘樹郡
生田原(イクタハラ)村	北海道	紋別郡
生馬(イコマ)村	和歌山縣	西牟婁郡
	島根縣	八束郡
生月(イキツキ)村	長崎縣	北松浦郡
生雲(イクモ)村	山口縣	阿武郡
生坂(イクサカ)村	長野縣	東筑摩郡
生名(イキナ)村	愛媛縣	越智郡
生鄉(イクサト)村	兵庫縣	氷上郡
生穗(イクホ)村	兵庫縣	津名郡
生目(イキメ)村	宮崎縣	宮崎郡

生桑(イケクワ)村	廣島縣	高田郡
生比奈(イクヒナ)村	德島縣	勝浦郡
諫早(イサハヤ)町	長崎縣	北高來郡
諫山(イサヤマ)村	福岡縣	京都郡
鯨伏(イサフン)村	長崎縣	壹岐郡
有功(イサカ)村	和歌山縣	海草郡
漁山(イサリヤマ)村	島根縣	那賀郡
息栖(イキス)村	茨城縣	鹿島郡
石卷(イシノマキ)町	宮城縣	牡鹿郡
石卷(イシマキ)村	愛知縣	八名郡
石山(イシヤマ)村	愛媛縣	上浮穴郡
	滋賀縣	滋賀郡
	新潟縣	中蒲原郡
石黑(イシクロ)村	富山縣	西礪波郡
	新潟縣	刈羽郡
石垣(イシガキ)村	和歌山縣	有田郡
	沖繩縣	八重山郡
	大分縣	速見郡
石井(イシヰ)町	德島縣	名西郡

石井(イシヰ)村　兵庫縣 佐用郡　愛媛縣 温泉郡　福島縣 安達郡　福島縣 東白川郡
石見(イハミ)村　島根縣 那賀郡　鳥取縣 日野郡
石津(イシツ)村　岐阜縣 海津郡　新潟縣 古志郡
石神(イシカミ)村　茨城縣 那珂郡　福島縣 相馬郡
石戸(イシド)村　埼玉縣 北足立郡　福島縣 伊達郡
石川(イシカワ)町　福島縣 石川郡　青森縣 南津輕郡
石川(イシカワ)村　京都府 與謝郡　大阪府 南河内郡
石崎(イシサキ)村　石川縣 鹿島郡　茨城縣 東茨城郡
石田(イシダ)村　香川縣 大川郡　富山縣 下新川郡
長崎縣 壹岐郡

石塚(イシツカ)町　茨城縣 東茨城郡
石地(イシチ)町　新潟縣 刈羽郡
石下(イシゲ)町　茨城縣 結城郡
石橋(イシハシ)町　栃木縣 下都賀郡
石狩(イシカリ)町　北海道 石狩郡
石部(イシベ)町　滋賀縣 甲賀郡
石和(イサワ)町　山梨縣 東八代郡
石動(イスルギ)町　富山縣 西礪波郡
石森(イシノモリ)町　宮城縣 登米郡
石岡(イシオカ)町　茨城縣 新治郡
石蟹郷(イシガサト)村　岡山縣 阿哲郡
石切所(イシキリトコロ)村　岩手縣 二戸郡
石藥師(イシヤクシ)村　三重縣 鈴鹿郡
石打(イシウチ)村　新潟縣 南魚沼郡
石河(イシカワ)村　大阪府 三島郡
石越(イシコシ)村　宮城縣 登米郡
石内(イシウチ)村　廣島縣 佐伯郡
石住(イシズミ)村　福島縣 石城郡
石澤(イシザハ)村　秋田縣 由利郡

石貫(イシヌキ)村　熊本縣 玉名郡
石野(イシノ)村　愛知縣 西加茂郡
石榑(イシクレ)村　三重縣 員辨郡
石根(イハネ)村　愛媛縣 周桑郡
石蔵(イシクラ)村　山梨縣 東八代郡
石堤(イシツツミ)村　富山縣 西礪波郡
石生(イハナシ)村　岡山縣 赤磐郡
石橋(イシハシ)村　福島縣 相馬郡
石畑(イシハタ)村　東京府 西多摩郡
石徹白(イトシロ)村　福井縣 大野郡
飯野川(イヒノカハ)町　宮城縣 桃生郡
飯野(イヒノ)村　熊本縣 上益城郡　三重縣 河藝郡　富山縣 下新川郡　山梨縣 中巨摩郡　香川縣 綾歌郡　宮崎縣 西諸縣郡　福島縣 伊達郡　福島縣 石城郡　千葉縣 君津郡

飯田（イヒダ）	町	長野縣	下伊那郡
		石川縣	珠洲郡
飯田（イヒダ）	村	靜岡縣	周智郡
		靜岡縣	濱名郡
		靜岡縣	庵原郡
飯田川（イヒダカワ）	村	秋田縣	南秋田郡
飯島（イヒジマ）	村	茨城縣	猿島郡
		長野縣	上伊那郡
		秋田縣	南秋田郡
飯豐（イヒトヨ）	村	福島縣	相馬郡
		福島縣	田村郡
		岩手縣	和賀郡
飯詰（イヒツメ）	村	秋田縣	仙北郡
		青森縣	北津輕郡
飯岡（イヒヲカ）	村	岩手縣	紫波郡
		愛媛縣	新居郡
		岡山縣	勝田郡
飯岡（イヒヲカ）	町	千葉縣	海上郡
飯塚（イヒツカ）	町	福岡縣	嘉穗郡
飯塚（イヒツカ）	村	山形縣	南村山郡
飯富（イヒトミ）	村	茨城縣	東茨城郡
		山梨縣	南巨摩郡
飯坂（イヒサカ）	町	福島縣	信夫郡
飯坂（イヒサカ）	村	福島縣	伊達郡
飯山（イヒヤマ）	町	長野縣	下水內郡
飯梨（イヒナシ）	村	島根縣	能義郡
飯石（イヒシ）	村	島根縣	飯石郡
飯高（イヒタカ）	村	千葉縣	香取郡
飯室（イイムロ）	村	廣島縣	安佐郡
飯地（イヒヂ）	村	岐阜縣	加茂郡
飯沼（イヒヌマ）	村	茨城縣	結城郡
飯曾（イヒソ）	村	福島縣	相馬郡
芋井（イモヰ）	村	長野縣	上水內郡
妹（イモト）	島（シマ）	東京府	小笠原島
因尾（インビ）	村	大分縣	南海部郡
院內（ヰンナイ）	町	秋田縣	雄勝郡
院內（ヰンナイ）	村	秋田縣	由利郡
		大分縣	宇佐郡
石島谷（イシジマタニ）	町	岩手縣	稗貫郡

ロの部

六鄕（ロクガフ）	町	秋田縣	仙北郡
		東京府	荏原郡
六鄕（ロクガフ）	村	靜岡縣	小笠郡
		山形縣	南置賜郡
		熊本縣	鹿本郡
		青森縣	南津輕郡
		青森縣	北津輕郡
		宮城縣	名取郡
		茨城縣	北相馬郡
		群馬縣	群馬郡
		同	邑樂郡
六合（ロクゴウ）	村	千葉縣	印旛郡
		靜岡縣	志太郡
六條（ロクジョウ）	村	福井縣	足羽郡
六條院（ロクジョウヰン）	村	岡山縣	淺口郡
六ケ所（ロクカショ）	村	青森縣	上北郡
六箇（ロクカ）	村	新潟縣	中魚沼郡

六嘉（ロクカ）	村	熊本縣	上益城郡
六甲（ロクコウ）	村	兵庫縣	武庫郡
六角（ロクカク）	村	佐賀縣	杵島郡
六島（ロクトウ）	村	山口縣	阿武郡
六莊（ロクシヤウ）	村	滋賀縣	坂田郡
六榮（ロクエイ）	村	熊本縣	玉名郡
六戸（ロクノヘ）	村	青森縣	上北郡
六合（ロクニ）	村	群馬縣	吾妻郡

ハの部

葉山（ハヤマ）	町	神奈川縣	三浦郡
葉山（ハヤマ）	村	滋賀縣	栗太郡
葉鹿（ハジカ）	町	栃木縣	足利郡
葉枝見（ハエミ）	村	滋賀縣	愛知郡
葉梨（ハナシ）	村	靜岡縣	志太郡
葉栗（ハクリ）	村	愛知縣	葉栗郡
葉木（ハキ）	村	熊本縣	八代郡
羽黑（ハグロ）	村	愛知縣	丹羽郡
		栃木縣	河内郡

羽生（ハニフ）	村	福井縣	大野郡
		埼玉縣	北埼玉郡
羽田（ハネダ）	村	岩手縣	江刺郡
羽田（ハネダ）	町	東京府	荏原郡
羽床上（ハイカカミ）	村	香川縣	綾歌郡
羽床（ハイカ）	村	香川縣	綾歌郡
羽ノ浦（ハノウラ）	町	德島縣	羽賀郡
羽咋（ハクヒ）	町	石川縣	羽咋郡
羽幌（ハホロ）	町	北海道	苫前郡
羽犬塚（ハイヌツカ）	町	福岡縣	八女郡
羽和泉（ハイツミ）	村	廣島縣	御調郡
羽鹿島（ハガシマ）	村	山梨縣	西八代郡
羽束師（ハツカシ）	村	京都府	乙訓郡
羽根（ハネ）	村	高知縣	安藝郡
羽茂（ハモ）	村	新潟縣	佐渡郡
羽月（ハツキ）	村	鹿兒島縣	伊佐郡
羽出（ハネデ）	村	岡山縣	苫田郡
羽津（ハツ）	村	三重縣	三重郡
羽地（ハネチ）	村	沖繩縣	國頭郡
土生（ハブ）	町	廣島縣	御調郡

土生郷（ハフガウ）	村	大阪府	泉南郡
土師（ハジ）	村	鳥取縣	八頭郡
波多津（ハタツ）	村	佐賀縣	西松浦郡
波多野（ハタノ）	村	奈良縣	山邊郡
波多（ハタ）	村	島根縣	飯石郡
		長野縣	東筑摩郡
波根東（ハネヒガシ）	村	島根縣	安濃町
波根西（ハネニシ）	村	島根縣	安濃郡
波瀨（ハセ）	村	三重縣	飯南郡
		三重縣	一志郡
波崎（ハサキ）	町	茨城縣	鹿島郡
波止濱（ハシハマ）	町	愛媛縣	越智郡
波田江（ハタエ）	村	福岡縣	糸島郡
波浮港（ハフミナト）	村	東京府	大島
波入（ハニフ）	村	島根縣	八束郡
波佐（ハサ）	村	島根縣	那賀郡
波積（ハヅミ）	村	島根縣	邇摩郡
波方（ハカタ）	村	愛媛縣	越智郡
初狩（ハツカリ）	村	山梨縣	北都留郡

初山(ハツヤマ)	村	長崎縣	壹岐郡
初倉(ハツクラ)	村	靜岡縣	榛原郡
初聲(ハツコエ)	村	神奈川縣	三浦郡
初瀨(ハツセ)	町	奈良縣	磯城郡
初鹿野(ハジカノ)	村	山梨縣	東山梨郡
杷木(ハキ)	村	福岡縣	朝倉郡
垪和(ハガ)	村	岡山縣	久米郡
埴生(ハニフ)	村	富山縣	西礪波郡
		長野縣	埴科郡
		大阪府	南河內郡
垣生(ハブ)	村	愛媛縣	新居郡
		愛媛縣	溫泉郡
長谷(ハセ)	村	兵庫縣	神崎郡
長谷毛原(ハセモハラ)	村	和歌山縣	那賀郡
長谷川(ハセガワ)	村	大分縣	大野郡
榛原(ハイバラ)	町	奈良縣	宇陀郡
榛澤(ハンザワ)	村	埼玉縣	大里郡
拜島(ハイシマ)	村	東京府	北多摩郡
拜志(ハイシ)	村	愛媛縣	溫泉郡
梅林(バイリン)	村	熊本縣	玉名郡

端山(ハヤマ)	村	德島縣	美馬郡
齒舞(ハボマイ)	村	北海道	花咲郡
鳩ケ谷(ハトガヤ)	町	埼玉縣	北足立郡
鳩崎(ハトサキ)	村	茨城縣	稻敷郡
馬頭(バトウ)	町	栃木縣	那須郡
馬場目(バノメ)	村	秋田縣	南秋田郡
蜂屋(ハチヤ)	村	岐阜縣	加茂郡
鉢形(ハチカタ)	村	埼玉縣	大里郡
八幡(ハチマン)	町	滋賀縣	蒲生郡
		岐阜縣	郡上郡
八幡(ハチマン)	村	岩手縣	稗貫郡
八條(ハチゼウ)	村	兵庫縣	城崎郡
		埼玉縣	南埼玉郡
八濱(ハチハマ)	町	岡山縣	兒島郡
八屋(ハチヤ)	町	福岡縣	築上郡
八田(ハタ)	村	高知縣	吾川郡
		石川縣	河北郡
八津田(ハツタ)	村	福岡縣	築上郡

八田荘(ハンダノシヤウ)	村	大阪府	泉北郡
八分字(ハフジ)	村	熊本縣	飽託郡
八之尻(ハチノシリ)	村	山梨縣	西山梨郡
八嘉(ハチカ)	村	熊本縣	玉名郡
八開(ハツカイ)	村	愛知縣	海部郡
八上(ハチカミ)	村	鳥取縣	八頭郡
八多(ハタ)	村	兵庫縣	有馬郡
八東(ハツトウ)	村	鳥取縣	八頭郡
八萬(ハチマン)	村	德島縣	名東郡
八森(ハチモリ)	村	秋田縣	山本郡
針ケ別所(ハリガベツシヨ)	村	奈良縣	山邊郡
針道(ハリミチ)	村	福島縣	安達郡
針原(ハリハラ)	村	富山縣	上新川郡
治田(ハルタ)	村	滋賀縣	栗太郡
		三重縣	員辨郡
晴田(ハルタ)	村	佐賀縣	小城郡
晴山(ハレヤマ)	村	岩手縣	九戸郡
春富(ハルトミ)	村	熊本縣	玉名郡
春日(ハルヒ)	村	愛知縣	西春日井郡
春江(ハルエ)	村	福井縣	坂井郡

春岡	ハルヲカ	村	埼玉縣	北足立郡
春木	ハルキ	町	大阪府	泉北郡
春殖	ハルエ	村	島根縣	大原郡
春近	ハルチカ	村	岐阜縣	山縣郡
春里	ハルサト	村	岐阜縣	可兒郡
伯太	ハカタ	村	大阪府	泉北郡
畑	ハタ	村	兵庫縣	多紀郡
畑野	ハタノ	村	新潟縣	佐渡郡
畑賀	ハタガ	村	廣島縣	安藝郡
畑屋	ハタヤ	村	秋田縣	仙北郡
畑山	ハタヤマ	村	高知縣	安藝郡
畑八	ハタヤ	村	長野縣	南佐久郡
畑田	ハタダ	村	香川縣	綾歌郡
畑迫	ハタセコ	村	島根縣	鹿足郡
畑地	ハタチ	村	愛媛縣	北宇和郡
畑岡	ハタヲカ	村	宮城縣	栗原郡
畑岡	ハナヲカ	村	青森縣	南津輕郡
幡屋	ハタヤ	村	島根縣	大原郡
幡多	ハタ	村	岡山縣	上道郡
幡山	ハタヤマ	村	愛知縣	愛知郡
幡野	ハタノ	村	秋田縣	雄勝郡
幡羅	ハタラ	村	埼玉縣	大里郡
幡豆	ハヅ	町	愛知縣	幡豆郡
幡郷	ハタサト	村	鳥取縣	西伯郡
機初	ハタソメ	村	茨城縣	久慈郡
機殿	ハタトノ	村	三重縣	飯南郡
秦川	ハタカハ	村	滋賀縣	愛知郡
秦野	ハタノ	町	神奈川縣	中郡
秦野	ハタノ	村	大阪府	豊能郡
秦	ハタ	村	埼玉縣	大里郡
			高知縣	土佐郡
			岡山縣	吉備郡
旗川	ハタカハ	村	栃木縣	安蘇郡
畠口	ハタクチ	村	熊本縣	飽託郡
廿日市	ハツカイチ	町	廣島縣	佐伯郡
發足	ハツタリ	村	北海道	岩内郡
服部	ハツトリ	村	廣島縣	蘆品郡
			岡山縣	吉備郡
服織	ハトリ	村	静岡縣	安倍郡
花岡	ハナヲカ	村	秋田縣	北秋田郡
			鹿兒島縣	肝屬郡
			三重縣	飯南郡
花輪	ハナワ	町	秋田縣	鹿角郡
花輪	ハナワ	村	岩手縣	下閉伊郡
			山梨縣	中巨摩郡
花園	ハナゾノ	村	熊本縣	宇土郡
			和歌山縣	伊都郡
			石川縣	河北郡
			埼玉縣	大里郡
			京都府	葛野郡
花卷	ハナマキ	町	岩手縣	稗貫郡
花卷川口	ハナマキカワクチ	町	岩手縣	稗貫郡
花之木	ハナノキ	村	三重縣	阿山郡
花脊	ハナセ	村	京都府	愛宕郡
花垣	ハナガキ	村	三重縣	名賀郡
花舘	ハナダテ	村	秋田縣	仙北郡
花見	ハナミ	村	鳥取縣	東伯郡
花田	ハナタ	村	兵庫縣	飾磨郡
花泉	ハナイヅミ	村	岩手縣	西磐井郡

花山村	ハナヤマ	宮城縣	栗原郡
花房村	ハナフサ	熊本縣	菊池郡
花畑村	ハナハタ	東京府	南足立郡
花簇村	ハナムシ	熊本縣	玉名郡
華川村	ハナカハ	茨城縣	多賀郡
華城村	ハナキ	山口縣	佐波郡
塙川村	ハナカハ	秋田縣	山本郡
英村	ハナブサ	山梨縣	東八代郡
原村	ハラ	福岡縣	早良郡
		廣島縣	佐伯郡
		廣島縣	安佐郡
		廣島縣	山縣郡
		廣島縣	賀茂郡
		長野縣	諏訪郡
原町	ハラ	靜岡縣	駿東郡
		福島縣	相馬郡
		群馬縣	吾妻郡
		宮城縣	宮城郡
原田村	ハラダ	靜岡縣	小笠郡
		靜岡縣	富士郡
		廣島縣	御調郡
原谷村	ハラヤ	埼玉縣	秩父郡
		靜岡縣	小笠郡
		福島縣	大沼郡
原市町	ハライチ	埼玉縣	北足立郡
		群馬縣	碓氷郡
原市場村	ハライチバ	埼玉縣	入間郡
原道村	ハラミチ	埼玉縣	北埼玉郡
原通村	ハラトウリ	新潟縣	中頸城郡
原町村	ハラマチ	愛媛縣	伊豫郡
原別村	ハラベツ	青森縣	東津輕郡
原水村	ハラミズ	熊本縣	菊池郡
原泉村	ハライヅミ	靜岡縣	小笠郡
原里村	ハラサト	靜岡縣	駿東郡
腹赤村	ハラアカ	熊本縣	玉名郡
秡郷村	ハラヒガウ	福岡縣	京都郡
法成寺村	ハウセイジ	廣島縣	深安郡
法隆寺村	ハウリウジ	奈良縣	生駒郡
法勳寺村	ハフクンジ	香川縣	綾歌郡
法性寺村	ハフジヤウジ	滋賀縣	坂田郡
法奧澤村	ハフオクサハ	青森縣	上北郡
法吉村	ハフキ	島根縣	八束郡
法典村	ハフテン	千葉縣	東葛飾郡
寶木村	ハウギ	鳥取縣	氣高郡
寶珠花村	ハウジユハナ	埼玉縣	北葛飾郡
寶坂村	ハウサカ	福島縣	河沼郡
寶珠山村	ハウシユヤマ	福岡縣	朝倉郡
芳川村	ハウカハ	靜岡縣	濱名郡
芳田村	ハウタ	兵庫縣	加西郡
芳賀村	ハカ	群馬縣	勢多郡
鳳來寺村	ハウライジ	愛知縣	南設樂郡
箒根村	ハウキネ	栃木縣	鹽谷郡
坊澤村	バウサハ	秋田縣	北秋田郡
祝園村	ハウソノ	京都府	相樂郡
白山村	ハクサン	大分縣	大野郡
白水村	ハクスイ	熊本縣	上益城郡
		熊本縣	阿蘇郡
林野町	ハヤシノ	岡山縣	英田郡
林中村	ハヤシナカ	石川縣	石川郡
林崎村	ハヤシザキ	兵庫縣	明石郡

林田村（ハヤシタ）	兵庫縣	揖保郡
	香川縣	綾歌郡
林村（ハヤシ）	徳島縣	阿波郡
	神奈川縣	愛甲郡
	富山縣	西礪波郡
	香川縣	木田郡
	茨城縣	新治郡
	石川縣	石川郡
速星村（ハヤホシ）	富山縣	婦負郡
速川村（ハヤカハ）	富山縣	氷見郡
速野村（ハヤノ）	滋賀縣	野洲郡
速水村（ハヤミ）	滋賀縣	東淺井郡
隼村（ハヤブサ）	鳥取縣	八頭郡
早島町（ハヤジマ）	岡山縣	都窪郡
早月加積村（ハヤツキカツミ）	富山縣	中新川郡
早蘇村（ハヤソ）	和歌山縣	日高郡
早口村（ハヤクチ）	秋田縣	北秋田郡
早浦村（ハヤウラ）	熊本縣	天草郡
早川村（ハヤカハ）	神奈川縣	足柄下郡
早岐町（ハイキ）	長崎縣	東彼杵郡
早島（ハヤシマ）	東京府	新島
迫間村（ハヤマ）	熊本縣	菊池郡
駿馬村（ハヤメ）	福岡縣	三池郡
濱田村（ハマタ）	福島縣	岩瀬郡
	秋田縣	河邊郡
	熊本縣	飽託郡
濱田町（ハマタ）	島根縣	那賀郡
濱町（ハマ）	佐賀縣	藤津郡
	熊本縣	上益城郡
濱崎町（ハマサキ）	佐賀縣	東松浦郡
濱崎村（ハマサキ）	靜岡縣	加茂郡
濱坂町（ハマサカ）	兵庫縣	美方郡
濱寺町（ハマテラ）	大阪府	泉北郡
濱加積村（ハマカツミ）	富山縣	中新川郡
濱黒崎村（ハマクロサキ）	富山縣	上新川郡
濱四郷村（ハマシゴウ）	福井縣	坂井郡
濱島町（ハマシマ）	三重縣	志摩郡
濱舘村（ハマダテ）	青森縣	東津輕郡
濱郷村（ハマガウ）	三重縣	度會郡
濱原村（ハマハラ）	島根縣	邑智郡
濱口村（ハマグチ）	秋田縣	山本郡
濱浦村（ハマウラ）	長崎縣	南松浦郡
濱中村（ハマナカ）	和歌山縣	海草郡
	北海道	厚岸郡
濱武村（ハマタケ）	福岡縣	三潴郡
濱詰村（ハマツメ）	京都府	竹野郡
濱益村（ハママス）	北海道	濱益郡
箱崎町（ハコザキ）	福岡縣	糟屋郡
箱崎村（ハコザキ）	長崎縣	壹岐郡
箱根町（ハコネ）	神奈川縣	足柄下郡
箱根ケ崎村（ハコネケサキ）	東京府	西多摩郡
挾間村（ハサマ）	大分縣	大分郡
萩町（ハギ）	山口縣	阿武郡
萩原町（ハギハラ）	岐阜縣	益田郡
	愛知縣	中島郡
萩原村（ハギハラ）	香川縣	三豐郡
	廣島縣	雙三郡
萩野村（ハギノ）	愛知縣	西春日井郡
	福井縣	丹生郡
	山形縣	最上郡

			宮城縣	栗原郡
萩間（ハギマ）		村	靜岡縣	榛原郡
萩荘（ハギシヤウ）		村	岩手縣	西磐井郡
萩（ハギ）		村	愛知縣	寶飯郡
橋下條（ハシゲデウ）		村	富山縣	射水郡
橋下（ハシシモ）		村	佐賀縣	杵島郡
橋津（ハシツ）		村	鳥取縣	東伯郡
橋浦（ハシウラ）		村	宮城縣	桃生郡
橋立（ハシタテ）		村	石川縣	江沼郡
橋田（ハシタ）		村	新潟縣	中蒲原郡
橋上（ハシカミ）		村	高知縣	幡多郡
橋本（ハシモト）		町	和歌山縣	伊都郡
端岡（ハシヲカ）		村	香川縣	綾歌郡
端場（ハバ）		村	和歌山縣	伊都郡
端（ハシ）		村	石川縣	鹿島郡
走潟（ハシリガタ）		村	熊本縣	飽託郡
走島（ハシリジマ）		村	廣島縣	沼隈郡
階上（ハシカミ）		村	青森縣	三戸郡
			宮城縣	本吉郡
箸尾（ハシヲ）		町	奈良縣	北葛城郡

箸藏（ハシクラ）	村	德島縣	三好郡
櫨宇土（ハジウド）	村	熊本縣	天草郡
柱澤（ハシラザハ）	村	福島縣	伊達郡
椒（ハジカミ）	村	和歌山縣	海草郡
蓮沼（ハスヌマ）	村	千葉縣	山武郡
蓮池（ハスイケ）	村	高知縣	高岡郡
		佐賀縣	神崎郡
櫨谷（ハセタニ）	村	兵庫縣	明石郡
萬世（バンセイ）	町	鹿兒島縣	川邊郡
萬世（バンセイ）	村	山形縣	南置賜郡
半田（ハンダ）	町	德島縣	美馬郡
		愛知縣	知多郡
半田（ハンダ）	村	兵庫縣	揖保郡
		福島縣	伊達郡
半藏金（ハンザウガネ）	村	新潟縣	古志郡
飯能（ハンノウ）	町	埼玉縣	入間郡
飯江（ハエ）	村	福岡縣	三池郡
飯田（ハンダ）	村	大分縣	玖珠郡
板西（バンサイ）	村	德島縣	板野郡
板東（バントウ）	町	德島縣	板野郡

般若野（ハンニヤノ）	村	富山縣	東礪波郡
般若（ハンニヤ）	村	富山縣	東礪波郡
磐梯（バンダイ）	村	福島縣	耶麻郡
磐船（バンセン）	村	大阪府	北河内郡
坂下（バンゲ）	町	福島縣	河沼郡
吐田鄕（ハンダガウ）	村	奈良縣	南葛城郡
繁盛（ハンセイ）	村	兵庫縣	宍粟郡
伴谷（バンタニ）	村	滋賀縣	甲賀郡
判田（ハンタ）	村	大分縣	大分郡
南風原（ハエバル）	村	沖繩縣	島尻郡

ニの部

二本松（ニホンマツ）	町	福島縣	安達郡
二階堂（ニカイドウ）	村	奈良縣	山邊郡
二井宿（ニヰシユク）	村	山形縣	東置賜郡
二井田（ニヰタ）	村	秋田縣	北秋田郡
二木生（ニキフ）	村	愛媛縣	西宇和郡
二宮本鄕（ニノミヤホンガウ）	村	千葉縣	長生郡
二ノ宮（ニノミヤ）	村	香川縣	三豐郡

二宮（ニノミヤ）町	千葉縣	千葉郡
二宮（ニノミヤ）村	島根縣	那賀郡
二宮（ニグウ）村	新潟縣	佐渡郡
二万（ニマン）村	岡山縣	吉備郡
	島根縣	邇摩郡
二條（ニデウ）村	島根縣	美濃郡
二部（ニブ）村	鳥取縣	日野郡
二生（ニヅ）村	香川縣	小豆郡
二郷（ニガウ）村	三重縣	北牟婁郡
二上（ニジヤウ）村	奈良縣	北葛城郡
二里（ニリ）村	佐賀縣	西松浦郡
仁井（ニヰ）村	兵庫縣	津名郡
仁井田（ニヰダ）村	高知縣	高岡郡
	秋田縣	河邊郡
	福島縣	安達郡
仁田尾（ニタヲ）村	熊本縣	八代郡
仁田（ニタ）村	長崎縣	上縣郡
仁保（ニホ）村	廣島縣	安藝郡
	山口縣	吉敷郡
仁尾（ニヲ）町	香川縣	三豐郡
仁方（ニカタ）町	廣島縣	賀茂郡
仁比山（ニヒヤマ）村	佐賀縣	神崎郡
仁位（ニヰ）村	長崎縣	下縣郡
仁西（ニサイ）村	高知縣	吾川郡
仁科（ニシナ）村	靜岡縣	加茂郡
仁堀（ニホリ）村	岡山縣	赤磐郡
仁禮（ニレ）村	長野縣	上高井郡
仁歩（ニブ）村	富山縣	婦負郡
仁木（ニキ）村	岐阜縣	安八郡
仁手（ニテ）村	埼玉縣	兒玉郡
新津（ニイツ）町	新潟縣	中蒲原郡
新見（ニイミ）町	岡山縣	阿哲郡
新宿（ニイジユク）町	東京府	南葛飾郡
新居濱（ニヰハマ）町	愛媛縣	新居郡
新居（ニヰ）村	高知縣	高岡郡
	徳島縣	名東郡
	三重縣	阿山郡
	千葉縣	長生郡
	茨城縣	眞壁郡
新治（ニイハル）村	茨城縣	新治郡
	群馬縣	利根郡
	神奈川縣	都筑郡
新山（ニイヤマ）村	岡山縣	小田郡
	岡山縣	御津郡
新田（ニツタ）村	神奈川縣	都筑郡
	兵庫縣	城崎郡
	宮城縣	登米郡
新田（ニウタ）村	宮崎縣	兒湯郡
新堀（ニイホリ）村	山形縣	東田川郡
	岩手縣	稗貫郡
新和（ニイワ）村	埼玉縣	南埼玉郡
	青森縣	中津輕郡
新飯田（ニイイダ）村	新潟縣	中蒲原郡
新（ニイ）村	長野縣	東筑摩郡
新鶴（ニイツル）村	福島縣	大沼郡
新舘（ニイタテ）村	福島縣	相馬郡
新殿（ニイドノ）村	福島縣	安達郡
新冠（ニイカツプ）村	北海道	新冠郡
新郷（ニイサト）村	岡山縣	阿哲郡

新穂(ニイホ)村	新潟縣	佐渡郡
新潟(ニイガタ)村	新潟縣	南蒲原郡
新里(ニイサト)村	群馬縣	勢多郡
新野(ニイノ)村	岡山縣	勝田郡
	靜岡縣	小笠郡
新谷(ニイヤ)村	愛媛縣	喜多郡
新井(ニイヰ)村	兵庫縣	氷上郡
新方(ニイカタ)村	埼玉縣	南埼玉郡
新倉(ニイクラ)村	埼玉縣	北足立郡
新屋(ニイヤ)村	群馬縣	北甘樂郡
新月(ニイツキ)村	宮城縣	本吉郡
新頃(ニイゴロ)村	新潟縣	古志郡
荷上場(ニアゲバ)村	秋田縣	山本郡
荷路夫(ニジフ)村	福島縣	石城郡
丹生川(ニブカハ)村	岐阜縣	大野郡
	三重縣	員辨郡
丹生(ニフ)村	和歌山縣	日高郡
	群馬縣	北甘樂郡
	奈良縣	吉野郡
	香川縣	大川郡
	三重縣	多氣郡
	滋賀縣	伊香郡
	大分縣	北海部郡
入善(ニフゼン)町	富山縣	下新川郡
入西(ニッサイ)村	埼玉縣	入間郡
入田(ニフタ)村	大分縣	直入郡
	德島縣	名西郡
壬生川(ニフカハ)村	愛媛縣	周桑郡
上神谷(ニワタニ)村	大阪府	泉北郡
爾薩體(ニサッタイ)村	岩手縣	二戸郡
如是(ニョゼ)村	大阪府	三島郡
熱田(ニイタ)村	栃木縣	鹽谷郡
庭瀨(ニハセ)村	岡山縣	吉備郡
庭坂(ニハザカ)村	福島縣	信夫郡
庭窪(ニハクボ)村	大阪府	北河內郡
庭塚(ニハツカ)村	福島縣	信夫郡
日暮里(ニッポリ)町	東京府	北豐島郡
日光(ニッコウ)町	栃木縣	上都賀郡
日光(ニッコウ)村	鳥取縣	日野郡
日進(ニッシン)村	埼玉縣	北足立郡
	愛知縣	愛知郡
日原(ニチハラ)村	島根縣	鹿足郡
日向(ニチカウ)村	山形縣	飽海郡
日橋(ニッパシ)村	福島縣	河沼郡
日東(ニットウ)村	埼玉縣	入間郡
日坂(ニッサカ)村	靜岡縣	小笠郡
蜷川(ニナカハ)村	富山縣	上新川郡
韮崎(ニラサキ)町	山梨縣	北巨摩郡
韮山(ニラヤマ)村	靜岡縣	田方郡
韮川(ニラカハ)村	群馬縣	山田郡
鈍川(ニブカハ)村	愛媛縣	越智郡
濁川(ニゴリカハ)村	新潟縣	北蒲原郡
賑岡(ニギヲカ)村	山梨縣	北都留郡
西之表(ニシノヲモテ)町	鹿兒島縣	熊毛郡
西馬音內(ニシモナイ)町	秋田縣	雄勝郡
西阿知(ニシアチ)町	岡山縣	淺口郡
西江原(ニシエハラ)町	岡山縣	後月郡
西安岐(ニシアキ)町	大分縣	東國東郡
西巢鴨(ニシスガモ)町	東京府	北豐島郡

- 西水橋(ニシミヅハシ)町　富山縣　中新川郡
- 西銚子(ニシチウシ)町　千葉縣　海上郡
- 西市(ニシイチ)町　山口縣　豊浦郡
- 西市來(ニシイチキ)村　鹿兒島縣　日置郡
- 西(ニシ)村
  - 香川縣　小豆郡
  - 廣島縣　沼隈郡
  - 千葉縣　長生郡
- 西ノ(ニシノ)村　熊本縣　球磨郡
- 西谷(ニシタニ)村
  - 石川縣　江沼郡
  - 福岡縣　企救郡
  - 新潟縣　古志郡
  - 大分縣　下毛郡
- 西ノ谷(ニシノタニ)村
  - 福井縣　大野郡
  - 兵庫縣　川邊郡
  - 兵庫縣　養父郡
  - 兵庫縣　宍粟郡
- 西川副(ニシカハソヘ)村　佐賀縣　佐賀郡
- 西川登(ニシカワノボリ)村　佐賀縣　杵島郡
  - 高知縣　香美郡
  - 岐阜縣　郡上郡

- 西川(ニシカハ)村
  - 福島縣　大沼郡
  - 福岡縣　鞍手郡
  - 岡山縣　久米郡
  - 新潟縣　東蒲原郡
- 西浦(ニシウラ)町　愛知縣　知多郡
- 西浦(ニシウラ)村
  - 静岡縣　田方郡
  - 大阪府　南河內郡
  - 神奈川縣　三浦郡
  - 愛知縣　寶飯郡
  - 山口縣　佐波郡
  - 石川縣　羽咋郡
- 西浦上(ニシウラカミ)村　長崎縣　西彼杵郡
- 西分(ニシブン)村
  - 高知縣　安藝郡
  - 高知縣　吾川郡
  - 香川縣　綾歌郡
- 西海(ニシウミ)村
  - 石川縣　珠洲郡
  - 新潟縣　西頸城郡
- 西郷(ニシガウ)町　兵庫縣　武庫郡
- 西郷(ニシガウ)村
  - 山形縣　西田川郡
  - 山形縣　北村山郡

  - 山形縣　南村山郡
  - 福島縣　西白河郡
- 西山口(ニシヤマグチ)村　静岡縣　小笠郡
- 西山(ニシヤマ)村
  - 山形縣　西村山郡
  - 山梨縣　南巨摩郡
  - 岡山縣　赤磐郡
  - 三重縣　南牟婁郡
  - 岩手縣　岩手郡
- 西濱(ニシハマ)村
  - 兵庫縣　美方郡
  - 島根縣　簸川郡
- 西島(ニシジマ)村
  - 石川縣　鹿島郡
  - 山梨縣　南巨摩郡
- 西野尻(ニシノジリ)村　富山縣　西礪波郡
- 西野(ニシノ)村
  - 山梨縣　中巨摩郡
  - 廣島縣　豊田郡
  - 廣島縣　御調郡
- 西里(ニシサト)村
  - 山形縣　西村山郡
  - 熊本縣　飽海郡
- 西根(ニシネ)村
  - 山形縣　西置賜郡
  - 山形縣　西村山郡
  - 宮城縣　伊具郡

西庄内村（ニシシャウナイ）	大分縣	大分郡
西庄村（ニシシャウ）	兵庫縣	佐用郡
西田村（ニシダ）	福井縣	三方郡
	島根縣	簸川郡
西尾村（ニシヲ）	德島縣	麻植郡
	石川縣	能美郡
西尾町（ニシヲ）	愛知縣	幡豆郡
西方村（ニシカタ）	福島縣	大沼郡
	鹿兒島縣	大島郡
	栃木縣	上都賀郡
西保村（ニシホ）	山梨縣	東山梨郡
	石川縣	鳳至郡
西館村（ニシタテ）	秋田縣	北秋田郡
西六郷村（ニシロクガウ）	大阪府	中河内郡
西氣村（ニシギ）	兵庫縣	城崎郡
西灘村（ニシナダ）	兵庫縣	武庫郡
西府村（ニシフ）	東京府	北多摩郡
西内村（ニシウチ）	長野縣	小縣郡
西條村（ニシゼウ）	長野縣	埴科郡
西江村（ニシエ）	岐阜縣	海津郡
西郡村（ニシゴホリ）	大阪府	中河内郡
西越村（ニシゴシ）	新潟縣	三島郡
西津村（ニシツ）	福井縣	遠敷郡
西桂村（ニシカツラ）	山口縣	南都留郡
西庄村（ニシシャウ）	香川縣	綾歌郡
西目村（ニシメ）	秋田縣	由利郡
西瀨村（ニシセ）	熊本縣	球磨郡
西成村（ニシナリ）	愛知縣	丹羽郡
西原村（ニシハル）	沖繩縣	中頭郡
西湖村（ニシノウミ）	山梨縣	南都留郡
西向村（ニシムキ）	和歌山縣	東牟婁郡
西岬村（ニシヲキ）	千葉縣	安房郡
西畑村（ニシハタ）	千葉縣	夷隅郡
西岸村（ニシキシ）	石川縣	鹿島郡
西湊村（ニシミナト）	石川縣	鹿島郡
西袋村（ニシフクロ）	福島縣	岩瀨郡
西嶽村（ニシダケ）	宮崎縣	北諸縣郡
西貝村（ニシカヒ）	靜岡縣	磐田郡
西小椋村（ニシヲグラ）	滋賀縣	愛知郡
西小國村（ニシヲグニ）	山形縣	最上郡
西小澤村（ニシヲザワ）	茨城縣	久慈郡
西大路村（ニシオホヂ）	滋賀縣	蒲生郡
西大野村（ニシオホノ）	大分縣	大野郡
西大村（ニシオホ）	長崎縣	東彼杵郡
西中通村（ニシナカトウリ）	新潟縣	刈羽郡
西中浦村（ニシナカウラ）	大分縣	南海部郡
西黑部村（ニシクロベ）	三重縣	飯南郡
西黑田村（ニシクロダ）	滋賀縣	坂田郡
西神吉村（ニシカムキ）	兵庫縣	印南郡
西神納村（ニシカンナフ）	新潟縣	岩船郡
西太良村（ニシタラ）	鹿兒島縣	伊佐郡
西太美村（ニシフトミ）	富山縣	西礪波郡
西櫻島村（ニシサクラジマ）	鹿兒島縣	鹿兒島郡
西櫻谷村（ニシサクラダニ）	滋賀縣	蒲生郡
西外海村（ニシソトウミ）	愛媛縣	南宇和郡
西外城田村（ニシソトキダ）	三重縣	多氣郡
西有家町（ニシアリヘ）	長崎縣	南高來郡
西有田村（ニシアリタ）	大分縣	日田郡
西武田村（ニシタケタ）	鹿兒島縣	鹿兒島郡

西武藏村	ニシムサシ	大分縣	東國東郡
西武藝村	ニシムグ	岐阜縣	武儀郡
西春近村	ニシハルチカ	長野縣	上伊那郡
西春村	ニシハル	愛知縣	西春日井郡
西大崎村	ニシオホサキ	宮城縣	玉造郡
西太田村	ニシオホタ	廣島縣	世羅郡
西五百川村	ニシイモカハ	山形縣	西村山郡
西祖谷山村	ニシソヤヤマ	德島縣	美馬郡
西目屋村	ニシノメヤ	青森縣	中津輕郡
西淺羽村	ニシアサハ	靜岡縣	磐田郡
西多摩村	ニシタマ	東京府	西多摩郡
西和良村	ニシソラ	岐阜縣	郡上郡
西白川村	ニシシラカハ	岐阜縣	加茂郡
西益津村	ニシマスツ	靜岡縣	志太郡
西鹽田村	ニシシホタ	長野縣	小縣郡
西新井町	ニシアラヰ	東京府	南足立郡
西吳羽村	ニシクレハ	富山縣	婦負郡
西豐永村	ニシトヨナ	高知縣	長岡郡
西平內村	ニシヒラナイ	青森縣	東津輕郡

西中島村	ニシナカジマ	愛媛縣	溫泉郡
西伯方村	ニシハカタ	愛媛縣	越智郡
西藤原村	ニシフヂハラ	三重縣	員辨郡
西拓植村	ニシツゲ	三重縣	阿山郡
西陶器村	ニシタウキ	大阪府	泉北郡
西葛城村	ニシカツラギ	大阪府	泉南郡
西鳥取村	ニシトツトリ	大阪府	泉南郡
西信達村	ニシシンダチ	大阪府	泉南郡
西遊佐村	ニシユサ	山形縣	飽海郡
西秋留村	ニシアキル	東京府	西多摩郡
西平田村	ニシヒラタ	山形縣	飽海郡
西都甲村	ニシトガフ	大分縣	西國東郡
西眞玉村	ニシマタマ	大分縣	西國東郡
西上浦村	ニシカミウラ	大分縣	南海部郡
西須佐村	ニシスサ	島根縣	飯石郡
西粟倉村	ニシアワクラ	岡山縣	英田郡
西押立村	ニシオシタテ	滋賀縣	愛知郡
西在田村	ニシアリタ	兵庫縣	加西郡
西安居村	ニシアゴ	福井縣	丹生郡
西藤島村	コシフヂシマ	福井縣	吉田郡

西瀧澤村	ニシタキザハ	秋田縣	由利郡
西合志村	ニシガツシ	熊本縣	菊池郡
西五位村	ニシゴエ	富山縣	西礪波郡
西成瀬村	ニシナルセ	秋田縣	雄勝郡
西志方村	ニシシカタ	兵庫縣	印南郡
西加茂村	ニシカモ	岡山縣	苫田郡
西三川村	ニシミカハ	新潟縣	佐渡郡
西秦野村	ニシハダノ	神奈川縣	中郡
西甲良村	ニシカフラ	滋賀縣	犬上郡
西栗栖村	ニシクリス	兵庫縣	揖保郡
西馬城村	ニシマキ	大分縣	宇佐郡
西荒瀬村	ニシアラセ	山形縣	飽海郡
西山內村	ニシヤマノウチ	茨城縣	西茨城郡
西內原村	ニシウチハラ	和歌山縣	日高郡
西貴志村	ニシキシ	和歌山縣	那賀郡
西山東村	ニシサントウ	和歌山縣	海草郡
西和佐村	ニシワサ	和歌山縣	海草郡
西脇野村	ニシワキノ	利歌山縣	海草郡
西脇村	ニシカキ	兵庫縣	多可郡

西富田村	ニシトミタ	和歌山縣	西牟婁郡
西多賀村	ニシタガ	宮城縣	名取郡
西水引村	ニシミツヒキ	鹿兒島縣	薩摩郡
西南方村	ニシミナミカタ	鹿兒島縣	川邊郡
西長島村	ニシナガシマ	鹿兒島縣	出水郡
西串良村	ニシクシラ	鹿兒島縣	肝屬郡
西國分村	ニシコクブ	鹿兒島縣	姶良郡
西襲山村	ニシソノヤマ	鹿兒島縣	姶良郡
西志布志村	ニシシブシ	鹿兒島縣	囎唹郡
西土田村	ニシツチダ	石川縣	羽咋郡
西增穂村	ニシマスホ	石川縣	羽咋郡
西角田村	ニシスダ	福岡縣	築上郡
西吉富村	ニシヨシトミ	福岡縣	築上郡
西牟田村	ニシムタ	福岡縣	三潴郡
西宮永村	ニシミヤナガ	福岡縣	山門郡
西高屋村	ニシタカヤ	廣島縣	賀茂郡
西志和村	ニシシワ	廣島縣	賀茂郡
西生口村	ニシイクチ	廣島縣	豊田郡
西與賀村	ニシヨカ	佐賀縣	佐賀郡
西嬉野村	ニシウレシノ	佐賀縣	藤津郡

西多久村	ニシタク	佐賀縣	小城郡
西山代村	ニシヤマシロ	佐賀縣	西松浦郡
西豊田村	ニシトヨダ	茨城縣	結城郡
西横野村	ニシヨコノ	群馬縣	碓氷郡
西谷田村	ニシタニダ	群馬縣	邑樂郡
西那須野村	ニシナスノ	栃木縣	那須郡
西大蘆村	ニシオホアシ	栃木縣	上都賀郡
西吉見村	ニシヨシミ	埼玉縣	比企郡
西和束村	ニシワツカ	京都府	相樂郡
西大浦村	ニシオホウラ	京都府	加佐郡
西別院村	ニシベツヰン	京都府	南桑田郡
西中筋村	ニシナカスヂ	京都府	天田郡
西本梅村	ニシホンウメ	京都府	船井郡
西八田村	ニシヤツタ	京都府	何鹿郡
西島牧村	ニシシママキ	北海道	島牧郡
西興部村	ニシオコツペ	北海道	紋別郡
西足寄村	ニシアシヨロ	北海道	中川郡
西米良村	ニシメラ	宮崎縣	兒湯郡
西植田村	ニジウエダ	香川縣	木田郡
西岐波村	ニシキハ	山口縣	吉敷郡

西厚保村	ニシアツホ	山口縣	美禰郡
西穂高村	ニシホタカ	長野縣	南安曇郡
西枇杷島町	ニシビワジマ	愛知縣	西春日井郡
西加積村	ニシカスミ	富山縣	中新川郡
西布施村	ニシフセ	富山縣	下新川郡
西箕輪村	ニシミノワ	長野縣	上伊那郡
西寺尾村	ニシテラヲ	長野縣	更級郡
西長倉村	ニシナガクラ	長野縣	北佐久郡
錦村	ニシキ	福島縣	石城郡
		山梨縣	東八代郡
		三重縣	北牟婁郡
錦生村	ニシキ	三重縣	名賀郡
錦部村	ニシキベ	長野縣	東筑摩郡
錦津村	ニシキツ	岐阜縣	可兒郡
錦田村	ニシキダ	靜岡縣	田方郡
錦郡村	ニシキコウリ	大阪府	南河內郡
錦木村	ニシキギ	秋田縣	鹿角郡
錦野村	ニシキノ	熊本縣	阿蘇郡
錦織村	ニシキオリ	宮城縣	登米郡
錦江村	ニシキエ	佐賀縣	杵島郡

新冠村	北海道	新冠郡

ホの部

保戸島(ホドシマ)村	岐阜縣	山縣郡
	大分縣	北海部郡
保原(ホバラ)町	福島縣	伊達郡
保田(ホタ)町	千葉縣	安房郡
保倉(ホクラ)村	新潟縣	東頸城郡
	新潟縣	中頸城郡
保見(ホミ)村	愛知縣	西加茂郡
保科(ホシナ)村	長野縣	上高井郡
保津(ホウツ)村	京都府	南桑田郡
保谷(ホヤ)村	東京府	北多摩郡
保內(ホウナイ)村	新潟縣	岩船郡
保々(ホボ)村	三重縣	三重郡
穗積(ホヅミ)村	岐阜縣	本巣郡
	長野縣	南佐久郡
	山梨縣	南巨摩郡
	福島縣	安積郡
	栃木縣	下都賀郡
穗波(ホナミ)村	福岡縣	嘉穗郡
	長野縣	下高井郡
穗高(ホタカ)町	長野縣	南安曇郡
穗高(ホタカ)村	長野縣	下高井郡
穗井田(ボエタ)村	岡山縣	吉備郡
穗原(ボバラ)村	三重縣	度會郡
穗坂(ホサカ)村	山梨縣	北巨摩郡
穗足(ホタル)村	山梨縣	北巨摩郡
帆寄(ホヨリ)村	樺太	元泊郡
母畑(ボハタ)村	福島縣	石川郡
布袋(ホテ)町	愛知縣	丹羽郡
上枝(ホズエ)村	岐阜縣	大野郡
幌筵(ホロムシロ)島	北海道	占守郡
幌加內(ホロガナイ)村	北海道	雨龍郡
幌延(ホロノブ)村	北海道	天鹽郡
幌別(ホロベツ)村	北海道	幌別郡
幌向(ホロムイ)村	北海道	空知郡
幌泉(ホロイヅミ)村	北海道	幌泉郡
堀之內(ホリノウチ)町	靜岡縣	小笠郡
	新潟縣	北魚沼郡
堀江(ホリエ)村	德島縣	板野郡
	愛媛縣	溫泉郡
堀越(ホリコシ)村	青森縣	中津輕郡
	新潟縣	北蒲原郡
堀內(ホリウチ)村	京都府	紀伊郡
	山形縣	最上郡
堀米(ホリコメ)町	栃木縣	安蘇郡
堀兼(ホリカネ)村	埼玉縣	入間郡
堀川(ホリカハ)村	富山縣	上新川郡
堀田(ホリタ)村	山形縣	南村山郡
堀岡(ホリヲカ)村	富山縣	射水郡
堀津(ホッツ)村	岐阜縣	羽島郡
堀松(ホリマツ)村	石川縣	羽咋郡
細島(ホソシマ)町	宮崎縣	東臼杵郡
細野(ホソノ)村	和歌山縣	那賀郡
	群馬縣	碓氷郡
	京都府	北桑田郡
細呂木(ホソロギ)村	福井縣	坂井郡

細入村	ホソイリ	富山縣	婦負郡
細見村	ホソミ	京都府	天田郡
細川村	ホソカハ	兵庫縣	美嚢郡
細河村	ホソカハ	大阪府	豊能郡
細江村	ホソエ	岐阜縣	吉城郡
細田村	ホソタ	宮崎縣	南那珂郡
洞戸村	ホラト	岐阜縣	武儀郡
北條町	ホウジヤウ	愛媛縣	溫泉郡
		兵庫縣	加西郡
		千葉縣	安房郡
北城村	ホウジヤウ	長野縣	北安曇郡
北濃村	ホクノウ	岐阜縣	郡上郡
北龍村	ホクリウ	北海道	雨龍郡
法勝寺村	ホウシヤウジ	鳥取縣	西伯郡
寶立村	ホウリツ	石川縣	珠洲郡
鳳來村	ホウライ	山梨縣	北巨摩郡
方城村	ホウジヤウ	福岡縣	田川郡
防府町	ボウフ	山口縣	佐波郡
鉾田町	ホコタ	茨城縣	鹿島郡
鉾立村	ホコタテ	岡山縣	兒島郡
鉾衝村	ホコツキ	福島縣	岩瀬郡
星宮村	ホシミヤ	埼玉縣	北埼玉郡
星田村	ホシタ	大阪府	北河內郡
星鹿村	ホシカ	長崎縣	北松浦郡
星野村	ホシノ	福岡縣	八女郡
星河村	ホシカハ	埼玉縣	北埼玉郡
千布村	ホンヌノ	山形縣	東村山郡
本郷町	ホンガウ	愛知縣	北設樂郡
		福島縣	大沼郡
		廣島縣	豊田郡
本郷村	ホンガウ	神奈川縣	鎌倉郡
		岡山縣	阿哲郡
		福井縣	大飯郡
		福井縣	坂井郡
		山形縣	西村山郡
		山形縣	東田川郡
		岐阜縣	揖斐郡
		岐阜縣	惠那郡
		長野縣	東筑摩郡
		長野縣	諏訪郡
		山口縣	玖珂郡
		埼玉縣	大里郡
		栃木縣	河內郡
		廣島縣	沼隈郡
		福岡縣	三井郡
		石川縣	鳳至郡
本江村	ホンガウ	富山縣	射水郡
本庄町	ホンジヤウ	宮崎縣	東諸縣郡
		埼玉縣	兒玉郡
本庄村	ホンジヤウ	鳥取縣	岩美郡
		島根縣	八束郡
		岡山縣	邑久郡
		靜岡縣	高島郡
		兵庫縣	武庫郡
		兵庫縣	有馬郡
		京都府	與謝郡
		佐賀縣	佐賀郡
		廣島縣	安藝郡
		廣島縣	深安郡
本莊町	ホンジヤウ	秋田縣	由利郡

本荘村	ホンジヤウ	山形縣	南村山郡
		岐阜縣	稻葉郡
		福井縣	坂井郡
		岡山縣	兒島郡
		岡山縣	和氣郡
本城寺村	ホンジヤウジ	新潟縣	南蒲原郡
本城村	ホンジヤウ	宮崎縣	南那珂郡
		鹿兒島縣	伊佐郡
		長野縣	東筑摩郡
本村	ホン	廣島縣	比婆郡
		廣島縣	高田郡
		東京府	新島
		熊本縣	天草郡
本田町	ホンダ	岐阜縣	本巢郡
		東京府	南葛飾郡
本田村	ホンダ	新潟縣	北蒲原郡
本多村	ホンダ	奈良縣	生駒郡
本渡町	ホンド	熊本縣	天草郡
本戸村	ホンド	熊本縣	天草郡
本斗町	ホント	樺太	本斗郡
本導寺村	ホンダウジ	山形縣	西村山郡
本納町	ガンウ	千葉縣	長生郡
本島村	ホンシマ	香川縣	仲多度郡
本別村	ホンベツ	北海道	中川郡
本名村	ホンナ	福島縣	大沼郡
本宮村	ホングウ	和歌山縣	東牟婁郡
本地村	ホンチ	廣島縣	山縣郡
本畠村	ホンハタ	埼玉縣	大里郡
本梅村	ホウメ	京都府	南桑田郡
譽田村	ホンダ	兵庫縣	揖保郡
		茨城縣	久慈郡
		千葉縣	千葉郡
ポンチリポイ島		北海道	得撫郡

への部

平和村	ヘイワ	愛知縣	中島郡
		奈良縣	添上郡
		千葉縣	匝瑳郡
平泉寺村	ヘイセンジ	福井縣	大野郡
平良崎村	ヘラサキ	青森縣	三戸郡
平郡村	ヘイグン	山口縣	大島郡
平郡村	ヘグリ	奈良縣	生駒郡
		千葉縣	安房郡
平莊村	ヘイサウ	兵庫縣	印南郡
平三村	ヘイソウ	千葉縣	市原郡
平城村	ヘイジヨウ	奈良縣	生駒郡
平良村	ヘラ	廣島縣	佐伯郡
別子山村	ベツシヤマ	愛媛縣	宇摩郡
別府町	ベツプ	兵庫縣	加古郡
別府村	ベツプ	山口縣	美禰郡
		高知縣	高岡郡
		埼玉縣	大里郡
別所村	ベツシヨ	長野縣	小縣郡
		兵庫縣	美囊郡
		兵庫縣	印南郡
別保村	ベツボ	大分縣	大分郡
別海村	ベツカイ	北海道	野付郡
戸田村	ヘダ	靜岡縣	田方郡
		山口縣	都濃郡

戸次(ヘツギ)	町	大分縣	大分郡
戸來(ヘライ)	村	青森縣	三戸郡
戸波(ヘハ)	村	高知縣	高岡郡
戸坂(ヘサカ)	村	廣島縣	安藝郡
辨邊(ベンベ)	村	北海道	虻田郡
辨天(ベンテン)	村	秋田縣	雄勝郡
兵庫(ヘウゴ)	村	福井縣	坂井郡
兵主(ヘウズ)	村	滋賀縣	野洲郡
蛇田(ヘビタ)	村	宮城縣	牡鹿郡
日置(ヘキ)	村	山口縣	大津郡
部屋(ヘヤ)	村	栃木縣	下都賀郡
邊春(ヘバル)	村	福岡縣	八女郡

トの部

戸塚(トツカ)	町	東京府	豐多摩郡
		神奈川縣	鎌倉郡
戸塚(トツカ)	村	埼玉縣	北足立郡
戸田(トダ)	村	千葉縣	市原郡
		埼玉縣	北足立郡
		岩手縣	九戸郡
戸倉(トクラ)	村	宮城縣	本吉郡
		東京府	西多摩郡
		長野縣	埴科郡
戸澤(トザワ)	村	福島縣	安達郡
		山形縣	最上郡
		山形縣	北村上郡
戸島(トジマ)	村	廣島縣	高田郡
		愛媛縣	北宇和郡
戸米川(トメカワ)	村	秋田縣	河邊郡
戸河内(トガウチ)	郡	廣島縣	山縣郡
戸出(トイデ)	町	富山縣	西礪波郡
戸原(トハラ)	村	兵庫縣	宍粟郡
戸賀(トガ)	村	秋田縣	南秋田郡
戸ケ崎(トガサキ)	村	埼玉縣	北葛飾郡
戸石(トイシ)	村	長崎縣	北高來郡
戸ノ上(トノウヘ)	村	大分縣	大野郡
戸木(トキ)	村	三重縣	一志郡
戸井(トヰ)	村	北海道	龜田郡
戸多(トダ)	村	茨城縣	那珂郡
戸崎(トサキ)	村	熊本縣	菊池郡

戸板(トイタ)	村	石川縣	石川郡
戸手(トテ)	村	廣島縣	蘆品郡
戸隱(トガクレ)	村	長野縣	上水内郡
戸馳(トハセ)	村	熊本縣	宇土郡
戸野(トノ)	村	廣島縣	豐田郡
戸山(トヤマ)	村	廣島縣	安佐郡
土居(ドイ)	村	愛媛縣	宇摩郡
		岡山縣	英田郡
		愛媛縣	東宇和郡
土肥(トヒ)	村	靜岡縣	田方郡
土氣本郷(トケホンガウ)	町	千葉縣	山武郡
土井首(ドキノクビ)	村	長崎縣	西彼杵郡
土貴野(トキノ)	村	岐阜縣	本巢郡
土庄(トノシヤウ)	村	香川縣	小豆郡
土器(ドキ)	村	香川縣	綾歌郡
土佐山(トサヤマ)	村	高知縣	土佐郡
土佐(トサ)	村	高知縣	安藝郡
土岐(トキ)	町	岐阜縣	土岐郡
土岐津(トキツ)	村	岐阜縣	土岐郡
土成(トナリ)	村	德島縣	阿波郡

土田（トダ）	村	岐阜縣	可兒郡
十日市（トウカイチ）	町	廣島縣	雙三郡
十日（トウカ）	町	新潟縣	中魚沼郡
十日町（トウカマチ）	村	新潟縣	古志郡
十余島（トヨシマ）	村	茨城縣	稻敷郡
十津川（トツカハ）	村	奈良縣	吉野郡
十社（トヤシロ）	村	三重縣	員辨郡
十東（トツカ）	村	靜岡縣	磐田郡
十市（トウイチ）	村	高知縣	長岡郡
十川（トウカハ）	村	高知縣	幡多郡
十（ト）	村	福井縣	三方郡
砥用（トモチ）	町	熊本縣	下益城郡
砥川（トカハ）	村	佐賀縣	小城郡
砥堀（トコホリ）	村	兵庫縣	神崎郡
砥部（トベ）	村	愛媛縣	伊豫郡
渡嘉敷（トカシキ）	村	沖繩縣	島尻郡
渡名喜（トナキ）	村	沖繩縣	島尻郡
渡子島（トコシマ）	村	廣島縣	安藝郡
斗賀野（トガノ）	村	高知縣	高岡郡
斗川（トガハ）	村	青森縣	三戸郡
斗米（トマイ）	村	岩手縣	二戸郡
斗利出（トリデ）	村	茨城縣	新治郡
登米（トヨマ）	町	宮城縣	登米郡
登美（トミ）	村	山梨縣	北巨摩郡
登世島（トセシマ）	村	福島縣	河沼郡
都呂々（トロロ）	村	熊本縣	天草郡
鄕ノ於郡（トノゴホリ）	村	宮崎縣	兒島郡
都井（トヰ）	村	宮崎縣	南那珂郡
外江（トノエ）	村	鳥取縣	西伯郡
外丸（トマル）	村	新潟縣	中魚沼郡
外山（トヤマ）	村	岐阜縣	本巣郡
外樣（トサト）	村	長野縣	下水内郡
騰波ノ江（トバノエ）	村	茨城縣	眞壁郡
木賊（トクサ）	村	山梨縣	東八代郡
椴法華（トドホッケ）	村	北海道	龜田郡
止々呂美（トドロミ）	村	大阪府	豐能郡
等々力（トドリキ）	村	山梨縣	東山梨郡
轟（トドロキ）	村	熊本縣	宇土郡
利賀（トカ）	村	富山縣	東礪波郡
利別（トシベツ）	村	北海道	瀬棚郡
利島（トシマ）	村	埼玉縣	北埼玉郡
利島（ト）	村	東京府	利島
利南（トナミ）	村	群馬縣	利根郡
栃尾（トチヲ）	町	新潟縣	古志郡
栃木（トチキ）	町	栃木縣	下都賀郡
鳥羽（トバ）	町	三重縣	志摩郡
鳥羽（トバ）	村	茨城縣	眞壁郡
		福井縣	遠敷郡
鳥居本（トリヰモト）	村	滋賀縣	坂田郡
鳥居松（トリヰマツ）	村	愛知縣	東春日井郡
鳥井（トリヰ）	村	長野縣	上水内郡
鳥飼（トリガヒ）	村	大阪府	三島郡
		兵庫縣	津名郡
鳥川（トリカハ）	村	福島縣	信夫郡
		長野縣	南安曇郡
鳥取上（トツトリカミ）	村	岡山縣	赤磐郡
鳥取（トツトリ）	村	京都府	竹野郡
		北海道	釧路郡
鳥屋野（トリヤノ）	村	新潟縣	中蒲原郡
鳥屋城（トリヤジヤウ）	村	和歌山縣	有田郡

鳥屋（トリヤ）村	石川郡	鹿島郡
	神奈川縣	津久井郡
鳥矢崎（トヤサキ）村	宮城縣	栗原郡
鳥栖（トス）町	佐賀縣	三養基郡
鳥坂（トッサカ）村	新潟縣	中頸城郡
鳥上（トリカミ）村	島根縣	仁多郡
鳥井（トリヰ）村	島根縣	安濃郡
鳥越（トリゴエ）村	石川縣	能美郡
鳥海（トリウミ）村	岩手縣	二戸郡
鳥打（トリウチ）村	東京府	八丈島
鳥島（トリシマ）	東京府	八丈島
取手（トリテ）町	茨城縣	北相馬郡
取石（トロシ）村	大阪府	泉北郡
砦（トリデ）村	熊本縣	菊池郡
豐田前（トヨダマヘ）村	山口縣	豐浦郡
豐田中（トヨダナカ）村	山口縣	豐浦郡
豐田下（トヨダシモ）村	山口縣	豐浦郡
	島根縣	美濃郡
	神奈川縣	鎌倉郡
	神奈川縣	中郡
豐田（トヨダ）村	岡山縣	勝田郡
	岡山縣	英田郡
	岡山縣	赤磐郡
	青森縣	中津輕郡
	三重縣	一志郡
	熊本郡	下益城郡
	山形縣	西置賜郡
	山形縣	東村山郡
	山形縣	最上郡
	靜岡縣	志太郡
	長野縣	諏訪郡
	富山縣	上新川郡
	香川縣	三豐郡
	福島縣	安積郡
	埼玉縣	北葛飾郡
	栃木縣	下都賀郡
	茨城縣	結城郡
	廣島縣	豐田郡
	千葉縣	長生郡
豐岡（トヨヲカ）町	千葉縣	安房郡
	大分縣	速見郡
	兵庫縣	城崎郡
	岐阜縣	可兒郡
	埼玉縣	入間郡
豐岡（トヨヲカ）村	千葉縣	海上郡
	千葉縣	山武郡
	千葉縣	長生郡
	福岡縣	八女郡
	茨城縣	結城郡
	群馬縣	碓氷郡
	栃木縣	河內郡
	埼玉縣	北葛飾郡
	山梨縣	南巨摩郡
	秋田縣	仙北郡
	愛媛縣	宇摩郡
	岡山縣	御津郡
	大分縣	直入郡
	千葉縣	香取郡
	宮城縣	登米郡

- 豊里（トヨサト）村　福島縣 東白川郡／長野縣 小縣郡／山形縣 最上郡
- 豊原（トヨハラ）村　和歌山縣 西牟婁郡／奈良縣 山邊郡／香川縣 仲多度郡／山形縣 西置賜郡／岡山縣 邑久郡
- 豐原（トヨハラ）町　樺太 豐原郡
- 豊川（トヨカハ）町　愛知縣 寶飯郡
- 豐川（トヨカハ）村　石川縣 鹿島郡／福島縣 耶麻郡／山形縣 西置賜郡／熊本縣 下益城郡／秋田縣 仙北郡／秋田縣 南秋田郡／大阪府 三島郡／神奈川縣 足柄下郡／島根縣 美濃郡／大分縣 宇佐郡
- 豊野（トヨノ）村　埼玉縣 北埼玉郡／埼玉縣 北葛飾郡／熊本縣 下益城郡／大阪府 北河内郡／岡山縣 上房郡
- 豊濱（トヨハマ）町　香川縣 三豊郡／愛知縣 知多郡
- 豊濱（トヨハマ）村　千葉縣 夷隅郡／廣島縣 豊田郡／靜岡縣 磐田郡／三重縣 度會郡
- 豐榮（トヨサカ）村　長野縣 埴科郡／千葉縣 匝瑳郡／千葉縣 長生郡／京都府 竹野郡
- 豊津（トヨツ）村　福岡縣 京都郡／茨城縣 鹿島郡／大阪府 豐能郡／三重縣 河藝郡
- 豊浦（トヨウラ）町　茨城縣 多賀郡
- 豊浦（トヨウラ）村　山形縣 西田川郡／千葉縣 海上郡／千葉縣 香取郡
- 豊富（トヨトミ）村　千葉縣 千葉郡／愛知縣 額田郡／山梨縣 東八代郡／兵庫縣 神崎郡
- 豐崎（トヨサキ）村　青森縣 三戸郡／長崎縣 上縣郡／大分縣 東國東郡
- 豐郷（トヨサト）村　茨城縣 鹿島郡／栃木縣 河内郡／滋賀縣 犬上郡／長野縣 下高井郡
- 豐西（トヨニシ）村　山口縣 豐浦郡／靜岡縣 濱名郡
- 豊和（トヨワ）村　千葉縣 香取郡／山梨縣 西八代郡
- 豐國（トヨクニ）村　滋賀縣 愛知郡／岡山縣 勝田郡

豊洲（トヨス）	村	長野縣	上高井郡
		岡山縣	都窪郡
豊實（トヨミ）	村	新潟縣	東蒲原郡
		鳥取縣	氣高郡
豊秋（トヨアキ）	村	群馬縣	群馬郡
		熊本縣	上益城郡
豊平（トヨヒラ）	村	北海道	札幌郡
		長野縣	諏訪郡
豊科（トヨシナ）	町	長野縣	南安曇郡
豊中（トヨナカ）	町	大阪府	豊能郡
豊明（トヨアキ）	村	愛知縣	愛知郡
豊頃（トヨコロ）	村	北海道	中川郡
豊東（トヨヒガシ）	村	山口縣	豊浦郡
豊北（トヨキタ）	村	樺太	本斗郡
豊見城（トミグスク）	村	沖繩縣	島尻郡
豊間根（トヨマネ）	村	岩手郡	下閉伊郡
豊加美（トヨカミ）	村	茨城縣	結城郡
豊島（トヨシマ）	村	秋田縣	河邊郡
豊福（トヨフク）	村	熊本縣	下益城郡
豊春（トヨハル）	村	埼玉縣	南埼玉郡
豊松（トヨマツ）	村	廣島縣	神石郡
豊水（トヨミズ）	村	熊本縣	玉名郡
豊岩（トヨイワ）	村	秋田縣	河邊郡
豊海（トヨミ）	村	千葉縣	山武郡
豊椋（トヨムク）	村	滋賀縣	愛知郡
豊葦（トヨアシ）	村	新潟縣	中頸城郡
豊地（トヨヂ）	村	三重縣	一志郡
豊木（トヨキ）	村	岐阜縣	揖斐郡
豊井（トヨヰ）	村	長野縣	下水內郡
豊畑（トヨハタ）	村	千葉縣	匝瑳郡
豊住（トヨスミ）	村	千葉縣	印旛郡
豊房（トヨフサ）	村	千葉縣	安房郡
豊成（トヨナリ）	村	千葉縣	山武郡
豊根（トヨネ）	村	愛知縣	北設樂郡
豊坂（トヨサカ）	村	愛知縣	幡豆郡
豊間（トヨマ）	村	福島縣	石城郡
豊丘（トヨヲカ）	村	長野縣	上高井郡
豊受（トヨウケ）	村	群馬縣	佐波郡
豊山（トヨヤマ）	村	愛知縣	西春日井郡
豊永（トヨナガ）	村	岡山縣	阿哲郡
豊竝（トヨナミ）	村	岡山縣	勝田郡
豊（トヨ）	村	岡山縣	邑久郡
舍人（トネリ）	村	東京府	南足立郡
		鳥取縣	東伯郡
虎姬（トラヒメ）	村	滋賀縣	東淺井郡
遠野（トウノ）	町	岩手縣	上閉伊郡
遠山（トウヤマ）	村	千葉縣	印旛郡
		岐阜縣	惠那郡
遠坂（トウサカ）	村	兵庫縣	氷上郡
當別（トウベツ）	村	北海道	石狩郡
當麻（トウマ）	村	北海道	上川郡
藤田（トウタ）	村	山梨縣	中巨摩郡
東鄉（トウガウ）	町	福岡縣	宗像郡
東鄉（トウガウ）	村	千葉縣	長生郡
		福岡縣	企救郡
		宮崎縣	東臼杵郡
		愛知縣	南設樂郡
		愛知縣	愛知郡
		福井縣	足羽郡
		熊本縣	玉名郡

	大阪府	豊能郡
	島根縣	周吉郡
	鳥取縣	東伯郡
	鳥取縣	氣高郡
東條(トウデウ)村	千葉縣	香取郡
	千葉縣	安房郡
	大阪府	南河内郡
東海(トウカイ)村	千葉縣	市原郡
	千葉縣	夷隅郡
東海(トウミ)村	宮崎縣	東臼杵郡
東城(トウジヤウ)町	廣島縣	比婆郡
	千葉縣	香取郡
東福寺(トウフクジ)村	長野縣	更級郡
東浪見(トラミ)村	千葉縣	長生郡
東金(トウカネ)町	千葉縣	山武郡
東陽(トウヨウ)村	千葉縣	匝瑳郡
東河(トガ)村	兵庫縣	朝來郡
東榮(トウエイ)村	山形縣	東田川郡
道後湯之町(ドウゴユノマチ)	愛媛縣	溫泉郡
洞爺(ドウヤ)村	北海道	虻田郡
殿ケ谷(トノガヤ)村	東京府	西多摩郡
殿城(トノシロ)村	長野縣	小縣郡
殿居(トノヱ)村	山口縣	豊浦郡
殿賀(トノガ)村	廣島縣	山縣郡
德山(トクヤマ)町	山口縣	都濃郡
德山(トクヤマ)村	岐阜縣	揖斐郡
	靜岡縣	志太郡
德田(トクタ)村	岩手縣	紫波郡
	石川縣	鹿島郡
	愛媛縣	周桑郡
德佐(トクサ)村	山口縣	阿武郡
德久(トクサ)村	兵庫縣	佐用郡
德舜瞥(トクシユンベツ)村	北海道	有珠郡
德王子(トクワウジ)村	高知縣	香美郡
德宿(トクシユク)村	茨城縣	鹿島郡
泊岸(トマリキシ)村	樺太	敷香郡
泊居(トマリオル)町	樺太	泊居郡
泊(トマリ)町	富山縣	下新川郡
	北海道	國後郡
	北海道	檜山郡
泊(トマリ)村	北海道	古宇郡
	鳥取縣	東伯郡
	三重縣	南牟婁郡
苫小牧(トマコマイ)町	北海道	勇拂郡
所澤(トコロザワ)町	埼玉縣	入間郡
所子(トコロゴ)村	鳥取縣	西伯郡
常磐(トキワ)村	千葉縣	香取郡
	茨城縣	東茨城郡
	栃木縣	安蘇郡
	香川縣	三豐郡
	愛知縣	額田郡
	長野縣	下水内郡
	長野縣	北安曇郡
	岐阜縣	稻葉郡
	山形縣	北村山郡
	福井縣	丹生郡
	秋田縣	山本郡
	三重縣	三重郡
	青森縣	南津輕郡
	滋賀縣	栗太郡
	岡山縣	都窪郡

常葉（トキハ）町	福島縣	田村郡
常滑（トコナメ）町	愛知縣	知多郡
常呂（トコロ）村	北海道	常呂郡
時津（トキツ）村	長崎縣	西彼杵郡
時（トキ）村	岐阜縣	養老郡
留崎（トメサキ）村	青森縣	三戸郡
富岡（トミヲカ）町	徳島縣	那賀郡
	熊本縣	天草郡
	福島縣	雙葉郡
	群馬縣	北甘樂郡
富岡（トミヲカ）村	千葉縣	君津郡
	宮城縣	柴田郡
	埼玉縣	入間郡
	山口縣	都濃郡
	岐阜縣	山縣郡
	岐阜縣	加茂郡
	靜岡縣	駿東郡
	靜岡縣	磐田郡
	高知郡	吾川郡
富田林（トンダバヤシ）町	大阪府	南河内郡

富田（トンダ）村	山口縣	都濃郡
	宮崎縣	兒湯郡
	福島縣	南會津郡
	福島縣	安積郡
	福島縣	伊達郡
	福井縣	大野郡
	栃木縣	足利郡
	香川縣	大川郡
	愛知縣	海部郡
	岐阜縣	加茂郡
	愛媛縣	越智郡
	兵庫縣	加西郡
	岡山縣	淺口郡
富田（トンダ）町	三重縣	三重郡
	大阪府	三島郡
富多（トンダ）村	埼玉縣	北葛飾郡
富山（トミヤマ）村	愛知縣	北設樂郡
	高知縣	幡多郡
	岡山縣	上道郡
	岡山縣	吉備郡

富山（トヤマ）村	栃木縣	下都賀郡
	千葉縣	市原郡
	島根縣	安濃郡
富永（トミナガ）村	宮城縣	遠田郡
	石川縣	羽咋郡
	群馬縣	利根郡
富野莊（トノミヤウ）村	京都府	久世郡
富野（トミノ）村	宮城縣	栗原郡
	福島縣	伊達郡
	岐阜縣	武儀郡
富里（トミサト）村	千葉縣	印旛郡
	和歌山縣	西牟婁郡
	山梨縣	西八代郡
富鄉（トミサト）村	奈良縣	生駒郡
	愛媛縣	宇摩郡
富浦（トミウラ）村	千葉縣	安房郡
	千葉縣	海上郡
富洲原（トミスハラ）町	三重縣	三重郡
富木館（トミキタテ）村	青森縣	南津輕郡
富之保（トミノホ）村	岐阜縣	武儀郡

富富（トミギ）	村	石川縣	羽咋郡
富高（トミタカ）	村	宮崎縣	東臼杵郡
富來（トミク）	町	大分縣	東國東郡
富江（トミエ）	町	長崎縣	南松浦郡
富島（トシマ）	町	兵庫縣	津名郡
富谷（トミヤ）	村	宮城縣	黑川郡
富樫（トガシ）	村	石川縣	石川郡
富益（トミマス）	村	鳥取縣	西伯郡
富澤（トミサワ）	村	鳥取縣	八頭郡
富縣（トミガタ）	村	長野縣	上伊那郡
富原（トミハラ）	村	岡山縣	眞庭郡
富秋（トミアキ）	村	岐阜縣	揖斐郡
富丘（トミヲカ）	村	靜岡縣	富士郡
富奥（トミヲク）	村	石川縣	石川郡
富屋（トミヤ）	村	栃木縣	河内郡
富波（トナミ）	村	岐阜縣	山縣郡
富本（トミモト）	村	京都府	船井郡
富熊（トミクマ）	村	香川縣	綾歌郡
富雄（トミヲ）	村	奈良縣	生駒郡
富草（トミクサ）	村	長野縣	下伊那郡

富塚（トミツカ）	村	靜岡縣	濱名郡
富濱（トミハマ）	村	山梨縣	北都留郡
富川（トミカハ）	村	富山縣	婦負郡
富河（トミカハ）	村	山梨縣	南巨摩郡
富津（トミツ）	村	熊本縣	天草郡
富成（トミナリ）	村	福島縣	伊達郡
富海（トノミ）	村	山口縣	佐波郡
富根（トミネ）	村	秋田縣	山本郡
富合（トミアヒ）	村	兵庫縣	加西郡
富栖（トミス）	村	兵庫縣	宍粟郡
富崎（トミサキ）	村	千葉縣	安房郡
富内（トムナイ）	村	樺太	富内郡
富（トミ）	村	岡山縣	苫田郡
年彌（トシネ）	村	熊本縣	下益城郡
飛島（トビシマ）	村	山形縣	飽海郡
		愛知縣	海部郡
鳶巣（トビス）	村	島根縣	簸川郡
友生（トモノ）	村	三重縣	阿山郡
友呂岐（トモロキ）	村	大阪府	北河内郡
友原（トモハラ）	村	廣島縣	佐伯郡

友枝（トモエダ）	村	福岡縣	築上郡
伴（トモ）	村	廣島縣	安佐郡
鞆奥（トモヲク）	村	德島縣	海部郡
鞆田（トモタ）	村	三重縣	阿山郡
鞆淵（トモフチ）	村	和歌山縣	那賀郡
鞆（トモ）	村	廣島縣	沼隈郡
供合（トモアヒ）	村	熊本縣	飽託郡
苫前（トモマイ）	村	北海道	苫前郡
巴（トモエ）	村	茨城縣	鹿島郡
頓原（トンハラ）	村	島根縣	飯石郡
頓別（トンベツ）	村	北海道	枝幸郡

チの部

千歲（チトセ）	村	山形縣	東村山郡
		東京府	北多摩郡
		北海道	千歲郡
		京都府	南桑田郡
		佐賀縣	神埼郡
		千葉縣	安房郡
		樺太	大泊郡

千年(チトセ)村	青森縣	中津輕郡
	廣島縣	沼隈郡
	福岡縣	浮羽郡
千代田(チヨダ)村	大阪府	南河內郡
	靜岡縣	安倍郡
	愛知縣	中島郡
	山梨縣	西山梨郡
	千葉縣	山武郡
	千葉縣	印旛郡
千代氷(チヨミツ)村	鳥取縣	氣高郡
千代川(チヨカハ)村	京都府	南桑田郡
千代(チヨ)町	福岡縣	筑紫郡
千代(チヨ)村	長野縣	下伊那郡
千里濱(チリハマ)村	石川縣	羽咋郡
千里(チサト)村	福島縣	耶麻郡
	富山縣	婦負郡
	大阪府	三島郡
千種(チクサ)村	千葉縣	市原郡
	三重縣	三重郡
	兵庫縣	宍粟郡

千田(チダ)村	熊本縣	鹿本郡
	新潟縣	北魚沼郡
千々石(チヂワ)町	長崎縣	南高來郡
千江田(チエダ)村	群馬縣	邑樂郡
千木良(チキラ)村	神奈川縣	津久井郡
千谷澤(チヤサワ)村	新潟縣	刈羽郡
千倉(チクラ)町	千葉縣	安房郡
千鄕(チサト)村	愛知縣	南設樂郡
千秋(チアキ)村	愛知縣	丹羽郡
千城(チシロ)村	千葉縣	千葉郡
千町(チマチ)村	千葉縣	夷隅郡
千本(チモト)村	滋賀縣	犬上郡
千束(チツカ)村	福岡縣	築上郡
千濱(チハマ)村	靜岡縣	小笠郡
千早(チハヤ)村	大阪府	南河內郡
千屋(チヤ)村	岡山縣	阿哲郡
千綿(チワタ)村	長崎縣	東彼杵郡
千酌(チクミ)村	島根縣	八束郡
チリコタン島	北海道	占守郡
知井宮(チヰミヤ)村	島根縣	簸川郡

知波田(チハタ)村	靜岡縣	濱名郡
知念(チネン)村	沖繩縣	島尻郡
知三(チミ)村	福井縣	遠敷郡
知夫(チブ)村	島根縣	知夫郡
知立(チリウ)町	愛知縣	碧海郡
知井(チヰ)村	京都府	北桑田郡
知名(チナ)村	鹿兒島縣	大島郡
知覽(チラン)村	鹿兒島縣	川邊郡
智頭(チヅ)町	鳥取縣	八頭郡
智里(チサト)村	長野縣	下伊那郡
地藏堂(ヂソウドウ)町	新潟縣	西蒲原郡
地藏寺(ヂゾウジ)村	高知縣	土佐郡
地福(チフク)村	山口縣	阿武郡
地引(チヒキ)村	青森縣	三戶郡
地頭方(ヂドウカタ)村	靜岡縣	榛原郡
地御前(チゴゼン)村	廣島縣	佐伯郡
地內(ヂナイ)島	東京府	新島
茅ケ崎(チガサキ)町	神奈川縣	高座郡
茅廣江(チヒロエ)村	三重縣	飯南郡
値賀(チカ)村	佐賀縣	東松浦郡

治道(ヂダウ)村	奈良縣	添上郡
秩父(チチブ)町	埼玉縣	秩父郡
秩父別(チツプベツ)村	北海道	雨龍郡
父木野(チチキノ)村	廣島縣	神名郡
散江(チリエ)村	樺太	散江郡
力石(チカライシ)村	長野縣	更級郡
親園(ヂカソノ)村	栃木縣	那須郡
近見(チカミ)村	愛媛縣	越智郡
近津(チカツ)村	福島縣	東白川郡
近田(チカタ)村	廣島縣	蘆品郡
近野(チカノ)村	和歌山縣	西牟婁郡
調月(チカツキ)村	和歌山縣	那賀郡
長者(チヤウジヤ)町	千葉縣	夷隅郡
長者(チヤウジヤ)村	高知縣	高岡郡
長府(チヤウフ)町	山口縣	豊浦郡
長陽(チヤウヤウ)村	熊本縣	阿蘇郡
勅使(チヨクシ)村	石川縣	江沼郡
銚子(チヤウシ)町	千葉縣	海上郡
北谷(チヤタン)村	沖繩縣	中頭郡
𥱋子(ヂネコ)村	秋田縣	由利郡

中條(チウゼウ)村	石川縣	河北郡
	埼玉縣	北埼玉縣
中和(チウクワ)村	岡山縣	眞庭郡
中郡(チウグン)村	山形縣	東置賜郡
筑摩地(チクマチ)村	長野縣	東筑摩郡
筑波(チクバ)村	栃木縣	足利郡
筑紫(チクシ)村	福岡縣	筑紫郡
竹矢(チクヤ)村	島根縣	八束郡
竹生(チクブ)村	滋賀縣	東淺井郡
竹麻(チクマ)村	靜岡縣	加茂郡
茶屋(チヤヤ)町	岡山縣	都窪郡
鎭西(チンゼイ)村	福岡縣	嘉穗郡
	鹿兒島縣	大島郡
陣(ヂン)村	熊本縣	上益城郡
陣内(ヂンナイ)村	熊本縣	菊池郡
椿海(チンカイ)村	千葉縣	匝瑳郡

りの部

龍ケ崎(リウガサキ)町	茨城縣	稻敷郡
龍王(リウワウ)村	佐賀縣	杵島郡
	山梨縣	中巨摩郡
	大分縣	宇佐郡
龍門(リウモン)村	熊本縣	菊池郡
	和歌山縣	那賀郡
	奈良縣	吉野郡
龍岡(リウヲカ)村	愛媛縣	越智郡
龍華(リウゲ)町	大阪府	中河内郡
龍池(リウチ)村	靜岡縣	濱名郡
龍神(リウジン)村	和歌山縣	日高郡
龍谷(リウヤ)村	愛知縣	額田郡
龍峯(リウホ)村	熊本縣	八代郡
兩津(リヤウツ)町	新潟縣	佐渡郡
兩鹿瀨(リヤウガノセ)村	新潟縣	東蒲原郡
兩河内(リヤウカハチ)村	靜岡縣	庵原郡
兩鄕(リヤウサト)村	栃木縣	那須郡
兩神(リヤウジン)村	埼玉縣	秩父郡
兩開(リヤウカイ)村	福岡縣	山門郡
利田(リダ)村	富山縣	中新川郡
利府(リフ)村	宮城縣	宮城郡

領内（リヤウナイ）	村	三重縣	多氣郡
領家（リヤウケ）	村	廣島縣	甲奴郡
力合（リキガウ）	村	熊本縣	飽託郡
梨郷（リガフ）	村	山形縣	東置賜郡
良元（リヤウゲン）	村	兵庫縣	武庫郡
龍鄕（リウガフ）	村	茨城縣	那珂郡
陸鄕（リクガフ）	村	長野縣	北安曇郡
靈山（リヤウセン）	村	福島縣	伊達郡
淕別（リクベツ）	村	北海道	足寄郡
綾里（リヨウリ）	村	岩手縣	氣仙郡

ヌの部

沼田東（ヌマタヒガシ）	村	廣島縣	豐田郡
沼田西（ヌマタニシ）	村	廣島縣	豐田郡
沼田（ヌマタ）	町	群馬縣	利根郡
沼田（ヌマタ）	村	北海道	雨龍郡
沼宮內（ヌマミヤウチ）	町	岩手縣	岩手郡
沼舘（ヌマダテ）	町	秋田縣	平鹿郡
沼部（ヌマヘ）	村	宮城縣	遠田郡
沼邊（ヌマベ）	村	宮城縣	柴田郡
沼澤（ヌマザワ）	村	福島縣	大沼郡
沼木（ヌマキ）	村	三重縣	度會郡
沼津（ヌマヅ）	村	長崎縣	壹岐郡
沼島（ヌマシマ）	村	兵庫縣	三原郡
沼前（ヌママヘ）	村	茨城縣	鹿島郡
沼貫（ヌマヌキ）	村	兵庫縣	氷上郡
沼里（ヌマサト）	村	茨城縣	稻敷郡
額部（ヌカベ）	村	群馬縣	北甘樂郡
額田（ヌカダ）	村	茨城縣	那珂郡
額（ヌカ）	村	石川縣	石川郡
布師田（ヌノシダ）	村	高知縣	土佐郡
布引（ヌノビキ）	村	三重縣	阿山郡
布忍（ヌノセ）	村	大阪府	中河內郡
奴加岳（ヌカダケ）	村	長崎縣	下縣郡
奴奈川（ヌナカワ）	村	新潟縣	東頸城郡
溫品（ヌクシナ）	村	廣島縣	安藝郡
糠野目（ヌカノメ）	村	山形縣	東賜置郡

ルの部

留多加（ルータカ）	町	樺太	留多加郡
留邊蘂（ルベシベ）	町	北海道	常呂郡
留別（ルベツ）	村	北海道	擇捉郡
留夜別（ルヨベツ）	村	北海道	國後郡
留壽都（ルスツ）	村	北海道	虻田郡

オヲ、の部

小野（オノ）	町	兵庫縣	加東郡
小野（オノ）	村	大分縣	日田郡
		島根縣	美濃郡
		長崎縣	北高來郡
		兵庫縣	有馬郡
		愛媛縣	溫泉郡
		秋田縣	雄勝郡
		長野縣	上伊那郡
		山口縣	厚狹郡

	山口縣	佐波郡
	廣島縣	神石郡
	福岡縣	糟屋郡
	宮城縣	桃生郡
	群馬縣	多野郡
	群馬縣	北甘樂郡
小野新町(オノニイマチ)	福島縣	田村郡
小野田町(オノダ)	山口縣	厚狹郡
小野田村(オノダ)	岡山縣	赤磐郡
小野田村	福島縣	西白河郡
小野田村	宮城縣	加美郡
小野江村(オノエ)	三重縣	一志郡
小野市村(オノイチ)	大分縣	大野郡
小野口村(オノグチ)	靜岡縣	濱名郡
小野寺村(オノデラ)	栃木縣	下都賀郡
小野上村(オノカミ)	群馬縣	群馬郡
小野川村(オノカワ)	茨城縣	筑波郡
小野部田村(オノベタ)	熊本縣	下益城郡
小野郷村(オノサト)	京都府	葛野郡
小田原町(オダワラ)	神奈川縣	足柄下郡
小田町(オダ)	岡山縣	小田郡
小田村(オダ)	鳥取縣	岩美郡
小田村	岡山縣	苫田郡
小田村	兵庫縣	川邊郡
小田村	三重縣	阿山郡
小田村	熊本縣	玉名郡
小田村	香川縣	大川郡
小田村	茨城縣	筑波郡
小田村	佐賀縣	杵島郡
小田村	廣島縣	高田郡
小田村	福島縣	伊達郡
小田切村(オダギリ)	長野縣	上水內郡
小田町村(オダマチ)	愛媛縣	上浮穴郡
小田床村(オダトコ)	熊本縣	天草郡
小田島村(オダシマ)	山形縣	北村山郡
小川町(オガハ)	熊本縣	下益城郡
小川町	埼玉縣	比企郡
小川町	茨城縣	東茨城郡
小川村(オガハ)	島根縣	鹿足郡
小川村	兵庫縣	氷上郡
小川村	山口縣	阿武郡
小川村	奈良縣	吉野郡
小川村	和歌山縣	那賀郡
小川村	福島縣	耶麻郡
小川村	高知縣	吾川郡
小川郷村(オガハガウ)	三重縣	度會郡
小坂町(オサカ)	岐阜縣	益田郡
小坂村(オザカ)	兵庫縣	出石郡
小坂村	熊本縣	上益城郡
小坂村	石川縣	河北郡
小坂村	群馬縣	北甘樂郡
小河內村(オカウチ)	廣島縣	安賀郡
小河內村	東京府	西多摩郡
小倉村(オグラ)	京都府	久世郡
小倉村	和歌山縣	那賀郡
小倉村	長野縣	南安曇郡
小木町(オギ)	石川縣	珠洲郡
小木町	新潟縣	佐渡郡

小山町	オヤマ	靜岡縣	駿東郡
		栃木縣	下都賀郡
小山村	オヤマ	岩手縣	膽澤郡
		福井縣	大野郡
小山田村	オヤマダ	岩手縣	和賀郡
		三重縣	三重郡
小山戸島村	オヤマトシマ	熊本縣	飽託郡
小國本村	オグニモト	山形縣	西置賜郡
小國村	オグニ	岩手縣	下閉伊郡
		福島縣	伊達郡
		廣島縣	世羅郡
小瀬村	オセ	茨城縣	那珂郡
		山口縣	那珂郡
小見野村	オミノ	埼玉縣	比企郡
小見川村	オミカハ	千葉縣	香取郡
小郡町	オゴホリ	山口縣	吉敷郡
小郡村	オゴホリ	福岡縣	三井郡
小原村	オハラ	宮城縣	刈田郡
		埼玉縣	大里郡
		愛知縣	西加茂郡

小島町	オシマ	熊本縣	飽託郡
小島村	オシマ	靜岡縣	庵原郡
		福島縣	伊達郡
小幡町	オバタ	群馬縣	北甘樂郡
小幡村	オバタ	茨城縣	新治郡
小濱町	オバマ	福島縣	安達郡
		長崎縣	南高來郡
小濱町	オバマ	福井縣	遠敷郡
小栗村	オグリ	茨城縣	眞壁郡
		長崎縣	北高來郡
小曾木村	オソキ	東京府	西多摩郡
小曾根村	オソネ	大阪府	豐能郡
小高町	オタカ	福島縣	相馬郡
小高村	オタカ	茨城縣	行方郡
小友村	オトモ	秋田縣	由利郡
		岩手縣	氣仙郡
		岩手縣	上閉伊郡
小俣町	オマタ	栃木縣	足利郡
		三重縣	度會郡

小畑村	オバタ	京都府	何鹿郡
		岐阜縣	養老郡
小手川村	ヲテガハ	福島縣	伊達郡
小手村	ヲテ	福島縣	伊達郡
小鹿野町	ヲガノ	埼玉縣	秩父郡
小城町	ヲギ	佐賀縣	小城郡
小千谷町	ヲヂヤ	新潟縣	北魚沼郡
小名濱町	ヲナハマ	福島縣	石城郡
小波瀬村	ヲバセ	福岡縣	京都郡
小値賀村	ヲヂカ	長崎縣	北松浦郡
小富士村	ヲフジ	大分縣	大野郡
小文間村	ヲモンマ	茨城縣	北相馬郡
小布施村	ヲブセ	長野縣	上高井郡
小笠原村	ヲガサハラ	山梨縣	北巨摩郡
小佐手村	ヲサテ	山梨縣	東山梨郡
小江村	ヲエ	長崎縣	北高來郡
小關村	ヲゼキ	佐賀縣	佐賀郡
小淵村	ヲブチ	神奈川縣	津久井郡
小鹿村	ヲシカ	鳥取縣	東伯郡
小津村	ヲツ	滋賀縣	野洲郡

小谷村	ヲタニ	滋賀縣東淺井郡
小鴨村	ヲカモ	鳥取縣東伯郡
小沼村	ヲヌマ	長野縣北佐久郡
小天村	ヲアマ	熊本縣玉名郡
小方村	ヲガタ	廣島縣佐伯郡
小峰村	ヲミネ	熊本縣阿蘇郡
小楠村	ヲケス	大分縣下毛郡
小鯖村	ヲサバ	山口縣吉敷郡
小代村	ヲジロ	兵庫縣美方郡
小月村	ヲヅキ	山口縣豐浦郡
小櫻村	ヲザクラ	茨城縣新治郡
小宅村	ヲヤケ	兵庫縣揖保郡
小里村	ヲサト	茨城縣久慈郡
小祿村	ヲロク	沖繩縣島尻郡
小海村	ヲウミ	香川縣大川郡
小平村	ヲヒラ	福島縣石川郡
小張村	ヲハリ	茨城縣筑波郡
小勢村	ヲセ	富山縣西礪波郡
小熊村	ヲグマ	岐阜縣羽島郡
小本村	ヲモト	岩手縣下閉伊郡
尾崎村	ヲザキ	大阪府泉南郡 / 兵庫縣赤穗郡 / 兵庫縣津名郡 / 青森縣南津輕郡
尾上村	ヲノヘ	青森縣南津輕郡 / 兵庫縣加古郡
尾鷲町	ヲワシ	三重縣北牟婁郡
尾久町	ヲグ	東京府北豐島郡
尾岐村	ヲマタ	福島縣大沼郡
尾紀村	ヲキ	大分縣下毛郡
尾川村	ヲガハ	高知縣高岡郡
尾澤村	ヲザハ	群馬縣北甘樂郡
尾松村	ヲマツ	宮城縣栗原郡
尾口村	ヲクチ	石川縣能美郡
尾花澤町	ヲバナサワ	山形縣北村山郡
尾野本村	ヲノモト	福島縣河沼郡
尾札部村	ヲサツベ	北海道茅部郡
尾ケ石村	ヲガイシ	熊本縣阿蘇郡
尾去澤村	ヲサルザワ	秋田縣鹿角郡
尾呂志村	ヲロシ	三重縣南牟婁郡
尾間木村	ヲマキ	埼玉縣北足立郡
尾田蒔村	ヲタマキ	埼玉縣秩父郡
雄神村	ヲカミ	富山縣東礪波郡 / 岡山縣上道郡
雄琴村	ヲコト	滋賀縣滋賀郡
雄島村	ヲジマ	福井縣坂井郡
雄賀原村	ヲガハラ	廣島縣山縣郡
雄武村	ヲウム	北海道紋別郡
雄信達村	ヲノシンタチ	大阪府泉南郡
生大内村	オホナイ	秋田縣仙北郡
生石村	オイシ	岡山縣吉備郡
生濱町	オエハマ	千葉縣千葉郡
生出村	オイデ	宮城縣名取郡
生子菅村	オヘゴスゲ	茨城縣猿島郡
男鹿中村	ヲカナカ	秋田縣南秋田郡
男衾村	ヲブスマ	埼玉縣大里郡
男沼村	ヲヌマ	埼玉縣大里郡
於保村	オボ	靜岡縣磐田郡
於福村	オフク	山口縣美禰郡

麻(ヲ)積(ミ)村	長野縣	東筑摩郡
麻(ヲ)郷(ガウ)村	山口縣	熊毛郡
相(オ)生(ウ)町	兵庫縣	赤穗郡
飫(オ)肥(ビ)町	宮崎縣	南那珂郡
王(オウ)寺(ジ)町	奈良縣	北葛城郡
	東京府	北豐島郡
王(オウ)子(ジ)村	和歌山縣	那賀郡
王(オウ)子(ジ)保(ホ)村	福井縣	南條郡
王(オウ)子(ジ)川(カハ)村	新潟縣	三島郡
王(オウ)司(ジ)村	山口縣	豐浦郡
王(オウ)越(コシ)村	香川縣	綾歌郡
王(オウ)瀧(タキ)村	長野縣	西筑摩郡
王(オウ)喜(キ)村	山口縣	厚狹郡
意(ヲ)岐(キ)部(ベ)村	大阪府	中河内郡
遠(オ)敷(ニフ)村	福井縣	遠敷郡
緒(ヲ)方(ガタ)村	大分縣	大野郡
臼(ヲ)佐(サ)村	福岡縣	筑紫郡
表(オ)佐(サ)村	岐阜縣	不破郡
魚(ヲ)貫(ニキ)村	熊本縣	天草郡
愛(ヲ)宕(タギ)村	岩手縣	江刺郡
老(オイ)上(カミ)村	滋賀縣	栗太郡
老(オヒ)松(マツ)村	青森縣	西磐井郡
老(オイ)蘇(ソ)村	滋賀縣	蒲生郡
老(オホ)津(ツ)村	愛知縣	渥美郡
老(オイ)田(タ)村	富山縣	射水郡
老(オイ)川(カハ)村	千葉縣	夷隅郡
鬼(オニ)石(イシ)町	群馬縣	多野郡
鬼(オニ)首(カウベ)村	宮城縣	玉造郡
鬼(オニ)柳(ヤナギ)村	岩手縣	和賀郡
鬼(オニ)崎(サキ)村	愛知縣	知多郡
鬼(オニ)塚(ツカ)村	佐賀縣	東松浦郡
鬼(オニノ)池(イケ)村	熊本縣	天草郡
鬼(オニ)鹿(シカ)村	北海道	苫前郡
鬼(オンネ)脇(ワキ)村	北海道	利尻郡
鬼(オ)籠(ロ)野(ノ)村	德島縣	名西郡
大(オホ)野(ノ)町	福井縣	大野郡
	愛知縣	知多郡
	愛知縣	八名郡
	石川縣	石川郡
大(オホ)野(ノ)村	長崎縣	北松浦郡
	島根縣	八束郡
	新潟縣	西頸城郡
	德島縣	那賀郡
	神奈川縣	中郡
	神奈川縣	高座郡
	岡山縣	苫田郡
	岡山縣	英田郡
	岡山縣	御津郡
	滋賀縣	甲賀郡
	兵庫縣	三原郡
	青森縣	東津輕郡
	岩手縣	九戸郡
	熊本縣	玉名郡
	熊本縣	葦北郡
	岐阜縣	揖斐郡
	山口縣	熊毛郡
	香川縣	香川郡
	廣島縣	佐伯郡
	福岡縣	筑紫郡

石川縣　石川郡
茨城縣　北相馬郡
和歌山縣　海草郡
北海道　龜田郡
福島縣　石城郡
福島縣　相馬郡
福島縣　雙葉郡
京都府　北桑田郡

大野島村（オホノシマ）　福岡縣　三潴郡

大野見村（オホノミ）　高知縣　高岡郡

大野原村（オホノハラ）　香川縣　三豐郡

大田村（オウタ）
神奈川縣　中郡
埼玉縣　秩父郡
埼玉縣　入間郡
新潟縣　古志郡

大田町（オウタ）
山口縣　美禰郡
島根縣　安濃郡

太田町（オウタ）
茨城縣　久慈郡
群馬縣　新田郡
岐阜縣　加茂郡

太田村（オウタ）
埼玉縣　北埼玉郡
埼玉縣　南埼玉郡
埼玉縣　大里郡
福島縣　相馬郡
福島縣　安達郡
北海道　厚岸郡
茨城縣　眞壁郡
茨城縣　行方郡
茨城縣　稻敷郡
群馬縣　吾妻郡
香川縣　香川郡
富山縣　氷見郡
富山縣　東礪波郡
富山縣　上新川郡
長野縣　下水內郡
岩手縣　岩手郡
岩手縣　稗貫郡
兵庫縣　揖保郡
岡山縣　赤磐郡

太田鄕村（オホタガウ）　熊本縣　八代郡

太田原町（オウタハラ）　栃木縣　那須郡

大山町（オウヤマ）
神奈川縣　中郡
山形縣　西田川郡

大山村（オウヤマ）
大分縣　日田郡
德島縣　板野郡
兵庫縣　神崎郡
兵庫縣　多紀郡
愛媛縣　越智郡
富山縣　上新川郡
千葉縣　安房郡
佐賀縣　西松浦郡
福島縣　安達郡
埼玉縣　南埼玉郡

大山田村（オワヤマダ）
栃木縣　那須郡
三重縣　桑名郡

大山崎村（オウヤマサキ）　京都府　乙訓郡

大川町（オホカハ）　福岡縣　三潴郡

高知縣　土佐郡
愛媛縣　喜多郡

大川村	オホカハ	岩手縣	下閉伊郡
		秋田縣	南秋田郡
		靜岡縣	安倍郡
		福岡縣	糟屋郡
		宮城縣	桃生郡
		群馬縣	邑樂郡
		佐賀縣	西松浦郡
		福島縣	南會津郡
大川内村	オホカハチ	鹿兒島縣	出水郡
		佐賀縣	西松浦郡
大川谷村	オボカハタニ	新潟縣	岩船郡
大川筋村	オホカハスヂ	高知縣	幡多郡
大川目村	オホカハノメ	岩手縣	九戸郡
大川西根村	オホカハニシネ	秋田縣	仙北郡
大河原町	オホカハハラ	宮城縣	柴田郡
大河原村	オホカハハラ	京都府	相樂郡
		埼玉縣	秩父郡
大河内村	オホカワチ	三重縣	飯南郡
		靜岡縣	安倍郡
		山梨縣	西八代郡
大河津村	オホカハツ	新潟縣	三島郡
大河村	チホカハ	埼玉縣	比企郡
大島町	オホシマ	東京府	南葛飾郡
大島村	オホシマ	新潟縣	東頸城郡
		新潟縣	南蒲原郡
		長崎縣	北松浦郡
		岡山縣	淺口郡
		愛媛縣	新居郡
		熊本縣	上益城郡
		福井縣	大飯郡
		長野縣	下伊那郡
		富山縣	射水郡
		福岡縣	宗像郡
		宮城縣	本吉郡
		和歌山縣	東牟婁郡
		群馬縣	邑樂郡
		北海道	松前郡
大津町	オホツ	大阪府	泉北郡
		熊本縣	菊池郡
		茨城縣	多賀郡
大津村	オネツ	島根縣	簸川郡
		新潟縣	三島郡
		德島縣	板野郡
		兵庫縣	揖保郡
		高知縣	長岡郡
		靜岡縣	志太郡
		北海道	十勝郡
大津保村	オホツホ	岩手縣	東磐井郡
大津野村	オホツノ	廣島縣	深安郡
大津島村	オホツシマ	山口縣	都濃郡
大井町	オホヰ	岐阜縣	惠那郡
		東京府	荏原郡
大井村	オホヰ	岡山縣	小田郡
		岡山縣	吉備郡
		愛媛縣	越智郡
		三重縣	一志郡
		山梨縣	中巨摩郡
		山口縣	阿武郡
		京都府	南桑田郡
		埼玉縣	入間郡
		埼玉縣	北埼玉郡

大井澤村（オホヰザワ）	山形縣	西村山郡
	茨城縣	北相馬郡
大井東村（オホヰヒガシ）	岡山縣	久米郡
大井西村（オホキニシ）	岡山縣	久米郡
大屋村（オホヤ）	廣島縣	安藝郡
	福島縣	岩瀬郡
	石川縣	鳳至郡
	兵庫縣	養父郡
	島根縣	邇摩郡
大内村（オホチ）	大分縣	東國東郡
	島根縣	那賀郡
	山口縣	吉備郡
	宮城縣	伊貝郡
	栃木縣	芳賀郡
	栃木縣	那須郡
大内山村（オウチヤマ）	三重縣	度會郡
大久保町（オホクボ）	秋田縣	南秋田郡
	東京府	豐多摩郡
	富山縣	上新川郡
大久保村（オホクボ）	兵庫縣	明石郡
	山形縣	北村山郡
	福島縣	伊達郡
	京都府	久世郡
	埼玉縣	北足立郡
大久野村（オホクノ）	東京府	西多摩郡
大久村（ネホヒサ）	福島縣	雙葉郡
大野原村（オホハラノ）	京都府	乙訓郡
大原町（オホハラ）	岡山縣	英田郡
	岩手縣	東磐井郡
	千葉縣	夷隅郡
大原村（オホハラ）	新潟縣	西蒲原郡
	滋賀縣	甲賀郡
	滋賀縣	坂田郡
	茨城縣	西茨城郡
	京都府	愛宕郡
	熊本縣	玉名郡
	山梨縣	北都留郡
	宮城縣	牡鹿郡
大江山村（オホエヤマ）	新潟縣	中蒲原郡
大江村（オホエ）	岡山縣	小田郡
	熊本縣	天草郡
	岐阜縣	海津郡
	富山縣	射水郡
	北海道	余市郡
大澤野村（オホサワノ）	富山縣	上新川郡
大澤鄉村（オホサワガウ）	秋田縣	仙北郡
大澤村（オホサワ）	宮城縣	宮城郡
	山形縣	飽海郡
	岩手縣	下閉伊郡
	神奈川縣	高座郡
	兵庫縣	有馬郡
	埼玉縣	兒玉郡
	栃木縣	河内郡
	長野縣	南佐久郡
大澤町（オホサワ）	埼玉縣	南埼玉郡
大篠津村（オホシノツ）	鳥取縣	西伯郡
大篠村（オホシノ）	高知縣	長岡郡
大岩村（オホイワ）	鳥取縣	岩美郡
	富山縣	中新川郡

大谷地村（オホヤチ）
宮城縣 桃生郡

大谷村（オホヤ）
靜岡縣 安倍郡
山形縣 西村山郡
宮城縣 黑川郡
宮城縣 本吉郡
栃木縣 下都賀郡
茨城縣 鹿島郡
埼玉縣 北足立郡

大谷村（オホタニ）
愛媛縣 喜多郡
和歌山縣 伊都郡

大崎南村（オホサキミナミ）
廣島縣 豐田郡

大崎町（オホサキ）
東京府 荏原郡

大崎村（オホサキ）
新潟縣 南魚沼郡
新潟縣 南蒲原郡
岡山縣 勝田郡
高知縣 吾川郡
鹿兒島縣 噌唹郡
和歌山縣 海草郡

沖繩縣 島尻郡
三重縣 河藝郡

大里村（オホサト）
長野縣 北佐久郡
愛知縣 中島郡

大舘町（オホタテ）
秋田縣 北秋田郡

大館村（オホタテ）
青森縣 三戶郡

大宮町（オホミヤ）
茨城縣 那珂郡
靜岡縣 富士郡
埼玉縣 北足立郡

大宮村（オホミヤ）
栃木縣 鹽谷郡
栃木縣 下都賀郡
茨城縣 稻敷郡
鳥取縣 日野郡
岡山縣 邑久郡
山梨縣 西山梨郡
福島縣 南會津郡
京都府 愛宕郡

大貫町（オホヌキ）
千葉縣 君津郡
茨城縣 東茨城郡

大貫村（オホヌキ）
宮城縣 遠田郡

大泉原村（オホイヅミハラ）
三重縣 員辨郡

三重縣 員辨郡

大泉村（オホイヅミ）
山形縣 西田川郡
山形縣 東田川郡
東京府 北豐島郡
山梨縣 北巨摩郡

大良村（オホクサ）
長崎縣 西彼杵郡
大阪府 南河內郡
山梨縣 北巨摩郡
廣島縣 豐田郡

大鶴村（オホツル）
大分縣 日田郡
山梨縣 北都留郡

大形村（オホカタ）
新潟縣 中蒲原郡
茨城縣 結城郡

大郷村（オホサト）
鳥取縣 氣高郡
滋賀縣 東淺井郡
山形縣 東村山郡

大淵村（オホフチ）
福岡縣 八女郡
靜岡縣 富士郡
靜岡縣 小笠郡

大塚(オホツカ)村	島根縣	能義郡
	山梨縣	西八代郡
大藏(オホクラ)村	兵庫縣	養父郡
	山形縣	最上郡
大庭(オホバ)村	島根縣	八束郡
	兵庫縣	美方郡
大家庄(オホヘノシヤウ)村	富山縣	下新川郡
大家(オホイヘ)村	埼玉縣	入間郡
	島根縣	邇摩郡
大濱(オホハマ)村	島根縣	邇摩郡
	長崎縣	南松浦郡
	沖繩縣	八重山郡
大幡(オホハタ)村	大分縣	下毛郡
	埼玉縣	大里郡
	鳥取縣	西伯郡
大口(オウクチ)町	鹿兒島縣	伊佐郡
大口(オウクチ)村	愛知縣	丹羽郡
大岡(オホヲカ)村	靜岡縣	駿東郡
	長野縣	更級郡
	埼玉縣	比企郡
	宮城縣	栗原郡
大石田(オホイシダ)町	山形縣	北村山郡
大石(オホイシ)村	福井縣	坂井郡
	三重縣	飯南郡
	滋賀縣	栗太郡
	山梨縣	南都留郡
	福岡縣	浮羽郡
	埼玉縣	北足立郡
大洲(オウス)町	愛媛縣	喜多郡
大洲(オウス)村	愛媛縣	喜多郡
	靜岡縣	志太郡
大浦(オウラ)村	青森縣	中津輕郡
	熊本縣	天草郡
	佐賀縣	藤浦郡
	福島縣	石城郡
大神(オホガミ)村	大分縣	速見郡
	東京府	北多摩郡
大濱(オホハマ)町	熊本縣	玉名郡
	愛知縣	碧海郡
大濱(オホハマ)村	廣島縣	御調郡
大場(オホバ)村	茨城縣	那珂郡
	茨城縣	東茨城郡
	石川縣	河北郡
大藤(オホフヂ)村	山梨縣	東山梨縣
	靜岡縣	磐田郡
大富(オホトミ)村	山形縣	北村山郡
	靜岡縣	志太郡
	千葉縣	山武郡
大桑(オホクワ)村	長野縣	西筑摩郡
	岐阜縣	山縣郡
大高(オホタカ)町	愛知縣	知多郡
大高(オホタカ)村	鳥取縣	西伯郡
大高根(オホタカネ)村	山形縣	北村山郡
大鹿(オホシカ)村	新潟縣	中頸城郡
	長野縣	下伊那郡
大部(オホベ)村	香川縣	小豆郡
	兵庫縣	加東郡
大賀(オホガ)村	茨城縣	那珂郡
	岡山縣	川上郡
大賀郷(オホガガウ)村	東京府	八丈島

大庄村	オウシヤウ	兵庫縣	武庫郡
		富山縣	上新川郡
大淀町	オホヨド	奈良縣	吉野郡
		三重縣	多氣郡
大枝村	オホエ	京都府	乙訓郡
大枝村	オホエダ	福島縣	伊達郡
大倉村	オホクラ	千葉縣	香取郡
		山形縣	北村山郡
大越村	オホコエ	福島縣	田村郡
大越村	オホコシ	埼玉縣	北埼玉郡
大溝町	オホミゾ	滋賀縣	高島郡
大溝村	オホミゾ	福岡縣	三瀦郡
大戸瀬村	オホトセ	青森縣	西津輕郡
大戸村	オホヘ	大阪府	中河內郡
大鹽町	オホシホ	兵庫縣	印南郡
大鹽村	オホシホ	福島縣	耶麻郡
		宮城縣	桃生郡
大村	オホ	熊本縣	球磨郡
		東京府	小笠原島
		鹿兒島縣	薩摩郡
		茨城縣	眞壁郡
		鳥取縣	八頭郡
大町	オホ	長野縣	北安曇郡
大町村	オホマチ	兵庫縣	津名郡
大須成村	オホスナリ	山梨縣	南巨摩郡
大須賀村	オホスカ	茨城縣	稻敷郡
		千葉縣	香取郡
大須村	オホス	福島縣	相馬郡
大瀧村	オホタキ	滋賀縣	犬上郡
		富山縣	西礪波郡
		福島縣	大沼郡
		埼玉縣	秩父郡
大多喜町	オホタキ	千葉縣	夷隅郡
大多尾村	オホタヲ	熊本縣	天草郡
大矢和村	オホヤワ	三重縣	三重郡
大矢田村	オホヤタ	岐阜縣	武儀郡
大生村	オホノフ	茨城縣	結城郡
大生原村	オホブハラ	茨城縣	行方郡
大杉谷村	オホスギタニ	石川縣	能美郡
		三重縣	多氣郡
大杉村	オホスギ	青森縣	南津輕郡
		高知縣	長岡郡
大長谷村	オホナガタニ	富山縣	婦負郡
大長村	オホナガ	靜岡縣	志太郡
		三重縣	員辨郡
大國村	オホクニ	鳥取縣	西伯郡
		島根縣	邇摩郡
		茨城縣	眞壁郡
大平村	オホダイラ	秋田縣	南和田郡
		宮城縣	刈田郡
		福島縣	安達郡
大平村	オホヒラ	靜岡縣	駿東郡
		千葉縣	山武郡
大和田町	オホワダ	千葉縣	千葉郡
大和田村	オホワダ	埼玉縣	北足立郡
		大阪府	北河內郡
大湊村	オホミナト	青森縣	下北郡
大湊町	オホミナト	三重縣	度會郡
大三崎村	オホミサキ	長崎縣	南高來郡
大三村	オホミ	三重縣	一志郡

大廣田村（オホヒロタ）	富山縣	上新川郡
大廣村（オホヒロ）	兵庫縣	佐用郡
大根占村（オホネシメ）	鹿兒島縣	肝屬郡
大根村（オホネ）	神奈川縣	中郡
大森町（オホモリ）	島根縣	邇摩郡
	秋田縣	平鹿郡
	東京府	荏原郡
	千葉縣	印旛郡
大森村（オホモリ）	富山縣	中新川郡
	福島縣	信夫郡
大森田村（オホモリタ）	福島縣	石川郡
大網町（オホアミ）	千葉縣	山武郡
大綱木村（オホツナキ）	福島縣	伊達郡
大間々町（オホママ）	群馬縣	山田郡
大名田町（オホナタ）	岐阜縣	大野郡
大鰐町（オホワニ）	青森縣	南津輕郡
大藪町（オホヤブ）	岐阜縣	安八郡
大村町（オホムラ）	長崎縣	東彼杵郡
大胡町（オホコ）	群馬縣	勢多郡
大府町（オホフ）	愛知縣	知多郡
大柿町（オホガキ）	廣島縣	佐伯郡
大竹町（オホタケ）	廣島縣	佐伯郡
大磯町（オホイソ）	神奈川縣	中郡
大槌町（オホツチ）	岩手縣	上閉伊郡
大迫町（オホハサマ）	岩手縣	稗貫郡
大曲町（オホマガリ）	秋田縣	仙北郡
大朝町（オホアサ）	廣島縣	山縣郡
大隈町（オホクマ）	福岡縣	嘉穗郡
大畑町（オホハタ）	青森縣	下北郡
大垪和村（オホハガ）	島根縣	久米郡
大蒲原村（オホカンバラ）	新潟縣	中蒲原郡
大砂土村（オホサト）	埼玉縣	北足立郡
大麻生村（オホアサフ）	埼玉縣	大里郡
大笹生村（オホササフ）	福島縣	信夫郡
大木戸村（オホキド）	福島縣	伊達郡
大池田村（オホイケダ）	茨城縣	西茨城郡
大花羽村（オホハナハ）	茨城縣	結城郡
大姶良村（オホアヒラ）	鹿兒島縣	肝屬郡
大鎌田村（オホカマタ）	山梨縣	中巨摩郡
大宜味村（オホギミ）	沖繩縣	國頭郡
大船渡村（オホフナト）	岩手縣	氣仙郡
大曾根村（オホソネ）	山形縣	東村山郡
大深內村（オホフカナイ）	青森縣	上北郡
大楠植村（オホクスウエ）	高知縣	香美郡
大御門村（オホミカド）	鳥取縣	八頭郡
大入島村（オホニフジマ）	大分縣	南海部郡
大下條村（オホシモゼウ）	長野縣	下伊那郡
大布施村（オホフセ）	富山縣	下新川郡
大日向村（オホヒナタ）	長野縣	南佐久郡
大八賀村（オホヤガ）	岐阜縣	大野郡
大鋸屋村（オホガヤ）	富山縣	東礪波郡
大柳生村（オホヤギウ）	奈良縣	添上郡
大保木村（オホホキ）	愛媛縣	府居郡
大生院村（オホジヤウヰン）	愛媛縣	新居郡
大阿太村（オホアダ）	奈良縣	宇智郡
大相模村（オホサガミ）	埼玉縣	南埼玉郡
大松澤村（オホマツザハ）	宮城縣	黑川郡
大鷹澤村（オホタカザハ）	宮城縣	刈田郡
小來川村（ヲコロガハ）	栃木縣	上都賀郡
大箇野村（オホカノ）	群馬縣	邑樂郡

大都河村（オホツガ）	和歌山縣	西牟婁郡
大東島（オホアガリシマ）	沖繩縣	島尻郡
大長村（オホチヤウ）	廣島縣	豐田郡
大嶽村（オホタケ）	熊本縣	宇土郡
大嵐村（オホアラシ）	山梨縣	南都留郡
大芋村（オクモ）	兵庫縣	多紀郡
大蘆村（オホアシ）	島根縣	八束郡
大桐村（オホギリ）	高知縣	高岡郡
大茅村（オホカヤ）	鳥取縣	岩美郡
大伊村（オホイ）	鳥取縣	八頭郡
大桑村（オホクワ）	埼玉縣	北埼玉郡
大寄村（オホヨロ）	埼玉縣	大里郡
大椚村（オホクヌキ）	埼玉縣	秩父郡
大住村（オホスミ）	京都府	綴喜郡
大堀村（オホホリ）	福島縣	雙葉郡
大甕村（オホミカ）	福島縣	相馬郡
大湯村（オホヌマ）	福島縣	西白河郡
大戸村（オホト）	福島縣	北會津郡
大乘村（オホノリ）	廣島縣	豐田郡
大町村（オホマチ）	佐賀縣	杵島郡
大詫間村（オホタクマ）	佐賀縣	佐賀郡
大坪村（オホツボ）	佐賀縣	西松浦郡
大塔村（オホトウ）	奈良縣	吉野郡
大鐸村（オホタデ）	香川縣	小豆郡
大見村（オホミ）	香川縣	三豐郡
大歳村（オホトシ）	山口縣	吉敷郡
大嶺村（オホミネ）	山口縣	美禰郡
大道村（オホドウ）	熊本縣	天草郡
大束村（オホツカ）	宮崎縣	南那珂郡
大張村（オホハリ）	宮城縣	伊具郡
大瀬村（オホセ）	愛媛縣	喜多郡
大在村（オウザイ）	大分縣	北海部郡
大城村（オホキ）	福岡縣	三井郡
大莞村（オホヰ）	福岡縣	三瀦郡
大伴村（オホトモ）	大阪府	南河内郡
大柏村（オホカシハ）	千葉縣	東葛飾郡
大類村（オホルヰ）	群馬縣	群馬郡
大林村（オホハヤシ）	廣島縣	安佐郡
大堰村（オホビキ）	福岡縣	三井郡
大寺村（オホデラ）	山形縣	東村山郡
大更村（オホフケ）	岩手縣	岩手郡
大見村（オホミ）	廣島縣	世羅郡
大槻村（オホツキ）	福島縣	安積郡
大塚村（オホツカ）	山形縣	東置賜郡
大橋村（オホハシ）	福岡縣	三井郡
大總村（オホフサ）	千葉縣	山武郡
大關村（オホゼキ）	福井縣	坂井郡
大衡村（オホヒラ）	宮城縣	黑川郡
大俣村（オホマタ）	德島縣	阿波郡
大路村（オホヂ）	兵庫縣	氷上郡
大窪村（オホクボ）	神奈川縣	足柄下郡
大土村（オツチ）	大阪府	泉南郡
大冠村（オホカムリ）	大阪府	三島郡
大湯村（オホユ）	秋田縣	鹿角郡
大治村（オホハル）	愛知縣	海部郡
大湫村（オホタテ）	岐阜縣	土岐郡
大葛村（オホクズ）	秋田縣	北秋田郡
大奧村（オホオク）	青森縣	下北郡
大任村（オホトウ）	福岡縣	田川郡
大瀁村（オホブケ）	新潟縣	中頸城郡

大串(オホクシ)	村	長崎縣	西彼杵郡
大積(オホツミ)	村	新潟縣	三島郡
大吉(オポヨシ)	村	岡山縣	英田郡
大虫(オホムシ)	村	福井縣	丹生郡
太市(オホイチ)	村	兵庫縣	揖保郡
大面(オホモ)	村	新潟縣	南蒲原郡
大巻(オホマキ)	村	新潟縣	南魚沼郡
大目(オホメ)	村	山梨縣	北都留郡
大坂(オホサカ)	村	靜岡縣	小笠郡
大袋(オホフクロ)	村	埼玉縣	南埼玉郡
大泊(オホトマリ)	町	樺太	大泊郡
應神(オウジン)	村	德島縣	板野郡
應其(オウゴ)	村	和歌山縣	伊都郡
鳳(オホトリ)	町	大阪府	泉北郡
多(オホ)	村	奈良縣	磯城郡
鷲宿(オホシユク)	村	山梨縣	東八代郡
網田(オホダ)	村	熊本縣	宇土郡
音更(オトフケ)	村	北海道	河東郡
音江(オトエ)	村	北海道	空知郡
音杉(オトスギ)	村	富山縣	中新川郡
音川(オトカハ)	村	富山縣	婦負郡
音戸(オンド)	町	廣島縣	安藝郡
音別(オンベツ)	村	北海道	白糠郡
弟(オトウト)	島	東京府	小笠原島
落合(オチアヒ)	町	東京府	豐多摩郡
		岡山縣	眞庭郡
		樺太	榮濱郡
落合(オチアヒ)	村	廣島縣	安佐郡
		栃木縣	上都賀郡
		宮城縣	黑川郡
		山梨縣	中巨摩郡
		長野縣	諏訪郡
		岐阜縣	惠那郡
		秋田縣	北秋田郡
		岡山縣	川上郡
落部(オトシベ)	村	北海道	茅部郡
落居(オチエ)	村	山梨縣	西八千郡
彼方(ヲチカタ)	村	大阪府	南河内郡
折尾(オリヲ)	町	福岡縣	遠賀郡
折壁(オリカベ)	村	岩手縣	東磐井郡
折原(オリハラ)	村	埼玉縣	大里郡
折尾瀬(オリヲセ)	村	長崎縣	東彼杵郡
織笠(オリカサ)	村	岩手縣	下閉伊郡
織田(オダ)	村	福井縣	丹生郡
		奈良縣	磯城郡
下立(オリタチ)	村	富山縣	下新川郡
下石(オロシ)	町	岐阜縣	土岐郡
岡田(ヲカタ)	町	愛知縣	知多郡
岡田(ヲカダ)	村	岡山縣	吉備郡
		愛媛縣	伊豫郡
		長野縣	東筑摩郡
		香川縣	綾歌郡
		茨城縣	結城郡
		茨城縣	稻敷郡
岡田上(ヲカダガミ)	村	京都府	加佐郡
岡田中(テカダナカ)	村	京都府	加佐郡
岡田下(ヲカダシモ)	村	京都府	加佐郡
岡本(ヲカモト)	村	大分縣	直入郡
		神奈川縣	足柄上郡
		福井縣	今立郡

岡山(ヲカヤマ)村	滋賀縣	蒲生郡
	愛媛縣	越智郡
	長野縣	下水内郡
	福岡縣	八女郡
	福島縣	信夫郡
岡崎(ヲカザキ)村	和歌山縣	海草郡
	神奈川縣	中郡
岡部(ヲカベ)村	山梨縣	東山梨縣
	静岡縣	志太郡
	埼玉縣	大里郡
岡野(ヲカノ)村	兵庫縣	多紀郡
岡郷(ヲカガウ)村	茨城縣	猿島郡
岡原(ヲカハル)村	熊本縣	球磨郡
岡町(ヲカマチ)村	和歌山縣	海草郡
岡富(ヲカトミ)村	宮崎縣	東臼杵郡
岡枝(ヲカエダ)村	山口縣	豐浦郡
岡豐(ヲカウ)村	高知縣	長岡郡
岡垣(ヲカガキ)村	福岡縣	遠賀郡
岡上(ヲカカミ)村	神奈川縣	都築郡
岡見(ヲカミ)村	島根縣	那賀郡
岡方(ヲカカタ)村	新潟縣	北蒲原郡
岡保(ヲカヤス)村	福井縣	吉田郡
岡(ヲカ)村	山梨縣	東八代郡
丘山(ヲカヤマ)村	千葉縣	山武郡
陵西(ヲカニシ)村	奈良縣	北葛城郡
乙訓(オツクニ)村	京都府	乙訓郡
乙立(オツタチ)村	島根縣	簸川郡
乙女(ヲトメ)村	熊本縣	上益城郡
乙部(ヲトベ)村	岩手縣	紫波郡
	北海道	爾志郡
奥(オク)町	愛知縣	中島郡
奥(オク)村	廣島縣	御調郡
奥野田(オクノダ)村	山梨縣	東山梨縣
奥野(オクノ)村	茨城縣	稻敷郡
奥内(オクナイ)村	青森縣	東津輕郡
	高知縣	幡多郡
奥明方(オクアキカタ)村	岐阜縣	郡上郡
奥名田(オクナダ)村	福井縣	遠敷郡
奥吉川(オクヨシカハ)村	兵庫縣	美嚢郡
奥古閑(オクコガ)村	熊本縣	飽託郡
奥木頭(オクキドウ)村	德島縣	海部郡
奥上林(オクカミハヤシ)村	京都府	何鹿郡
奥大野(オクオホノ)村	京都府	中郡
奥安樂川(オクアラカハ)村	和歌山縣	那賀郡
奥竹野(オクタケノ)村	兵庫縣	城崎郡
奥佐津(オクサツ)村	兵庫縣	城崎郡
奥海田(オクカイダ)村	廣島縣	安藝郡
奥鹿(オカ)村	香川縣	木田郡
奥谷(オツヤ)村	兵庫縣	宍粟郡
奥玉(オクタマ)村	岩手縣	東磐井郡
奥尻(オクシリ)村	北海道	奥尻郡
奥田(オクタ)村	富山縣	上新川郡
奥富(オクトミ)村	埼玉縣	入間郡
奥浦(オクウラ)村	長崎縣	南松浦郡
奥津(ヤクツ)村	岡山縣	苫田郡
奥戸(オクト)村	東京府	南葛飾郡
奥山(オクヤマ)村	静岡縣	引佐郡
奥川(オクカハ)村	福島縣	耶麻郡
奥南(オクナ)村	愛媛縣	北宇和郡

邑久村（オク）	岡山縣	邑久郡
桶川村（オケカハ）	埼玉縣	北足立郡
起町（オコシ）	愛知縣	中島郡
越生町（オゴ）	埼玉縣	入間郡
越知町（ヲチ）	高知縣	高岡郡
越知谷村（オチタニ）	兵庫縣	神崎郡
越喜來村（オツキライ）	岩手縣	氣仙郡
長萬部村（オシヤマンベ）	北海道	山越郡
長内村（オサナイ）	岩手縣	九戸郡
長藤村（ヲサフヂ）	長野縣	上伊那郡
長地村（オサチ）	長野縣	諏訪郡
長村（オサ）	長野縣	小縣郡
長田村（ヲサダ）	茨城縣	猿島郡
	靜岡縣	安倍郡
	岡山縣	御津郡
刑部町（オサカベ）	岡山縣	阿哲郡
納内村（オサムナイ）	北海道	雨龍郡
興津町（オキツ）	靜岡縣	庵原郡
	千葉縣	夷隅郡
興田村（オキタ）	岩手縣	東磐井郡

興部村（オコツペ）	北海道	紋別郡
沖ノ島村（オキノシマ）	高知縣	幡多郡
沖浦村（オキウラ）	山口縣	大島郡
沖見村（オキミ）	新潟縣	東頸城郡
沖郷村（オキガウ）	山形縣	東置賜郡
沖田村（オキタ）	岡山縣	上道郡
沖新村（オキシン）	熊本縣	飽託郡
沖水村（オキミツ）	宮崎縣	北諸縣郡
沖端村（オキハタ）	福岡縣	山門郡
沖村（オキ）	東京府	小笠原島
	廣島縣	佐伯郡
置鹽村（オキシホ）	兵庫縣	飾磨郡
置戸村（オケト）	北海道	常呂郡
翁島村（オギナシマ）	福島縣	耶麻郡
扇村（オウギ）	東京府	小笠原島
息郷村（オキサト）	滋賀縣	坂田郡
息長村（オキナガ）	滋賀縣	坂田郡
荻ノ濱村（オギノハマ）	宮城縣	牡鹿郡
荻島村（オギシマ）	埼玉縣	南埼玉郡
荻生村（オキフ）	富山縣	下新川郡

荻野村（オギノ）	神奈川縣	愛甲郡
荻原村（オギハラ）	三重縣	多氣郡
荻伏村（オギフシ）	北海道	河西郡
荻川村（オギカハ）	新潟縣	中蒲原郡
荻村（オキ）	大分縣	直入郡
押部谷村（オシベタニ）	兵庫縣	明石郡
押切村（オシキリ）	山形縣	東田川郡
押野村（オシノ）	石川縣	石川郡
忍町（オシ）	埼玉縣	北埼玉郡
忍原村（オシハラ）	島根縣	邇摩郡
忍野村（オシノ）	山梨縣	南都留郡
忍海村（オシミ）	奈良縣	南葛城郡
鴛泊村（オシトマリ）	北海道	利尻郡
帶解町（オビトケ）	奈良縣	添上郡
帶廣町（オビヒロ）	北海道	河西郡
帶江村（オビエ）	岡山縣	都窪郡
笈川村（オヒカハ）	福島縣	河沼郡
及川村（ヲヒカハ）	神奈川縣	愛甲郡
面潟村（オモガタ）	秋田縣	南秋田郡
面影村（オモカゲ）	鳥取縣	岩美郡

面高（オモタカ）村	長崎縣	西彼杵郡
重茂（オモヘ）村	岩手縣	下閉伊郡
御宿（オンシュク）村	千葉縣	夷隅郡
御前崎（オマイサキ）村	靜岡縣	榛原郡
御明神（オミヤウジン）村	岩手縣	岩手郡
恩納（オンナ）村	沖繩縣	國頭郡
恩方（オンカタ）村	東京府	南多摩郡
溫泉（オンセン）町	兵庫縣	美方郡
溫泉（オンセン）村	神奈川縣	足柄下郡
溫根別（オンネベツ）村	北海道	上川郡
女川（ヲンナカハ）村	新潟縣	岩船郡
遲羽（オンハ）村	福井縣	大野郡
オンネコタン島	北海道	占守郡

ワの部

和田堀（ワダホリ）町	東京府	豐多摩郡
和田岡（ワダヲカ）村	靜岡縣	小笠郡
和田（ワダ）町	千葉縣	安房郡
和田（ワダ）村	鳥取縣	西伯郡
	大分縣	下毛郡
	新潟縣	中頸城郡
	島根縣	那賀郡
	兵庫縣	氷上郡
	高知縣	幡多郡
	秋田縣	河邊郡
	福井縣	足羽郡
	福井縣	大飯郡
	山形縣	東置賜郡
	靜岡縣	濱名郡
	靜岡縣	志太郡
	長野縣	小縣郡
	長野縣	下伊那郡
	長野縣	東筑摩郡
	山口縣	大島郡
	山口縣	佐波郡
	香川縣	三豐郡
	北海道	根室郡
	廣島縣	雙三郡
	千葉縣	印旛郡
	和歌山縣	日高郡
和氣（ワケ）町	岡山縣	和氣郡
和氣（ワケ）村	愛媛縣	溫泉郡
和歌浦（ワカウラ）町	和歌山縣	海草郡
和木澤（ワキサハ）村	福島縣	安達郡
和鹿島（ワカシマ）村	熊本縣	八代郡
和深（ワフカ）村	和歌山縣	西牟婁郡
和合（ワガフ）村	岐阜縣	安八郡
和間（ワマ）村	大分縣	宇佐郡
和泊（ワトマリ）村	鹿兒島縣	大島郡
和納（ワナフ）村	新潟縣	西蒲原郡
和食（ワジキ）村	高知縣	安藝郡
和德（ワトク）村	青森縣	中津輕郡
和寒（ワサム）村	北海道	上川郡
和知（ワチ）村	岐阜縣	加茂郡
和地（ワチ）村	靜岡縣	濱名郡
和白（ワシロ）村	福岡縣	糟屋郡
和具（ワグ）村	三重縣	志摩郡
和邇（ワニ）村	滋賀縣	滋賀郡

和佐(ワサ)	村	和歌山縣	海草郡
和良(ワラ)	村	岐阜縣	郡上郡
和木(ワキ)	村	山口縣	玖珂郡
和土(ワツチ)	村	埼玉縣	南埼玉郡
輪島(ワシマ)	町	石川縣	鳳至郡
隈府(ワイフ)	町	熊本縣	菊池郡
鰐淵(ワニブチ)	村	島根縣	簸川郡
若松(ワカマツ)	村	茨城縣	鹿島郡
		三重縣	河藝郡
		長崎縣	南松浦郡
若宮(ワカミヤ)	村	福岡縣	鞍手郡
		福島縣	河沼郡
若櫻(ワカサ)	町	鳥取縣	八頭郡
若神子(ワカミコ)	村	山梨縣	北巨摩郡
若狹野(ワカサノ)	村	兵庫縣	赤穗郡
若木(ワカキ)	村	佐賀縣	杵島郡
若栗(ワカクリ)	村	富山縣	下新川郡
若柳(ワカヤナギ)	町	宮城縣	栗原郡
若柳(ワカヤナギ)	村	岩手縣	膽澤郡
若槻(ワカツキ)	村	長野縣	上水内郡
若林(ワカバヤシ)	村	富山縣	西礪波郡
若江(ワカエ)	村	大阪府	中河内郡
若泉(ワカイヅミ)	村	埼玉縣	兒玉郡
若山(ワカヤマ)	村	石川縣	珠洲郡
若部(ワカベ)	村	石川縣	羽咋郡
若郷(ワカガウ)	村	東京府	新島
渡波(ワタノハ)	町	宮城縣	牡鹿郡
渡里(ワタリ)	村	茨城縣	東茨城郡
渡瀨(ワタセ)	村	群馬縣	邑樂郡
渡邊(ワタナベ)	村	福島縣	石城郡
渡利(ワタリ)	村	福島縣	信夫郡
渡津(ワタツ)	村	島根縣	那賀郡
渡良(ワタラ)	村	長崎縣	壹岐郡
渡前(ワタマヘ)	村	山形縣	東田川郡
渡(ワタリ)	村	熊本縣	球磨郡
		鳥取縣	西伯郡
亘理(ワタリ)	町	宮城縣	亘理郡
綿内(ワタリ)	村	長野縣	上高井郡
綿塚(ワタツカ)	村	山梨縣	東山梨郡
神石(ワタニ)	村	大阪府	泉北郡
稚内(ワツカナイ)	町	北海道	宗谷郡
蕨岡(ワラビヲカ)	村	高知縣	幡多郡
		山形縣	飽海郡
蕨(ワラビ)	町	埼玉縣	北足立郡
往郷(ワウガウ)	村	長野縣	下高井郡
涌谷(ワクヤ)	町	宮城縣	遠田郡
涌津(ワクツ)	村	岩手縣	西磐井郡
稙田(ワサダ)	村	大分縣	大分郡
掖上(ワキガミ)	村	奈良縣	南葛城郡
脇野澤(ワキノサワ)	村	青森縣	下北郡
脇野町(ワキノマチ)	村	新潟縣	三島郡
脇ケ畑(ワキカハタ)	村	滋賀縣	犬上郡
脇元(ワキモト)	村	青森縣	北津輕郡
脇岬(ワキサキ)	村	長崎縣	西彼杵郡
脇本(ワキモト)	村	秋田縣	南秋田郡
脇山(ワキヤマ)	村	福岡縣	早良郡
脇(ワキ)	町	徳島縣	美馬郡
鷲敷(ワジキ)	町	徳島縣	那賀郡
鷲卷(ワシマキ)	村	新潟縣	中蒲原郡
鷲宮(ワシミヤ)	村	埼玉縣	南埼玉郡

早稲谷村（ワセダニ）	福島縣	耶麻郡
早稲田村（ワセダ）	埼玉縣	北埼玉郡

カの部

加茂名町（カモミヤウ）	徳島縣	名東郡
加茂川村（カモガハ）	熊本縣	菊池郡
加茂野村（カモノ）	岐阜縣	加茂郡
加茂谷村（カモタニ）	徳島縣	那賀郡
加茂町（カモ）	岡山縣	苫田郡
	新潟縣	南蒲原郡
	山形縣	西田川郡
	京都府	相樂郡
	徳島縣	三好郡
	鳥取縣	西伯郡
	徳島縣	名東郡
	新潟縣	佐渡郡
	島根縣	大原郡
	岡山縣	御津郡
	岡山縣	都窪郡
加茂村（カモ）	兵庫縣	加東郡
	兵庫縣	三原郡
	高知縣	高岡郡
	愛媛縣	新居郡
	三重縣	志摩郡
	静岡縣	小笠郡
	愛知縣	八名郡
	愛知縣	東加茂郡
	香川縣	綾歌郡
	和歌山縣	海草郡
	石川縣	羽咋郡
	廣島縣	深安郡
加治木町（カヂキ）	鹿兒島縣	姶良郡
加治田村（カヂタ）	岐阜縣	加茂郡
加治村（カヂ）	新潟縣	北蒲原郡
	埼玉縣	入間郡
加納町（カナフ）	岐阜縣	稲葉郡
加納村（カナフ）	富山縣	氷見郡
	福島縣	耶麻郡
	埼玉縣	北足立郡
加納岩村（カナフイワ）	山梨縣	東山梨郡
加美村（カミ）	大阪府	中河内郡
	岡山縣	久米郡
加賀村（カガ）	島根縣	八束郡
加古川町（カコガハ）	兵庫縣	加古郡
加古新村（カコシン）	兵庫縣	加古郡
加津佐町（カヅサ）	長崎縣	南高來郡
加世田町（カセダ）	鹿兒島縣	川邊郡
加計町（カケ）	廣島縣	山縣郡
加須町（カゾ）	埼玉縣	北埼玉郡
加悦町（カヤ）	京都府	與謝郡
加太町（カダ）	和歌山縣	海草郡
加子母村（カシモ）	岐阜縣	惠那郡
加布里村（カムリ）	福岡縣	糸島郡
加賀田村（カガタ）	大阪府	南河内郡
加久藤村（カクトウ）	宮崎縣	西諸縣郡
加積村（カツミ）	富山縣	下新川郡
加見村（カミ）	山口縣	都濃郡
加島村（カシマ）	静岡縣	富士郡
加戸村（カド）	福井縣	坂井郡

加斗（カド）村	福井縣	大領郡
加住（カスミ）村	東京府	南多摩郡
加太（カフト）村	三重縣	鈴鹿郡
加蘇（カソ）村	栃木縣	上都賀郡
賀美石（カミイシ）村	宮城縣	加美郡
賀名生（カナフ）村	奈良縣	吉野郡
賀美畑（カミハタ）村	山口縣	玖珂郡
賀美（カミ）村	埼玉縣	兒玉郡
	茨城縣	久慈郡
賀茂（カモ）村	鳥取縣	八頭郡
	兵庫縣	加西郡
賀野（カノ）村	鳥取縣	西伯郡
賀露（カロ）村	鳥取縣	氣高郡
賀來（カク）村	大分縣	大分郡
賀集（カシウ）村	兵庫縣	三原郡
賀永（カナガ）村	廣島縣	賀茂郡
鹿屋（カノヤ）町	鹿兒島縣	肝屬郡
鹿忍（カシノ）町	岡山縣	邑久郡
鹿島（カシマ）町	佐賀縣	藤津郡
	茨城縣	鹿島郡
	福島縣	相馬郡
鹿島（カシマ）村	福島縣	石城郡
	佐賀縣	藤津郡
	茨城縣	筑波郡
鹿島路（カシマジ）村	石川縣	鹿島郡
鹿島臺（カシマダイ）村	宮城縣	志田郡
鹿蒜（カヒル）村	福井縣	南條郡
鹿谷（カヤ）村	兵庫縣	飾磨郡
鹿峠（カトウゲ）村	新潟縣	南蒲原郡
鹿渡（カド）村	秋田縣	山本郡
鹿川（カノカハ）村	廣島縣	佐伯郡
鹿野（カノ）村	山口縣	都濃郡
鹿又（カノマタ）村	宮城縣	桃生郡
鹿沼（カヌマ）町	栃木縣	上都賀郡
香取（カトリ）町	千葉縣	香取郡
香取（カトリ）村	茨城縣	猿島郡
香住（カスミ）町	兵庫縣	城崎郡
香々美南（カガミミナミ）村	岡山縣	苫田郡
香々美北（カガミキタ）村	岡山縣	苫田郡
香久山（カグヤマ）村	奈良縣	磯城郡
香登（カガト）町	岡山縣	和氣郡
香々地（カカヂ）町	大分縣	西國東郡
香春（カハラ）町	福岡縣	田川郡
香西（カウサイ）町	香川縣	香川郡
香西（カサイ）村	千葉縣	香取郡
香椎（カシヒ）村	長崎縣	壹岐郡
	福岡縣	糟屋郡
香燒（カウヤキ）村	長崎縣	西彼杵郡
香島（カシマ）村	兵庫縣	揖保郡
香宗（カソウ）村	高知縣	香美郡
香呂（カウロ）村	兵庫縣	神崎郡
香月（カツキ）村	福岡縣	遠賀郡
香澄（カスミ）村	茨城縣	行方郡
香深（カフカ）村	北海道	禮文郡
可部（カベ）町	廣島縣	安佐郡
可美（カミ）村	靜岡縣	濱名郡
可眞（カマ）村	岡山縣	赤磐郡
可知（カチ）村	岡山縣	上道郡
可也（カヤ）村	福岡縣	糸島郡
嘉田生崎（カタオサキ）村	茨城縣	眞壁郡
嘉川（カガハ）村	山口縣	吉數郡

嘉年(カネ)	村	山口縣	阿武郡
嘉瀬(カセ)	村	青森縣	北津輕郡
		佐賀縣	佐賀郡
海田市(カイダイチ)	町	廣島縣	安藝郡
海瀬(カイセ)	町	長野縣	南佐久郡
海印寺(カイインジ)	村	京都府	乙訓郡
海東(カイトウ)	村	熊本縣	下益城郡
海西(カイサイ)	村	岐阜縣	海津郡
海津(カイツ)	村	滋賀縣	高島郡
海藏(カイゾウ)	村	三重縣	三重郡
海馬(カイバ)	村	樺太	本斗郡
貝塚(カイヅカ)	町	大阪府	泉南郡
貝取澗(カヒトリマ)	村	北海道	久遠郡
貝野(カヒノ)	村	新潟縣	中魚沼郡
貝吹(カヒフキ)	村	愛媛縣	東宇和郡
貝泊(カヒトマリ)	村	福島縣	石城郡
開田(カイタ)	村	長野縣	西筑摩郡
開地(カイヂ)	村	山梨縣	南都留郡
樺島(カバシマ)	村	長崎縣	南松浦郡
		長崎縣	西彼杵郡
樺穗(カバホ)	村	茨城縣	眞壁郡
蟹江(ガニエ)	町	愛知縣	海部郡
蟹田(カニタ)	村	青森縣	東津輕郡
門馬(カドマ)	村	岩手縣	下閉伊郡
門崎(カドサキ)	村	岩手縣	東磐井郡
門眞(カドマ)	村	大阪府	北河内郡
門川(カドカハ)	村	宮崎縣	東臼杵郡
狩宿(カリシユク)	村	和歌山縣	那賀郡
狩江(カリエ)	村	愛媛縣	東宇和郡
狩川(カリカハ)	村	山形縣	東田川郡
狩太(カリフト)	村	北海道	虻田郡
狩野(カリノ)	村	栃木縣	那須郡
狩小川(カコガハ)	村	廣島縣	安佐郡
刈谷(カリヤ)	町	愛知縣	碧海郡
刈和野(カリワノ)	町	秋田縣	仙北郡
刈田(カリダ)	村	廣島縣	高田郡
刈羽(カリハ)	村	新潟縣	刈羽郡
刈屋(カリヤ)	村	岩手縣	下閉伊郡
苅田(カリダ)	町	福岡縣	京都郡
苅野(カリノ)	村	福島縣	雙葉郡
假屋(カリヤ)	町	兵庫縣	津名郡
輕井澤(カルヰザハ)	町	長野縣	北佐久郡
輕米(カルマイ)	町	岩手縣	九戸郡
輕野(カルノ)	村	茨城縣	鹿島郡
輕部(カルベ)	村	岡山縣	赤磐郡
瓦木(カワラキ)	村	兵庫縣	武庫郡
瓦會(カワラエ)	村	茨城縣	新治郡
川上(カハカミ)	村	德島縣	海部郡
		神奈川縣	鎌倉郡
		岡山縣	眞庭郡
		滋賀縣	高島郡
		愛媛縣	西宇和郡
		愛媛縣	溫泉郡
		大阪府	南河内郡
		熊本縣	飽託郡
		長野縣	南佐久郡
		山口縣	阿武郡
		奈良縣	吉野郡
		千葉縣	印旛郡
		和歌山縣	日高郡

佐賀縣 佐賀郡
廣島縣 賀茂郡
京都府 熊野郡
樺太 豐原郡

川上村（カハウヘ）
岐阜縣 惠那郡

川合村（カハヒ）
島根縣 安濃郡
三重縣 一志郡
岐阜縣 揖斐郡
岐阜縣 郡上郡
京都府 矢田郡

川會村（カハアヒ）
福岡郡 浮羽郡

川口町（カハグチ）
埼玉縣 北足立郡

川口村（カハグチ）
新潟縣 北魚沼郡
神奈川縣 鎌倉郡
三重縣 一志郡
岩手縣 岩手郡
熊本縣 飽託郡
東京府 南多摩郡
福岡縣 三潴郡
廣島縣 深安郡
福島縣 大沼郡

川越村（カハゴエ）
島根縣 邑智郡
三重縣 三重郡
大阪府 北河内郡
山口縣 玖珂郡

川邊町（カハベ）
廣島縣 深安郡
岐阜縣 加茂郡

川邊町（カハナベ）
鹿兒島縣 川邊郡

川邊村（カハベ）
岡山縣 吉備郡
兵庫縣 神崎郡
熊本縣 鹿本郡
長野縣 小縣郡
長野縣 北佐久郡
京都府 船井郡
埼玉縣 北葛飾郡
埼玉縣 北埼玉郡

川崎町（カハサキ）
靜岡縣 榛原郡

川崎村（カハサキ）
大分縣 速見郡
三重縣 鈴鹿郡
岐阜縣 本巢郡
宮城縣 柴田郡
福岡縣 八女郡

福岡縣 田川郡
福島縣 西白河郡

川内町（カハウチ）
青森縣 下北郡

川ノ内村（カハノウチ）
德島縣 板野郡

川内村（カハチ）
新潟縣 中蒲原郡
高知縣 高岡郡
青森縣 三戸郡
秋田縣 由利郡
廣島縣 安佐郡
福島縣 雙葉郡
群馬縣 山田郡

川田谷村（カハタタニ）
埼玉縣 北足立郡

川田町（カハタ）
德島縣 麻植郡

川田村（カハタ）
長野縣 上高井郡
茨城縣 那珂郡
群馬縣 利根郡

川根村（カハネ）
廣島縣 高田郡
茨城縣 東茨城郡

川中島村（カハナカジマ）
長野縣 更級郡

川中（カハナカ）**村**
- 愛知縣 西春日井郡
- 山口縣 豐浦郡
- 和歌山縣 日高郡

川島（カハシマ）**町**
- 香川縣 本田郡
- 德島縣 麻植郡

川島（カハシマ）**村**
- 長野縣 上伊那郡
- 岐阜縣 羽島郡
- 三重縣 三重郡

川尻（カハジリ）**町**
- 廣島縣 賀茂郡
- 熊本縣 飽託郡

川尻（カハジリ）**村**
- 神奈川縣 津久井郡

川添（カハソヘ）**村**
- 三重縣 多氣郡
- 秋田縣 河邊郡
- 香川縣 木田郡
- 和歌山縣 西牟婁郡
- 大分縣 北海部郡

川東（カハヒガシ）**村**
- 德島縣 海部郡
- 新潟縣 中蒲原郡
- 新潟縣 北蒲原郡
- 岡山縣 眞庭郡

- 香川縣 香川郡
- 奈良縣 磯城郡
- 福島縣 石川郡

川西（カハニシ）**町**
- 兵庫縣 川邊郡
- 栃木縣 那須郡

川西（カハニシ）**村**
- 德島縣 海部郡
- 大阪府 南河内郡
- 秋田縣 平鹿郡
- 靜岡縣 田方郡
- 岐阜縣 益田郡
- 香川縣 綾歌郡
- 奈良縣 磯城郡
- 茨城縣 眞壁郡
- 廣島縣 雙三郡
- 北海道 河西郡
- 福島縣 河沼郡

川南（カハナミ）**村**
- 宮崎縣 兒湯郡
- 福島縣 北會津郡

川北（カハキタ）**村**
- 石川縣 能美郡
- 石川縣 河北郡
- 高知縣 安藝郡

川下（カハシモ）**村**
- 山口縣 玖珂郡

川下（カハクダリ）**村**
- 島根縣 邑智郡

川岡（カハヲカ）**村**
- 京都府 葛野郡
- 香川縣 香川郡

川原木（カハラギ）**村**
- 大分縣 南海部郡

川原代（カハラシロ）**村**
- 茨城縣 北相馬郡

川原（カハラ）**村**
- 和歌山縣 那賀郡

川原（カハラ）**村**
- 長崎縣 西彼杵郡

川俣（カハマタ）**町**
- 福島縣 伊達郡

川俣（カハマタ）**村**
- 埼玉縣 北埼玉郡
- 三重縣 飯南郡

川柳（カハヤギ）**村**
- 埼玉縣 南埼玉郡

川柳（カハリウ）**村**
- 長野縣 更級郡

川面（カハモ）**村**
- 岡山縣 上房郡
- 岡山縣 小田郡

川井村	カハヰ	岩手縣	下閉伊郡
		新潟縣	北魚沼郡
川棚村	カハタナ	長崎縣	東彼杵郡
		山口縣	豐浦郡
川村	カハ	熊本縣	球磨郡
		神奈川縣	足柄上郡
川津村	カハツ	香川縣	綾歌郡
		島根縣	八束郡
川本町	カハモト	島根縣	邑智郡
川之江町	カハノエ	愛媛縣	宇摩郡
川之石町	カハノイシ	愛媛縣	西宇和郡
川登村	カハノボリ	大分縣	大野郡
川跡村	カハト	島根縣	簸川郡
川戸村	カハト	島根縣	邑智郡
川土居村	カハドヰ	山形縣	西村上郡
川間村	カハマ	千葉縣	東葛飾郡
川迫村	カハセコ	廣島縣	山縣郡
川前村	ガハマヘ	福島縣	石城郡
川沼村	カハヌマ	熊本縣	玉名郡
川波村	カハナミ	島根縣	那賀郡
川平村	カハヒラ	島根縣	那賀郡
川治村	カハヂ	新潟縣	田魚沼郡
川永村	カハナガ	和歌山縣	海草郡
川源村	カハモト	廣島縣	豐田郡
川通村	カハトホリ	埼玉縣	南埼玉郡
川地村	カハチ	廣島縣	雙三郡
川野村	カハノ	靜岡縣	小笠郡
川渡村	カハタビ	宮城縣	玉造郡
川瀧村	カハタキ	愛媛縣	宇摩郡
川除村	カハヨケ	青森縣	西津輕郡
川瀬村	カハセ	愛媛縣	上浮穴郡
川部村	カハベ	福島縣	石城郡
川路村	カハジ	長野縣	下伊那郡
川岸村	カハギシ	長野縣	諏訪郡
川並村	カハナミ	岐阜縣	安八郡
川連村	カハツラ	秋田縣	雄勝郡
川場村	カハバ	群馬縣	利根郡
川角村	カハカド	埼玉縣	入間郡
		大分縣	西國東郡
		岡山縣	眞庭郡
河内村	カハチ	兵庫縣	揖保郡
		三重縣	安濃郡
		福島縣	安積郡
		大阪府	南河内郡
		熊本縣	飽託郡
		香川縣	三豐郡
		廣島縣	御調郡
		石川縣	石川郡
		茨城縣	久慈郡
		茨城縣	眞壁郡
		廣島縣	佐伯郡
		廣島縣	雙三郡
河内町	カハチ	廣島縣	豐田郡
河原子町	カハラゴ	茨城縣	多賀郡
河原田町	カハラダ	新潟縣	佐渡郡
河原田村	カハラダ	三重縣	三重郡
		石川縣	鳳至郡
河原林村	カハラバヤシ	京都府	南桑田郡
河原村	カハハラ	熊本縣	上益城郡
		鳥取縣	八頭郡

河原村	カハハル	熊本縣	菊池郡
河合谷村	カハアイダニ	石川縣	羽咋郡
河合村	カハアヒ	奈良縣	北葛城郡
		愛知縣	額田郡
		岐阜縣	吉野郡
		福井縣	吉田郡
		三重縣	阿山郡
		埼玉縣	南埼玉郡
		兵庫縣	加東郡
		岡山縣	英田郡
河野村	カハノ	長野縣	下伊那郡
		福井縣	南條郡
		愛媛縣	溫泉郡
河邊村	カハベ	京都府	中郡
		愛媛縣	喜多郡
		岡山縣	勝田郡
河和町	カハワ	愛知縣	知多郡
河和田村	カハワダ	茨城縣	東茨城郡
		福井縣	今立郡
河守町	カハモリ	京都府	加佐郡
河守上村	カウモリカミ	京都府	加佐郡
河東村	カハヒガシ	京都府	加佐郡
		兵庫縣	宍粟郡
河東村	カトウ	福岡縣	宗像郡
河西村	カハニシ	京都府	加佐郡
		滋賀縣	野洲郡
河南村	カハミナミ	石川縣	江沼郡
河南村	カナミ	長野縣	上伊那郡
河崎村	カハサキ	新潟縣	佐渡郡
河曲村	カハノ	三重縣	河藝郡
河俣村	カハマタ	熊本縣	八代郡
河江村	カウノエ	熊本縣	下益城郡
河城村	カハシロ	靜岡縣	小笠郡
河輪村	カハワ	靜岡縣	濱名郡
河山村	カハヤマ	山口縣	玖珂郡
河佐村	カハサ	廣島縣	蘆品郡
河間村	カアヒ	茨城縣	眞壁郡
河口村	カハグチ	山梨縣	南都留郡
河根村	カネ	和歌山縣	伊都郡
河瀨村	カハセ	滋賀縣	犬上郡
鏡中條村	カガミナカゼウ	山梨縣	中巨摩郡
鏡山村	カガミヤマ	滋賀縣	蒲生郡
鏡浦村	カヾミウラ	三重縣	志摩郡
鏡島村	カカミシマ	岐阜縣	稻葉郡
鏡石村	カガミイシ	福島縣	岩瀨郡
鏡町	カカミ	熊本縣	八代郡
鏡村	カガミ	佐賀縣	東松浦郡
		愛媛縣	越智郡
		高知縣	土佐郡
片曾根村	カタソネ	福島縣	田村郡
片上町	カタカミ	岡山縣	和氣郡
片上村	カタカミ	福井縣	今立郡
片貝谷村	カタカヒタニ	富山縣	下新川郡
片貝町	カタカヒ	千葉縣	山武郡
片貝村	カタガイ	新潟縣	三島郡
片桐村	カタギリ	奈良縣	生駒郡
		長野縣	上伊那郡
片岡村	カタヲカ	栃木縣	鹽谷郡
		滋賀縣	伊香郡

片田村	カタダ	三重縣	志摩郡
		三重縣	安濃郡
片口村	カタクチ	富山縣	射水郡
片浦村	カタウラ	神奈川縣	足柄下郡
片江村	カタエ	島根縣	八束郡
片門村	カタカド	福島縣	河沼郡
片柳村	カタヤナギ	埼玉縣	北足立郡
片山村	カタヤマ	埼玉縣	北足立郡
片地村	カタチ	高知縣	香美郡
片濱村	カタハマ	静岡縣	駿東郡
片平村	カタヒラ	福島縣	安積郡
片丘村	カタヲカ	長野縣	東筑摩郡
片品村	カタシナ	群馬縣	利根郡
潟町村	カタマチ	新潟縣	中頸城郡
潟瀬村	カタセ	岡山縣	赤磐郡
潟西村	カタニシ	秋田縣	南秋田郡
潟津村	カタツ	石川縣	石川郡
形原町	カタノハラ	愛知縣	寶飯郡
形埜村	カタノ	愛知縣	額田郡
堅田町	カタダ	滋賀縣	滋賀郡
堅上村	カタカミ	大阪府	中河内郡
堅下村	カタシモ	大阪府	中河内郡
堅倉村	カタクラ	茨城縣	東茨城郡
金澤町	カネサハ	秋田縣	仙北郡
金澤町	カナザハ	神奈川縣	久良岐郡
金澤村	カナザハ	新潟縣	佐渡郡
		岩手縣	西磐井郡
		岩手縣	上閉伊郡
		長野縣	諏訪郡
		愛知縣	八名郡
		埼玉縣	秩父郡
金澤西根村	カナサハニシネ	秋田縣	仙北郡
勝間田町	カツマタ	岡山縣	勝田郡
勝間田村	カツマダ	静岡縣	榛原郡
勝間村	カツマ	山口縣	熊毛郡
		香川縣	三豐郡
勝山町	カツヤマ	福井縣	大野郡
		千葉縣	安房郡
		岡山縣	眞庭郡
勝山村	カツヤマ	山梨縣	南都留郡
		山口縣	豐浦郡
勝浦町	カツウラ	和歌山縣	東牟婁郡
		千葉縣	夷隅郡
勝浦村	カツウラ	福岡縣	宗像郡
勝田村	カツタ	茨城縣	那珂郡
		岡山縣	勝田郡
勝沼町	カツヌマ	山梨縣	東山梨郡
勝川町	カチカハ	愛知縣	東春日井郡
勝加茂村	カツガモ	岡山縣	勝田郡
勝鹿村	カツシカ	茨城縣	猿島郡
勝目村	カツメ	鹿兒島縣	川邊郡
勝原村	カツハラ	兵庫縣	揖保郡
勝連村	カツレン	沖縄縣	中頭郡
勝部村	カツベ	鳥取縣	氣高郡
勝谷村	カツヤ	鳥取縣	氣高郡
勝占村	カツウラ	徳島縣	勝浦郡
葛尾村	カツラヲ	福島縣	雙葉郡
葛飾村	カツシカ	千葉縣	東葛飾郡

葛城(カツラギ)村	茨城縣	筑波郡
葛城(カツラギ)村	福岡縣	築上郡
葛城(カツラギ)村	奈良縣	南葛城郡
葛城(カツラギ)村	岡山縣	赤磐郡
葛川(カツカハ)村	滋賀縣	滋賀郡
葛野(カドノ)村	兵庫縣	氷上郡
葛西(カサイ)村	東京府	南葛飾郡
桂(カツラ)村	京都府	葛野郡
桂萱(カイカヤ)村	群馬縣	勢多郡
金田(カナダ)町	福岡縣	田川郡
金田(カネタ)村	神奈川縣	中郡
金田(カネタ)村	神奈川縣	足柄上郡
金田(カネタ)村	岡山縣	上道郡
金田(カネタ)村	滋賀縣	蒲生郡
金田(カネタ)村	青森縣	南津輕郡
金田(カネタ)村	愛媛縣	宇摩郡
金田(カネタ)村	宮城縣	栗原郡
金田(カネタ)村	千葉縣	君津郡
金田(カネタ)村	栃木縣	那須郡
金山(カナヤマ)町	岐阜縣	武儀郡
金山(カナヤマ)町	宮城縣	伊具郡
金山(カナヤマ)村	山形縣	東置賜郡
金山(カナヤマ)村	富山縣	射水郡
金山(カナヤマ)村	香川縣	綾歌郡
金山(カナヤマ)村	福島縣	西白河郡
金山(カナヤマ)村	京都府	天田郡
金谷(カナヤ)町	靜岡縣	榛原郡
金谷(カナヤ)村	新潟縣	中頸城郡
金谷(カナヤ)村	千葉縣	君津郡
金谷(カナタニ)村	京都府	天田郡
金谷川(カナヤカハ)村	福島縣	信夫郡
金岡(カネヲカ)村	靜岡縣	駿東郡
金岡(カネヲカ)村	秋田縣	山本郡
金岡(カネヲカ)村	大阪府	南河内郡
金岡(カネヲカ)村	岡山縣	上道郡
金川(カナガハ)町	岡山縣	御津郡
金川(カナガハ)村	福岡縣	田川郡
金川(カナガハ)村	福岡縣	朝倉郡
金ケ崎(カネガサキ)町	岩手縣	膽澤郡
金ケ崎(ガネガサキ)村	石川縣	鹿島郡
金井(カナヰ)村	山形縣	東村山郡
金井(カナヰ)村	山形縣	南村山郡
金屋(カナヤ)村	埼玉縣	兒玉郡
金屋(カナヤ)村	新潟縣	岩船郡
金津(カナツ)町	福井縣	坂井郡
金津(カナツ)村	新潟縣	中蒲原郡
金江津(カナエツ)村	茨城縣	稻敷郡
金江(カナエ)村	廣島縣	沼隈郡
金島(カナシマ)村	群馬縣	群馬郡
金島(カナシマ)村	福岡縣	三井郡
金子(カネコ)村	埼玉縣	入間郡
金子(カネコ)村	愛媛縣	新居郡
金浦(カナウラ)町	岡山縣	小田郡
金木(カナキ)町	青森縣	北津輕郡
金指(カナザシ)町	靜岡縣	引佐郡
金古(カネコ)町	群馬縣	群馬郡
金(カナ)町	東京府	南葛飾郡
金石(カナイハ)町	石川縣	石川郡
金ケ瀬(カナガセ)村	宮城縣	柴田郡

金塚(ガネツカ)	村	新潟縣	北蒲原郡
金房(カナフサ)	村	福島縣	相馬郡
金郷(カナサト)	村	茨城縣	久慈郡
金砂(カナサ)	村	茨城縣	久慈郡
金目(カナメ)	村	神奈川縣	中郡
金野(カネノ)	村	石川縣	能美郡
金足(カナシ)	村	秋田縣	南秋田郡
金泉(カナイヅミ)	村	新潟縣	佐渡郡
金杉(カナスギ)	村	埼玉縣	北葛飾郡
金武(カナタケ)	村	福岡縣	早良郡
金丸(カネマル)	村	石川縣	鹿島郡
金橋(カネハシ)	村	奈良縣	高市郡
金生(カナフ)	村	山梨縣	東八代郡
金上(カナカミ)	村	福島縣	河沼郡
金成(カンナリ)	村	宮城縣	栗原郡
兼山(カネヤマ)	町	岐阜縣	可兒郡
兼城(カネグスク)	村	沖繩縣	島尻郡
要田(カナメタ)	村	福島縣	田村郡
要(カナメ)	村	茨城縣	行方郡
烏山(カラスヤマ)	町	栃木縣	那須郡
唐津(カラツ)	町	佐賀縣	東松浦郡
唐津(カラツ)	村	佐賀縣	東松浦郡
唐子(カラシ)	村	埼玉縣	比企郡
唐桑(カラクワ)	村	宮城縣	本吉郡
神戸(カウド)	町	岐阜縣	安八郡
神戸(カンベ)	町	三重縣	河藝郡
神戸(カンベ)	村	千葉縣	安房郡
神戸(カンベ)	村	奈良縣	宇陀郡
神戸(カンベ)	村	愛知縣	渥美郡
神戸(カンベ)	村	三重縣	名賀郡
神戸(カンベ)	村	三重縣	安濃郡
神戸(カンベ)	村	三重縣	飯南郡
神戸(カンベ)	村	愛媛縣	新居郡
神戸(カンベ)	村	兵庫縣	宍粟郡
神戸(カンド)	村	鳥取縣	氣高郡
神崎(カウサキ)	町	千葉縣	香取郡
神崎(カンザキ)	村	茨城縣	那珂郡
神崎(カンザキ)	村	京都府	加佐郡
神崎(カンザキ)	町	佐賀縣	神崎郡
神代(カウジロ)	村	長崎縣	南高來郡
神代(カウジロ)	村	岡山縣	阿哲郡
神代(カウジロ)	村	富山縣	氷見郡
神代(カウジロ)	村	山口縣	玖珂郡
神代(カウジロ)	村	千葉縣	香取郡
神田(カミタ)	村	神奈川縣	中郡
神田(カウタ)	村	香川縣	三豐郡
神田(カンダ)	村	滋賀縣	坂田郡
神田(カンダ)	村	三重縣	員辨郡
神田(カンダ)	村	山口縣	豐浦郡
神田(カンダ)	村	廣島縣	世羅郡
神野(カミノ)	村	京都府	熊野郡
神野(カミノ)	村	石川縣	鳳至郡
神野(カンノ)	村	香川縣	仲多度郡
神野(カンノ)	村	兵庫縣	宍粟郡
神野(カンノ)	村	兵庫縣	加古郡
神原(カンバラ)	村	長野縣	下伊那郡
神原(カンバラ)	村	三重縣	度會郡
神原(カンバラ)	村	島根縣	大原郡
神川(カンガハ)	村	長野縣	小縣郡

名稱（讀み）	府縣	郡
神川村（カミカハ）	三重縣	南牟婁郡
神山村（カミヤマ）	愛媛縣	西宇和郡
	山梨縣	北巨摩郡
	新潟縣	北蒲原郡
	福井縣	南條郡
神島村（カジマ）	廣島縣	沼隈郡
神島村（カミシマ）	三重縣	志摩郡
神浦村（カウノウラ）	長崎縣	北松浦郡
	長崎縣	西彼杵郡
神島外村（カウノシマソト）	岡山縣	小田郡
神島內村（カウノシマウチ）	岡山縣	小田郡
神根村（カミネ）	埼玉縣	北足立郡
神根村（カウネ）	岡山縣	和氣郡
神納村（カンナフ）	新潟縣	岩船郡
	千葉縣	君津郡
神前村（カンサキ）	三重縣	三重郡
	香川縣	大川郡
神鄕村（カミサト）	長野縣	上水內郡
神鄕村（カウサト）	愛媛縣	新居郡
神津島（カウツ）	東京府	神津島
神津村（カムツ）	兵庫縣	川邊郡
神谷村（カミヤ）	福島縣	石城郡
神谷村（カウノタニ）	高知縣	吾川郡
神湊町（カワノミナト）	福岡縣	宗像郡
神社町（カミヤシロ）	三重縣	度會郡
神奈川村（カナガハ）	鳥取縣	日野郡
神惠內村（カムエナイ）	北海道	古宇郡
神久呂村（カグロ）	靜岡縣	濱名郡
神松名村（カミマツナ）	愛媛縣	西宇和郡
神志山村（カウシヤマ）	三重縣	南牟婁郡
神大實村（カンオホミ）	茨城縣	猿島郡
神指村（カウザシ）	福島縣	北會津郡
神目村（カウメ）	岡山縣	久米郡
神庭村（カンバ）	岡山縣	苫田郡
神照村（カミテル）	滋賀縣	坂田郡
神杉村（カミスギ）	廣島縣	雙三郡
神在村（カミアリ）	岡山縣	吉備郡
神淵村（カフチ）	岐阜縣	武儀郡
神瀨村（カウセ）	熊本縣	球磨郡
神尾村（カミヲ）	熊本縣	玉名郡
神林村（カンバヤシ）	長野縣	東筑摩郡
神守村（カモリ）	愛知縣	海部郡
神科村（カミシナ）	長野縣	小縣郡
神邊村（カンベ）	三重縣	鈴鹿郡
神城村（カミシロ）	長野縣	北安曇郡
神着村（カミツキ）	東京府	三宅島
神里村（カミサト）	千葉縣	香取郡
神美村（カミヨシ）	兵庫縣	出石郡
神出村（カンデ）	兵庫縣	明石郡
神岡村（カミヲカ）	兵庫縣	揖保郡
神部村（カンベ）	兵庫縣	揖保郡
神流村（カンナ）	群馬縣	多野郡
神金村（カミカネ）	山梨縣	東山梨郡
神吉村（カミヨシ）	京都府	北桑田郡
神玉村（カンタマ）	山口縣	豐浦郡
神村（カ）	廣島縣	沼隈郡
鄕野村（ガウノ）	廣島縣	高田郡
鄕原村（ガウハラ）	廣島縣	賀茂郡
鄕田村（ガツタ）	廣島縣	賀茂郡
鄕內村（ガウナイ）	岡山縣	兒島郡

郷荘（ガウシヤウ）	村	大阪府	泉北郡
郷地（ガウチ）	村	東京府	北多摩郡
郷分（ガウブン）	村	廣島縣	沼隈郡
郷（ガウ）	村	京都府	竹野郡
		石川縣	石川郡
		岡山縣	苫田郡
合志（ガツシ）	村	熊本縣	菊池郡
合渡（ガウド）	村	岐阜縣	本巣郡
合河（ガツガハ）	村	福岡縣	築上郡
江津（ガウツ）	町	島根縣	那賀郡
江南（カウナン）	村	島根縣	簸川郡
江北（ガウホク）	村	東京府	南足立郡
幸袋（カウフクロ）	町	福岡縣	嘉穂郡
幸田（カウタ）	村	愛知縣	額田郡
幸松（カウマツ）	村	埼玉縣	北葛飾郡
幸島（カウジマ）	村	岡山縣	邑久郡
		茨城縣	猿島郡
高良内（カウラウチ）	村	福岡縣	三井郡
高藏寺（カウゾウジ）	村	愛知縣	東春日井郡
高麗（カウライ）	村	鳥取縣	西伯郡
高陽（カツヤウ）	村	岡山縣	赤磐郡
高田（カウタ）	村	熊本縣	八代郡
高山（カウヤマ）	村	鹿兒島縣	肝屬郡
高家（カウカ）	村	山梨縣	東八代郡
高野口（カツヤグチ）	町	和歌山縣	伊都郡
高野（カウヤ）	村	茨城縣	北相馬郡
		福島縣	北會津郡
高野（カウヤ）	町	和歌山縣	伊都郡
角間川（カクマカハ）	町	秋田縣	平鹿郡
角館（カクノダテ）	町	秋田縣	仙北郡
角井（カクヰ）	村	滋賀縣	愛知郡
角田（カクタ）	町	宮城縣	伊具郡
角田（カクタ）	村	新潟縣	西蒲原郡
		北海道	夕張郡
學島（ガクシマ）	村	德島縣	麻植郡
學文路（カムロ）	村	和歌山縣	伊都郡
蒲江（ガマエ）	町	大分縣	南海部郡
蒲原（カンバラ）	町	靜岡縣	庵原郡
蒲郡（ガマゴホリ）	町	愛知縣	寶飯郡
蒲田（カバタ）	町	東京府	荏原郡
蒲池（カマチ）	村	福岡縣	三潴郡
蒲野（ガマノ）	村	山口縣	大島郡
蒲生（カモウ）	村	鹿兒島縣	姶良郡
蒲生（ガマフ）	村	鳥取縣	岩美郡
		埼玉縣	南埼玉郡
蒲（カバ）	村	靜岡縣	濱名郡
釜石（カマイシ）	町	岩手縣	上閉伊郡
釜口（カマクチ）	村	兵庫縣	津名郡
釜戸（カマト）	村	岐阜縣	土岐郡
釜子（カマコ）	村	福島縣	西白河郡
釜ケ淵（カマガフチ）	村	富山縣	中新川郡
鎌倉（カマクラ）	町	神奈川縣	鎌倉郡
鎌ケ谷（カマガタニ）	村	千葉縣	東葛飾郡
鎌手（カマデ）	村	島根縣	美濃郡
鎌掛（カマカケ）	村	滋賀縣	蒲生郡
鎌足（カマタリ）	村	千葉縣	君津郡
鎌田（カマタ）	村	福島縣	信夫郡
掛川（カケガハ）	町	靜岡縣	小笠郡
掛塚（カケツカ）	町	靜岡縣	磐田郡
掛田（カケタ）	町	福島縣	伊達郡

掛合	カケアヒ	村	島根縣	飯石郡
甲佐	カフサ	町	熊本縣	上益城郡
甲山	カフザン	町	廣島縣	世羅郡
甲立	カフタテ	町	廣島縣	高田郡
甲賀	カフガ	村	三重縣	志摩郡
甲浦	カンノウラ	町	高知縣	安藝郡
甲浦	カフウラ	村	岡山縣	兒島郡
甲地	カフチ	村	青森縣	上北郡
甲可	カフカ	村	大阪府	北河内郡
甲子	カフシ	村	岩手縣	上閉伊郡
甲奴	カフヌ	村	廣島縣	甲奴郡
甲運	カフウン	村	山梨縣	西山梨郡
甲東	カフトウ	村	山梨縣	北都留郡
			兵庫縣	武庫郡
甲	カブト	村	山梨縣	北巨摩郡
風間浦	カザマウラ	村	青森縣	下北郡
風早	カザハヤ	村	千葉縣	東葛飾郡
笠田	カセダ	町	和歌山縣	伊都郡
笠田	ガサタ	村	香川縣	三豐郡
			三重縣	員辨郡
笠原	カサハラ	町	岐阜縣	土岐郡
笠原	カサハラ	村	埼玉縣	北埼玉郡
			福岡縣	八女郡
			靜岡縣	小笠郡
笠置	カサギ	村	京都府	相樂郡
			岐阜縣	惠那郡
			愛媛縣	東宇和郡
笠松	カサマツ	村	福岡縣	鞍手郡
			岐阜縣	羽島郡
笠間	カサマ	町	茨城縣	西茨城郡
笠間	カサマ	村	石川縣	石川郡
笠井	カサヰ	町	靜岡縣	濱名郡
笠師保	カザシホ	村	石川縣	鹿島郡
笠加	カサカ	村	岡山縣	邑久郡
笠岡	カサヲカ	村	岡山縣	小田郡
笠縫	カサヌイ	村	滋賀縣	栗太郡
笠谷	ガサタニ	村	石川縣	河北郡
笠取	カサトリ	村	京都府	宇治郡
笠郷	カサガウ	村	岐阜縣	養老郡
笠利	カサリ	村	鹿兒島縣	大島郡
笠砂	カツサ	村	鹿兒島縣	川邊郡
柿岡	カキヲカ	村	茨城縣	新治郡
柿野	カキノ	町	三重縣	飯南郡
柿崎	カキサキ	村	新潟縣	中頸城郡
柿生	カキフ	村	神奈川縣	都筑郡
柿島	カキシマ	村	德島縣	阿波郡
柿山	カキヤマ	村	大分縣	下毛郡
柿迫	カキサコ	村	熊本縣	八代郡
柿木	カキテ	村	島根縣	鹿足郡
柿澤	ガキサワ	村	富山縣	中新川郡
龜戸	カメイド	町	東京府	南葛飾郡
龜山	カメヤマ	町	三重縣	鈴鹿郡
龜山	カメヤマ	村	滋賀縣	犬上郡
			愛媛縣	越智郡
			千葉縣	君津郡
			廣島縣	安佐郡
龜岡	カメヲカ	町	京都府	南桑田郡
龜岡	カメヲカ	村	山形縣	東置賜郡
			愛媛縣	越智郡

亀田町	カメダ	新潟縣	中蒲原郡
		秋田縣	由利郡
亀田村	ガメダ	北海道	亀田郡
亀川町	カメカハ	大分縣	速見郡
亀川村	カメカハ	和歌山縣	海草郡
亀崎町	カメサキ	愛知縣	知多郡
亀ケ森村	カメガモリ	岩手縣	稗貫郡
亀井田村	カメヰダ	山形縣	北村山郡
亀井村	カメヰ	埼玉縣	比企郡
亀浦村	カメウラ	熊本縣	天草郡
亀岳村	カメダケ	長崎縣	西彼杵郡
亀嵩村	カメダケ	島根縣	仁多郡
亀代村	カメシロ	新潟縣	北蒲原郡
亀場村	カメバ	熊本縣	天草郡
亀石村	カメイシ	廣島縣	神石郡
亀青村	カメアヲ	東京府	南葛飾郡
亀津村	カメツ	鹿兒島縣	大島郡
瓶岩村	カメイワ	高知縣	長岡郡
上之郷村	カミノガウ	奈良縣	磯城郡
		大阪府	泉南郡
上郷町	カミガウ	山形縣	飽海郡
上郷村	カミガウ	鳥取縣	東伯郡
		新潟縣	中魚沼郡
		新潟縣	中頸城郡
		青森縣	三戸郡
		岩手縣	上閉伊郡
		秋田縣	由利郡
		山形縣	西田川郡
		山形縣	東置賜郡
		長野縣	下伊那郡
		愛知縣	碧海郡
		茨城縣	筑波郡
上市町	カミイチ	奈良縣	吉野郡
		富山縣	中新川郡
上市村	カミイチ	岡山縣	阿哲郡
上中島村	カミナカジマ	富山縣	下新川郡
		岐阜縣	羽島郡
上灘町	カミナダ	愛媛縣	伊豫郡
上灘村	カミナダ	兵庫縣	津名郡
		高知縣	幡多郡
上牧村	カミマキ	奈良縣	北葛城郡
		岐阜縣	武儀郡
上分町	カミブン	愛媛縣	宇摩郡
上分村	カミブン	高知縣	高岡郡
上分上山村	カミブンカミヤマ	徳島縣	名西郡
上平村	カミヒラ	埼玉縣	北足立郡
上平村	カミタイラ	富山縣	東礪波郡
上原村	カミハラ	富山縣	下新川郡
		岐阜縣	益田郡
上村	カミ	大分縣	速見郡
		熊本縣	天草郡
		岐阜縣	惠那郡
		長野縣	下伊那郡
		廣島縣	神石郡
上庄村	カミシヤウ	富山縣	氷見郡
上ノ庄村	カミノシヤウ	福井縣	大野郡
上條村	カミジヤウ	大阪府	泉北郡
		新潟縣	北魚沼郡
上野方村	カミノカタ	富山縣	下新川郡
上野尻村	カミノジリ	福島縣	河沼郡

上野村（カミノ）	宮崎縣；大分縣；茨城縣	西臼杵郡；南海部郡；那珂郡
上野合村（カミノアヒ）	茨城縣	東茨城郡
上小川村（カミヲガハ）	茨城縣	久慈郡
上小阿仁村（カミコアニ）	秋田縣	北秋田郡
上小國村（カミヲグニ）	新潟縣	刈羽郡
上磯町（カミイソ）	北海道	上磯郡
上狛町（カミコマ）	京都府	相樂郡
上瀧町（カミタキ）	富山縣	上新川郡
上郡町（カミゴウリ）	兵庫縣	赤穂郡
上溝町（カミミゾ）	神奈川縣	高座郡
上甑村（カミコシキ）	鹿兒島縣	薩摩郡
上組村（カミクミ）	新潟縣	古志郡
上莊村（カミサウ）	兵庫縣	印南郡
上寶町（カミタカラ）	岐阜縣	吉城郡
上濱村（カミハマ）	秋田縣	由利郡
上ノ關村（カミノセキ）	山口縣	熊毛郡
上郊村（カミゴウ）	群馬縣	群馬郡

上岡村（カミヲカ）	福島縣	雙葉郡
上瀧村（カミタキ）	千葉縣	夷隅郡
上妻村（カウヅマ）	福岡縣	八女郡
上妻村（カミツマ）	茨城縣	眞壁郡
上峰村（カミミネ）	佐賀縣	三養基郡
上殿村（カミトノ）	廣島縣	山縣郡
上島村（カミシマ）	茨城縣	鹿島郡
上堺村（カミサカイ）	千葉縣	山武郡
上諏訪町（カミスワ）	長野縣	諏訪郡
上津荒木村（カウダラキ）	福岡縣	三井郡
上津役村（カウヅヤク）	福岡縣	遠賀郡
上津浦村（カウツウラ）	熊本縣	天草郡
上津貝村（カミツガヒ）	愛知縣	北設樂郡
上津江村（カミツエ）	大分縣	日田郡
上津村（カミツ）	島根縣；三重縣；大分縣	簸川郡；名賀郡；下毛郡
上北津留村（カミキタツル）	大分縣	北海部郡
上北谷村（カミキタタニ）	新潟縣	古志郡
上北手村（カミキタテ）	秋田縣	河邊郡

上北山村（カミキタヤマ）	奈良縣	吉野郡
上北方村（カミキタカタ）	廣島縣	豐田郡
上北條村（カミキタデウ）	鳥取縣	東伯郡
上川大內村（カミカヲチ）	秋田縣	由利郡
上川淵村（カミカハフチ）	群馬縣	勢多郡
上川崎村（カミカハサキ）	福島縣	安達郡
上川邊村（カミカハベ）	廣島縣	御調郡
上川根村（カミカハネ）	靜岡縣	榛原郡
上川沿村（カミカハソヘ）	秋田縣	北秋田郡
上川西村（カミカハニシ）	新潟縣	古志郡
上川手村（カミカハテ）	長野縣	東筑摩郡
上川口村（カミカハグチ）	京都府	天田郡
上川村（カミカハ）	廣島縣；北海道	甲奴郡；上川郡
上ノ山町（カミノヤマ）	山形縣	南村山郡
上山田村（カミヤマダ）	長野縣	更級郡
上山路村（カミヤマヂ）	和歌山縣	日高郡
上山川村（カミヤマカハ）	茨城縣	結城郡
上山村（カミヤマ）	廣島縣；愛媛縣	世羅郡；宇摩郡

上大見村	カミオホミ	靜岡縣	田方郡
上大津村	カミオホツ	茨城縣	新沼郡
上大野村	カミオホノ	秋田縣	北秋田郡
		茨城縣	東茨城郡
上小川村	カミヲガハ	福島縣	石城郡
上小鴨村	カミヲガモ	鳥取縣	東伯郡
上中妻村	カミナカツマ	茨城縣	東茨城郡
上中山村	カミナカヤマ	鳥取縣	東伯郡
上中村	カミナカ	神奈川縣	足柄上郡
上之保村	カミノホ	岐阜縣	武儀郡
上之鄕村	カミノガウ	岐阜縣	可兒郡
上宇川村	カミウガハ	京都府	竹野郡
上宇坂村	カミウサカ	福井縣	足羽郡
上井出村	カミクデ	靜岡縣	富士郡
上井河村	カミヰカハ	秋田縣	南秋田郡
上伊集院村	カミイジウヰン	鹿兒島縣	日置郡
上伊美村	カミイミ	大分縣	東國東郡
上長苗代村	カミナガナハシロ	青森縣	三戸郡
土長井村	カミナガヰ	山形縣	南置賜郡
上長田村	カミナガタ	鳥取縣	西伯郡
上府中村	カミフチウ	神奈川縣	足柄下郡
上府村	カミガフ	島根縣	那賀郡
上三川町	カミノカハ	栃木縣	河内郡
上三宮村	カミサンノミヤ	福島縣	耶麻郡
上八川村	カミヤカハ	高知縣	吾川郡
上八万村	カミハチマン	德島縣	名東郡
上入津村	カミニウツ	大分縣	南海部郡
上秋月村	カミアキツキ	福岡縣	朝倉郡
上秋津村	カミアキツ	和歌山縣	西牟婁郡
上木島村	カミキシマ	長野縣	下高井郡
上木頭村	カミキタウ	德島縣	海部郡
上眞玉村	カミマタマ	大分縣	西國東郡
上眞野村	カミマノ	福島縣	相馬郡
上竹田村	カミタケタ	廣島縣	深安郡
上竹莊村	カミタケノシヤウ	岡山縣	上房郡
上高野山村	カミタカノヤマ	廣島縣	比婆郡
上高野村	カミタカノ	香川縣	三豐郡
		埼玉縣	北葛飾郡
上高瀨村	カミタカセ	香川縣	三豐郡
上岩成村	カミイワナリ	廣島縣	深安郡
上岩出村	カミイワデ	和歌山縣	那賀郡
上穗波村	カミホナミ	福岡縣	嘉穗郡
上穗北村	カミホキタ	宮崎縣	兒湯郡
上ノ國村	カミノクニ	北海道	檜山郡
上片桐村	カミカタギリ	長野縣	上伊那郡
上味見村	カミアヂミ	福井縣	大野郡
上井田村	カミヰダ	大分縣	大野郡
上練馬村	カミネリマ	東京府	北豐島郡
上江川村	カミエガハ	栃木縣	那須郡
上南部村	カミミナベ	和歌山縣	日高郡
上水內村	カミミノチ	廣島縣	佐伯郡
上黑瀨村	カミクロセ	廣島縣	賀茂郡
上西鄕村	カミサイガウ	福岡縣	宗像郡
上神野村	カミカウノ	和歌山縣	那賀郡
上名手村	カミナテ	和歌山縣	那賀郡
上鳥羽村	カミトバ	京都府	紀伊郡
上瀨野村	カミセノ	廣島縣	安藝郡
上吉田村	カミヨシダ	埼玉縣	秩父郡
上熊野村	カミクマノ	石川縣	羽咋郡
上太田村	カミオホタ	和歌山縣	東牟婁郡

上城井村（カミキイ）	福岡縣	築上郡
上廣川村（カミヒロカハ）	福岡縣	八女郡
上甘田村（カミアマタ）	石川縣	羽咋郡
上遠野村（カミトホノ）	福島縣	石城郡
上和知村（カミワチ）	京都府	船井郡
上士別村（カミシベツ）	北海道	上川郡
上堅田村（カミカタダ）	大分縣	南海部郡
上宮津村（カミミヤツ）	京都府	與謝郡
上湧別村（カミユウベツ）	北海道	紋別郡
上豐富村（カミトヨトミ）	京都府	天田郡
上芳屋村（カミハヤ）	和歌山縣	西牟婁郡
上保原村（カミホハラ）	福島縣	伊達郡
上佐濃村（カミサノ）	京都府	熊野郡
上加茂村（カミカモ）	京都府	愛宕郡
	岡山縣	苫田郡
上私都村（カミキサイチ）	鳥取縣	八頭郡
上有住村（カミアリス）	岩手縣	氣仙郡
上狩野村（カミカリノ）	靜岡縣	田方郡
上淺羽村（カミアサハ）	靜岡縣	磐田郡
上内田村（カミウチダ）	靜岡縣	小笠郡

上羽栗村（カミハグリ）	岐阜縣	羽島郡
上米田村（カミヨネダ）	岐阜縣	加茂郡
上多度村（カミタド）	岐阜縣	養老郡
上池田村（カミイケダ）	福井縣	今立郡
上半山村（カミハンヤマ）	高知縣	高岡郡
上朝倉村（カミアサクラ）	愛媛縣	越智郡
上須戒村（カミスカイ）	愛媛縣	喜多郡
上御絲村（カミミイト）	三重縣	多氣郡
上麻生村（カミアサウ）	岐阜縣	武儀郡
上文珠村（カンモンジユ）	福井縣	足羽郡
上岩川村（カミイワカハ）	秋田縣	山本郡
上緒方村（カミヲガタ）	大分縣	大野郡
上志佐村（カミシサ）	長崎縣	北松浦郡
上波佐見村（カミハサミ）	長崎縣	東彼杵郡
上秦野村（カミハタノ）	神奈川縣	足柄上郡
上齋原村（カミサイバラ）	岡山縣	苫田郡
上刑部村（カミオサカベ）	岡山縣	阿哲郡
上建部村（カミタナベ）	岡山縣	御津郡
上水田村（カミミツタ）	岡山縣	上房郡
上有漢村（カミウカン）	岡山縣	上房郡

上板橋村（カミイタバシ）	東京府	北豐島郡
上久堅村（カミヒサカタ）	長野縣	下伊那郡
上笠居村（カミカサヰ）	香川縣	香川郡
上蘆川村（カミアシカハ）	山梨縣	東八代郡
上屋久村（カミヤク）	鹿兒島縣	熊毛郡
上新城村（カミシンジヤウ）	秋田縣	南秋田郡
上韮生村（カミニラフ）	高知縣	香美郡
上淡河村（カミアフゴ）	兵庫縣	美囊郡
上久下村（カミクゲ）	兵庫縣	氷上郡
上龍門村（カミリウモン）	奈良縣	吉野郡
上鹽谷村（カミシホタニ）	新潟縣	古志郡
上米山村（カミヨネヤマ）	新潟縣	中頸城郡
上早川村（カミハヤカハ）	新潟縣	西頸城郡
上海府村（カミカイフ）	新潟縣	岩船郡
上國崎村（カミクニサキ）	大分縣	東國東郡
上志比村（カミシビ）	福井縣	吉田郡
上飯田村（カミイイダ）	長野縣	下伊那郡
上穴馬村（カミアナマ）	福井縣	大野郡
上萬力村（カミマンリキ）	山梨縣	東山梨郡
上曾根村（カミソネ）	山梨縣	東八代郡

上東郷村	カミトウガウ	鹿兒島縣	薩摩郡
上河津村	カミカハヅ	靜岡縣	加茂郡
上田上村	カミタカミ	滋賀縣	栗太郡
上草野村	カミクサノ	滋賀縣	東淺井郡
上東條村	カミトウビウ	兵庫縣	加東郡
上福田村	カミフクダ	兵庫縣	加東郡
上ノ加江町	カミノカエ	高知縣	高岡郡
上阿多古町	カミアタコ	靜岡縣	磐田郡
上松求麻村	カミマツクマ	熊本縣	八代郡
上九一色村	カミクイツシキ	山梨縣	西八代郡
上伊自良村	カミイジラ	岐阜縣	山縣郡
上富良野村	カミフラノ	北海道	空知郡
上蒲刈島村	カミカバカリシマ	廣島縣	安藝郡
上夜久野村	カミヤクノ	京都府	天田郡
上六人部村	カミムトベ	京都府	天田郡
柏倉門傳村	カシワクラモンデン	山形縣	南村山郡
柏木町村	カシワギマチ	青森縣	南津輕郡
柏木村	カシワギ	滋賀縣	甲賀郡
柏野村	カシワノ	石川縣	石川郡
		三重縣	度會郡
柏原町	カイバラ	兵庫縣	氷上郡
柏原村	カシワバラ	長野縣	上水内郡
		埼玉縣	入間郡
		滋賀縣	坂田郡
柏原町	カシワバラ	大阪府	南河内郡
柏原村	カシワバル	大分縣	直入郡
柏崎町	カシワザキ	新潟縣	刈羽郡
柏崎村	カシワザキ	石川縣	羽咋郡
		埼玉縣	南埼玉郡
柏町	カシワ	千葉縣	東葛飾郡
柏村	カシワ	熊本縣	阿蘇郡
		青森縣	西津輕郡
樫立村	カシタテ	東京府	八丈島
樫田村	カシタ	京都府	南桑田郡
鰍澤町	カジカザワ	山梨縣	南巨摩郡
鵠ノ巣村	カウノス	石川縣	鳳至郡
蚊燒村	カヤキ	長崎縣	西彼杵郡
家室西方村	カムロニシカタ	山口縣	大島郡
柏間村	カヤマ	埼玉縣	南埼玉郡
影森村	カゲモリ	埼玉縣	秩父郡
好地村	カウチ	岩手縣	稗貫郡
梶並村	カヂナミ	岡山縣	勝田郡
皆瀨村	カイセ	長崎縣	北松浦郡
桂城村	カツラキ	三重縣	北牟婁郡
帷巾村	カタビラ	岐阜縣	可兒郡
交野村	カタノ	大阪府	北河内郡
更府村	カウフ	長野縣	更級郡
各務村	カガム	岐阜縣	稻葉郡
蕪崎村	カブラサキ	愛媛縣	宇摩郡
萱野村	カヤノ	大阪府	豐能郡
萱瀨村	カヤセ	長崎縣	東彼杵郡
粥見村	カユミ	三重縣	飯南郡
耕野村	カウヤ	宮城縣	伊具郡
方縣村	カタガタ	岐阜縣	稻葉郡
穎田村	カイタ	福岡縣	嘉穗郡
樂田村	ガクデン	愛知縣	丹羽郡
禾生村	カセイ	山梨縣	南都留郡
函南村	カンナン	靜岡縣	田方郡
和村	カナウ	長野縣	小縣郡
鼎村	カナヘ	長野縣	下伊那郡

通(カヨヒ)村	山口縣	大津郡
鵲(カササギ)村	三重縣	一志郡
兜(カブト)村	石川縣	鳳至郡
カーレムコタン島	北海道	占守郡
鴨方(カモカタ)町	岡山縣	淺口郡
鴨島(カモシマ)町	德島縣	麻植郡
鴨狩津向(カモカリツムキ)村	山梨縣	西八代郡
鴨田(カモタ)村	高知縣	土佐郡
鴨庄(カモノシヤウ)村	兵庫縣	氷上郡
鴨公(カモキミ)村	奈良縣	高市郡
鴨生(カモシヤウ)村	香川縣	大川郡
鴨川(カモカハ)町	千葉縣	安房郡
鴨川(カモカハ)村	兵庫縣	加東郡
鴨部(カモベ)村	香川縣	大川郡
鴨部(カンベ)村	愛媛縣	越智郡
春日部(カスカベ)村	兵庫縣	氷上郡
春日居(カスガエ)村	山梨縣	東山梨郡
春日(カスガ)村	佐賀縣	佐賀郡
	福岡縣	筑紫郡
	廣島縣	深安郡
	長野縣	北佐久郡
	岐阜縣	揖斐郡
	大阪府	三島郡
	新潟縣	中頸城郡
	鳥取縣	西伯郡
霞ケ關(カスミガセキ)村	埼玉縣	入間郡
霞(カスミ)村	東京府	西多摩郡
粕壁(カスカベ)町	埼玉縣	南埼玉郡
粕川(カスカハ)村	宮城縣	黒川郡
	群馬縣	勢多郡
粕尾(カスヲ)村	栃木縣	上都賀郡
粕毛(カスゲ)村	秋田縣	山本郡
粕淵(カスブチ)村	島根縣	邑智郡

ヨの部

夜間瀬(ヨマセ)村	長野縣	下高井郡
夜見(ヨミ)村	鳥取縣	西伯郡
夜明(ヨアケ)村	大分縣	日田郡
榎原(ヨバラ)村	宮崎縣	南那珂郡
代々幡(ヨヨハタ)町	東京府	豐多摩郡
依田(ヨダ)村	長野縣	小縣郡
依佐美(ヨサミ)村	愛知縣	碧海郡
依上(ヨリカミ)村	茨城縣	久慈郡
與野(ヨノ)町	埼玉縣	北足立郡
與瀬(ヨセ)町	神奈川縣	津久井郡
與那國(ヨナグニ)村	沖繩縣	八重山郡
與那城(ヨナグスク)村	沖繩縣	中頭郡
與保呂(ヨホロ)村	京都府	加佐郡
與板(ヨイタ)町	新潟縣	三島郡
與布土(ヨフト)村	兵庫縣	朝來郡
與北(ヨキタ)村	香川縣	仲多度郡
與謝(ヨサ)村	京都府	與謝郡
與論(ヨロン)村	鹿兒島縣	大島郡
與島(ヨシマ)村	香川縣	仲多度郡
與津(ヨツ)村	高知縣	高岡郡
余市(ヨイチ)町	北海道	余市郡
余田(ヨタ)村	山口縣	玖珂郡
余土(ヨド)村	愛媛縣	溫泉郡
余川(ヨカハ)村	富山縣	氷見郡

余呉村	ヨゴ	滋賀縣	伊香郡
余部村	ヨベ	兵庫縣	飾磨郡
余別村	ヨベツ	北海道	積丹郡
餘喜村	ヨキ	石川縣	鹿島郡
餘子村	ヨコ	鳥取縣	西伯郡
響水村	ヨミズ	香川縣	大川郡
鐙郷村	ヨロヒガウ	新潟縣	西蒲原郡
淀橋町	ヨドバシ	東京府	豐多摩郡
淀江町	ヨドエ	鳥取縣	西伯郡
淀町	ヨド	京都府	久世郡
淀川村	ヨドガハ	秋田縣	仙北郡
淀村	ヨド	京都府	乙訓郡
寄居町	ヨリエ	埼玉縣	大里郡
寄島町	ヨリシマ	岡山縣	淺口郡
四倉町	ヨツクラ	福島縣	石城郡
四日市町	ヨツカイチ	大分縣	宇佐郡
四方町	ヨカタ	富山縣	婦負郡
四ツ小屋村	ヨツコヤ	秋田縣	河邊郡
四浦村	ヨツウラ	大分縣	北部海郡
		熊本縣	球磨郡

四ツ濱村	ヨツハマ	愛媛縣	西宇和郡
四ツ合村	ヨツガフ	新潟縣	西蒲原郡
四絡村	ヨツガネ	島根縣	簸川郡
四郷村	ヨツガフ	三重縣	三重郡
四ツ屋村	ヨツヤ	秋田縣	仙北郡
四村	ヨ	和歌山縣	東牟婁郡
米澤村	ヨネサワ	千葉縣	香取郡
		長野縣	諏訪郡
		鳥取縣	日野郡
米田村	ヨネタ	熊本縣	鹿本郡
		兵庫縣	加東郡
米田町	ヨネタ	兵庫縣	印南郡
米川村	ヨネカハ	山口縣	玖珂郡
		山口縣	都濃郡
米山村	ヨネヤマ	宮城縣	登米郡
		新潟縣	中頸城郡
米倉村	ヨネクラ	山梨縣	東八代郡
		新潟縣	北蒲原郡
米里村	ヨネサト	岩手縣	江刺郡
		鳥取縣	岩美郡

米ノ庄村	ヨネノシヤウ	三重縣	一志郡
米水津村	ヨノツ	大分縣	南海部郡
米富村	ヨネトミ	熊本縣	玉名郡
米丸村	ヨネマル	石川縣	石川郡
米崎村	ヨネサキ	岩手縣	氣仙郡
米内澤町	ヨナイサワ	秋田縣	北秋田郡
米納津村	ヨナフツ	新潟縣	西蒲原郡
八日市町	ヨウカイチ	滋賀縣	神崎郡
用土村	ヨウド	埼玉縣	大里郡
養老村	ヨウロウ	岐阜縣	養老郡
		千葉縣	市原郡
呼子町	ヨブコ	佐賀縣	東松浦郡
横山村	ヨコヤマ	大分縣	宇佐郡
		大阪府	泉北郡
		山形縣	北村山郡
		山形縣	東田川郡
		東京府	南多摩郡
		富山縣	下新川郡
		福岡縣	八女郡
		宮城縣	本吉郡

横田村（ヨコタ）	廣島縣	高田郡
	福島縣	大沼郡
	岩手縣	氣仙郡
	島根縣	仁多郡
横瀬町（ヨコセ）	德島縣	勝浦郡
横瀬村（ヨコセ）	埼玉縣	秩父郡
横澤村（ヨコサワ）	秋田縣	仙北郡
	新潟縣	刈羽郡
横川目村（ヨコカハメ）	岩手縣	和賀郡
横川村（ヨコガハ）	鹿兒島縣	始良郡
	栃木縣	河内郡
横堀町（ヨコボリ）	秋田縣	雄勝郡
横堀村（ヨコホリ）	秋田縣	仙北郡
横須賀町（ヨコスカ）	愛知縣	知多郡
	靜岡縣	小笠郡
横須賀村（ヨコスカ）	愛知縣	幡豆郡
横島村（ヨコシマ）	廣島縣	沼隈郡
	熊本縣	玉名郡
横手町（ヨコテ）	秋田縣	平鹿郡

横芝町（ヨコシバ）	千葉縣	山武郡
横曾根村（ヨコソネ）	埼玉縣	北足立郡
横大路村（ヨコオホヂ）	京都村	紀伊郡
横越村（ヨココシ）	新潟縣	中蒲原郡
横井村（ヨコヰ）	岡山縣	御津郡
横畠村（ヨコハタ）	高知縣	岩川郡
横濱村（ヨコハマ）	青森縣	上北郡
横野村（ヨコノ）	群馬縣	勢多郡
横地村（ヨコチ）	靜岡縣	小笠郡
横藏村（ヨコクラ）	岐阜縣	揖斐郡
横鳥村（ヨコトリ）	長野縣	北佐久郡
横内村（ヨコウチ）	青森縣	東津輕郡
横林村（ヨコハヤシ）	愛媛縣	東宇和郡
横武村（ヨコタケ）	福岡縣	築上郡
讀書村（ヨミカキ）	長野縣	西筑摩郡
讀谷山村（ヨミタンザン）	沖繩縣	中頭郡
吉田島村（ヨシダジマ）	神奈川縣	足柄上郡
吉田町（ヨシダ）	新潟縣	西蒲原郡
	愛媛縣	北宇和郡
	愛媛縣	幡豆郡
	廣島縣	高田郡

吉田村（ヨシダ）	新潟縣	中魚沼郡
	島根縣	飯石郡
	島根縣	美濃郡
	岡山縣	小田郡
	秋田縣	平鹿郡
	靜岡縣	榛名郡
	岐阜縣	惠那郡
	山口縣	厚狹郡
	埼玉縣	北葛飾郡
	栃木縣	河内郡
	群馬縣	北甘樂郡
	茨城縣	東茨城郡
	佐賀縣	藤津郡
	石川縣	能美郡
	鹿兒島縣	鹿兒島郡
	宮城縣	亘理郡
	宮城縣	登米郡
	宮城縣	黑川郡
	千葉縣	香取郡
吉野谷村（ヨシノタニ）	石川縣	石川郡

吉野生村	ヨシノブ	愛媛縣	北宇和郡
吉野町	ヨシノ	神奈川縣	津久井郡
吉野村	ヨシノ	大分縣	大分郡
		岡山縣	勝田郡
		岡山縣	英田郡
		高知縣	長岡郡
		熊本縣	八代郡
		福井縣	丹生郡
		福井縣	吉田郡
		山形縣	東置賜郡
		靜岡縣	濱名郡
		東京府	西多摩郡
		香川縣	仲多度郡
		奈良縣	吉野郡
		京都府	竹野郡
		廣島縣	甲奴郡
		鹿兒島縣	鹿兒島郡
		千葉縣	君津郡
吉川町	ヨシカハ	埼玉縣	北葛飾郡
吉川村	ヨシカハ	岡山縣	上房郡
		高知縣	香美郡
		大阪府	豐能郡
		福井縣	丹生郡
		京都府	南桑田郡
		廣島縣	賀茂郡
		廣島縣	世羅郡
		福岡縣	鞍手郡
		新潟縣	中頸城郡
吉岡町	ヨシヲカ	宮城縣	黑川郡
吉岡村	ヨシヲカ	岡山縣	久米郡
		岡山縣	赤磐郡
		愛媛縣	周桑郡
		北海道	松前郡
		埼玉縣	大里郡
		鳥取縣	氣高郡
吉原町	ヨシハラ	靜岡縣	富士郡
吉原村	ヨシハラ	京都府	中郡
		香川縣	仲多度郡
吉津村	ヨシヅ	靜岡縣	濱名郡
		香川縣	三豐郡
		京都府	與謝郡
		廣島縣	深安郡
		三重縣	度會郡
吉井町	ヨシヰ	群馬縣	多野郡
		福岡縣	浮羽郡
吉井村	ヨシヰ	愛媛縣	周桑郡
		長崎縣	北松浦郡
		新潟縣	佐渡郡
吉見村	ヨシミ	埼玉縣	大里郡
		山口縣	豐浦郡
		兵庫縣	氷上郡
吉松村	ヨシマツ	鹿兒島縣	姶良郡
		熊本縣	鹿本郡
吉濱村	ヨシハマ	岩手縣	氣仙郡
		神奈川縣	足柄下郡
吉和村	ヨシワ	廣島縣	御調郡
		廣島縣	佐伯郡

吉尾村	ヨシヲ	千葉縣	安房郡
		熊本縣	葦北郡
吉永村	ヨシナガ	靜岡縣	志太郡
		靜岡縣	富士郡
吉子川村	ヨシコカハ	福島縣	西白河郡
吉井田村	ヨシヰタ	福島縣	信夫郡
吉土實村	ヨシトミ	廣島縣	加茂郡
吉坂村	ヨシサカ	廣島縣	山縣郡
吉澤村	ヨシサワ	山梨縣	中巨摩郡
吉島村	ヨシジマ	山形縣	東置賜郡
吉武村	ヨシタケ	福岡縣	宗像郡
吉崎村	ヨシサキ	福井縣	坂井郡
吉敷村	ヨシシキ	山口縣	吉敷郡
吉利村	ヨシトシ	鹿兒島縣	日置郡
吉名村	ヨシナ	廣島縣	豐田郡
吉富村	ヨシイミ	京都府	船井郡
吉沼村	ヨシヌマ	茨城縣	筑波郡
吉江村	ヨシエ	富山縣	西礪波郡
吉里村	ヨシサト	岐阜縣	海津郡
吉谷村	ヨシタニ	新潟縣	北魚沼郡
良文村	ヨシフミ	千葉縣	香取郡
好藤村	ヨシフヂ	愛媛縣	北宇和郡
好間村	ヨシマ	福島縣	石城郡
芳井町	ヨシヰ	岡山縣	後月郡
芳野村	ヨシノ	茨城縣	那珂郡
		埼玉縣	入間郡
		熊本縣	飽託郡
		岡山縣	上道郡
		岡山縣	苫田郡
芳田村	ヨシタ	岡山縣	御津郡
芳川村	ヨシカハ	長野縣	東筑摩郡
芳原村	ヨシハラ	高知縣	吾川郡
蓬田村	ヨモギタ	青森縣	東津輕郡
		福島縣	石川郡
黄硫島	シマヨヲ	東京府	小笠原島
嫁島	ヨメ	同	同

タの部

田原町	タハラ	愛知縣	渥美郡
田原村	タハラ	岩手縣	江刺郡
		大阪府	北河内郡
		靜岡縣	磐田郡
		岐阜縣	加茂郡
		兵庫縣	神崎郡
		大分縣	西國東郡
		奈良縣	添上郡
		京都府	綴喜郡
		栃木縣	河内郡
		千葉縣	安房郡
		和歌山縣	東牟婁郡
田原本町	タハラモト	奈良縣	磯城郡
田原村	タハル	宮崎縣	西臼杵郡
		熊本縣	鹿本郡
田野町	タノ	高知縣	安藝郡

田野村（タノ）	愛媛縣	周桑郡
	大分縣	大野郡
	山梨縣	東八代郡
	宮崎縣	宮崎郡
	栃木縣	芳賀郡
田野浦村（タノウラ）	廣島縣	豐田郡
田野畑村（タノハタ）	岩手縣	下閉伊郡
田中村（タナカ）	靜岡縣	四方郡
	東京府	北多摩郡
	香川縣	木田郡
	千葉縣	東葛飾郡
	和歌山縣	那賀郡
田島町（タジマ）	福島縣	南會津郡
田島村（タジマ）	熊本縣	菊池郡
	廣島縣	沼隈郡
	福岡縣	宗像郡
	神奈川縣	足柄下郡
田口町（タグチ）	愛知縣	北設樂郡
田口村（タグチ）	長野縣	南佐久郡
	福岡縣	三潴郡
田ノ口村（タノクチ）	高知縣	幡多郡
田尻町（タジリ）	宮城縣	遠田郡
田尻村（タジリ）	廣島縣	沼隈郡
	大阪府	豐能郡
	大阪府	泉南郡
	新潟縣	刈羽郡
田邊町（タナベ）	和歌山縣	西牟婁郡
	京都府	綴喜郡
田部村（タベ）	岩手縣	二戶郡
	青森縣	三戶郡
田井村（タヰ）	茨城縣	筑波郡
	高知縣	長岡郡
田子ノ浦村（タゴノウラ）	靜岡縣	富士郡
田子村（タゴ）	靜岡縣	加茂郡
田浦町（タウラ）	神奈川縣	三浦郡
田浦村（タウラ）	熊本縣	葦北郡
田鶴濱村（タヅルハマ）	石川縣	鹿島郡
田鶴野村（タヅルノ）	兵庫縣	城崎郡
田村（タ）	京都府	熊野郡
	高知縣	香美郡
田栖川村（タスカハ）	和歌山縣	有田郡
田麥野村（タムギノ）	山形縣	北村山郡
田麥山村（タムギヤマ）	新潟縣	北魚沼郡
田澤村（タザワ）	山形縣	飽海郡
	秋田縣	仙北郡
	新潟縣	中魚沼郡
田根森村（タネモリ）	秋田縣	平鹿郡
田根村（タネ）	滋賀縣	東淺井郡
田布施村（タブセ）	鹿兒島縣	日置郡
田布施町（タフビ）	山口縣	熊毛郡
田代村（タシロ）	秋田縣	雄勝郡
	鹿兒島縣	肝屬郡
	佐賀縣	三養基郡
田主丸町（タヌシマル）	福岡縣	浮羽郡
田無町（タナシ）	東京府	北多摩郡
田名部町（タナブ）	青森縣	下北郡
田之筋村（タノスヂ）	愛媛縣	東宇和郡
田間宮村（タマミヤ）	埼玉縣	北足立郡
田ケ谷村（タガヤ）	埼玉縣	北埼玉郡
田之岡村（タノヲカ）	山梨縣	中巨摩郡

田河津村	タカウツ	岩手縣	東磐井郡
田萬崎村	タマサキ	山口縣	阿武郡
田水山村	タミツヤマ	茨城縣	筑波郡
田面澤村	タノモサワ	埼玉縣	入間郡
田萬里村	タマリ	廣島縣	豐田郡
田沼町	タヌマ	栃木縣	安蘇郡
田丸町	タマル	三重縣	度會郡
田家村	タイヘ	富山縣	下新川郡
田耕村	タスキ	山口縣	豐浦郡
田上村	タカミ	新潟縣	南蒲原郡
田邑村		岡山縣	苫田郡
田立村	タダテ	長野縣	西筑摩郡
田儀村	タギ	島根縣	簸川郡
田奈村	タナ	神奈川縣	都筑郡
田底村	タソコ	熊本縣	鹿本郡
田子町	タゴ	青森縣	三戸郡
田波村	タド	愛媛縣	上浮穴郡
田染村	タシブ	大分縣	西國東郡
田岐村	タキ	島根縣	簸川郡
田河村	タガハ	長崎縣	壹岐郡

田川村	タガハ	山形縣	西田川郡
田後村	タジリ	鳥取縣	岩美郡
田人村	タヒト	福島縣	石城郡
田山村	タヤマ	岩手縣	二戸郡
田並村	タナミ	和歌山縣	西牟婁郡
田老村	タロウ	岩手縣	下閉伊郡
田平村	タヒラ	長崎縣	北松浦郡
田結村	タユヒ	長崎縣	北高來郡
田所村	タドコロ	島根縣	邑智郡
田迎村	タムカヘ	熊本縣	飽託郡
田井村	タヰ	島根縣	飯石郡
田名村	タナ	神奈川縣	高座郡
田幸村	タカウ	廣島縣	雙三郡
田宮村	タミヤ	埼玉縣	北葛飾郡
田余村	タアマリ	茨城縣	新治郡
田隈村	タクマ	福岡縣	早良郡
田熊村	タクマ	廣島縣	御調郡
田總村	タブサ	廣島縣	甲奴郡
田頭村	タンドウ	廣島縣	神石郡
田森村	タモリ	廣島縣	比婆郡

田殿村	タドノ	和歌山縣	有田郡
多賀城村	タガジヤウ	宮城縣	宮城郡
多賀村	タガ	兵庫縣	津名郡
		愛媛縣	周桑郡
		靜岡縣	田方郡
		京都府	綴喜郡
		滋賀縣	犬上郡
多加野村	タカノ	兵庫縣	加西郡
多良木町	タラキ	熊本縣	球磨郡
多良間村	タラマ	沖繩縣	宮古郡
多良村	タラ	岐阜縣	養老郡
		佐賀縣	藤津郡
多度志村	タドシ	北海道	雨龍郡
多度津町	タドツ	香川縣	仲多度郡
多度村	タド	三重縣	桑名郡
多田野村	タタノ	福島縣	安積郡
多度村	タダ	愛媛縣	東宇和郡
		兵庫縣	川邊郡
多々良村	タタラ	福岡縣	糟屋郡
		群馬縣	邑樂郡

多藝島（タキシマ）	村	岐阜縣	安八郡
多藝（タギ）	村	岐阜縣	養老郡
多治見（タヂミ）	町	岐阜縣	土岐郡
多古（タコ）	町	千葉縣	香取郡
多喜濱（タキハマ）	村	愛媛縣	新居郡
多比良（タヒラ）	村	長崎縣	南高來郡
多奈川（タナカハ）	村	大阪府	泉南郡
多ノ郷（タノガウ）	村	高知縣	高岡郡
多羅尾（タラヲ）	村	滋賀縣	甲賀郡
多以良（タイラ）	村	長崎縣	西彼杵郡
多家良（タカラ）	村	徳島縣	勝浦郡
多武峰（タムノミネ）	村	奈良縣	磯城郡
多寄（タヨロ）	村	北海道	上川郡
多根（タネ）	村	島根縣	飯石郡
多里（タリ）	村	鳥取縣	日野郡
多西（タサイ）	村	東京府	西多摩郡
多摩（タマ）	村	東京府	南多摩郡
多麻（タマ）	村	山梨縣	北巨摩郡
多磨（タマ）	村	東京府	北多摩郡
多肥（タヒ）	村	香川縣	香川郡
多和（タワ）	村	香川縣	大川郡
多久（タク）	村	佐賀縣	小城郡
多胡（タコ）	村	群馬縣	多野郡
多氣（タゲ）	村	三重縣	一志郡
駄知（ダチ）	町	岐阜縣	土岐郡
手向（タウゲ）	村	山形縣	東田川郡
段嶺（ダミネ）	村	愛知縣	北設樂郡
大正寺（タイシヤウジ）	村	秋田縣	由利郡
大正（タイセウ）	村	廣島縣	蘆品郡
		北海道	河西郡
		奈良縣	南葛城郡
		大阪府	中河内郡
		高知縣	幡多郡
		神奈川縣	鎌倉郡
		長崎縣	南高來郡
		鳥取縣	氣高郡
大門（ダイモン）	町	富山縣	射水郡
大門（ダイモン）	村	長野縣	小縣郡
		埼玉縣	北足立郡
大社（タイシヤ）	町	島根縣	簸川郡
大社（タイシヤ）	村	兵庫縣	武庫郡
大安寺（ダイアンジ）	村	奈良縣	添上郡
		福井縣	坂井郡
大寶（ダイホウ）	村	茨城縣	眞壁郡
		滋賀縣	栗太郡
大道（タイドウ）	村	山口縣	吉敷郡
		熊本縣	鹿本郡
大宰府（ダザイフ）	町	福岡縣	筑紫郡
大聖寺（ダイシヤウジ）	町	石川縣	江沼郡
大子（ダイコ）	町	茨城縣	久慈郡
大光寺（ダイコウジ）	村	青森縣	南津輕郡
大善寺（ダイゼンジ）	村	福岡縣	三潴郡
大分（ダイフ）	村	福岡縣	嘉穂郡
大福（ダイフク）	村	福岡縣	朝倉郡
		奈良縣	磯城郡
大穂（ダイホ）	村	茨城縣	筑波郡
大華（タイクワ）	村	山口縣	都濃郡
大山（ダイセン）	村	鳥取縣	西伯郡
大誠（タイセイ）	村	鳥取縣	東伯郡
大郷（タイガウ）	村	新潟縣	中蒲原郡

大同(ダイドウ)	村	茨城縣	鹿島郡
大東(ダイトウ)	村	島根縣	大原郡
		千葉縣	長生郡
大麻(ダイマ)	村	島根縣	那賀郡
太地(タイチ)	町	和歌山縣	東牟婁郡
太郎生(タロウフ)	村	三重縣	一志郡
大刀洗(タチアラヒ)	村	福岡縣	三井郡
太伯(タイハク)	村	岡山縣	邑久郡
平(タイラ)	町	福島縣	石城郡
平(タイラ)	村	埼玉縣	比企郡
平(タイラ)	村	富山縣	東礪波郡
		長野縣	北安曇郡
		長崎縣	北松浦郡
平舘(タイラダテ)	村	岩手縣	岩手郡
		秋田縣	平鹿郡
醍醐(ダイゴ)	村	山形縣	西村山郡
		富山縣	西礪波郡
		京都府	宇治郡
間人(タイザ)	町	京都府	竹野郡
帝釋(タイシャク)	村	廣島縣	比婆郡
東松(タバネマツ)	村	福島縣	河沼郡
谷(タニ)	村	島根縣	邑智郡
		大分縣	大分郡
谷内(タニナイ)	村	岩手縣	和賀郡
谷内(タニウチ)	村	兵庫縣	飾磨郡
谷山(タニヤマ)	町	鹿兒島縣	鹿兒島郡
谷汲(タニクミ)	村	岐阜縣	揖斐郡
谷濱(タニハマ)	村	新潟縣	中頸城郡
谷合(タニアヒ)	村	岐阜縣	山縣郡
谷外(タニト)	村	兵庫縣	飾磨郡
谷住郷(タニスミガウ)	村	島根縣	邑智郡
溪筋(タニスヂ)	村	愛媛縣	東宇和郡
立花(タチバナ)	村	兵庫縣	川邊郡
		愛媛縣	越智郡
		岩手縣	和賀郡
		茨城縣	行方郡
		廣島縣	御調郡
		福岡縣	糟屋郡
立間尻(タチマジリ)	村	愛媛縣	北宇和郡
立間(タチマ)	村	愛媛縣	北宇和郡
		愛知縣	海部郡
立田(タツタ)	村	三重縣	員辨郡
		高知縣	香美郡
立石(タテイシ)	町	大分縣	速見郡
立石(タテイシ)	村	福岡縣	朝倉郡
		福岡縣	三井郡
立江(タツエ)	町	德島縣	那賀郡
立谷澤(タチヤサワ)	村	山形縣	東田川郡
立子山(タテコヤマ)	村	福島縣	伊達郡
立野(タテノ)	村	富山縣	西礪波郡
立根(タツコン)	村	岩手縣	氣仙郡
立岩(タチイワ)	村	愛媛縣	溫泉郡
立川(タチカハ)	町	東京府	北多摩郡
立川(タチカハ)	村	愛媛縣	喜多郡
立待(タテマチ)	村	福井縣	丹生郡
立山(タテヤマ)	村	富山縣	中新川郡
立神(タテカミ)	村	三重縣	志摩郡
橘(タチバナ)	村	德島縣	那賀郡
		千葉縣	香取郡
		佐賀縣	杵島郡
		茨城縣	東茨城郡

	愛媛縣	新居郡
	神奈川縣	橘樹郡
	新潟縣	中魚沼郡
垂井(タルヰ)町	岐阜縣	不破郡
垂水(タルミヅ)町	鹿兒島縣	肝屬郡
垂水(タルミヅ)村	香川縣	仲多度郡
垂水(タルミ)町	兵庫縣	明石郡
垂木(タルキ)村	靜岡縣	小笠郡
樽井(タルヰ)村	大阪府	泉南郡
樽岸(タルキシ)村	北海道	壽都郡
俵津(タワラツ)村	愛媛縣	東宇和郡
俵山(タワラヤマ)村	山口縣	大津郡
高田(タカダ)町	大分縣	西國東郡
	岩手縣	氣仙郡
	岐阜縣	養老郡
	東京府	北豐島郡
	奈良縣	北葛城郡
	福島縣	大沼郡
	新潟縣	刈羽郡
	大分縣	大分郡
高田(タカダ)村	岡山縣	苫田郡
	兵庫縣	赤穗郡
	青森縣	東津輕郡
	山梨縣	西八代郡
	群馬縣	北甘樂郡
	茨城縣	稻敷郡
	廣島縣	佐伯郡
	和歌山縣	東牟婁郡
高瀨(タカセ)町	熊本縣	玉名郡
高瀨(タカセ)村	大分縣	日田郡
	山形縣	東村山郡
	山形縣	飽海郡
	長野縣	北佐久郡
	富山縣	東礪波郡
	福島縣	田村郡
	群馬縣	北甘樂郡
高岡(タカヲカ)町	高知縣	高岡郡
	宮崎縣	東諸縣郡
	兵庫縣	飾磨郡
	三重縣	一志郡
高岡(タカヲカ)村	長野縣	上水內郡
	愛知縣	碧海郡
	茨城縣	多賀郡
	千葉縣	香取郡
高木(タカキ)村	鹿兒島縣	薩摩郡
高城(タカキ)村	福島縣	東白川郡
	和歌山縣	日高郡
	鳥取縣	東伯郡
	島根縣	美濃郡
高城(タカジヤウ)村	宮崎縣	北諸縣郡
高井戸(タカヰド)町	東京府	豐多摩郡
高井田(タカヰダ)村	大阪府	中河內郡
高井(タカヰ)村	茨城縣	北相馬郡
	長野縣	上高井郡
高津(タカツ)町	神奈川縣	橘樹郡
	島根縣	美濃郡
高津(タカツ)村	愛媛縣	新居郡
高津瀨(タカツセ)村	三重縣	鈴鹿郡
高家(タキベ)村	長野縣	南安曇郡
高家(タケヘ)村	大分縣	宇佐郡

高根本郷村（タカネホンガウ） 千葉縣 長生郡

高根島村（タカネシマ） 廣島縣 豊田郡

高根村（タカネ） 新潟縣 岩船郡／靜岡縣 駿東郡／岐阜縣 益田郡／山口縣 玖珂郡

高野尾村（タカノヲ） 三重縣 河藝郡

高野村（タカノ） 岡山縣 苫田郡／滋賀縣 愛知郡／富山縣 中新川郡／福島縣 田村郡／福島縣 東白川郡／京都府 加佐郡／埼玉縣 北葛飾郡

高松町（タカマツ） 岡山縣 吉備郡／石川縣 河北郡

高松村（タカマツ） 茨城縣 鹿島郡／山形縣 西村山郡／島根縣 簸川郡

高島町（タカシマ） 北海道 高島郡

高島村（タカシマ） 群馬縣 邑樂郡／滋賀縣 高島郡／岡山縣 上道郡／長崎縣 西彼杵郡

高濱町（タカハマ） 新潟縣 刈羽郡／福井縣 大飯郡／愛知縣 碧海郡／茨城縣 新治郡／石川縣 羽咋郡

高濱村（タカハマ） 島根縣 簸川郡／長崎縣 西彼杵郡／兵庫縣 飾磨郡／熊本縣 天草郡

高山町（タカヤマ） 岐阜縣 大野郡

高山村（タカヤマ） 群馬縣 吾妻郡／京都府 相樂郡／愛媛縣 東宇和郡／岡山縣 川上郡

高倉村（タカクラ） 宮城縣 志田郡／茨城縣 久慈郡

岡山縣 川上郡／岡山縣 苫田郡

高原村（タカハラ） 島根縣 邑智郡／徳島縣 名西郡

高柳村（タカヤナギ） 埼玉縣 北埼玉郡／兵庫縣 秩父郡／新潟縣 刈羽郡

高森町（タカモリ） 山口縣 玖珂郡／熊本縣 阿蘇郡

高道祖村（タカサイ） 茨城縣 筑波郡

高道村（タカミチ） 熊本縣 玉名郡

高原村（タカハラ） 京都府 船井郡

高原村（タカハル） 宮崎縣 西諸縣郡

高川原村（タカガハラ） 徳島縣 名西郡

高川村（タカガハ） 福島郡 安達郡／愛媛縣 東宇和郡

高部屋村（タカベヤ） 神奈川縣 中郡

高部村（タカベ） 靜岡縣 庵原郡

高見島村（タカミシマ） 香川縣 仲多度郡

高見村	タカミ	奈良縣	吉野郡
高篠村	タカシノ	埼玉縣	秩父郡
		香川縣	仲多度郡
高取町	タカトリ	奈良縣	高市郡
高取村	タカトリ	岡山縣	勝田郡
高千穂町	タカチホ	宮崎縣	西臼杵郡
高千帆村	タカチホ	山口縣	厚狭郡
高千村	タカチ	新潟縣	佐渡郡
高木瀬村	タカキセ	佐賀縣	佐賀郡
高木村	タカキ	千葉縣	東葛飾郡
		福岡郡	朝倉郡
		熊本縣	上益城郡
高橋町	タカハシ	熊本縣	飽託郡
高橋村	タカハシ	愛知縣	西加茂郡
		兵庫縣	出石郡
高平村	タカヒラ	福島縣	相馬郡
		兵庫縣	有馬郡
高石町	タカイシ	大阪府	泉北郡
高石村	タカイシ	高知縣	高岡郡
高須町	タカス	岐阜縣	海津郡
高須村	タカス	廣島縣	沼隈郡
		茨城縣	北相馬郡
		高知縣	長岡郡
高宮町	タカミヤ	滋賀縣	犬上郡
高宮村	タカミヤ	三重縣	安濃郡
高坂村	タカサカ	廣島縣	豊田郡
		埼玉縣	比企郡
高崎村	タカサキ	宮崎縣	北諸縣郡
		山形縣	北村山郡
高光村	タカミツ	廣島縣	神石郡
		愛媛縣	北宇和郡
高階村	タカハシ	石川縣	鹿島郡
高階村	タカシナ	埼玉縣	入間郡
高清水町	タカシミズ	宮城縣	栗原郡
高富町	タカトミ	岐阜縣	山縣郡
高梁町	タカハシ	岡山縣	上房郡
高屋町	タカヤ	岡山縣	後月郡
高池町	タカイケ	和歌山縣	東牟婁郡
高畠町	タカハタケ	山形縣	東置賜郡
高槻町	タカツキ	大阪府	三島郡
高砂町	タカサゴ	兵庫縣	加古郡
高砂村	タカサゴ	宮城縣	宮城郡
高鍋町	タカナベ	宮崎縣	兒湯郡
高遠町	タカトホ	長野縣	上伊那郡
高茶屋村	タカチヤヤ	三重縣	一志郡
高尾野村	タカヲノ	鹿兒島縣	出水郡
高並村	タカナミ	大分縣	宇佐郡
高近村	タカチカ	愛媛縣	北宇和郡
高向村	タカウ	大阪府	南河内郡
高鷲村	タカワシ	大阪府	南河内郡
高鷲村	タカス	岐阜縣	郡上郡
高萩村	タカハギ	埼玉縣	入間郡
高雄村	タカヲ	兵庫縣	赤穂郡
高時村	タカトキ	滋賀縣	伊香郡
高鉾村	タカホコ	德島縣	勝浦郡
高蓋村	タカフタ	廣島郡	神石郡
高戸村	タカト	熊本縣	天草郡
高舘村	タカダテ	宮城縣	名取郡
高甫村	タカホ	長野縣	上高井郡
高志村	タカシ	德島縣	名西郡

高士(タカシ)	村	新潟縣	中頸城郡
高師(タカシ)	村	愛知縣	渥美郡
高丘(タカヲカ)	村	長野縣	下高井郡
高波(タカナミ)	村	富山縣	西礪波郡
高水(タカミズ)	村	山口郡	熊毛郡
高俣(タカマタ)	村	山口縣	阿武郡
高室(タカムロ)	村	香川縣	三豐郡
高瀧(タカタキ)	村	千葉縣	市原郡
高杉(タカスギ)	村	青森縣	中津輕郡
高洲(タカス)	村	靜岡縣	志太郡
高櫛(タカダマ)	村	山形縣	東村山郡
高隈(タカクマ)	村	鹿兒島縣	肝屬郡
高久(タカク)	村	福島縣	石城郡
高峰(タカミネ)	村	神奈川縣	愛甲郡
高嶺(タカミネ)	村	沖繩縣	島尻郡
高寺(タカテラ)	村	福島縣	河沼郡
高市(タカイチ)	村	奈良縣	高市郡
高豐(タカトヨ)	村	愛知縣	渥美郡
高林(タカバヤシ)	村	栃木縣	那須郡
高・梨(タカナシ)	村	秋田縣	仙北郡

高江(タカエ)	村	鹿兒島縣	薩摩郡
高神(タカカミ)	村	千葉縣	海上郡
高椋(タカボコ)	村	福井縣	坂井郡
高(タカ)	村	廣島縣	比婆郡
鷹巢(タカス)	町	秋田縣	北秋田郡
鷹巢(タカス)	村	福井縣	坂井郡
鷹栖(タカス)	村	北海道	上川郡
鷹栖(タカノス)	村	富山縣	西礪波郡
鷹根(タカネ)	村	靜岡縣	駿東郡
鷹島(タカシマ)	村	長崎縣	北松浦郡
鷹岡(タカヲカ)	村	靜岡縣	富士郡
鷹峰(タカミネ)	村	京都府	愛宕郡
鷹來(タカキ)	村	宮城縣	桃生郡
		愛知縣	東春日井郡
寶田(タカラダ)	村	德島縣	那賀郡
寶江(タカラエ)	村	宮城縣	登米郡
寶(タカラ)	村	山梨縣	南都留郡
財部(タカラベ)	町	鹿兒島縣	噌唹郡
財田(タカラダ)	村	岡山縣	上道郡
公平(タカヒラ)	村	千葉縣	山武郡

喬木(タカキ)	村	長野縣	下伊那郡
忠海(タダノウミ)	町	廣島縣	豐田郡
忠生(タダフ)	村	東京府	南多摩郡
忠見(タダミ)	村	福岡縣	八女郡
忠岡(タダヲカ)	村	大阪府	泉北郡
直(タダ)	村	石川縣	珠洲郡
龍田(タツタ)	町	奈良縣	生駒郡
龍田(タツタ)	村	福島縣	雙葉郡
		兵庫縣	揖保郡
		熊本縣	飽託郡
龍川(タツカハ)	村	香川縣	仲多度郡
		靜岡縣	磐田郡
		岡山縣	久米郡
龍山(タツヤマ)	村	靜岡縣	磐田郡
		岡山縣	久米郡
龍野(タツノ)	村	熊本縣	上益城郡
龍野(タツノ)	町	兵庫縣	揖保郡
龍江(タツエ)	村	長野縣	下伊那郡
龍池(タツイケ)	村	滋賀縣	甲賀郡
龍丘(タツヲカ)	村	長野縣	下伊那郡

龍郷(タツガウ)	村	鹿兒島縣	大島郡
龍岡(タツヲカ)	村	山梨縣	北巨摩郡
辰水(タツミ)	村	三重縣	安濃郡
辰市(タツイチ)	村	奈良縣	添上郡
田鶴田(タヅタ)	村	岡山縣	久米郡
達曾部(タツソベ)	村	岩手縣	上閉伊郡
選(タツミ)	村	大阪府	中河内郡
		和歌山縣	海草郡
種苧原(タネスハラ)	村	新潟縣	古志郡
種梅(タオウメ)	村	秋田縣	山本郡
種平(タネヒラ)	村	秋田縣	河邊郡
種山(タネヤマ)	村	熊本縣	八代郡
種市(タネイチ)	村	岩手縣	九戸郡
種田(タネタ)	村	富山縣	東礪波郡
種(タネ)	村	島根縣	美濃郡
種生(タナオ)	村	三重縣	名賀郡
種足(タナクシ)	村	埼玉縣	北埼玉郡
棚尾(タナヲ)	町	愛知縣	碧海郡
棚倉(タナクラ)	町	福島縣	東白川郡
棚倉(タナクラ)	村	京都府	相樂郡

棚底(タケソコ)	村	熊本縣	天草郡
棚澤(タナサワ)	村	神奈川縣	愛甲郡
當尾(タウノヲ)	村	京都府	相樂郡
		熊本縣	下益城郡
當麻(タイマ)	村	奈良縣	北葛城郡
道明寺(ダウミヤウジ)	村	大阪府	南河内郡
道上(ダウジヤウ)	村	新潟縣	西蒲原郡
道場(ダウジヤウ)	村	兵庫縣	有馬郡
道志(ダウシ)	村	山梨縣	南都留郡
堂崎(ダウザキ)	村	長崎縣	南高來郡
堂島(ダウジマ)	村	福島縣	河沼郡
		福島縣	耶麻郡
答志(タウシ)	村	三重縣	志摩郡
唐丹(タウニ)	村	岩手縣	氣仙郡
唐原(タウバル)	村	福岡縣	築上郡
宅良(タクラ)	村	福井縣	南條郡
詫間(タクマ)	村	香川縣	三豊郡
		福岡縣	三池郡
		茨城縣	行方郡
		茨城縣	那珂郡

玉川(タマガハ)	村	茨城縣	新治郡
		埼玉縣	比企郡
		福島縣	石城郡
		東京府	荏原郡
		長野縣	諏訪郡
		靜岡縣	安倍郡
		大阪府	中河内郡
		岡山縣	川上郡
		神奈川縣	愛甲郡
玉津(タマツ)	村	愛媛縣	東宇和郡
		兵庫縣	明石郡
		滋賀縣	野洲郡
		岡山縣	邑久郡
玉井(タマヰ)	村	埼玉縣	大里郡
		福島縣	安達郡
		岡山縣	上道郡
玉島(タマシマ)	村	佐賀縣	東松浦郡
玉島(タマシマ)	町	岡山縣	淺口郡
玉野(タマノ)	村	福島縣	相馬郡
		山形縣	北村山郡

玉來（タマライ）	町	大分縣	直入郡
玉村（タマムラ）	町	群馬縣	佐波郡
玉（タマ）	村	茨城郡	結城郡
		岐阜縣	不破郡
玉造（タマツクリ）	町	茨城縣	行方郡
玉之浦（タマノウラ）	村	長崎縣	南松浦郡
玉置口（タマキグチ）	村	和歌山縣	東牟婁郡
玉諸（タマモロ）	村	山梨郡	西山梨郡
玉幡（タマハタ）	村	山梨縣	中巨摩郡
玉里（タマザト）	村	岩手縣	江刺郡
玉生（タマフ）	村	栃木縣	鹽谷郡
玉路（タマヂ）	村	福島縣	大沼郡
玉湯（タマユ）	村	島根縣	八束郡
玉繩（タマナリ）	村	神奈川縣	鎌倉郡
玉緒（タマヲ）	村	滋賀縣	蒲生郡
玉水（タマミズ）	村	熊本縣	玉名郡
玉櫛（タマクシ）	村	大阪府	三島郡
玉瀧（タマタキ）	村	三重縣	阿山郡
玉垣（タマガキ）	村	三重縣	河藝郡
玉手（タマデ）	村	大阪府	南河内郡
玉城（タマグスク）	村	沖繩縣	島尻郡
玉宮（タマミヤ）	村	山梨縣	東山梨郡
玉米（タママイ）	村	秋田縣	由利郡
玉澤（タマサワ）	村	宮城縣	栗原郡
玉山（タマヤマ）	村	岩手縣	岩手郡
玉名（タマナ）	村	熊本縣	玉名郡
玉庭（タマニハ）	村	山形縣	南置賜郡
玉穗（タマホ）	村	靜岡縣	駿東郡
玉浦（タマウラ）	村	宮城縣	名取郡
環（タマキ）	村	千葉縣	君津郡
竹田（タケダ）	町	大分縣	直入郡
		兵庫縣	朝來郡
竹田（タケタ）	村	鳥取縣	東伯郡
		兵庫縣	氷上郡
		福井縣	坂井郡
		京都府	紀伊郡
竹野原（タケノハラ）	村	山梨縣	東八代郡
竹野（タケノ）	村	兵庫縣	城崎郡
		京都府	船井郡
		京都府	竹野郡
		福岡縣	浮羽郡
竹原（タケハラ）	町	廣島縣	賀茂郡
竹原（タケハラ）	村	岐阜縣	益田郡
		茨城縣	東茨城郡
		三重縣	一志郡
竹澤（タケサワ）	村	新潟縣	古志郡
		埼玉縣	比企郡
竹田津（タケダツ）	町	大分縣	東國東郡
竹ケ鼻（タケガハナ）	町	岐阜縣	羽島郡
竹仁（タクニ）	村	廣島縣	豐田郡
竹貫（タケヌキ）	村	福島縣	東白川郡
竹島（タケシマ）	村	茨城縣	眞壁郡
竹矢（タケヤ）	村	島根縣	八束郡
竹駒（タケコマ）	村	岩手縣	氣仙郡
竹永（タケナガ）	村	三重縣	三重郡
竹館（タケダテ）	村	青森縣	南津輕郡
竹枝（タケエ）	村	岡山縣	赤磐郡
竹松（タケマツ）	村	長崎縣	東彼杵郡
竹敷（タケシキ）	村	長崎縣	下縣郡
竹富（タケトミ）	村	沖繩縣	八重山郡
竹中（タケナカ）	村	大分縣	大分郡

竹岡（タケヲカ）	村	千葉縣	君津郡
嶽間（タケマ）	村	熊本縣	鹿本郡
嶽下（タケシタ）	村	福島縣	安達郡
剛志（タケシ）	村	群馬縣	佐波郡
嵩田（タケダ）	村	岐阜縣	郡上郡
武生（タケフ）	町	福井縣	南條郡
武豐（タケトヨ）	町	愛知縣	知多郡
武雄（タケヲ）	町	佐賀縣	杵島郡
武田（タケダ）	村	茨城縣	行方郡
		青森縣	北津輕郡
武石（タケイシ）	村	長野縣	小縣郡
		新潟縣	刈羽郡
武里（タケサト）	村	埼玉縣	南埼玉郡
		山梨縣	北巨摩郡
武内（タケウチ）	村	佐賀縣	杵島郡
武茂（ダケモ）	村	栃木郡	那須郡
武山（タケヤマ）	村	神奈川縣	三浦郡
武並（タケナミ）	村	岐阜縣	惠那郡
武川（タケカハ）	村	埼玉縣	大里郡
蛸島（タコシマ）	村	石川縣	珠洲郡
館山（タテヤマ）	町	千葉縣	安房郡
館腰（タテコシ）	村	宮城縣	名取郡
館ノ内（タテノウチ）	村	福島縣	北會津郡
館野（タテノ）	村	千葉縣	安房郡
館岩（タテイワ）	村	福島縣	南會津郡
館矢田（タテヤタ）	村	宮城縣	伊具郡
館林（タテバヤシ）	町	群馬縣	邑樂郡
館腰（タテコシ）	村	新潟縣	岩船郡
館畑（タテハタケ）	村	石川縣	石川郡
館合（タテアヒ）	村	秋田縣	平鹿郡
館岡（タテヲカ）	村	青森縣	西津輕郡
館（タテ）	村	青森縣	三戸郡
建部（タテベ）	村	岡山縣	御津郡
		滋賀縣	神崎郡
建屋（タテノヤ）	村	兵庫縣	養父郡
建軍（タテミヤ）	村	熊本縣	飽託郡
健田（タテダ）	村	千葉縣	安房郡
伊達（ダテ）	町	北海道	有珠郡
伊達崎（ダテサキ）	村	福島縣	伊達郡
楯岡（タテヲカ）	町	山形縣	北村山郡
楯山（タテヤマ）	村	山形縣	東村山郡
瀧尾（タキヲ）	村	岡山縣	勝田郡
		熊本縣	上益城郡
		石川縣	鹿島郡
		大分縣	大分郡
瀧川（タキガハ）	町	北海道	空知郡
瀧川（タキカハ）	村	群馬縣	群馬郡
		三重縣	名賀郡
瀧野川（タキノカハ）	町	東京府	北豐島郡
瀧野（タキノ）	町	兵庫縣	加東郡
瀧内（タキウチ）	村	青森縣	東津輕郡
瀧原（タキハラ）	村	三重縣	度會郡
瀧根（タキネ）	村	福島縣	田村郡
瀧郷（タキサト）	村	千葉縣	海上郡
瀧部（タキベ）	村	山口縣	豐浦郡
瀧宮（タキミヤ）	村	香川縣	綾歌郡
瀧上（タキウヘ）	村	北海道	紋別郡
瀧田（タキタ）	村	千葉縣	安房郡
瀧山（タキヤマ）	村	山形縣	南村山郡
瀧澤（タキザワ）	村	岩手縣	岩手郡

爲石村（タメイシ）	長崎縣	西彼杵郡
丹比村（タンピ）	鳥取縣	八頭郡
丹比村（タンピ）	大阪府	南河内郡
丹比村（タンピ）	廣島縣	高田郡
丹波市町（タンバイチ）	奈良縣	山邊郡
丹波村（タンバ）	京都府	中郡
丹波山村（タバヤマ）	山梨縣	北都留郡
丹治部村（タヂベ）	岡山縣	阿哲郡
丹原町（タンバラ）	愛媛縣	周桑郡
丹陽村（タンヤウ）	愛知縣	丹羽郡
丹南村（タンナン）	大阪府	南河内郡
丹庄村（タンシヤウ）	埼玉縣	兒玉郡
檀紙村（ダンジ）	香川縣	香川郡
彈正村（ダンジヤウ）	岐阜縣	本巣郡
淡輪村（タンノワ）	大阪府	泉南郡

ソの部

曾根木村（ソネキ）	新潟縣	中蒲原郡
曾根村（ソネ）	福岡縣	企救郡
曾根村（ソネ）	山口縣	熊毛郡
曾根村（ソネ）	新潟縣	西蒲原郡
曾根町（ソネ）	兵庫縣	印南郡
曾我部村（ソガベ）	京都府	南桑田郡
曾我村（ソガ）	靜岡縣	小笠郡
曾我村（ソガ）	神奈川縣	足柄上郡
曾呂村（ソロ）	千葉縣	安房郡
曾木村（ソキ）	岐阜縣	土岐郡
曾左村（ソサ）	兵庫縣	飾磨郡
曾爾村（ソニ）	奈良縣	宇陀郡
園部町（ソノベ）	京都府	船井郡
園部村（ソノベ）	京都府	船井郡
園部村（ソノベ）	茨城縣	新治郡
園田村（ソノダ）	靜岡縣	周智郡
園田村（ソノダ）	兵庫縣	川邊郡
園村（ソノ）	愛知縣	北設樂郡
園村（ソノ）	島根縣	簸川郡
薗村（ソノ）	岡山縣	吉備郡
外海府村（ソトカイフ）	新潟縣	佐渡郡
外川目村（ソトガハメ）	岩手縣	稗貫郡
外旭川村（ソトアサヒガハ）	秋田縣	南秋田郡
外小友村（ソトヲトモ）	秋田縣	仙北郡
袖浦村（ソデウラ）	靜岡縣	磐田郡
袖浦村（ソデウラ）	山形縣	西田川郡
袖崎村（ソデサキ）	山形縣	北村山郡
袖師村（ソデシ）	靜岡縣	庵原郡
袖川村（ソデカハ）	岐阜縣	吉城郡
宗賀村（ソウガ）	長野縣	東筑摩郡
宗谷村（ソウヤ）	北海道	宗谷郡
完道村（ソウドウ）	茨城縣	結城郡
祖父江村（ソフエ）	愛知縣	中島郡
祖生村（ソフ）	山口縣	玖珂郡
祖式村（ソシキ）	島根縣	邑智郡
添田町（ソヘダ）	福岡縣	田川郡
添川村（ソヘカハ）	山形縣	西置賜郡
蘇我町（ソガ）	千葉縣	千葉郡
蘇原村（ソハラ）	岐阜縣	稻葉郡
蘇原村（ソハラ）	岐阜縣	加茂郡

總社（ソウシヤ）町	岡山縣	吉備郡
	群馬縣	群馬郡
十郷（ソガウ）村	香川縣	仲多度郡
十河（ソガウ）村	香川縣	木田郡
染河内（ソメカワチ）村	兵庫縣	宍粟郡
染和田（ソメワタ）村	茨城縣	久慈郡
壯瞥（ソウベツ）村	北海道	有珠郡
莊川（カウカハ）村	岐阜縣	大野郡
草加（ソウカ）町	埼玉縣	北足立郡
早町（ソウマチ）村	鹿兒島縣	大島郡
枌所（ソキシヨ）村	香川縣	綾歌郡
杣川（ソマカハ）村	愛媛縣	上浮穴郡
相馬（ソウマ）村	青森縣	中津輕郡
沿川（ソヒカハ）村	青森縣	北津輕郡
象郷（ソウガウ）村	香川縣	仲多度郡
底井野（ソコヰノ）村	福岡縣	遠賀郡
操陽（ソウヤウ）村	岡山縣	上道郡
磯雞（ソケイ）村	岩手縣	下閉伊郡
彼杵（ソノキ）村	長崎縣	東彼杵郡
惣川（ソウカハ）村	愛媛縣	東宇和郡
傍陽（ソヘヒ）村	長野縣	小縣郡

ツの部

津田（ツダ）町	香川縣	大川郡
	廣島縣	佐伯郡
津田（ツダ）村	熊本縣	菊池郡
	大阪府	北河内郡
	三重縣	多氣郡
	兵庫縣	飾磨郡
	岡山縣	上道郡
	岡山縣	眞庭郡
	島根縣	八束郡
津島（ツシマ）町	愛知縣	海部郡
津島（ツシマ）村	福島縣	雙葉郡
津川（ツカハ）町	新潟縣	東蒲原郡
津川（ツガハ）村	岡山縣	上房郡
	山形縣	西置賜郡
津知（ツチ）村	茨城縣	行方郡
津和（ツハ）村	長野縣	上水内郡
津和野（ツワノ）町	島根縣	鹿足郡
津屋崎（ツヤサキ）町	福岡縣	宗像郡
津久見（ツクミ）町	大分縣	北海部郡
津田沼（ツダヌマ）町	千葉縣	千葉郡
津澤（ツザワ）町	富山縣	西礪波郡
津幡（ツバタ）町	石川縣	河北郡
津呂（ツロ）町	高知縣	安藝郡
津久志（ツクシ）村	廣島縣	世羅郡
津久毛（ツクモ）村	宮城縣	栗原郡
津奈木（ツナキ）村	熊本縣	葦北郡
津輕石（ツガルイシ）村	岩手縣	下閉伊郡
津之郷（ツノガウ）村	廣島縣	沼隈郡
津房（ツフサ）村	大分縣	宇佐郡
津木（ツキ）村	和歌山縣	有田郡
津澄（ツスミ）村	茨城縣	行方郡
津金（ツカネ）村	山梨縣	北巨摩郡
津民（ツタミ）村	大分縣	下毛郡
津根（ツネ）村	愛媛縣	宇摩郡
津森（ツモリ）村	熊本縣	上益城郡
津宮（ツノミヤ）村	千葉縣	香取郡

津名(ツナ)	村	廣島縣	世羅郡
津有(ツアリ)	村	新潟縣	中頸城郡
津ノ井(ツノヰ)	村	鳥取縣	岩美郡
津野(ツノ)	村	福岡縣	田川郡
津山(ツヤマ)	村	山形縣	東村山郡
津大(ツダイ)	村	高知縣	幡多郡
津倉(ツクラ)	村	愛媛縣	越智郡
津吉(ツヨシ)	村	長崎縣	北松浦郡
津井(ツヰ)	村	兵庫縣	三原郡
津別(ツベツ)	村	北海道	網走郡
通津(ツウツ)	村	山口縣	玖珂郡
堤ケ岡(ツツミカヲカ)	村	群馬縣	群馬郡
豆酘(ツツ)	村	長崎縣	下縣郡
築地(ツイヂ)	村	東京府	北多摩郡
		新潟縣	北蒲原郡
築館(ツキダテ)	町	宮城縣	栗原郡
築城(ツイキ)	村	福岡縣	築上郡
築山(ツキヤマ)	村	熊本縣	玉名郡

椿(ツバキ)	村	德島縣	那賀郡
		三重縣	鈴鹿郡
椿子(ツバコ)	村	福岡縣	浮羽郡
椿市(ツバキイチ)	村	福岡縣	京都郡
燕(ツバメ)	町	新潟縣	西蒲原郡
坪江(ツボエ)	村	福井縣	坂井郡
坪田(ツボタ)	村	東京府	三宅島
坪生(ツボフ)	村	廣島府	深安郡
土浦(ツチウラ)	町	茨城縣	新治郡
土崎湊(ツチザキミナト)	町	秋田縣	南秋田郡
土山(ツチヤマ)	町	滋賀縣	甲賀郡
土(ツチ)	村	千葉縣	東葛飾郡
土(ツチ)合	村	埼玉縣	北足立郡
土睦(ツチムツ)	村	千葉縣	長生郡
土樽(ツチタル)	村	新潟縣	南魚沼郡
土湯(ツチユ)	村	福島縣	信夫郡
土川(ツチカハ)	村	秋田縣	仙北郡
土澤(ツチサワ)	村	神奈川縣	中郡
土淵(ツチフチ)	村	岩手縣	上閉伊郡

鶴田(ツルタ)	村	鹿兒島縣	薩摩郡
		大阪府	泉北郡
		青森縣	北津輕郡
鶴居(ツルエ)	村	兵庫縣	神崎郡
		大分縣	下毛郡
鶴山(ツルヤマ)	村	岡山縣	邑久郡
		岡山縣	邑氣郡
鶴瀬(ツルセ)	村	埼玉縣	入間郡
		山梨縣	東山梨郡
鶴木(ツルキ)	村	石川縣	石川郡
鶴舞(ツルマヘ)	町	千葉縣	市原郡
鶴崎(ツルサキ)	町	大分縣	大分郡
鶴ケ島(ツルガシマ)	村	埼玉郡	入間郡
鶴巣(ツルノス)	村	宮城縣	黑川郡
鶴巻(ツルマキ)	村	千葉縣	海上郡
鶴ケ岡(ツルガヲカ)	村	京都府	北桑田郡
鶴川(ツルカハ)	村	東京府	南多摩郡
鶴里(ツルサト)	村	岐阜縣	土岐郡
鶴岡(ツルヲカ)	村	大分郡	南海部郡
		岐阜郡	惠那郡

鶴形(ツルカタ)	村	秋田縣	山本郡
鶴羽(ツルハ)	村	香川縣	大川郡
鶴技(ツルエ)	村	千葉縣	長生郡
劍(ツルギ)	村	福岡縣	鞍手郡
劍地(ツルギヂ)	村	石川縣	鳳至郡
敦賀(ツルガ)	町	福井縣	敦賀郡
弦打(ツルウチ)	村	香川縣	香川郡
塚山(ツカヤマ)	村	新潟縣	三島郡
塚原(ツカハラ)	村	富山縣	射水郡
塚田(ツカタ)	村	千葉郡	東葛飾郡
東苅(ツカリ)	村	山口縣	熊毛郡
蔦澤(ツタサワ)	村	兵庫縣	宍粟郡
筒井(ツツイ)	村	青森縣	東津輕郡
		奈良縣	生駒郡
筒川(ツツカハ)	村	京都府	與謝郡
筒賀(ツツカ)	村	廣島縣	山縣郡
葛籠澤(ツヅラサワ)	村	山梨縣	西八代郡
綴子(ツヅレコ)	村	秋田縣	北秋田郡
常豐(ツネトヨ)	村	福島縣	東白川郡
常吉(ツネヨシ)	村	京都府	中郡

常金丸(ツネカネマル)	村	廣島縣	蘆品郡
常光(ツネミツ)	村	廣島縣	神石郡
恒吉(ツネヨシ)	町	鹿兒島縣	囎唹郡
恒富(ツネトミ)	村	宮崎縣	東臼杵郡
連島(ツラシマ)	村	岡山縣	淺口郡
都濃(ツノ)	町	宮崎縣	兒湯郡
都賀(ツカ)	村	千葉縣	千葉郡
		島根縣	邑智郡
都賀行(ツカユキ)	村	島根縣	邑智郡
都介野(ツゲノ)	村	奈良縣	山邊郡
都濃津(ツノツ)	村	島根縣	那賀郡
都々城(ツツキ)	村	京都府	綴喜郡
都野津(ソノツ)	村	島根縣	那賀郡
都田(ツタ)	村	神奈川縣	都筑郡
都岡(ツヲカ)	村	神奈川縣	都筑郡
都住(ツズミ)	村	長野縣	上高井郡
都谷(ツダニ)	村	廣島縣	山縣郡
都川(ツカハ)	村	島根縣	那賀郡
都和(ツワ)	村	茨城縣	新治郡
都治(ソヂ)	村	島根縣	那賀郡

都万(ツマ)	村	島根縣	穩地郡
都茂(ツモ)	村	島根縣	美濃郡
角山(ツノヤマ)	村	岡山縣	上道郡
角川(ツノカハ)	村	山形縣	最上郡
角島(ツノシマ)	村	山口縣	豐浦郡
作手(ツクテ)	村	愛知縣	南設樂郡
作道(ツクリミチ)	村	富山縣	射水郡
作岡(ツクリヲカ)	村	茨城縣	筑波郡
九十九(ツクモ)	村	群馬縣	碓氷郡
筑波(ツツバ)	町	茨城縣	筑波郡
踞尾(ツクノヲ)	村	大阪府	泉北郡
妻(ツマ)	町	宮崎縣	兒湯郡
妻田(ツマタ)	町	神奈川縣	愛甲郡
妻木(ツマキ)	村	岐阜縣	土岐郡
嬬戀(ツマコヒ)	村	群馬縣	吾妻郡
付知(ツケチ)	村	岐阜縣	惠那郡
粒江(ツブエ)	村	岡山縣	兒島郡
月形(ツキガタ)	村	群馬縣	北甘樂郡
		北海道	樺戸郡
		福島縣	安積郡

月潟	ツキガタ	村	新潟縣	西蒲原郡
月輪	ツキワ	村	福島縣	耶麻郡
月岡	ツキヲカ	村	富山縣	上新川郡
月津	ツキツ	村	石川縣	江沼郡
月野	ツキノ	村	鹿兒島縣	囎唹郡
月瀬	ツキガセ	村	熊本縣	玉名郡
			奈良縣	添上郡
月灘	ツギナダ	村	高知縣	幡多郡
槻木	ツキノキ	町	宮城縣	柴田郡
槻木	ツキノキ	村	大分縣	下毛郡
槻川	ツキカハ	村	埼玉縣	秩父郡
調川	ツキノカハ	村	長崎縣	北松浦郡
辻	ツジ	町	德島縣	三好郡
辻	ツジ	村	香川縣	三豐郡
逗子	ヅシ	町	神奈川縣	三浦郡
對島	ツシマ	村	靜岡縣	田方郡

ネの部

根白石	ネシロイシ	村	宮城縣	宮城郡
根雨	ネウ	町	鳥取縣	日野郡
根室	ネムロ	町	北海道	根室郡
根岸	ネギシ	村	新潟縣	中蒲原郡
根郷	ネガウ	村	千葉縣	印旛郡
根知	ネチ	村	新潟縣	西頸城郡
根來	ネゴロ	村	和歌山縣	那賀郡
根形	ネガタ	村	千葉縣	君津郡
根上	ネアガリ	村	石川縣	能美郡
根羽	ネガネ	村	長野縣	下伊那郡
根尾	ネヲ	村	岐阜縣	本巣郡
根野	ネノ	村	廣島縣	高田郡
念珠關	ネヅカセキ	村	山形縣	西田川郡
寢屋川	ネヤガハ	村	大阪府	北河内郡
熱郛	ネツプ	村	北海道	歌棄郡
禰津	ネツ	村	長野縣	小縣郡

ナの部

名瀬	ナセ	町	鹿兒島縣	大島郡
名手	ナテ	町	和歌山縣	那賀郡
名寄	ナヨロ	町	北海道	上川郡
名寄	ナヨリ	村	樺太	泊居郡
名張	ナバリ	町	三重縣	名賀郡
名立	ナダチ	町	新潟縣	西頸城郡
名立	ナダチ	村	新潟縣	西頸城郡
名和	ナワ	村	群馬縣	佐波郡
			鳥取縣	西伯郡
名倉	ナグラ	村	愛知縣	北設樂郡
			神奈川縣	津久井郡
名護	ナゴ	町	沖繩縣	國頭郡
名護屋	ナゴヤ	村	佐賀縣	東松浦郡
			大分縣	南海部郡
名田	ナダ	村	和歌山縣	日高郡
			三重縣	志摩郡
名田島	ナダジマ	村	山口縣	吉敷郡
名久田	ナクダ	村	群馬縣	吾妻郡
名久井	ナクヰ	村	青森縣	三戸郡
名野川	ナノカハ	村	高知縣	吾川郡
名香山	ナカヤマ	村	新潟縣	中頸城郡
名連川	ナレカハ	村	熊本縣	上益城郡

名草	ナクサ	村	栃木縣	足利郡
名崎	ナサキ	村	茨城縣	結城郡
名森	ナモリ	村	岐阜縣	安八郡
名栗	ナクリ	村	埼玉縣	入間郡
名畑	ナバタ	村	埼玉縣	入間郡
名好	ナヨシ	村	樺太	名好郡
那古	ナゴ	町	千葉縣	安房郡
那加	ナカ	村	岐阜縣	稻葉郡
那賀	ナカ	村	長崎縣	壹岐郡
那珂	ナカ	村	福岡縣	筑紫郡
那珂	ナカ	村	栃木縣	那須郡
那珂	ナカ	村	宮崎縣	宮崎郡
那智	ナチ	村	和歌山縣	東牟婁郡
那谷	ナタ	村	石川縣	江沼郡
那須	ナス	村	栃木縣	那須郡
那岐	ナキ	村	鳥取縣	八頭郡
那波	ナバ	村	兵庫縣	赤穗郡
奈良尾	ナラヲ	村	長崎縣	南松浦郡
奈良津	ナラツ	村	廣島縣	深安郡
奈良	ナラ	村	埼玉縣	大里郡
奈半利	ナハリ	村	高知縣	安藝郡
奈狩江	ナカエ	村	大分縣	東國東郡
奈留島	ナルシマ	村	長崎縣	南松浦郡
奈古	ナゴ	村	山口縣	阿武郡
奈川	ナガハ	村	長野縣	西筑摩郡
奈佐	ナサ	村	兵庫縣	城崎郡
今歸仁	ナキジン	村	沖繩縣	國頭郡
内路	ナイロ	村	樺太	敷香郡
内幌	ナイホロ	村	樺太	本斗郡
苗木	ナヘキ	町	岐阜縣	惠那郡
苗羽	ナウマ	村	香川縣	小豆郡
苗	ナ	村	滋賀縣	蒲生郡
鍋掛	ナベカケ	村	栃木縣	那須郡
鍋山	ナベヤマ	村	島根縣	飯石郡
鍋田	ナベタ	村	愛知縣	海部郡
鍋島	ナベシマ	村	佐賀縣	佐賀郡
鍋	ナベ	村	熊本縣	玉名郡
成岩	ナラハ	町	愛知縣	知多郡
成東	ナリトウ	町	千葉縣	山武郡
成松	ナリマツ	町	兵庫縣	氷上郡
成田	ナリタ	町	千葉縣	印旛郡
成羽	ナリハ	町	岡山縣	川上郡
成生	ナリフ	村	山形縣	東村山郡
成木	ナリキ	村	東京府	西多摩郡
成妙	ナルタヘ	村	愛媛縣	北宇和郡
成美	ナルミ	村	鳥取縣	東伯郡
成實	ナルミ	村	鳥取縣	西伯郡
成瀬	ナルセ	村	神奈川縣	中郡
鳴子	ナルコ	町	宮城縣	玉造郡
鳴海	ナルミ	町	愛知縣	愛知郡
鳴門	ナルト	村	山口縣	玖珂郡
鳴門	ナルト	村	徳島縣	板野郡
鳴澤	ナルサワ	村	山梨縣	南都留郡
鳴澤	ナルサワ	村	青森縣	西津輕郡
鳴尾	ナルヲ	村	兵庫縣	武庫郡
鳴瀬	ナルセ	村	宮城縣	賀美郡
鳴濱	ナルハマ	村	千葉縣	山武郡
鳴鹿	ナルガ	村	福井縣	坂井郡
鳴神	ナルカミ	村	和歌山縣	海草郡
鳴瀧	ナルタキ	村	大阪府	泉南郡

直江津町（ナヲエツ）	新潟縣	中頸城郡
直江村（ナヲエ）	島根縣	簸川郡
直方町（ナヲカタ）	福岡縣	鞍手郡
直見村（ナヲミ）	大分縣	南海部郡
直島村（ナヲシマ）	香川縣	香川郡
中舞鶴町（ナカマイヅル）	京都府	加佐郡
中泉町（ナカイヅミ）	靜岡縣	磐田郡
中間町（ナカマ）	福岡縣	遠賀郡
中込町（ナカゴメ）	長野縣	南佐久郡
中町（ナカ）	兵庫縣	多可郡
中村（ナカ）	島根縣	周吉郡
	岡山縣	川上郡
	青森縣	西津輕郡
	大阪府	南河內郡
	熊本縣	天草郡
	山形縣	東村山郡
	靜岡縣	小笠郡
	岐阜縣	可兒郡
	栃木縣	芳賀郡
	栃木縣	下都賀郡
	茨城縣	眞壁郡
	廣島縣	佐伯郡
	千葉縣	君津郡
	千葉縣	香取郡
中ノ鄕村（ナカノガウ）	鳥取縣	岩美郡
	東京府	八丈島
中鄕村（ナカノガウ）	鳥取縣	氣高郡
	福井縣	敦賀郡
中鄕村（ナカガウ）	千葉縣	君津郡
	長野縣	上水內郡
	新潟縣	中頸城郡
	青森縣	南津輕郡
	宮崎縣	北諸縣郡
中鄕村（ナカザト）	靜岡縣	田方郡
	三重縣	一志郡
	千葉縣	印旛郡
	福島縣	田村郡
中原村（ナカハラ）	岐阜縣	益田郡
	三重縣	一志郡
	廣島縣	安佐郡
中原町（ナカハラ）	神奈川縣	橘樹郡
中原村（ナカバル）	佐賀縣	三養基郡
	熊本縣	飽託郡
	熊本縣	球磨郡
中野町（ナカノ）	東京府	豐多摩郡
	神奈川縣	津久井郡
	長野縣	下高井郡
中野村（ナカノ）	大分縣	南海部郡
	島根縣	飯石郡
	島根縣	邑智郡
	長崎縣	北松浦郡
	滋賀縣	蒲生郡
	兵庫縣	有馬郡
	岩手縣	岩手郡
	岩手縣	九戸郡
	富山縣	東礪波郡
	山梨縣	南都留郡
	福島縣	安積郡
	福島縣	信夫郡
	群馬縣	邑樂郡

茨城縣 鹿島郡
茨城縣 那珂郡
廣島縣 豐田郡
廣島縣 山縣郡
廣島縣 安藝郡

中野上村（ナカノカミ） 和歌山縣 那賀郡

中野方村（ナカノカタ） 岐阜縣 惠那郡

中野俣村（ナカノマタ） 新潟縣 古志郡

中野小屋村（ナカノコヤ） 新潟縣 西蒲原郡

中野島村（ナカノシマ） 德島縣 那賀郡
大分縣 日田郡
神奈川縣 都筑郡
神奈川縣 鎌倉郡
岡山縣 小田郡
兵庫縣 朝來郡
青森縣 北津輕郡
愛媛縣 周桑郡
愛媛縣 東宇和郡
三重縣 一志郡
三重縣 度會郡

中川村（ナカガハ）
秋田縣 仙北郡
山形縣 南村山郡
山形縣 東置賜郡
靜岡縣 加茂郡
靜岡縣 引佐郡
岐阜縣 安八郡
長野縣 東筑摩郡
京都府 葛野郡
埼玉縣 秩父郡
栃木縣 芳賀郡
群馬縣 群馬郡
茨城縣 猿島郡
千葉縣 夷隅郡
千葉縣 君津郡

中川副村（ナカガハソヘ） 佐賀縣 佐賀郡

中川手村（ナカガハテ） 長野縣 東筑摩郡

中ノ川村（ナカノカハ） 福島縣 大沼郡

中川原村（ナカガハハラ） 兵庫縣 津名郡

中川根村（ナカガハネ） 靜岡縣 榛原郡

中山町（ナカヤマ）
愛媛縣 伊豫郡
千葉縣 東葛飾郡

中山村（ナカヤマ）
高知縣 安藝郡
熊本縣 下益城郡
長野縣 東筑摩郡
埼玉縣 比企郡
廣島縣 安藝郡

中山路村（ナカヤマジ） 和歌山縣 日高郡

中山香村（ナカヤマカ） 大分縣 速見郡

中筋村（ナカスヂ）
愛媛縣 東宇和郡
兵庫縣 城崎郡
高知縣 幡多郡
京都府 何鹿郡
京都府 加佐郡

中田町（ナカタ） 富山縣 東礪波郡

中田村（ナカタ）
兵庫縣 津名郡
熊本縣 天草郡
山梨縣 北巨摩郡
宮城縣 名取郡

中ノ莊村（ナカノシヤウ）　石川縣　羽咋郡／奈良縣　吉野郡

中津町（ナカツ）　岐阜縣　惠那郡

中津村（ナカツ）　神奈川縣　愛甲郡／愛媛縣　上浮穴郡／長野縣　更級郡／長野縣　北佐山郡

中津山村（ナカツヤマ）　宮城縣　桃生郡

中津原村（ナガツハラ）　廣島縣　深安部

中津川村（ナカツカハ）　山形縣　南置賜郡

中津井村（ナカツヰ）　岡山縣　上房郡

中津良村（ナカツラ）　長崎縣　北松浦郡

中津江村（ナカツエ）　大分縣　日田郡

中里村（ナカサト）　新潟縣　刈羽郡／長崎縣　北松浦郡／神奈川縣　都筑郡／滋賀縣　野洲郡／青森縣　北津輕郡／三重縣　員辨郡

岩手縣　西磐井郡／群馬縣　多野郡／茨城縣　久慈郡

中島村（ナカジマ）　三重縣　度會郡／熊本縣　飽託郡／熊本縣　上益城郡／埼玉縣　北埼玉郡／石川縣　鹿島郡

中之島村（ナカノシマ）　新潟縣　南魚沼郡／新潟縣　南蒲原郡／和歌山縣　海草郡

中乃島村（ナカノシジマ）　石川縣　鹿島郡

中浦村（ナカウラ）　新潟縣　北蒲原郡／大分縣　南海部郡

中瀬村（ナカセ）　靜岡縣　濱名郡／埼玉縣　大里郡／三重縣　阿山郡

中通村（ナカトウリ）　熊本縣　阿蘇郡／佐賀縣　杵島郡／新潟縣　刈羽郡

中村町（ナカムラ）　福島縣　相馬郡／高知縣　幡多郡

中妻村（ナカツマ）　福島縣　田村郡／茨城縣　東茨城郡

中之條町（ナカノジヤウ）　群馬縣　吾妻郡

中之條村（ナカノジヤウ）　長野縣　埴科郡

中條町（ナカデウ）　新潟縣　北蒲原郡

中條村（ナカデウ）　廣島縣　深安郡／新潟縣　中魚沼郡

中條村（ナカスヂ）　島根縣　周吉郡

中新田町（ナカニヒダ）　宮城縣　加美郡

中新井村（ナカアラヰ）　東京府　北豐島郡

中井村（ナカヰ）　岡山縣　上房郡／神奈川縣　足柄上郡

中谷村（ナカダニ）　岡山縣　苫田郡／兵庫縣　川邊郡／福島縣　石川郡／福岡縣　企救郡

中洲村（ナカス）　長野縣　諏訪郡／滋賀縣　野洲郡／岡山縣　都窪郡

中澤村（ナカサワ）	青森縣	三戸郡
中澤村（ナカサワ）	長野縣	上伊那郡
中庄村（ナカセウ）	廣島縣	御調郡
中庄村（ナカセウ）	岡山縣	都窪郡
中内田村（ナカウチタ）	靜岡縣	小笠郡
中内村（ナカナイ）	岩手縣	和賀郡
中和束村（ナカワツカ）	京都府	相樂郡
中和田村（ナカワダ）	神奈川縣	鎌倉郡
中平田村（ナカヒラタ）	山形縣	飽海郡
中平内村（ナカヒラナイ）	青森縣	東津輕郡
中富良野村（ナカフラノ）	北海道	空知郡
中富村（ナカトミ）	熊本縣	鹿本郡
中藤島村（ナカフヂシマ）	福井縣	吉田郡
中名田村（ナカナタ）	福井縣	遠敷郡
中結城村（ナカユウキ）	茨城縣	結城郡
中大見村（ナカオホミ）	靜岡縣	田方郡
中狩野村（ナカカリノ）	靜岡縣	田方郡
中藁科村（ナカワラシナ）	靜岡縣	安倍郡
中夜久野村（ナカヤクノ）	京都府	天田郡
中六人部村（ナカムトベ）	京都府	天田郡
中邑知村（ナカオウチ）	石川縣	羽咋郡
中甘田村（ナカアマダ）	石川縣	羽咋郡
中上林村（ナカカミハヤシ）	京都府	何鹿郡
中加積村（ナカカヅミ）	富山縣	中新川郡
中種子村（ナカタネ）	鹿兒島縣	熊毛郡
中芳養村（ナカノヤ）	和歌山縣	西牟婁郡
中郡宇村（ナカゴホリウ）	鹿兒島縣	鹿兒島郡
中貴志村（ナカキシ）	和歌山縣	那賀郡
中廣川村（ナカヒロカハ）	福岡縣	八女郡
中黒瀬村（ナカクロセ）	廣島縣	賀茂郡
中龍門村（ナカリウモン）	奈良縣	吉野郡
中箕輪村（ナカミノワ）	長野縣	上伊那郡
中曾根村（ナカソネ）	愛媛縣	宇摩郡
中之庄村（ナカノシヤウ）	愛媛縣	宇摩郡
中有知村（ナカウチ）	岐阜縣	武儀郡
中之保村（ナカノホ）	岐阜縣	武儀郡
中蘆川村（ナカアシカハ）	山梨縣	東八代郡
中佐都村（ナカサト）	長野縣	北佐久郡
中木頭村（ナカキト）	徳島縣	海部郡
中高安村（ナカタカヤス）	大阪府	中河内郡
中眞玉村（ナカマタマ）	大分縣	西國東郡
中武藏村（ナカムサシ）	大分縣	東國東郡
中竹野村（ナカタケノ）	兵庫縣	城崎郡
中吉川村（ナカヨシカハ）	兵庫縣	美嚢郡
中私都村（ナカキサイチ）	鳥取縣	八頭郡
中北條村（ナカキタジヤウ）	鳥取縣	東伯郡
中鯖石村（ナカサバイシ）	新潟縣	刈羽郡
中深見村（ナカフカミ）	新潟縣	中魚沼郡
中ノ町村（ナカノマチ）	靜岡縣	濱名郡
中東條村（ナカトウジヤウ）	兵庫縣	加東郡
中鹽田村（ナカシホタ）	長野縣	小縣郡
中豐島村（ナカトヨシマ）	大阪府	豐能郡
中頓別村（ナカトンベツ）	北海道	枝幸郡
中濱村（ナカハマ）	鳥取縣	西伯郡
中枝村（ナカエダ）	徳島縣	麻植郡
中萩村（ナカハギ）	愛媛縣	新居郡
中土村（ナカツチ）	長野縣	北安曇郡
中西村（ナカニシ）	島根縣	美濃郡
中牧村（ナカマキ）	山梨縣	東山梨郡
中俣村（ナカマタ）	新潟縣	岩船郡

中神（ナカカミ）	村	東京府	北多摩郡
中奥（ナカオク）	村	石川縣	石川郡
中根（ナカネ）	村	千葉縣	夷隅郡
中須（ナカス）	村	山口縣	都濃郡
中寺（ナカテラ）	村	兵庫縣	神崎郡
中畑（ナカハタケ）	村	福島縣	西白河郡
中安（ナカヤス）	村	兵庫縣	佐用郡
中緑（ナカミドリ）	村	熊本縣	飽託郡
中河（ナカガハ）	村	福井縣	今立郡
中屋（ナカヤ）	村	岐阜縣	羽島郡
中丸（ナカマル）	村	埼玉縣	北足立郡
中居（ナカエ）	村	石川縣	鳳至郡
中關（ナカセキ）	町	山口縣	佐波郡
中姫（ナカヒメ）	村	香川縣	三豐郡
中切（ナカキリ）	村	廣島縣	賀茂郡
中家（ナカヤ）	村	茨城縣	新治郡
中海（ナカウミ）	村	石川縣	能美郡
中埣（ナカソネ）	村	宮城縣	遠田郡
中城（ナカグスク）	村	沖繩縣	中頭郡
仲里（ナカザト）	村	沖繩縣	島尻郡
仲原（ナカハル）	村	福岡縣	糟屋郡
仲津（ナカツ）	村	福岡縣	京都郡
長（ナガ）	町	宮城縣	名取郡
長洲（ナガス）	町	熊本縣	玉名郡
		大分縣	宇佐郡
長野原（ナガノハラ）	町	群馬縣	吾妻郡
長野（ナガノ）	町	滋賀縣	甲賀郡
		大阪府	南河內郡
		秋田縣	仙北郡
長野（ナガノ）	村	三重縣	安濃郡
		靜岡縣	磐田郡
		埼玉縣	北埼玉郡
		群馬縣	群馬郡
		和歌山縣	西牟婁郡
長岡（ナガヲカ）	村	高知縣	長岡郡
		三重縣	志摩郡
		岩手縣	紫波郡
		愛知縣	中島郡
		東京府	西多摩郡
		富山縣	婦負郡
		福島縣	伊達郡
		茨城縣	東茨城郡
		宮城縣	栗原郡
長瀨（ナガセ）	村	鳥取縣	東伯郡
		大阪府	中河內郡
		岐阜縣	揖斐郡
		長野縣	小縣郡
		福島縣	耶麻郡
長谷（ナガタニ）	村	廣島縣	豐田郡
		兵庫縣	佐用郡
		大分縣	大野郡
長谷（ナガヤ）	村	島根縣	邑智郡
長沼（ナガヌマ）	町	福島縣	岩瀨郡
長沼（ナガヌマ）	村	山形縣	東田川郡
		長野縣	上水內郡
		北海道	夕張郡
		栃木縣	芳賀郡
長濱（ナガハマ）	町	滋賀縣	坂田郡
		愛媛縣	喜多郡

長濱村（ナガハマ）	島根縣	那賀郡
	岡山縣	邑久郡
	高知縣	吾川郡
	山梨縣	南都留郡
	樺太	長濱郡
長崎町（ナガサキ）	山形縣	東村山郡
	東京府	北豐島郡
長崎村（ナガサキ）	宮城縣	栗原郡
	茨城縣	筑波郡
長島町（ナガシマ）	三重縣	北牟婁郡
	岐阜縣	惠那郡
長島村（ナガシマ）	岩手縣	東磐井郡
	三重縣	桑名郡
長尾町（ナガヲ）	岡山縣	淺口郡
	香川縣	大川郡
長尾村（ナガヲ）	千葉縣	安房郡
	群馬縣	群馬郡
	兵庫縣	有馬郡
	兵庫縣	川邊郡
長井町（ナガヰ）	神奈川縣	三浦郡
	山形縣	西置賜郡
長井村（ナガヰ）	兵庫縣	城崎郡
	山形縣	西置賜郡
	埼玉縣	大里郡
長田村（ナガタ）	三重縣	阿山郡
	長崎縣	北高來郡
	廣島縣	高田郡
	和歌山縣	那賀郡
長澤村（ナガサワ）	愛知縣	寶飯郡
	新潟縣	南蒲原郡
長浦村（ナガウラ）	新潟縣	北蒲原郡
	千葉縣	君津郡
	長崎縣	西彼杵郡
長峯村（ナガミネ）	福岡縣	八女郡
	大分縣	宇佐郡
長柄村（ナガエ）	千葉縣	長生郡
	群馬縣	邑樂郡
長久保新町（ナガクボシン）	長野縣	小縣郡
長久村（ナガヒサ）	島根縣	安濃郡
長久手村（ナガクテ）	愛知縣	愛知郡
長窪古町（ナガクボフル）	長野縣	小縣郡
長信田村（ナガシダ）	秋田縣	仙北郡
長良村（ナガラ）	岐阜縣	稻葉郡
長泉村（ナガイツミ）	靜岡縣	駿東郡
長上村（ナガカミ）	靜岡縣	濱名郡
長幡村（ナガハタ）	埼玉縣	兒玉郡
長須村（ナガス）	茨城縣	猿島郡
長竿村（ナガサヲ）	茨城縣	稻敷郡
長戸村（ナガト）	茨城縣	稻敷郡
長束村（ナガツカ）	廣島縣	安佐郡
長糸村（ナガイト）	福岡縣	糸島郡
長瀧村（ナガタキ）	大阪府	泉南郡
長生村（ナガイケ）	德島縣	那賀郡
長湯村（ナガユ）	大分縣	直入郡
長坂村（ナガサカ）	岩手縣	東磐井郡
長橋村（ナガハシ）	青森縣	北津輕郡
長丘村（ナガヲカ）	長野縣	下高井郡
長與村（ナガヨ）	長崎縣	西彼杵郡
長倉村（ナガクラ）	茨城縣	那珂郡

長篠村	ナカシノ	愛知縣	南設樂郡
長吉村	ナカヨシ	大阪府	中河内郡
長木村	ナカキ	秋田縣	北秋田郡
長畝村	ナガウネ	福井縣	坂井郡
長瀞村	ナガトロ	山形縣	北村山郡
長若村	ナガワカ	埼玉縣	秩父郡
長善村	ナカヨシ	京都府	中郡
長塚村	ナガツカ	福島縣	雙葉郡
長江村	ナガエ	福島縣	南會津郡
長炭村	ナガスミ	香川縣	綾歌郡
長穂村	ナガホ	山口縣	都濃郡
長讃村	ナガサ	茨城縣	眞壁郡
永野村	ナガノ	鹿兒島縣	薩摩郡
		栃木縣	上都賀郡
		神奈川縣	鎌倉郡
永井村	テガヰ	山梨縣	東八代郡
		岩手縣	西磐井郡
永井野村	ナガヰノ	福島縣	大沼郡
永渡村	ナガト	廣島縣	神石郡
永田村	ナガタ	長野縣	下水内郡

永山村	ナガヤマ	北海道	上川郡
永盛村	ナガモリ	福島縣	安積郡
永原村	ナガハラ	滋賀縣	伊香郡
永岡村	ナガヲカ	岩手縣	膽澤郡
永水村	ナガミズ	熊本縣	阿蘇郡
永戸村	ナガト	福島縣	石城郡
永利村	ナガトシ	鹿兒島縣	薩摩郡
永吉村	ナカヨシ	鹿兒島縣	日置郡
流山町	ナガレヤマ	千葉縣	東葛飾郡
媒島	ナカウドシマ	東京府	小笠原島
灘村	ナダ	兵庫縣	三原郡
		山口縣	玖珂郡
灘崎村	ナダサキ	岡山縣	兒島郡
灘分村	ナダブン	島根縣	簸川郡
灘手村	ナダテ	鳥取縣	東伯郡
鉈打村	ナタウチ	石川縣	羽咋郡
馴柴村	ナレシバ	茨城縣	稻敷郡
夏井村	ナツヰ	福島縣	田村郡
		福島縣	石城郡
		岩手縣	九戸郡

夏海村	ナツミ	茨城縣	鹿島郡
撫川町	ナツカハ	岡山縣	都窪郡
棗村	ナツメ	福井縣	坂井郡
七郷村	ナナサト	岐阜縣	本巣郡
		愛知縣	八名郡
		埼玉縣	比企郡
		高知縣	幡多郡
		滋賀縣	伊香郡
		福島縣	田村郡
七郷村	ナチガウ	茨城縣	猿島郡
七尾町	ナナヲ	石川縣	鹿島郡
七尾村	ナナツ	滋賀縣	東淺井郡
七和村	ナナワ	三重縣	員辨郡
		青森縣	北津輕郡
七保村	ナナホ	山梨縣	北都留郡
		三重縣	度會郡
七瀧村	ナナタキ	熊本縣	上益城郡
		秋田縣	鹿角郡
七浦村	ナナウラ	千葉縣	安房郡
		佐賀縣	藤津郡

七里(ナナサト)	村	埼玉縣	北足立郡
		山梨縣	東山梨郡
七會(ナナエ)	村	茨城縣	新治郡
		茨城縣	西茨城郡
七日市(ナカイチ)	村	秋田縣	北秋田郡
七日市(ナヌカイチ)	村	島根縣	鹿足郡
七日町(ナノカ)	村	新潟縣	刈羽郡
七二會(ナニアヒ)	村	長野縣	上水內郡
七久保(ナナクボ)	村	長野縣	上伊那郡
七北田(ナナキタ)	村	宮城縣	宮城郡
七谷(ナナタニ)	村	新潟縣	中蒲原郡
七釜(ナナツカマ)	村	長崎縣	西彼杵郡
七貴(ナナキ)	村	長野縣	北安曇郡
七生(ナナヲ)	村	東京府	南多摩郡
七折(ナナヲリ)	村	宮崎縣	西臼杵郡
七井(ナナヰ)	村	栃木縣	芳賀郡
七飯(ナナイヒ)	村	北海道	龜田郡
七合(ナナアヒ)	村	栃木縣	那須郡
七重(ナナヘ)	村	茨城縣	猿島郡
七山(ナナヤマ)	村	佐賀縣	東松浦郡
七福(ナナフク)	村	千葉縣	東葛飾郡
七座(ナナグラ)	村	秋田縣	北秋田郡
七栗(ナナグリ)	村	三重縣	一志郡
七取(ナナトリ)	村	三重縣	桑名郡
七塚(ナナツカ)	村	石川縣	河北郡
女川(ナナガハ)	町	宮城縣	牡鹿郡
楢葉(ナラハ)	村	千葉縣	君津郡
楢川(ナラカハ)	村	長野縣	西筑摩郡
楢崎(ナラサキ)	村	山口縣	豐浦郡
楢原(ナラハラ)	村	岡山縣	英田郡
		福島縣	南會津郡
生津(ナマツ)	村	岐阜縣	本巢郡
生井(ナマヰ)	村	栃木縣	下都賀郡
生板(ナマイタ)	村	茨城縣	稻敷郡
生瀨(ナマセ)	村	茨城縣	久慈郡
納所(ナフソ)	村	京都府	紀伊郡
勿來(ナコソ)	町	福島縣	石城郡
滑川(ナメリカハ)	町	富山縣	中新川郡
滑河(ナメリガハ)	町	千葉縣	香取郡
滑津(ナメツ)	町	福島縣	西白河郡
滑石(ナメイシ)	村	熊本縣	玉名郡
行方(ナメカタ)	村	茨城縣	行方郡
波野(ナミノ)	村	茨城縣	鹿島郡
		熊本縣	阿蘇郡
波合(ナミアヒ)	村	長野縣	下伊那郡
波切(ナミキリ)	村	三重縣	志摩郡
波岡(ナミヲカ)	村	千葉縣	君津郡
浪江(ナミエ)	町	福島縣	雙葉郡
浪岡(ナミヲカ)	村	青森縣	南津輕郡
浪打(ナミウチ)	村	岩手縣	二戸郡
浪花(ナニワ)	村	千葉縣	夷隅郡
並建(ナミタテ)	村	熊本縣	飽託郡
南關(ナンクワン)	村	熊本縣	玉名郡
南郷(ナンガウ)	村	千葉縣	山武郡
		宮城縣	遠田郡
		石川縣	江沼郡
		福岡縣	宗像郡
		宮崎縣	東臼杵郡
		宮崎縣	南那珂郡
		靜岡縣	小笠郡

南毛利村（ナンモウリ）	神奈川縣	愛甲郡
南白龜村（ナハキ）	千葉縣	長生郡
南志見村（ナジミ）	石川縣	鳳至郡
南都田村（ナツタ）	岩手縣	膽澤郡
南摩村（ナンマ）	栃木縣	上都賀郡
南湖村（ナンコ）	山梨縣	中巨摩郡
南保村（ナンボウ）	富山縣	下新川郡
南畑村（ナンバタ）	埼玉縣	入間郡
南陽村（ナンヨウ）	愛知縣	海部郡
南條村（ナンジヤウ）	千葉縣	匝瑳郡
難波村（ナンバ）	愛媛縣	溫泉郡

ラの部

來迎寺村（ライコウジ）	新潟縣	三島郡
雷山村（ライザン）	福岡縣	糸島郡
禮羽村（ライハ）	埼玉縣	北埼玉郡
蘭泊村（ラントマリ）	樺太	眞岡郡
ラショウ島	北海道	新知郡
ライコケ島	北海道	新知郡

ムの部

村上本町（ムラカミホン）	新潟縣	岩船郡
村上村（ムラカミ）	長野縣	更級郡
	新潟縣	岩船郡
村岡町（ムラオカ）	兵庫縣	美方郡
	福井縣	大野郡
	神奈川縣	鎌倉郡
村松町（ムラマツ）	新潟縣	中蒲原郡
村松村（ムラマツ）	茨城縣	那珂郡
	長崎縣	西彼杵郡
村前村（ムラサキ）	愛媛縣	喜多郡
村雲村（ムラクモ）	兵庫縣	多紀郡
村椿村（ムラツバキ）	富山縣	下新川郡
村山村（ムラヤマ）	東京府	北多摩郡
村君村（ムラキミ）	埼玉縣	北埼玉郡
村櫛村（ムラクシ）	靜岡縣	濱名郡
村木澤村（ムラキサワ）	山形縣	南村山郡
村田町（ムラタ）	宮城縣	柴田郡
村田村（ムラタ）	茨城縣	眞壁郡
室津村（ムロツ）	兵庫縣	揖保郡
	兵庫縣	津名郡
	山口縣	熊毛郡
室田町（ムロタ）	群馬縣	群馬郡
室積町（ムロツミ）	山口縣	熊毛郡
室戸町（ムロト）	高知縣	安藝郡
室生村（ムロフ）	奈良縣	宇陀郡
室賀村（ムロガ）	長野縣	小縣郡
室植村（ムロハニ）	兵庫縣	出石郡
室場村（ムロバ）	愛知縣	幡豆郡
室牧村（ムロマキ）	富山縣	婦負郡
宗像村（ムネカタ）	千葉縣	印旛郡
宗岡村（ムネオカ）	埼玉縣	入間郡
宗檜村（ムネヒ）	奈良縣	吉野郡
睦合村（ムツアヒ）	福島縣	伊達郡
	福島縣	河沼郡
	山梨縣	南巨摩郡
	熊本縣	玉名郡
	秋田縣	平鹿郡

陸澤（ムツザワ）村　山梨縣　中巨摩郡
陸野（ムツノ）村　愛媛縣　温泉郡
陸岡（ムツヲカ）村　千葉縣　山武郡
陸（ムツ）村　千葉縣　千葉郡
六浦荘（ムツラノセウ）村　神奈川縣　久良岐郡
六日市（ムイカイチ）村　島根縣　鹿足郡
　　　　　　　　　　　新潟縣　古志郡
六日（ムイカ）町　新潟縣　南魚沼郡
六ツ美（ムツミ）村　愛知縣　碧海郡
六會（ムツアヒ）村　神奈川縣　高座郡
六瀬（ムツセ）村　兵庫縣　川邊郡
六辻（ムツツジ）村　埼玉縣　北足立郡
向島西（ムコウジマニシ）村　廣島縣　御調郡
向島東（ムコウジマヒガシ）村　廣島縣　御調郡
向島（ムコウジマ）村　京都府　紀伊郡
向津具（ムカツグ）村　山口縣　大津郡
向日（ムカフ）町　京都府　乙訓郡
向田（ムコウダ）村　栃木縣　那須郡
向丘（ムカヒ）村　神奈川縣　橘樹郡
向笠（ムカサ）村　靜岡縣　磐田郡

向（ムカヒ）村　青森縣　三戸郡
武生水（ムシヤウヅ）町　長崎縣　壹岐郡
武藏野（ムサシノ）町　東京府　北多摩郡
武藏（ムサシ）町　大分縣　東國東郡
武庫（ムコ）村　兵庫縣　武庫郡
武佐（ムサ）村　滋賀縣　蒲生郡
牟呂吉田（ムロヨシダ）村　愛知縣　渥美郡
牟禮（ムレ）村　香川縣　木田郡
　　　　　　　山口縣　佐波郡
牟岐（ムキ）町　德島縣　海部郡
牟知（ムチ）島　北海道　占守郡
席田（ムシロダ）村　福岡縣　筑紫郡
　　　　　　　　岐阜縣　本巣郡
席内（ムシロウチ）村　福岡縣　糟屋郡
撫養（ムヤ）町　德島縣　板野郡
宣山（ムベヤマ）村　廣島縣　蘆品郡
穆佐（ムカサ）村　宮崎縣　東諸縣郡
鵡川（ムカハ）村　北海道　勇拂郡
椋本（ムクモト）村　三重縣　河藝郡
胸上（ムネアゲ）村　岡山縣　兒島郡

群岡（ムラヲカ）村　福島縣　河沼郡
結（ムスブ）村　岐阜縣　安八郡
聟島（ムコシマ）島　東京府　小笠原島

ウの部

宇野（ウノ）町　岡山縣　兒島郡
宇野（ウノ）村　岡山縣　上道郡
　　　　　　　鳥取縣　東伯郡
宇治（ウヂ）村　高知縣　土佐郡
　　　　　　　京都府　宇治郡
　　　　　　　岡山縣　川上郡
宇治（ウヂ）町　京都府　久世郡
宇治田原（ウヂタハラ）村　京都府　綴喜郡
宇佐（ウサ）町　高知縣　高岡郡
　　　　　　　大分縣　宇佐郡
宇佐美（ウサミ）村　靜岡縣　田方郡
宇賀庄（ウガノシヤウ）村　島根縣　能美郡
宇賀志（ウガシ）村　奈良縣　宇陀郡
宇賀（ウガ）村　山口縣　豐浦郡

宇甘西村	ウカヒニシ	岡山縣	御津郡
宇甘東村	ウカヒヒガシ	岡山縣	御津郡
宇土町	ウド	熊本縣	宇土郡
宇戸村	ウト	岡山縣	小田郡
宇津木村	ウツキ	東京府	八丈島
宇津呂村	ウツロ	滋賀縣	蒲生郡
宇津賀村	ウツガ	山口縣	大津郡
宇津戸村	ウツト	廣島縣	御調郡
宇津村	ウツ	京都府	北桑田郡
宇和町	ウワ	愛媛縣	東宇和郡
宇和川村	ウワカハ	愛媛縣	喜多郡
宇久井村	ウクヰ	和歌山縣	東牟婁郡
宇久須村	ウクス	靜岡縣	加茂郡
宇出津町	ウシユツ	石川縣	鳳至郡
宇多津町	ウタツ	香川縣	綾歌郡
宇美町	ウミ	福岡縣	糟屋郡
宇ノ島町	ウノシマ	福岡縣	築上郡
宇氣鄕村	ウキサト	三重縣	一志郡
宇ノ氣村	ウノキ	石川縣	河北郡
宇田川村	ウタカハ	鳥取縣	西伯郡
宇倍野村	ウバイノ	鳥取縣	岩美郡
宇田鄕村	ウタゴウ	山口縣	阿武郡
宇留生村	ウルノ	岐阜縣	不破郡
宇部村	ウベ	岩手縣	九戸郡
宇刈村	ウカリ	靜岡縣	周智郡
宇垣村	ウガキ	岡山縣	御津郡
宇智村	ウチ	奈良縣	宇智郡
宇太村	ウタ	奈良縣	宇陀郡
宇波村	ウナミ	富山縣	氷見郡
宇檢村	ウケン	鹿兒島縣	大島郡
有智鄕村	ウチガウ	京都府	綴喜郡
有年村	ウネ	兵庫縣	赤穗郡
有喜村	ウキ	長崎縣	北高來郡
有漢村	ウカン	岡山縣	上房郡
有田村	ウタ	三重縣	度會郡
有藝村	ウゲイ	岩手縣	下閉伊郡
有度村	ウド	靜岡縣	安倍郡
祖母石村	ウバイシ	山梨縣	北巨摩郡
祖母井村	ウバガヰ	栃木縣	芳賀郡
右左口村	ウバクチ	山梨縣	東八代郡
右左府村	ウシヤウブ	北海道	沙流郡
烏淵村	ウブチ	群馬縣	碓氷郡
雲林院村	ウジヰ	三重縣	安濃郡
雨龍村	ウリウ	北海道	雨龍郡
卯花村	ウハナ	富山縣	婦負郡
菟原村	ウバラ	京都府	天田郡
兎塚村	ウツカ	兵庫縣	美方郡
鵜川村	ウカハ	新潟縣	刈羽郡
		石川縣	鳳至郡
		秋田縣	山本郡
鵜渡川原村	ウドカハハラ	山形縣	飽海郡
鵜渡根島	ウドネ	東京府	新島
鵜川原村	ウガハラ	三重縣	三重郡
鵜坂村	ウサカ	富山縣	婦負郡
鵜戸村	ウド	宮崎縣	南那珂郡
鵜殿村	ウドノ	三重縣	南牟婁郡
鵜方村	ウカタ	三重縣	志摩郡
鵜鷺村	ウサキ	島根縣	簸川郡
鵜沼村	ウヌマ	岐阜縣	稻葉郡
鵜倉村	ウクラ	三重縣	度會郡

鵜城(ウシロ)村	樺太	鵜城郡
生石(ウノイシ)村	和歌山縣	有田郡
嫗嶽(ウバタケ)村	大分縣	直入郡
姥堂(ウバドウ)村	福島縣	耶麻郡
上野原(ウヘノハラ)町	山梨縣	北都留郡
上野(ウヘノ)町	三重縣	阿山郡
上野(ウヘノ)村	新潟縣	中魚沼郡
	三重縣	河藝郡
	靜岡縣	富士郡
	愛知縣	知多郡
	山梨縣	西八代郡
	群馬縣	多野郡
	茨城縣	眞壁郡
	千葉縣	夷隅郡
上灘(ウハナダ)村	鳥取縣	東伯郡
上江(ウハエ)村	宮崎縣	兒湯郡
上田(ウヘダ)村	新潟縣	南魚沼郡
	山形縣	飽海郡
上沼(ウハヌマ)村	宮城縣	登米郡
上段(ウハダン)村	富山縣	中新川郡

上手(ウヘテ)村	山梨縣	北巨摩郡
上戸(ウくト)村	石川縣	珠洲郡
上杉(ウヘスギ)村	新潟縣	中頸城郡
上(ウヘ)村	熊本縣	球磨郡
内海阪(ウチカイフ)村	新潟縣	佐渡郡
内海(ウツミ)町	愛知縣	知多郡
	廣島縣	賀茂郡
	和歌山縣	海草郡
内海(ウチウミ)村	愛媛縣	南宇和郡
内郷(ウチガウ)村	新潟縣	刈羽郡
	山形縣	飽海郡
	福島縣	石城郡
	千葉縣	印旛郡
	神奈川縣	津久井郡
内野(ウチノ)村	福岡縣	早良郡
	福岡縣	嘉穗郡
	新潟縣	西蒲原郡
内浦(ウチウラ)村	靜岡縣	田方郡
	福井縣	大飯郡

内田(ウチダ)村	千葉縣	市原郡
	熊本縣	鹿本郡
	熊本縣	飽託郡
内川目(ウチカハメ)村	岩手縣	稗貫郡
内川(ウチカハ)村	兵庫縣	城崎郡
	石川縣	石川郡
	秋田縣	南秋田郡
内牧(ウチマキ)町	熊本縣	阿蘇郡
内牧(ウチマキ)村	奈良縣	宇陀郡
	埼玉縣	南埼玉郡
内山(ウチヤマ)村	富山縣	下新川郡
	長野縣	南佐久郡
内子(ウチコ)町	愛媛縣	喜多郡
内間木(ウチマギ)村	埼玉縣	北足立郡
内城田(ウチキダ)村	三重縣	度會郡
内守谷(ウチモリヤ)村	茨城縣	北相馬郡
内外海(ウチトミ)村	福井縣	遠敷郡
内小友(ウチヲトモ)村	秋田縣	仙北郡
内潟(ウチガタ)村	青森縣	北津輕郡
内部(ウチベ)村	三重縣	三重郡

内房	ウツブサ	村	靜岡縣	庵原郡
内之浦	ウチノウラ	村	鹿兒島縣	肝屬郡
内灘	ウチナダ	村	石川縣	河北郡
内日	ウチヒ	村	山口縣	豐浦郡
打上	ウチアゲ	村	佐賀縣	東松浦郡
打穴	ウタノ	村	岡山縣	久米郡
瓜連	ウリツラ	村	茨城縣	那珂郡
瓜破	ウリワリ	村	大阪府	中河内郡
瓜生	ウリフ	村	福井縣	遠敷郡
瓜生野	ウリウノ	村	宮崎縣	宮崎郡
漆山	ウルシヤマ	村	新潟縣	西蒲原郡
漆山	ウルシヤマ	村	山形縣	東置賜郡
得撫	ウルツプ	島	北海道	得撫郡
潤津	ウルツ	村	千葉縣	市原郡
魚目	ウヲノメ	村	長崎縣	南松浦郡
魚住	ウヲスミ	村	兵庫縣	明石郡
魚崎	ウヲサキ	町	兵庫縣	武庫郡
魚津	ウヲツ	町	富山縣	下新川郡
魚島	ウヲシマ	村	愛媛縣	越智郡
魚城	ウヲシマ	村	愛媛縣	東宇和郡
歌外波	ウタトナミ	村	新潟縣	西頸城郡
歌志内	ウタシナイ	村	北海道	空知郡
歌垣	ウタガキ	村	大阪府	豐能郡
歌棄	ウタスツ	村	北海道	歌棄郡
歌津	ウタツ	村	宮城縣	本吉郡
渦浦	ウヅウラ	村	愛媛縣	越智郡
鶉	ウヅラ	村	福井縣	坂井郡
			岐阜縣	稻葉郡
移	ウツシ	村	福島縣	田村郡
太秦	ウヅマサ	村	京都府	葛野郡
釆女	ウネメ	村	群馬縣	佐波郡
浦賀	ウラガ	町	神奈川縣	三浦郡
浦富	ウラトミ	町	鳥取縣	岩美郡
浦河	ウラカハ	町	北海道	浦河郡
浦安	ウラヤス	町	千葉縣	東葛飾郡
浦和	ウラワ	町	埼玉縣	北足立郡
浦	ウラ	村	熊本縣	天草郡
			兵庫縣	津名郡
浦戸	ウラト	村	宮城縣	宮城郡
			高知縣	吾川郡
浦山	ウラヤマ	村	埼玉縣	秩父郡
			富山縣	下新川郡
浦野館	ウラノタテ	村	青森縣	上北郡
浦ノ内	ウラノウチ	村	高知縣	高岡郡
浦田	ウラタ	村	新潟縣	東頸城郡
浦添	ウラソヘ	村	沖繩縣	中頭郡
浦郷	ウラガウ	村	島根縣	知夫郡
浦崎	ウラサキ	村	廣島縣	沼隈郡
浦幌	ウラホロ	村	北海道	十勝郡
浦臼	ウラウス	村	北海道	樺戸郡
浦川	ウラカハ	村	靜岡縣	磐田郡
浦里	ウラサト	村	長野縣	小縣郡
浦本	ウラモト	村	新潟縣	西頸城郡
浦庄	ウラノセウ	村	徳島縣	名西郡
浦濱	ウラハマ	村	新潟縣	西蒲原郡
浦佐	ウラサ	村	新潟縣	南魚沼郡
浦上	ウラカミ	村	石川縣	鳳至郡
植木	ウエキ	町	福岡縣	鞍手郡
			熊本縣	鹿本郡

植木（ウエキ）	村	埼玉縣	北足立郡
		埼玉縣	入間郡
植田（ウエダ）	町	福島縣	石城郡
植田（ウエダ）	村	秋田縣	平鹿郡
植野（ウエノ）	村	栃木縣	安蘇郡
植月（ウエツキ）	村	岡山縣	勝田郡
植別（ウエベツ）	村	北海道	目梨郡
植柳（ウエヤナギ）	村	熊本縣	八代郡
殖蓮（ウエハス）	村	群馬縣	佐波郡
鶯澤（ウグヒスサワ）	村	宮城縣	栗原郡
鶯（ウグトス）	村	岐阜縣	揖斐郡
馬ノ上（ウマノウエ）	村	高知縣	安藝郡
馬見（ウマミ）	村	奈良縣	北葛城郡
馬路（ウマジ）	村	京都府	南桑田郡
		高知縣	安藝郡
請戶（ウケト）	村	福島縣	雙葉郡
請川（ウケガハ）	村	和歌山縣	東牟婁郡
雄踏（ウブミ）	村	靜岡縣	濱名郡
産山（ウブヤマ）	村	熊本縣	阿蘇郡

浮島（ウキシマ）	村	茨城縣	稻數郡
		靜岡縣	駿東郡
浮穴（ウケナ）	村	愛媛縣	上浮穴郡
浮穴（ウキアナ）	村	愛媛縣	溫泉郡
浮羽（ウキハ）	村	福岡縣	浮羽郡
浮孔（ウキアナ）	村	奈良縣	北葛城郡
梅田（ウメタ）	村	群馬縣	山田郡
		京都府	船井郡
梅島（ウメジマ）	村	群馬縣	邑樂郡
梅島（ウメジマ）	町	東京府	南足立郡
梅原（ウメハラ）	村	岐阜縣	山縣郡
		靜岡縣	磐田郡
梅戶井（ウメドキ）	村	三重縣	員辨郡
梅ケ島（ウメガシマ）	村	靜岡縣	安倍郡
梅ケ畑（ウメガハタ）	村	京都府	葛城郡
梅澤（ウメサワ）	村	青森縣	北津輕郡
梅鄉（ウメサト）	村	千葉縣	東葛飾郡
梅津（ウメツ）	村	京都府	葛城郡
梅園（ウメソノ）	村	埼玉縣	入間郡
海潮（ウシホ）	村	島根縣	大原郡

海路口（ウヂクチ）	村	熊本縣	飽託郡
海上（ウカミ）	村	千葉縣	市原郡
		千葉縣	海上郡
牛津（ウシツ）	町	佐賀縣	小城郡
牛深（ウシブカ）	町	熊本縣	天草郡
牛窓（ウシマド）	町	岡山縣	邑久郡
牛久俊（ウシクボ）	町	愛知縣	寶飯郡
牛久（ウシク）	町	千葉縣	市原郡
牛久（ウシク）	村	茨城縣	稻數郡
牛田（ウシダ）	村	廣島縣	安藝郡
牛根（ウシネ）	村	鹿兒島縣	肝屬郡
牛島（ウシノシマ）	村	德島縣	麻植郡
牛道（ウシミチ）	村	岐阜縣	郡上郡
牛渡（ウシワタリ）	村	茨城縣	新治郡
牛牧（ウシキ）	村	岐阜縣	本巣郡
氏家（ウヂイ）	町	栃木縣	鹽谷郡
後川（ウシロカハ）	村	高知縣	幡多郡
後潟（ウシロガタ）	村	青森縣	東津輕郡
臼井（ウスキ）	町	群馬縣	碓氷郡
		千葉縣	印旛郡

臼井(ウスヰ)村	新潟縣	中蒲原郡
臼田(ウスタ)町	長野縣	南佐久郡
臼杵(ウスキ)町	大分縣	北海部郡
臼尻(ウスシリ)村	北海道	茅部郡
臼野(ウスノ)村	大分縣	西國東郡
碓井(ウスイ)村	福岡縣	嘉穗郡
薄衣(ウスギヌ)村	岩手縣	東磐井郡
薄根(ウスネ)村	群馬縣	利根郡
畝傍(ウネビ)町	奈良縣	高市郡
ウシシリ島	北海道	新知郡

ノの部

野田(ノダ)町	樺太	野田郡
	千葉縣	東葛飾郡
野田(ノダ)村	新潟縣	刈羽郡
	高知縣	長岡郡
	愛媛縣	宇摩郡
	岩手縣	九戸郡
	大阪府	南河内郡
	愛知縣	渥美郡
	福島縣	信夫郡
	埼玉縣	北足立郡
	鹿兒島縣	出水郡
	千葉縣	匝瑳郡
野尻(ノジリ)村	宮崎縣	西諸縣郡
	富山縣	東蠣波郡
	熊本縣	阿蘇郡
野澤(ノザワ)町	福島縣	河沼郡
野澤(ノザワ)村	青森縣	南津輕郡
	青森縣	三戸郡
野方(ノカタ)町	東京府	豐多摩郡
野方(ノガタ)村	鹿兒島縣	囎唹郡
野津市(ノツイチ)村	大分縣	大野郡
野津原(ノツハル)村	大分縣	大分郡
野津(ノツ)村	熊本縣	八代郡
野上(ノガミ)村	栃木縣	安蘇郡
	埼玉縣	秩父郡
	大分縣	珠珠郡
野間谷(ノマダニ)村	兵庫縣	多可郡
野間(ノマ)村	愛知縣	知多郡
野口(ノグチ)村	和歌山縣	日高郡
	茨城縣	那珂郡
	兵庫縣	加古郡
野木澤(ノキサワ)村	福島縣	石川郡
野木(ノギ)村	福井縣	遠敷郡
	栃木縣	下都賀郡
野々市(ノノイチ)町	石川縣	石川郡
野々瀬(ノノセ)村	山梨縣	中巨摩郡
野崎(ノサキ)村	和歌山縣	海草郡
	栃木縣	那須郡
野付牛(ノツケウシ)町	北海道	常呂郡
野邊地(ノベチ)町	青森縣	上北郡
野迫川(ノセカワ)村	奈良縣	吉野郡
野市(ノイチ)町	高知縣	香美郡
野村(ノムラ)町	愛媛縣	東宇和郡
野澤(ノザハ)町	長野縣	南佐久郡
野本(ノモト)村	埼玉縣	比企郡
野間(ノマ)村	京都府	與謝郡
野馳(ノチ)村	岡山縣	阿哲郡

野向（ノムキ）	村	福井縣	大野郡
野蒜（ノビル）	村	宮城縣	桃生郡
野代（ノシロ）	村	三重縣	桑名郡
野中（ノナカ）	村	富山縣	下新川郡
野增（ノマス）	村	東京府	大島
野内（ノナイ）	村	青森縣	東津輕郡
野島（ノシマ）	村	兵庫縣	津名郡
野波（ノナミ）	村	島根縣	八束郡
野登（ノノボリ）	村	三重縣	鈴鹿郡
野谷（ノダニ）	村	岡山縣	御津郡
野母（ノモ）	村	長崎縣	西彼杵郡
野部（ノベ）	村	靜岡縣	磐田郡
野根（ノネ）	村	高知縣	安藝郡
野路（ノロ）	村	廣島縣	賀茂郡
野原（ノハラ）	町	奈良縣	宇智郡
野積（ノツミ）	村	富山縣	婦負郡
野北（ノキタ）	村	福岡縣	糸島郡
野（ノ）	村	富山縣	射水郡
能生（ノフ）	町	新潟縣	西頸城郡
能生谷（ノフタニ）	村	新潟縣	西頸城郡

能代港（ノシロミナト）	町	秋田縣	山本郡
能登部（ノトベ）	村	石川縣	鹿島郡
能登川（ノトガハ）	村	滋賀縣	神崎郡
能登呂（ノトロ）	村	樺太	留多加郡
能古見（ノコミ）	村	佐賀縣	藤津郡
能義（ノギ）	村	島根縣	能義郡
能町（ノフマチ）	村	富山縣	射水郡
能津（ノウツ）	村	高知縣	高岡郡
能泉（ノウセン）	村	山梨縣	西山梨郡
乃木（ノギ）	村	島根縣	八束郡
乃萬（ノマ）	村	愛媛縣	越智郡
乃美尾（ノミヲ）	村	廣島縣	加茂郡
乃美（ノミ）	村	廣島縣	豐田郡
苗代（ノシロ）	村	石川縣	能美郡
登立（ノボリタテ）	町	熊本縣	天草郡
則武（ノリタケ）	村	岐阜縣	稻葉郡
及位（ノゾキ）	村	山形縣	最上郡
箟嶽（ノヽタケ）	村	宮城縣	遠田郡
信級（ノブシナ）	村	長野縣	更級郡
信里（ノブサト）	村	長野縣	更級郡

信田（ノブタ）	村	長野縣	更級郡
延野（ノブノ）	村	德島縣	那賀郡
延方（ノブカタ）	村	茨城縣	行方郡
延永（ノブナガ）	村	福岡縣	京都郡
延岡（ノベヲカ）	町	宮崎縣	東臼杵郡
直川（ノフカウ）	村	和歌山縣	海草郡
殘島（ノコノシマ）	村	福岡縣	早良郡

クの部

久米（クメ）	村	岡山縣	久米郡
		愛媛縣	溫泉郡
		愛媛縣	喜多郡
		三重縣	員辨郡
		熊本縣	球磨郡
		山口縣	都濃郡
		茨城縣	久慈郡
久田見（クタミ）	村	岐阜縣	加茂郡

久田村	クタ	岡山縣	苫田郡
久田村	クタ	長崎縣	下縣郡
久間田村	クマタ	三重縣	鈴鹿郡
久間田村	クマタ	福岡縣	三潴郡
久間村	クマ	佐賀縣	藤津郡
久留里町	クルリ	千葉縣	君津郡
久留馬村	クルマ	群馬縣	群馬郡
久留米村	クルメ	東京府	北多摩郡
久留美村	クルミ	兵庫縣	美囊郡
久友村	クモト	廣島縣	豐田郡
久美濱町	クミハマ	京都府	熊野郡
久美谷村	クミタニ	京都府	熊野郡
久努西村	クヌニシ	靜岡縣	周智郡
久努村	クヌ	靜岡縣	磐田郡
久那土村	クナト	山梨縣	西八代郡
久那村	クナ	埼玉縣	秩父郡
久世町	クセ	岡山縣	眞庭郡
久世村	クセ	京都府	乙訓郡
久世村	クセ	大阪府	泉北郡
久木野村	クキノ	熊本縣	葦北郡
久木野村	クキノ	熊本縣	阿蘇郡
久里濱村	クリハマ	神奈川縣	三浦郡
久里村	クリ	佐賀縣	東松浦郡
久賀島村	クカシマ	長崎縣	南松浦郡
久賀町	クカ	山口縣	大島郡
久我村	クガ	京都府	乙訓郡
久賀村	クガ	千葉縣	香取郡
久賀村	クガ	茨城縣	筑波郡
久万町	クマ	愛媛縣	上浮穴郡
久禮田村	クレタ	高知縣	長岡郡
久禮町	クレ	高知縣	高岡郡
久多美村	クタミ	島根縣	簸川郡
久多村	クタ	京都府	愛宕郡
久喜町	クキ	埼玉縣	南埼玉郡
久喜宮村	クキミヤ	福岡縣	朝倉郡
久保泉村	クボイツミ	佐賀縣	佐賀郡
久保田村	クボタ	佐賀縣	佐賀郡
久保村	クボ	山口縣	都濃郡
久保村	クボ	福岡縣	京都郡
久代村	クシロ	廣島縣	比婆郡
久代村	クシロ	岡山縣	吉備郡
久下村	クゲ	埼玉縣	大里郡
久下村	クゲ	兵庫縣	氷上郡
久々野村	クグノ	岐阜縣	大野郡
久々利村	ククリ	岐阜縣	可兒郡
久慈町	クジ	茨城縣	久慈郡
久慈町	クジ	岩手縣	九戸郡
久住町	クヂウ	大分縣	直入郡
久住村	クスミ	千葉縣	印旛郡
久下田町	クゲタ	栃木縣	芳賀郡
久呂保村	クロホ	群馬縣	利根郡
久津川村	クツカハ	京都府	久世郡
久連子村	クレコ	熊本縣	八代郡
久春内村	クシユンナイ	樺太	久春内郡
久野村	クノ	栃木縣	足利郡
久崎村	クザキ	兵庫縣	佐用郡
久井村	クヰ	廣島縣	御調郡
久地村	クチ	廣島縣	安佐郡
久玉村	クタマ	熊本縣	天草郡
久原村	クバラ	福岡縣	糟屋郡
久利村	クリ	島根縣	邇摩郡
久江村	クエ	石川縣	鹿島郡
久志村	クシ	沖繩縣	國頭郡

久瀬（クセ）	村	岐阜縣	揖斐郡
久能（クノ）	村	静岡縣	安倍郡
久目（クメ）	村	富山縣	永見郡
久芳（クバ）	村	廣島縣	豊田郡
久遠（クドホ）	村	北海道	久遠郡
久（ク）	村	島根縣	簸川郡
百濟（クダラ）	村	奈良縣	北葛城郡
百濟來（クダラキ）	村	熊本縣	葦北郡
屈巣（クス）	村	埼玉縣	北埼玉郡
貢川（クガハ）	村	山梨縣	中巨摩郡
東風平（クチンダ）	村	沖縄縣	島尻郡
玖珠（クス）	町	大分縣	玖珠郡
玖波（クバ）	町	廣島縣	佐伯郡
玖珂（クガ）	町	山口縣	玖珂郡
玖島（クシマ）	村	廣島縣	佐伯郡
九度山（クドヤマ）	町	和歌山縣	伊都郡
九箇庄（クカシヨウ）	村	大阪府	北河内郡
九合（クアヒ）	村	群馬縣	新田郡
九蟠（クバン）	村	岡山縣	上道郡
九重（クヂウ）	村	和歌山縣	東牟婁郡
九鬼（クキ）	村	三重縣	北牟婁郡
九島（クジマ）	村	愛媛縣	北宇和郡
九和（クワ）	村	愛媛縣	越智郡
九會（クエ）	村	兵庫縣	加西郡
求名（グミヨウ）	村	鹿兒島縣	薩摩郡
倶知安（クチアン）	町	北海道	虻田郡
倶利加羅（クリカラ）	村	石川縣	河北郡
具志川（グシカハ）	村	沖縄縣	中頭郡
		沖縄縣	島尻郡
具志頭（グシチヤン）	村	沖縄縣	島尻郡
具同（グドウ）	村	高知縣	幡多郡
下松（クダマツ）	町	山口縣	都濃郡
孔舎衙（クサカ）	村	大阪府	中河内郡
黒埼（クロサキ）	村	新潟縣	西蒲原郡
黒崎（クロサキ）	村	石川縣	江沼郡
		岡山縣	淺口郡
		長崎縣	西彼杵郡
黒岩（クロイワ）	村	群馬縣	北甘樂郡
		高知縣	高岡郡
		新潟縣	中頸城郡
黒石（クロイシ）	町	青森縣	南津輕郡
黒石（クロイシ）	村	岩手縣	江刺郡
黒井（クロヰ）	町	兵庫縣	氷上郡
黒井（クロヰ）	村	山口縣	豊浦郡
黒松内（クロマツナイ）	村	北海道	壽都郡
黒松（クロマツ）	村	島根縣	那賀郡
黒澤尻（クロサワジリ）	町	岩手縣	和賀郡
黒澤（クロサワ）	村	島根縣	那賀郡
		茨城縣	久慈郡
黒川俣（クロカハマタ）	村	新潟縣	岩船郡
黒川（クロカハ）	村	新潟縣	中頸城郡
		新潟縣	三島郡
		新潟縣	北蒲原郡
		秋田縣	平鹿郡
		熊本縣	阿蘇郡
		山形縣	東田川郡
		佐賀縣	西松浦郡
		岐阜縣	加茂郡
黒瀬谷（クロセタニ）	村	富山縣	婦負郡
黒瀬（クロセ）	村	長崎縣	西彼杵郡
黒田庄（クロダシヨウ）	村	兵庫縣	多可郡

黒田村	クロタ	福岡縣	京都郡
		京都府	北桑田郡
		三重縣	河藝郡
黒磯町	クロイソ	栃木縣	那須郡
黒木町	クロキ	福岡縣	八女郡
黒木村	クロキ	島根縣	知夫郡
		鹿兒島縣	薩摩郡
黒羽町	クロバネ	栃木縣	那須郡
黒江町	クロエ	和歌山縣	海草郡
黒保根村	クロホネ	群馬縣	勢多郡
黒肥地村	クロヒヂ	熊本縣	球磨郡
黒瀧村	クロタキ	奈良縣	吉野郡
黒濱村	クロハマ	埼玉縣	南埼玉郡
黒山村	クロヤマ	大阪府	南河内郡
黒島村	クロシマ	長崎縣	北松浦郡
		石川縣	鳳至郡
黒駒村	クロコマ	山梨縣	東八代郡
黒前村	クロサキ	茨城縣	多賀郡
黒土村	クロツチ	福岡縣	築上郡
黒子村	クロコ	茨城縣	眞壁郡
黒野村	クロノ	岐阜縣	稲葉郡
黒河村	クロカハ	富山縣	射水郡
黒坂村	クロサカ	鳥取縣	日野郡
黒條村	クロデウ	新潟縣	古志郡
國東町	クニサキ	大分縣	東國東郡
國富村	クニトミ	福井縣	遠敷郡
		島根縣	簸川郡
國津村	クニツ	三重縣	名賀郡
國高村	クニタカ	福井縣	今立郡
國上村	クニカミ	新潟縣	西蒲原郡
國安村	クニヤス	愛媛縣	周桑郡
國中村	クニナカ	鳥取縣	八頭郡
國頭村	クニガミ	沖繩縣	國頭郡
國見村	クニミ	福井縣	丹生郡
國神村	クニカミ	埼玉縣	秩父郡
國本村	クニモト	栃木縣	河内郡
國田村	クニタ	茨城縣	那珂郡
國樔村	クス	奈良縣	吉野郡
國吉村	クニヨシ	富山縣	西礪波郡
國吉町	クニヨシ	千葉縣	夷隅郡
國英村	クニフサ	島根縣	八頭郡
柞田村	クニタ	香川縣	三豐郡
窪川町	クボカハ	高知縣	高岡郡
窪田村	クボタ	島根縣	簸川郡
		山形縣	南置賜郡
窪村	クボ	富山縣	氷見郡
口之津町	クチノツ	長崎縣	南高來郡
口吉川村	クチヨシカハ	兵庫縣	美嚢郡
口明方村	クチアケカタ	岐阜縣	郡上郡
口大屋村	クチオホヤ	兵庫縣	養父郡
口佐津村	クチサツ	兵庫縣	城崎郡
口名田村	クチナタ	福井縣	遠敷郡
口大野村	クチオホノ	京都府	中郡
口上林村	クチカンバヤシ	京都府	何鹿郡
口山村	クチヤマ	德島縣	美馬郡
口羽村	クチハ	島根縣	邑智郡
口田村	クチタ	廣島縣	安佐郡
口南村	クチミナミ	廣島縣	比婆郡
口北村	クチキタ	廣島縣	比婆郡
栗橋町	クリハシ	埼玉縣	北葛飾郡
栗源町	クリモト	千葉縣	香取郡

栗原(クリハラ)	町	廣島縣	御調郡
栗原(クリハラ)	村	茨城縣	新治郡
栗見(クリミ)	村	滋賀縣	神崎郡
栗栖川(クリスガハ)	村	和歌山縣	西牟婁郡
栗田(クンダ)	村	京都府	與謝郡
栗駒(クリコマ)	村	宮城縣	栗原郡
栗野(クリノ)	村	鹿兒島縣	姶良郡
栗谷(クリタニ)	村	廣島縣	佐伯郡
栗生(クリフ)	村	廣島縣	蘆品郡
栗木(クリキ)	村	熊本縣	八代郡
栗澤(クリサワ)	村	北海道	空知郡
栗眞(クリマ)	村	三重縣	河藝郡
栗熊(クリクマ)	村	香川縣	綾歌郡
栗山(クリヤマ)	村	栃木縣	鹽谷郡
厨川(クリヤガハ)	村	岩手縣	岩手郡
椚澤(クヌキサワ)	村	山形縣	南村山郡
椚山(クヌギヤマ)	村	富山縣	下新川郡
來民(クタミ)	町	熊本縣	鹿本郡
來ノ浦(クノウラ)	町	大分縣	東國東郡

來原(クルハラ)	村	廣島縣	高田郡
來見(クルミ)	村	廣島縣	神石郡
來(クノ)	村	愛媛縣	北宇和郡
椢梨(クワナシ)	村	廣島縣	豐田郡
光田寺(クワウタジ)	村	青森縣	南津輕郡
光明(クワウミヤウ)	村	靜岡縣	磐田郡
觀音寺(クワンヲンジ)	町	香川縣	三豐郡
觀音寺(クワンヲンジ)	村	山形縣	飽海郡
觀音(クワンヲン)	村	廣島縣	佐伯郡
桑名(クワナ)	町	三重縣	桑名郡
桑原(クワハラ)	村	長野縣	更級郡
		岐阜縣	羽島郡
		愛媛縣	溫泉郡
桑野(クワノ)	村	德島縣	那賀郡
桑根(クワネ)	村	山口縣	玖珂郡
桑取(クワトリ)	村	新潟縣	中頸城郡
桑部(クワベ)	村	三重縣	桑名郡
桑山(クワヤマ)	村	香川縣	三豐郡
桑飼(クワカヒ)	村	京都府	與謝郡
桑(クワ)	村	栃木縣	下都賀郡

吳崎(クレサキ)	村	大分縣	西國東郡
吳妹(クレセ)	村	岡山縣	吉備郡
葛塚(クツツカ)	町	新潟縣	北蒲原郡
葛生(クズフ)	町	栃木縣	安蘇郡
葛原(クズハラ)	村	岐阜縣	山縣郡
葛卷(クズマキ)	村	岩手縣	九戶郡
		新潟縣	南蒲原郡
葛(クズ)	村	奈良縣	南葛城郡
朽木(クツキ)	村	滋賀縣	高島郡
倉吉(クラヨシ)	町	鳥取縣	東伯郡
倉橋島(クラハシジマ)	村	廣島縣	安藝郡
倉賀野(クラガノ)	町	群馬縣	群馬郡
倉知(クラチ)	村	岐阜縣	武儀郡
倉石(クライシ)	村	青森縣	三戶郡
倉俣(クラマタ)	村	新潟縣	中魚沼郡
倉眞(クラミ)	村	靜岡縣	小笠郡
倉科(クラシナ)	村	長野縣	埴科郡
倉岡(クラヲカ)	村	宮崎縣	東諸縣郡
倉梯(クラハシ)	村	京都府	加佐郡

倉尾（クラヲ）	村	埼玉縣	秩父郡
倉田（クラタ）	村	群馬縣	群馬郡
倉田（クラダ）	村	鳥取縣	岩美郡
倉垣（クラカキ）	村	富山縣	婦負郡
藏木（クラキ）	村	島根縣	鹿足郡
藏舘（クラタテ）	村	青森縣	南津輕郡
藏持（クラモチ）	村	三重縣	名賀郡
藏增（クラゾウ）	村	山形縣	東村山郡
藏山（クラヤマ）	村	石川縣	石川郡
鞍馬（クラマ）	村	京都府	愛宕郡
鞍月（クラツキ）	村	石川縣	石川郡
鞍岡（クラヲカ）	村	宮崎縣	西臼杵郡
鞍居（クラヰ）	村	兵庫縣	赤穂郡
沓形（クツカタ）	村	北海道	利尻郡
沓掛（クツカケ）	村	茨城縣	猿島郡
車尾（クヅヲ）	村	鳥取縣	西伯郡
車郷（クルマサト）	村	群馬縣	群馬郡
熊谷（クマガヤ）	町	埼玉縣	大里郡
熊田（クマダ）	町	福岡縣	嘉穂郡
熊野（クマノ）	町	廣島縣	安藝郡
熊野跡（クマノアト）	村	廣島縣	賀茂郡
熊野（クマノ）	村	富山縣	上新川郡
		富山縣	婦負郡
		廣島縣	沼隈郡
		石川縣	羽咋郡
		島根縣	八束郡
熊川（クマカハ）	村	東京府	西多摩郡
		福井縣	遠敷郡
熊野田（クマノダ）	村	大阪府	豐能郡
熊石（クマイシ）	村	北海道	爾志郡
熊毛（クマゲ）	村	大分縣	東國東郡
熊無（クマナシ）	村	富山縣	氷見郡
熊牛（クマウシ）	村	北海道	川上郡
熊取（クマトリ）	村	大阪府	泉南部
熊切（クマキリ）	村	靜岡縣	周智郡
熊町（クママチ）	村	福島縣	雙葉郡
熊山（クマヤマ）	村	岡山縣	和氣郡
熊谷（クマタニ）	村	岡山縣	阿哲郡
熊次（クマツキ）	村	兵庫縣	美方郡
熊倉（クマクラ）	村	福島縣	耶麻郡
熊木（クマキ）	村	石川縣	鹿島郡
熊（クマ）	村	靜岡縣	磐田郡
隈庄（クマノシヤウ）	町	熊本縣	下益城郡
隈之城（クマノジヤウ）	村	鹿兒島縣	薩摩郡
神代（クマシロ）	村	兵庫縣	三原郡
神稻（クマシロ）	村	長野縣	下伊那郡
草壁（クサカベ）	町	香川縣	小豆郡
草津（クサツ）	町	群馬縣	吾妻郡
		滋賀縣	栗田郡
		廣島縣	佐伯郡
草野（クサノ）	町	福岡縣	三井郡
草野（クサノ）	村	福島縣	石城郡
草山（クサヤマ）	村	兵庫縣	多紀郡
草間（クサマ）	村	岡山縣	阿哲郡
草地（クサチ）	村	大分縣	西國東郡
草島（クサシマ）	村	富山縣	婦負郡
草井（クサヰ）	村	愛知縣	葉栗郡
草部（クサカベ）	村	熊本縣	阿蘇郡
草生（クサハ）	村	三重縣	安濃郡
草戸（クサト）	村	廣島縣	沼隈郡
草内（クサヂ）	村	京都府	綴喜郡

草木（クサキ）	村	廣島縣	神石郡
日下部（クサカベ）	村	山梨縣	東山梨郡
日下（クサカ）	村	鳥取縣	東伯郡
		高知縣	高岡郡
莖崎（クキサキ）	村	茨城縣	稻敷郡
櫛形（クシガタ）	村	茨城縣	多賀郡
		三重縣	安濃郡
櫛田（クシタ）	村	富山縣	射水郡
		三重縣	飯南郡
櫛池（クシイケ）	村	新潟縣	中頸城郡
櫛生（クシフ）	村	愛媛縣	喜多郡
櫛比（クシヒ）	村	石川縣	鳳至郡
釧路（クシロ）	村	北海道	釧路郡
串木野（クシキノ）	村	鹿兒島縣	日置郡
串本（クシモト）	町	和歌山縣	西牟婁郡
串毛（クシゲ）	村	福岡縣	八女郡
串原（クシハラ）	村	岐阜縣	惠那郡
串川（クシカハ）	村	神奈川縣	津久井郡
串（クシ）	村	山口縣	佐波郡
鯨波（クジラナミ）	村	新潟縣	刈羽郡
机瀨下（クヒセゲ）	村	長野縣	埴科郡
公文（クモン）	村	岡山縣	勝田郡
雲澤（クモサワ）	村	秋田縣	仙北郡
雲出（クモヅ）	村	三重縣	一志郡
雲城（クモキ）	村	島根縣	那賀郡
雲井（クモヰ）	村	滋賀縣	甲賀郡
雲部（クモベ）	村	兵庫縣	多紀郡
雲濱（クモハマ）	村	福井縣	遠敷郡
雲原（クモハラ）	村	京都府	天田郡
雲ケ畑（クモカケハタ）	村	京都府	愛宕郡
楠浦（クスウラ）	村	熊本縣	天草郡
楠見（クスミ）	村	和歌山縣	海草郡
楠根（クスネ）	村	大阪府	中河內郡
楠河（クスカハ）	村	愛媛縣	周桑郡
楠甫（クスホ）	村	山梨縣	西八代郡
		熊本縣	天草郡
楠（クス）	村	三重縣	三重郡
		三重縣	桑名郡
楠（クスノキ）	村	愛知縣	西春日井郡
樟葉（クスノハ）	村	大阪府	北河內郡
城邊（グスクベ）	村	沖繩縣	宮古郡
郡家（グンゲ）	町	兵庫縣	津名郡
郡家（グンゲ）	村	香川縣	仲多度郡
郡中（グンチウ）	町	愛媛縣	伊豫郡
郡中（グンチウ）	村	愛媛縣	伊豫郡
郡築（グンチク）	村	熊本縣	八代郡
郡戶（グンノヘ）	村	茨城縣	久慈郡
訓子府（クンネップ）	村	北海道	常呂郡
六合（クニ）	村	群馬縣	吾妻郡

ヤの部

八幡濱（ヤハタハマ）	町	愛媛縣	西宇和郡
八幡（ヤハタ）	町	愛知縣	知多郡
		京都府	綴喜郡
		千葉縣	市原郡
		千葉縣	東葛飾郡
		德島縣	阿波郡

八幡(ヤハタ)村
- 三重縣 一志郡
- 大分縣 宇佐郡
- 新潟縣 岩船郡
- 新潟縣 佐渡郡
- 滋賀縣 神崎郡
- 兵庫縣 加古郡
- 兵庫縣 飾磨郡
- 熊本縣 鹿本郡
- 熊本縣 玉名郡
- 岐阜縣 揖斐郡
- 長野縣 更級郡
- 愛知縣 寶飯郡
- 富山縣 婦負郡
- 山梨縣 東山梨郡
- 福島縣 河沼郡
- 福島縣 南會津郡
- 福島縣 相馬郡
- 埼玉縣 南埼玉郡
- 群馬縣 多野郡
- 群馬縣 碓氷郡
- 廣島縣 山縣郡
- 廣島縣 佐伯郡
- 廣島縣 雙三郡
- 廣島縣 御調郡
- 廣島縣 比婆郡
- 福岡縣 筑紫郡
- 福岡縣 八女郡
- 和歌山縣 有田郡
- 大分縣 宇佐郡
- 大分縣 大分郡
- 大分縣 玖珠郡
- 大分縣 南海部郡

八木莊(ヤギシヤウ)村
- 滋賀縣 愛知郡

八木郷(ヤギザト)村
- 埼玉縣 北葛飾郡

八木(ヤギ)町
- 奈良縣 高市郡
- 京都府 船井郡

八木(ヤギ)村
- 千葉縣 東葛飾郡
- 大阪府 泉南郡
- 兵庫縣 三原郡
- 兵庫縣 飾磨郡
- 廣島縣 安佐郡

八代(ヤツシロ)町
- 熊本縣 八代郡

八代(ヤシロ)村
- 埼玉縣 北葛飾郡
- 宮崎縣 東諸縣郡
- 山口縣 熊毛郡
- 富山縣 氷見郡
- 兵庫縣 城崎郡
- 島根縣 邇摩郡
- 茨城縣 行方郡

八澤木(ハサワキ)村
- 秋田縣 平鹿郡

八澤(ヤサワ)村
- 岩手縣 東磐井郡
- 福島縣 相馬郡

八千把(ヤチハ)村
- 熊本縣 八代郡

八千浦(ヤチホ)村
- 新潟縣 中頸城郡

八千種(ヤチクサ)村
- 兵庫縣 神崎郡

八千代(ヤチヨ)村
- 德島縣 美馬郡

八束(ヤツカ)村
- 高知縣 幡多郡
- 岡山縣 眞庭郡
- 千葉縣 安房郡
- 島根縣 八束郡

八坂(ヤサカ)村
- 山口縣 佐波郡
- 長野縣 北安曇郡
- 大分縣 速見郡

八榮島	ヤエジマ	村	山形縣	東田川郡
八榮里	ヤエサト	村	山形縣	東田川郡
八榮	ヤサカ	村	千葉縣	東葛飾郡
八重河內	ヤヘカウチ	村	長野縣	下伊那郡
八重畑	ヤヘハタ	村	岩手縣	稗貫郡
八重原	ヤヘハラ	村	千葉縣	君津郡
八重	ヤエ	町	廣島縣	山縣郡
八日市	ヤウカイチ	町	滋賀縣	神崎郡
八日市場	ヤウカイチバ	町	千葉縣	匝瑳郡
八日市場	ヤウカイチバ	村	山梨縣	南巨摩郡
八尾	ヤヲ	町	大阪府	中河內郡
八尾	ヤツヲ	町	富山縣	婦負郡
八鄉	ヤガウ	村	鳥取縣	日野郡
八鄉	ヤサト	村	三重縣	三重郡
八百津	ヤヲツ	町	岐阜縣	加茂郡
八和田	ヤワタ	村	埼玉縣	比企郡
八ツ保	ヤツホ	村	埼玉縣	比企郡
八ツ山	ヤツヤマ	村	三重縣	一志郡
八開	ヤツカイ	村	愛知縣	海部郡
八雲	ヤクモ	町	北海道	山越郡
八雲	ヤクモ	村	京都府	加佐郡
八鹿	ヤフカ	町	兵庫縣	養父郡
八街	ヤチマタ	町	印旛郡	千葉縣
八鉾	ヤホコ	村	廣島縣	比婆郡
八尋	ヤヒロ	村	廣島縣	深安郡
八知	ヤチ	村	三重縣	一志郡
八街	ヤチマタ	町	千葉縣	印旛郡
八次	ヤツギ	村	廣島縣	雙三郡
八田	ヤツタ	村	兵庫縣	美方郡
八里	ヤサト	村	茨城縣	那珂郡
八坂	ヤサカ	村	山口縣	佐波郡
八原	ヤハラ	村	茨城縣	稻敷郡
八向	ヤムキ	村	山形縣	最上郡
八都	ヤツ	村	千葉縣	香取郡
八生	ヤブ	村	千葉縣	印旛郡
八基	ヤキ	村	埼玉縣	大里郡
八川	ヤカハ	村	島根縣	仁多郡
八上	ヤカミ	村	兵庫縣	多紀郡
八名	ヤナ	村	愛知縣	八名郡
八瀨	ヤセ	村	京都府	愛宕郡
八劍	ヤツルギ	村	岐阜縣	羽島郡
八俣	ヤマタ	村	茨城縣	猿島郡
八積	ヤツミ	村	千葉縣	長生郡
八柱	ヤハシラ	村	千葉縣	東葛飾郡
八橋	ヤハシ	町	鳥取縣	東伯郡
八	ヤ	村	福井縣	三方郡
矢田鄉	ヤダガウ	村	石川縣	鹿島郡
矢田野	ヤタノ	村	石川縣	江沼郡
矢田	ヤタ	村	奈良縣	生駒郡
			大阪府	中河內郡
			和歌山縣	日高郡
矢野	ヤノ	町	廣島縣	安藝郡
			廣島縣	甲奴郡
			三重縣	一志郡
矢野	ヤノ	村	兵庫縣	赤穗郡
矢作	ヤハギ	町	愛知縣	碧海郡
矢作	ヤハギ	村	岩手縣	氣仙郡
矢上	ヤガミ	村	長崎縣	西彼杵郡
			島根縣	邑智郡
矢田部	ヤタベ	村	茨城縣	鹿島郡
矢場川	ヤバカハ	村	群馬縣	山田郡
矢野崎	ヤノサキ	村	愛媛縣	西宇和郡
矢島	ヤジマ	町	秋田縣	由利郡
矢掛	ヤカケ	町	岡山縣	小田郡

矢吹(ヤフキ)町	福島縣	西白河郡
矢板(ヤイタ)町	栃木縣	鹽谷郡
矢代(ヤシロ)村	新潟縣	中頸城郡
矢神(ヤカミ)村	岡山縣	阿哲郡
矢指(ヤサシ)村	千葉縣	海上郡
矢口(ヤグチ)町	東京府	荏原郡
矢立(ヤタチ)村	秋田縣	北秋田郡
矢賀(ヤガ)村	廣島縣	安藝郡
矢越(ヤゴシ)村	岩手縣	東磐井郡
矢納(ヤナフ)村	埼玉縣	秩父郡
矢澤(ヤザワ)村	岩手縣	稗貫郡
矢持(ヤモチ)村	三重縣	名賀郡
矢部(ヤベ)村	福岡縣	八女郡
矢送(ヤヲクリ)村	鳥取縣	東伯郡
箭田(ヤタ)村	岡山縣	吉備郡
谷田部(ヤタベ)町	茨城縣	筑波郡
谷田川(ヤタガハ)村	福島縣	田村郡
谷田(ヤタ)村	埼玉縣	北足立郡
谷村(ヤムラ)町	山梨縣	南都留郡
谷地(ヤチ)町	山形縣	西村山郡
谷井田(ヤヰダ)村	茨城縣	筑波郡
谷貝(ヤカヒ)村	茨城縣	眞壁郡
谷保(ヤホ)村	東京府	北多摩郡
谷塚(ヤツカ)村	埼玉縣	北足立郡
彌富(ヤトミ)町	愛知縣	海部郡
彌富(ヤトミ)村	岐阜縣	郡上郡
	熊本縣	玉名郡
	山口縣	珂武郡
	千葉縣	印旛郡
彌彦(ヤヒコ)村	新潟縣	西蒲原郡
彌榮(ヤサカ)村	岩手縣	西磐井郡
屋代(ヤシロ)町	長野縣	埴科郡
屋代(ヤシロ)村	山形縣	東置賜郡
	山口縣	大島郡
屋裏(ヤウラ)村	島根縣	大原郡
屋島(ヤシマ)村	香川縣	木田郡
養父市場(ヤブイチバ)村	兵庫縣	養父郡
養基(ヤギ)村	岐阜縣	揖斐郡
養老(ヤウラウ)村	京都府	與謝郡
夜須(ヤス)村	福岡縣	朝倉郡
	高知縣	香美郡
夜市(ヤジ)村	山口縣	都濃郡
野洲(ヤス)町	滋賀縣	野洲郡
燒津(ヤイツ)町	靜岡縣	志太郡
燒尻(ヤングシリ)村	北海道	苫前郡
燒山(ヤキヤマ)村	廣島縣	安藝郡
寄(ヤドリキ)村	神奈川縣	足柄上郡
柳津(ヤナイツ)町	宮城縣	本吉郡
柳津(ヤナイツ)村	福島縣	河沼郡
	岐阜縣	羽島郡
	廣島縣	沼隈郡
柳河(ヤナガハ)町	福岡縣	山門郡
柳河(ヤナガハ)村	茨城縣	那珂郡
棚瀬(ヤナセ)村	埼玉縣	入間郡
	富山縣	東礪波郡
柳原(ヤナギハラ)村	長野縣	下水内郡
	長野縣	上水内郡
柳田(ヤナイダ)村	石川縣	鳳至郡
	長崎縣	壹岐郡
柳ケ浦(ヤナギガウラ)村	大分縣	宇佐郡
柳本(ヤナギモト)町	奈良縣	磯城郡

柳生（ヤナフ）村	奈良縣	添上郡
柳澤（ヤナギザワ）村	愛媛縣	喜多郡
柳谷（ヤナダニ）村	愛媛縣	上浮穴郡
柳井（ヤナヰ）町	山口縣	玖河郡
梁瀬（ヤナセ）町	兵庫縣	朝來郡
梁川（ヤナガハ）町	福島縣	伊達郡
梁川（ヤナガハ）村	岩手縣	江刺郡
	山梨縣	北都留郡
梁田（ヤナダ）村	栃木縣	足利郡
簗川（ヤナガハ）村	岩手縣	岩手郡
驛館（ヤククワン）村	大分縣	宇佐郡
藥師寺（ヤクシジ）村	栃木縣	河内郡
山田莊（ヤマダソウ）村	京都府	相樂郡
山田（ヤマダ）町	岩手縣	下閉伊郡
	高知縣	香美郡
	滋賀縣	栗太郡
	長崎縣	南高來郡
	岡山縣	和氣郡
	和歌山縣	伊都郡
	鹿兒島縣	姶良郡
山田（ヤマダ）村	秋田縣	雄勝郡
	大阪府	三島郡
	大阪府	南河内郡
	大阪府	北河内郡
	三重縣	阿山郡
	愛媛縣	東宇和郡
	兵庫縣	武庫郡
	兵庫縣	津名郡
	兵庫縣	神崎郡
	岡山縣	吉備郡
	岡山縣	小田郡
	岡山縣	兒島郡
	神奈川縣	足柄上郡
	熊本縣	阿蘇郡
	岐阜縣	郡上郡
	長野縣	上高井郡
	愛知縣	西春日井郡
	富山縣	婦負郡
	富山縣	東礪波郡
	香川縣	綾歌郡
山口（ヤマグチ）村	宮崎縣	北諸縣郡
	福島縣	石城郡
	京都府	與謝郡
	埼玉縣	入間郡
	茨城縣	久慈郡
	福岡縣	糟屋郡
	福岡縣	築上郡
	長崎縣	北松浦郡
	島根縣	簸川郡
	大分縣	下毛郡
	和歌山縣	海草郡
	岩手縣	下閉伊郡
	兵庫縣	有馬郡
	兵庫縣	朝來郡
	山形縣	北村山郡
	長野縣	西筑摩郡
	埼玉縣	入間郡
	佐賀縣	杵島郡
	福岡縣	筑紫郡
	福岡縣	鞍手郡

山内東村	ヤマノウチヒガシ	廣島縣	比婆郡
山内北村	ヤマノウチキタ	廣島縣	比婆郡
山内西村	ヤマノウチニチ	廣島縣	比婆郡
山ノ内村	ヤマノウチ	香川縣	綾歌郡
		神奈川縣	都築郡
		滋賀縣	甲賀郡
		熊本縣	鹿本郡
山本村	ヤマモト	福岡縣	三井郡
		廣島縣	安佐郡
		長野縣	下伊那郡
		熊本縣	鹿本郡
		新潟縣	古志郡
山上村	ヤマカミ	石川縣	能美郡
		福島縣	相馬郡
		山形縣	南置賜郡
		滋賀縣	神崎郡
		鳥取縣	日野郡
山形村	ヤマガタ	長野縣	東筑摩郡
		青森縣	南津輕郡
		岩手縣	九戸郡
		鳥取縣	八頭郡
山川村	ヤマカハ	福岡縣	三井郡
		福岡縣	山門郡
		茨城縣	結城郡
		鹿兒島縣	揖宿郡
山崎町	ヤマザキ	兵庫縣	宍粟郡
山崎村	ヤマザキ	富山縣	下新川郡
		鹿兒島縣	薩摩郡
		和歌山縣	那賀郡
山郷村	ヤマサト	三重縣	員辨郡
		鳥取縣	八頭郡
山根村	ヤマネ	茨城縣	東茨城郡
		埼玉縣	入間郡
		福島縣	田村郡
		岩手縣	九戸郡
山添村	ヤマソヘ	岐阜縣	本巣郡
		山形縣	東田川郡
山之口村	ヤマノクチ	宮崎縣	北諸縣郡
		岐阜縣	大野郡
山北村	ヤマキタ	熊本縣	玉名郡
		高知縣	香美郡
山方村	ヤマカタ	茨城縣	那珂郡
		岡山縣	赤磐郡
山手村	ヤマテ	岡山縣	都窪郡
		廣島縣	沼隈郡
山野村	ヤマノ	廣島縣	深安郡
		富山縣	東礪波郡
		鹿兒島縣	伊佐郡
山家村	ヤマガ	京都府	何鹿郡
山家村	ヤマヘ	福岡縣	筑紫郡
山城谷村	ヤマシロタニ	德島縣	三好郡
山城村	ヤマシロ	山梨縣	西山梨郡
山前村	ヤママヘ	栃木縣	足利郡
山前村	ヤマサキ	栃木縣	芳賀郡
山村田町	ヤマムラタ	長野縣	北佐久郡
山加積村	ヤマカヅミ	富山縣	中新川郡
山野上村	ヤマノウヘ	岡山縣	後月郡
山直下村	ヤマタヘシモ	大阪府	泉南郡
山直上村	ヤマタヘカミ	大阪府	泉南郡
山白石村	ヤマシライシ	福島縣	石川郡
山舟生村	ヤマフニフ	福島縣	伊達郡

山小屋村	ヤマコヤ	福島縣	安達郡
山吉田村	ヤマヨシダ	愛知縣	八名郡
山ノ莊村	ヤマノシヨウ	茨城縣	新治郡
山春村	ヤマハル	福岡縣	浮羽郡
山横澤村	ヤマヨコザワ	新潟縣	刈羽郡
山邊里村	ヤマベサト	新潟縣	岩船郡
山邊村	ヤマベ	栃木縣	足利郡
		千葉縣	山武郡
		新潟縣	北魚沼郡
山邊町	ヤマベ	山形縣	東村山郡
山梨町	ヤマナシ	靜岡縣	周智郡
山中町	ヤマナカ	石川縣	江沼郡
山中村	ヤマナカ	愛知縣	額田郡
		廣島縣	御調郡
山鹿町	ヤマガ	熊本縣	鹿本郡
山代町	ヤマシロ	石川縣	江沼郡
山科町	ヤマシナ	京都府	宇治郡
山瀧村	ヤマタキ	大阪府	泉北郡
山寺村	ヤマデラ	山形縣	東村山郡
山瀬町	ヤマセ	德島縣	麻植郡
山瀬村	ヤマセ	秋田縣	北秋田郡
山國村	ヤマクニ	京都府	北桑田郡
山岡村	ヤマオカ	福島縣	東白川郡
山守村	ヤマモリ	鳥取縣	東伯郡
山部村	ヤマベ	北海道	空知郡
山島村	ヤマシマ	石川縣	石川郡
山倉村	ヤマクラ	千葉縣	香取郡
山都村	ヤマト	福島縣	耶麻郡
山奈村	ヤマナ	高知縣	幡多郡
山下村	ヤマシタ	宮城縣	亘理郡
山戸村	ヤマト	山形縣	西田川郡
山吹村	ヤマフキ	長野縣	下伊那郡
山通村	ヤマドウリ	新潟縣	古志郡
山元村	ヤマモト	山形縣	南村山郡
山香村	ヤマガ	靜岡縣	磐田郡
山縣村	ヤマガタ	岐阜縣	山縣郡
山保村	ヤマホ	山梨縣	西八代郡
山橋村	ヤマハシ	福島縣	石川郡
山南村	ヤマミナミ	高知縣	香美郡
山西村	ヤマニシ	熊本縣	阿蘇郡
山佐村	ヤマサ	島根縣	能義郡
山室村	ヤマムロ	富山縣	上新川郡
山平村	ヤマタイラ	新潟縣	東頸城郡
山浦村	ヤマウラ	大分縣	速見郡
山移村	ヤマウツリ	大分縣	下毛郡
山目村	ヤマノメ	岩手縣	西磐井郡
山江村	ヤマエ	熊本縣	球磨郡
山村	ヤマ	山梨縣	東山梨郡
大和川村	ヤマトガハ	新潟縣	西頸城郡
大和村	ヤマト	鳥取縣	氣高郡
		鳥取縣	西伯郡
		神奈川縣	高座郡
		岡山縣	吉備郡
		兵庫縣	加西郡
		愛媛縣	喜多郡
		山形縣	東田川郡
		岐阜縣	揖斐郡
		愛知縣	中島郡
		愛知縣	八名郡

		東京府	北多摩郡
		茨城縣	行方郡
		福岡縣	山門郡
		鹿兒島縣	大島郡
		千葉縣	山武郡
大倭(ヤマト)	村	岡山縣	久米郡
		三重縣	一志郡
倭(ヤマト)	村	長野縣	南安曇郡
		長野縣	下高井郡
藪神(ヤブカミ)	村	新潟縣	北魚沼郡
		新潟縣	南魚沼郡
藪川(ヤブカハ)	村	岩手縣	岩手郡
藪波(ヤブナミ)	村	富山縣	西礪波郡
藪田(ヤブタ)	村	富山縣	氷見郡
社川(ヤシロカハ)	村	福島縣	東白川郡
社(ヤシロ)	町	兵庫縣	加東郡
社(ヤシロ)	村	福井縣	足羽郡
		長野縣	北安曇郡
		福島縣	西白川郡
		鳥取縣	東伯郡
		鳥取縣	八頭郡

安田(ヤスダ)	町	高知縣	安藝郡
安田(ヤスダ)	村	香川縣	小豆郡
		新潟縣	北蒲原郡
		島根縣	能義郡
		島根縣	美濃郡
		鳥取縣	東伯郡
安原上西(ヤスハラカミニシ)	村	香川縣	香川郡
安原(ヤスハラ)	村	香川縣	香川郡
		石川縣	石川郡
		和歌山縣	海草郡
安岡(ヤスヲカ)	町	山口縣	豐浦郡
安來(ヤスキ)	町	島根縣	能義郡
安塚(ヤスツカ)	村	新潟縣	東頸城郡
安井(ヤスヰ)	村	岐阜縣	安八郡
安城(ヤスキ)	村	島根縣	那賀郡
安室(ヤスムラ)	村	兵庫縣	飾磨郡
安川(ヤスカハ)	村	福岡縣	朝倉郡
安野(ヤスノ)	村	廣島縣	山縣郡
安武(ヤスタケ)	村	福岡縣	三潴郡
安(ヤス)	村	廣島縣	安佐郡

保内(ヤスウチ)	村	富山縣	婦負郡
保田(ヤスダ)	村	和歌山縣	有田郡
泰阜(ヤスヲカ)	村	長野縣	下伊那郡
耶馬溪(ヤバケイ)	村	大分縣	下毛郡

マの部

眞野(マノ)	村	福島縣	相馬郡
		滋賀縣	滋賀郡
		新潟縣	佐渡郡
眞鍋(マナベ)	町	茨城縣	新治郡
眞鍋島(マナベシマ)	村	岡山縣	小田郡
眞鶴(マナヅル)	町	神奈川縣	足柄下郡
眞壁(マカベ)	町	茨城縣	眞壁郡
眞壁(マカベ)	村	沖繩縣	島尻郡
眞岡(マヲカ)	町	栃木縣	芳賀郡
		樺太	眞岡郡
眞和志(マワシ)	村	沖繩縣	島尻郡
眞狩別(マカリベツ)	村	北海道	虻田郡

眞名子	マナコ	村	栃木縣	上都賀郡
眞津山	マツヤマ	村	長崎縣	北高來郡
眞室川	マムロカハ	村	山形縣	最上郡
眞長田	マナガタ	村	山口縣	美彌郡
眞瀧	マタキ	村	岩手縣	西磐井郡
眞菅	マスゲ	村	奈良縣	高市郡
眞穴	マアナ	村	愛媛縣	西宇和郡
眞山	マヤマ	村	宮城縣	玉造郡
眞金	マカネ	村	岡山縣	吉備郡
眞坂	マサカ	村	大分縣	下毛郡
眞人	マツト	村	新潟縣	中魚沼郡
眞島	マジマ	村	長野縣	更級郡
眞砂	マサゴ	村	島根縣	美濃郡
眞中	マナカ	村	秋田縣	北秋田郡
眞桑	マクワ	村	岐阜縣	本巣郡
眞幸	マユキ	村	宮崎縣	西諸縣郡
眞瀬	マセ	村	茨城縣	筑波郡
眞舟	マフネ	村	千葉縣	君津郡
眞國	マクニ	村	和歌山縣	那賀郡
眞妻	マナツマ	村	和歌山縣	日高郡
馬込	マゴメ	町	東京府	荏原郡
馬見原	マミハラ	町	熊本縣	阿蘇郡
馬來田	マキタ	村	千葉縣	君津郡
馬屋下	マヤシモ	村	岡山縣	御津郡
馬原	マハル	村	大分縣	日田郡
馬路	マジ	村	島根縣	邇摩郡
馬木	マキ	村	島根縣	仁多郡
馬川	マカハ	村	秋田縣	南秋田郡
馬室	マムロ	村	埼玉縣	北足立郡
馬宮	マミヤ	村	埼玉縣	北足立郡
馬瀬	マセ	村	岐阜縣	益田郡
馬屋上	マヤガミ	村	岡山縣	御津郡
馬淵	マブチ	村	滋賀縣	蒲生郡
馬山	マヤマ	村	群馬縣	北甘樂郡
馬田	マダ	村	福岡縣	朝倉郡
馬橋	マハシ	村	千葉縣	東葛飾郡
間々田	ママタ	町	栃木縣	下都賀郡
間瀬	マセ	村	新潟縣	西蒲原郡
摩文仁	マブニ	村	沖縄縣	島尻郡
摩氣	マキ	村	京都府	船井郡
米原	マイバラ	町	滋賀縣	坂田郡
米谷	マイヤ	町	宮城縣	登米郡
米川	マイカハ	村	宮城縣	登米郡
前田	マヘタ	村	北海道	岩内郡
			香川縣	木田郡
			秋田縣	北秋田郡
前澤	マヘサワ	町	岩手縣	膽澤郡
			富山縣	下新川郡
前原	マヘバラ	町	福岡縣	糸島郡
前津江	マヘツエ	村	大分縣	日田郡
前谷地	マヘヤチ	村	宮城縣	桃生郡
前渡	マヘワタリ	村	茨城縣	那珂郡
前芝	マイシバ	村	愛知縣	寶飯郡
前宮	マイミヤ	村	岐阜縣	稲葉郡
前山	マイヤマ	村	長野縣	南佐久郡
前濱	マイハマ	村	高知縣	香美郡
前羽	マヘハ	村	神奈川縣	足柄下郡
的形	マトカタ	村	兵庫縣	印南郡
的矢	マトヤ	村	三重縣	志摩郡
勾金	マガリカネ	村	福岡縣	田川郡

曲川村	マガリカワ	佐賀縣	西松浦郡
町田町	マチタ	東京府	南多摩郡
町居村	マチヰ	青森縣	南津輕郡
町見村	マチミ	愛媛縣	西宇和郡
町北村	マチキタ	福島縣	北會津郡
町野村	マチノ	石川縣	鳳至郡
麻里生町	マリフ	山口縣	玖珂郡
麻里分村	マリフ	山口縣	熊毛郡
丸子町	マルコ	長野縣	小縣郡
丸森町	マルモリ	宮城縣	伊具郡
丸守村	マルモリ	福島縣	安積郡
丸柱村	マルハシラ	三重縣	阿山郡
丸岡町	マルヲカ	福井縣	坂井郡
丸栖村	マルス	和歌山縣	那賀郡
丸村	マル	千葉縣	安房郡
圓山西村	マルヤマニシ	福井縣	吉田郡
圓山東村	マルヤマヒガシ	福井縣	吉田郡
圓野村	マルノ	山梨縣	北巨摩郡
松尾町	マツヲ	千葉縣	山武郡
松尾村	マツヲ	三重縣	飯南郡
松尾村	マツヲ	岩手縣	岩手郡
松尾村	マツヲ	熊本縣	飽託郡
松尾村	マツヲ	長野縣	下伊那郡
松尾村	マツヲ	香川縣	大川郡
松尾村	マツヲ	京都府	葛野郡
松ケ崎濱村	マツカサキハマ	新潟縣	北蒲原郡
松ケ崎村	マツカサキ	京都府	愛宕郡
松ケ崎村	マツカサキ	三重縣	一志郡
松ケ崎村	マツカサキ	新潟縣	佐渡郡
松ケ崎村	マツカサキ	秋田縣	由利郡
松崎町	マツサキ	鳥取縣	東伯郡
松崎町	マツサキ	靜岡縣	賀茂郡
松山町	マツヤマ	奈良縣	宇陀郡
松山町	マツヤマ	宮城縣	志田郡
松山町	マツヤマ	埼玉縣	比企郡
松山村	マツヤマ	島根縣	那賀郡
松山村	マツヤマ	岡山縣	上房郡
松山村	マツヤマ	香川縣	綾歌郡
松山村	マツヤマ	福島縣	耶麻郡
松山村	マツヤマ	鹿兒島縣	囎唹郡
松之山村	マツノヤマ	新潟縣	東頸城郡
松江町	マツエ	東京府	南葛飾郡
松江村	マツエ	和歌山縣	海草郡
松江村	マツエ	三重縣	飯南郡
松ケ江村	マツガエ	福島縣	相馬郡
松ケ江村	マツガエ	福岡縣	企救郡
松原町	マツハラ	茨城縣	多賀郡
松原村	マツハラ	岡山縣	川上郡
松原村	マツハラ	長崎縣	東彼杵郡
松原村	マツハラ	滋賀縣	犬上郡
松原村	マツハラ	大阪府	中河内郡
松原村	マツハラ	福井縣	敦賀郡
松原村	マツハラ	和歌山縣	日高郡
松岡町	マツヲカ	茨城縣	多賀郡
松岡村	マツヲカ	福井縣	吉田郡
松岡村	マツヲカ	大分縣	大分郡
松井田町	マツヰタ	群馬縣	碓氷郡
松井村	マツヰ	埼玉縣	入間郡
松井庄村	マツヰシヤウ	兵庫縣	多可郡
松島町	マツシマ	宮城縣	宮城郡

松島村（マツシマ）	青森縣	北津輕郡
	長崎縣	西彼杵郡
	德島縣	板野郡
松野尾村（マツノヲ）	新潟縣	西蒲原郡
松野村（マツノ）	靜岡縣	庵原郡
松代町（マツシロ）	長野縣	埴科郡
松代村（マツダイ）	新潟縣	東頸城郡
松浦村（マツウラ）	佐賀縣	西松浦郡
	新潟縣	北蒲原郡
松永町（マツナガ）	廣島縣	沼隈郡
松永村（マツナガ）	福井縣	遠敷郡
松川村（マツカワ）	福島縣	信夫郡
	長野縣	北安曇郡
	岩手縣	東磐井郡
松嶺町（マツミネ）	山形縣	飽海郡
松前町（マツサキ）	愛媛縣	伊豫郡
松橋町（マツハシ）	熊本縣	下益城郡
松合町（マツアヒ）	熊本縣	宇土郡
松任町（マツタフ）	石川縣	石川郡
松戸町（マツト）	千葉縣	東葛飾郡

松田町（マツダ）	神奈川縣	足柄上郡
松伏領村（マツブシリヨウ）	埼玉縣	北葛飾郡
松葉川村（マツハカハ）	高知縣	高岡郡
松阪町（マツサカ）	三重縣	飯南郡
松坂村（マツサカ）	德島縣	板野郡
松倉村（マツクラ）	富山縣	下新川郡
松枝村（マツエダ）	岐阜縣	羽島郡
松久村（マツヒサ）	埼玉縣	兒玉郡
松丘村（マツヲカ）	千葉縣	君津郡
松澤村（マツザワ）	東京府	荏原郡
	富山縣	西礪波郡
松梅村（マツウメ）	佐賀縣	佐賀郡
松末村（マツスエ）	福岡縣	朝倉郡
松高村（マツタカ）	熊本縣	八代郡
松本村（マツモト）	大分縣	直入郡
松塚村（マツツカ）	新潟縣	北蒲原郡
松笠村（マツカサ）	島根縣	飯石郡
松里村（マツサト）	山梨縣	東山梨郡
松帆村（マツホ）	兵庫縣	三原郡
松平村（マツダイラ）	愛知縣	東加茂郡

松柏村（マツカシワ）	愛媛縣	宇摩郡
松岩村（マツイワ）	宮城縣	本吉郡
松長村（マツナガ）	新潟縣	西蒲原郡
松茂村（マツシゲ）	德島縣	板野郡
松保村（マツホ）	鳥取縣	氣高郡
末崎村（マツサキ）	岩手縣	氣仙郡
幕張町（マクハリ）	千葉縣	千葉郡
幕山村（マクヤマ）	兵庫縣	佐用郡
幕別村（マクンベツ）	北海道	中川郡
枕崎町（マクラザキ）	鹿兒島縣	川邊郡
正岡村（マサヲカ）	愛媛縣	溫泉郡
正木村（マサキ）	岐阜縣	羽島郡
正氣村（マサキ）	千葉縣	山武郡
政泊村（マサトマリ）	北海道	壽都郡
卷町（マキ）	新潟縣	西蒲原郡
卷堀村（マキホリ）	岩手縣	岩手郡
牧野村（マキノ）	奈良縣	宇智郡
	富山縣	射水郡
	大阪府	北河內郡
	神奈川縣	津久井郡

牧園村（マキゾノ）	鹿兒島縣	姶良郡
牧石村（マキイシ）	岡山縣	御津郡
牧本村（マキモト）	福島縣	岩瀬郡
牧山村（マキヤマ）	岡山縣	御津郡
牧口村（マキグチ）	大分縣	大野郡
牧郷村（マキサト）	長野縣	更級郡
牧田村（マキタ）	岐阜縣	養老郡
牧村（マキ）	石川縣	能美郡
	廣島縣	神石郡
	岐阜縣	安八郡
	新潟縣	東頸城郡
槇山村（マキヤマ）	高知縣	香美郡
槇島村（マキシマ）	京都府	久世郡
纏向村（マキムク）	奈良縣	磯城郡
大豆島村（マメジマ）	長野縣	上水內郡
味舌村（マシタ）	大阪府	三島郡
舞阪町（マヒザカ）	靜岡縣	濱名郡
舞鶴町（マヒヅル）	京都府	加佐郡
舞戸村（マヒト）	青森縣	西津輕郡
舞川村（マヒカハ）	岩手縣	東磐井郡
增田町（マスダ）	秋田縣	平鹿郡
	宮城縣	名取郡
增田村（マスダ）	山梨縣	東八代郡
增穗村（マスホ）	山梨縣	南巨摩郡
	千葉縣	山武郡
增毛村（マスゲ）	北海道	增毛郡
增林村（マスバヤシ）	埼玉縣	南埼玉郡
增富村（マストミ）	山梨縣	北巨摩郡
增戸村（マスコ）	東京府	西多摩郡
益田町（マスダ）	島根縣	美濃郡
益生村（マスフ）	三重縣	桑名郡
益子町（マスコ）	栃木縣	芳賀郡
升潟村（マスタカ）	新潟縣	西蒲原郡
萬歲村（マンザイ）	千葉縣	香取郡
	岡山縣	阿哲郡
萬澤村（マンサワ）	山梨縣	南巨摩郡
万場町（マンバ）	群馬縣	多野郡
万倉村（マクラ）	山口縣	厚狹郡
萬呂村（マロ）	和歌山縣	西牟婁郡
マツワ島	北海道	新知郡
マカンルシ島	北海道	占守郡

ケの部

下呂町（ゲロ）	岐阜縣	益田郡
下條村（ゲジョウ）	山梨縣	北巨摩郡
	富山縣	中新川郡
	新潟縣	東蒲原郡
	同	南蒲原郡
	同	中魚沼郡
氣仙沼町（ケセンヌマ）	宮城縣	本吉郡
氣仙町（ケセン）	岩手縣	氣仙郡
氣賀町（ケガ）	靜岡縣	引佐郡
氣多村（ケタ）	靜岡縣	周智郡
劍淵村（ケンブチ）	北海道	上川郡
劍岳村（ケンガダケ）	福井縣	坂井郡
劔熊村（ケンクマ）	滋賀縣	高島郡
毛馬內町（ケマナイ）	秋田縣	鹿角郡
毛野村（ケノ）	栃木縣	足利郡

檢見川町	ケミカワ	千葉縣	千葉郡
敎良木河内村	ケウラギカハチ	熊本縣	天草郡
源清田村	ゲンセイタ	茨城縣	稻敷郡
天下野村	ケガノ	茨城縣	久慈郡
元和村	ゲンワ	埼玉縣	北埼玉郡
孝子村	ケウシ	大阪府	泉南郡
花明村	ケメウ	愛知縣	幡豆郡
煙山村	ケムヤマ	岩手縣	紫波郡
協和村	ケウワ	長野縣	北佐久郡
慶徳村	ケイトク	福島縣	耶麻郡
雞知村	ケチ	長崎縣	下縣郡
桂川村	ケイセン	福岡縣	嘉穗郡
芥屋村	ケラ	福岡縣	糸島郡
介良村	ケラ	高知縣	長岡郡
ケトイ島		北海道	新知郡

フの部

府中町	フチウ	東京府	北多摩郡
		廣島縣	蘆品郡
府中村	フチウ	岐阜縣	不破郡
		京都府	與謝郡
		香川縣	綾歌郡
		三重縣	阿山郡
		廣島縣	安藝郡
府馬町	フマ	千葉縣	香取郡
府本村	フモト	熊本縣	玉名郡
布施町	フセ	大阪府	中河内郡
布施村	フセ	千葉縣	夷隅郡
		島根縣	邑智郡
		島根縣	周吉郡
布勢村	フセ	島根縣	仁多郡
		富山縣	氷見郡
布川町	フカワ	茨城縣	北相馬郡
布佐町	フサ	千葉縣	東葛飾郡
布施田村	フセタ	三重縣	志摩郡
布都美村	フツミ	岡山縣	赤磐郡
布津村	フツ	長崎縣	南高來郡
布野村	フノ	廣島縣	雙三郡
布智村	フチ	島根縣	簸川郡
布部村	フベ	島根縣	能義郡
布鎌村	フガマ	千葉縣	印旛郡
布澤村	フサワ	福島縣	南會津郡
普賢寺村	フケンジ	京都府	綴喜郡
普代村	フダイ	岩手縣	下閉伊郡
封戸村	フヘ	大分縣	宇佐郡
父二峰村	フジミネ	愛媛縣	上浮穴郡
扶桑村	フソウ	愛知縣	丹羽郡
武節村	ブセツ	愛知縣	北設樂郡
太美山村	フトミヤム	富山縣	西礪波郡
太海村	フトミ	千葉縣	安房郡
太櫓村	フトロ	北海道	太櫓郡
不動岡町	フドウヲカ	埼玉縣	北埼玉郡
不動堂村	フドウドウ	宮城縣	遠田郡
不動村	フドウ	岩手縣	紫波郡
淵江村	フチエ	東京府	南足立郡
淵崎村	フチサキ	香川縣	小豆郡
振草村	フリクサ	愛知縣	北設樂郡

古川町（フルカハ）	岐阜縣	吉城郡
	宮城縣	志田郡
古川村（フルカワ）	福岡縣	八女郡
	廣島縣	神石郡
古里村（フルサト）	長野縣	上水內郡
	富山縣	婦負郡
	栃木縣	河內郡
	茨城縣	眞壁郡
古市町（フルイチ）	大阪府	南河內郡
古市村（フルイチ）	兵庫縣	多紀郡
古宮村（フルミヤ）	大阪府	北河內郡
	德島縣	美馬郡
古澤村（フルサワ）	千葉縣	夷隅郡
	富山縣	婦負郡
古平町（フルヒラ）	北海道	古平郡
古高松村（フルタカマツ）	香川縣	木田郡
古口村（フルクチ）	山形縣	最上郡
古卷村（フルマキ）	群馬縣	群馬郡
古山村（フルヤマ）	三重縣	名賀郡
古間村（フルマ）	長野縣	上水內郡

古田村（フルタ）	廣島縣	佐伯郡
古美村（フルミ）	三重縣	桑名郡
古谷村（フルヤ）	埼玉縣	入間郡
古濱村（フルハマ）	三重縣	桑名郡
古渡村（フルト）	茨城縣	稻敷郡
古枝村（フルエダ）	佐賀縣	藤津郡
古江村（フルエ）	島根縣	八束郡
古館村（フルダテ）	岩手縣	紫波郡
深田村（フカタ）	京都府	竹野郡
	廣島縣	御調郡
	熊本縣	球磨郡
深川町（フカガハ）	北海道	雨龍郡
	山口縣	大津郡
深川村（フカガワ）	廣島縣	安佐郡
深浦町（フカウラ）	青森縣	西津輕郡
深草町（フカクサ）	京都府	紀伊郡
深海村（フカミ）	熊本縣	天草郡
	長崎縣	北高來郡
	樺太	大泊郡
深井村（フカキ）	大阪府	泉北郡

深津村（フカツ）	廣島縣	深安郡
深良村（フカヨシ）	静岡縣	駿東郡
深耶馬溪村（フカヤバケイ）	大分縣	下毛郡
深谷村（フカヤ）	三重縣	桑名郡
深谷町（フカタニ）	埼玉縣	大里郡
深伊澤村（フカイザワ）	三重縣	鈴鹿郡
深澤村（フカザワ）	神奈川縣	鎌倉郡
深江村（フカエ）	福岡縣	糸島郡
	廣島縣	佐伯郡
	長崎縣	南高來郡
深須村（フカス）	山口縣	玖珂郡
深堀村（フカホリ）	長崎縣	西彼杵郡
深日村（フケ）	大阪府	泉南郡
二川町（フタカハ）	愛知縣	渥美郡
二川村（フタカハ）	岡山縣	眞庭郡
	島根縣	美濃郡
	福島縣	南會津郡
	山梨縣	中巨摩郡
	和歌山縣	西牟婁郡
	千葉縣	東葛飾郡
	千葉縣	山武郡
	福岡縣	三池郡

二見町（フタミ）	三重縣	度會郡
二見村（フタミ）	熊本縣	葦北郡
	兵庫縣	加古郡
	新潟縣	佐波郡
二名村（フタナ）	愛媛縣	北宇和郡
	愛媛縣	宇摩郡
二塚村（フタツカ）	石川縣	石川郡
	富山縣	射水郡
二瀨村（フタセ）	福岡縣	嘉穗郡
	福島縣	田村郡
二子村（フタコ）	岩手縣	和賀郡
二俣町（フタマタ）	靜岡縣	磐田郡
二俣村（フタマタ）	宮城縣	桃生郡
二俣川村（フタマタカハ）	神奈川縣	筑都郡
二俣瀨村（フタマタセ）	山口縣	厚狹郡
二田村（フタタ）	新潟縣	刈羽郡
二島村（フタシマ）	大阪府	北河內郡
二ツ井町（フタツヰ）	秋田縣	山本郡
二口村（フタクチ）	富山縣	射水郡
二上村（フタカミ）	富山縣	射水郡
二江村（フタエ）	熊本縣	天草郡
二日市町（フツカイチ）	福岡縣	筑紫郡
兩川村（フタカハ）	大分縣	宇佐郡
	新潟縣	中蒲原郡
雙岩村（フタイワ）	愛媛縣	西宇和郡
拂戶村（フツト）	秋田縣	南秋田郡
佛生寺村（ブツセウジ）	富山縣	永見郡
佛生山町（ブツセウサン）	香川縣	香川郡
船越町（フナコシ）	秋田縣	南秋田郡
	廣島縣	安藝郡
船越村（フナコシ）	岩手縣	下閉伊郡
	三重縣	志摩郡
	長崎縣	下縣郡
	福岡縣	浮羽郡
船越港町（フナコシミナト）	秋田縣	南秋田郡
船津町（フナツ）	岐阜縣	吉城郡
船津村（フナツ）	三重縣	北牟婁郡
	兵庫縣	神崎郡
	和歌山縣	日高郡
	山梨縣	南都留郡
船木村（フナキ）	岐阜縣	本巢郡
	愛媛縣	新居郡
	千葉縣	海上郡
	廣島縣	豐田郡
船木町（フナキ）	山口縣	厚狹郡
船岡村（フナヲカ）	秋田縣	河邊郡
	鳥取縣	八頭郡
	宮城縣	柴田郡
船穗村（フナホ）	岡山縣	淺口郡
	千葉縣	印旛郡
船橋町（フナハシ）	千葉縣	東葛飾郡
舟橋村（フナハシ）	富山縣	中新川郡
船澤村（フナサワ）	青森縣	中津輕郡
船坂村（フナサカ）	兵庫縣	赤穗郡
船城村（フナキ）	兵庫縣	氷上郡
船倉村（フナクラ）	奈良縣	高市郡
船生村（フニフ）	栃木縣	鹽谷郡
船峅村（フナクラ）	富山縣	上新川郡
船佐村（フナサ）	廣島縣	高田郡
船泊村（フナトマリ）	北海道	禮文郡

舟津村	フナツ	福井縣	今立郡
舟形村	フナカタ	山形縣	最上郡
船形町	フナカタ	千葉縣	安房郡
舟見町	フナミ	富山縣	下新川郡
舟島村	フネシマ	茨城縣	稻敷郡
舟着村	フナツキ	愛知縣	八名郡
福田町	フクダ	靜岡縣	磐田郡
福田村	フクダ	香川縣	小豆郡
		富山縣	西礪波郡
		福島縣	伊達郡
		福島縣	相馬郡
		埼玉縣	比企郡
		福岡縣	朝倉郡
		千葉縣	東葛飾郡
		石川縣	江沼郡
		長崎縣	西彼杵郡
		岡山縣	邑久郡
		岡山縣	兒島郡
		岡山縣	都窪郡
		兵庫縣	加東郡
		熊本縣	上益城郡
福岡町	フクヲカ	愛知縣	額田郡
		富山縣	西礪波郡
		岩手縣	二戸郡
福岡村	フクヲカ	岐阜縣	惠那郡
		岩手縣	江刺郡
		千葉縣	山武郡
		宮城縣	刈田郡
		茨城縣	筑波郡
		群馬縣	山田郡
福島町	フクシマ	長野縣	西筑摩郡
		宮崎縣	南那珂郡
		群馬縣	北甘樂郡
		福岡縣	八女郡
福島村	フクシマ	新潟縣	南蒲原郡
		長崎縣	北松浦郡
		北海道	松前郡
		東京府	北多摩郡
福山町	フクヤマ	北海道	松前郡
福山村	フクヤマ	岡山縣	御津郡
		岡山縣	英田郡
		鹿兒島縣	姶良郡
福地村	フクチ	愛知縣	幡豆郡
		山梨縣	南都留郡
		岐阜縣	加茂郡
		秋田縣	平鹿郡
福川町	フクカハ	山口縣	都濃郡
福川村	フクカハ	山口縣	阿武郡
福井村	フクヰ	大阪府	三島郡
		德島縣	那賀郡
福本村	フクモト	岡山縣	英田郡
福富村	フクミ	福岡縣	浮羽郡
		佐賀縣	杵島郡
福浦村	フクウラ	福島縣	相馬郡
		神奈川縣	足柄下郡
		石川縣	羽咋郡
		島根縣	邇摩郡
福住村	フクスミ	奈良縣	山邊郡
		兵庫縣	多紀郡

福光町	フクミツ	富山縣	西礪波郡
福光村	フクミツ	島根縣	邇摩郡
福原村	フクハラ	埼玉縣	入間郡
		徳島縣	勝浦郡
		山形縣	北村山郡
福榮村	フクエ	香川縣	大川郡
		山形縣	西田川郡
福榮村	フクサカエ	鳥取縣	日野郡
福良町	フクラ	兵庫縣	三原郡
福良村	フクラ	福島縣	安積郡
福知山町	フクチヤマ	京都府	天田郡
福野町	フクノ	富山縣	東礪波郡
福崎町	フクサキ	兵庫縣	神崎郡
福間町	フクマ	福岡縣	宗像郡
福江町	フクエ	長崎縣	南松浦郡
		愛知縣	渥美郡
福連木村	フクレキ	熊本縣	天草郡
福留村	フクトメ	石川縣	石川郡
福吉村	フクヨシ	福岡縣	糸島郡
福束村	フクツカ	岐阜縣	安八郡
福生村	フッサ	東京府	西多摩郡
福生村	フクイケ	鳥取縣	西伯郡
福米村	フクヨネ	鳥取縣	西伯郡
福勢村	フクセ	千葉縣	東葛飾郡
福相村	フクソウ	廣島縣	蘆品郡
福賀村	フカガ	山口縣	阿武郡
福重村	フクシゲ	長崎縣	東彼杵郡
福戸村	フクト	新潟縣	古志郡
福木村	フクキ	廣島縣	安佐郡
福澤村	フクサハ	神奈川縣	足柄上郡
		富山縣	上新川郡
福治村	フクジ	佐賀縣	杵島郡
福河村	フクカ	岡山郡	和氣郡
福渡町	フクワタリ	岡山縣	久米郡
福永村	フクナガ	廣島縣	神石郡
福濱村	フクハマ	岡山縣	御津郡
福壽村	フクジユ	岐阜縣	羽島郡
福滿村	フクミツ	滋賀縣	犬上郡
福谷村	フクタニ	岡山縣	吉備郡
富本村	フモト	山形縣	北村山郡
富津町	フッツ	千葉縣	君津郡
富久山村	フクヤマ	福島縣	安積郡
富士松村	フジマツ	愛知縣	碧海郡
富士山村	フジヤマ	長野縣	小縣郡
富士里村	フジサト	長野縣	上水內郡
富士見村	フジミ	群馬縣	勢多郡
		山梨縣	東八代郡
		長野縣	諏訪郡
富士川町	フジカワ	靜岡縣	庵原郡
富良野町	フラノ	北海道	空知郡
富家村	フケ	高知縣	香美郡
		岡山縣	川上郡
富津內村	フツナイ	秋田縣	南秋田郡
富士岡村	フジオカ	靜岡縣	駿東郡
富曾龜村	フソキ	新潟縣	古志郡
富貴村	フキ	愛知縣	知多郡
		和歌山縣	伊都郡
富士根村	フジネ	靜岡縣	富士郡
袋澤村	フクロサワ	東京府	小笠原島
袋井町	フクロヰ	靜岡縣	磐田郡

袋田（フクロダ）村	茨城縣	久慈郡
服間（フクマ）村	福井縣	今立郡
筆岡（フデヲカ）村	香川縣	中多度郡
總野（フサノ）村	千葉縣	夷隅郡
總元（フサモト）村	千葉縣	夷隅郡
總上（フサカミ）村	茨城縣	結城郡
吹上（フキアゲ）村	埼玉縣	北足立郡
	栃木縣	下都賀郡
吹屋（フキヤ）町	岡山縣	川上郡
吹浦（フクラ）村	山形縣	飽海郡
文（フミ）村	茨城縣	北相馬郡
文政（ブンセイ）村	熊本縣	八代郡
伏見（フシミ）村	岐阜縣	可兒郡
	奈良縣	生駒郡
伏木（フシキ）町	富山縣	射水郡
伏黒（フシクロ）村	福島縣	伊達郡
藤田（フジタ）村	岡山縣	兒島郡
	和歌山縣	日高郡
	埼玉縣	兒玉郡
	福島縣	伊達郡
藤澤（フヂサワ）町	岩手縣	東磐井郡
	神奈川縣	高座郡
藤澤（フヂサワ）村	茨城縣	新治郡
	埼玉縣	大里郡
	埼玉縣	入間郡
	長野縣	上伊那郡
藤岡（フヂヲカ）町	群馬縣	多野郡
	栃木縣	下都賀郡
藤岡（フヂヲカ）村	愛知縣	西加茂郡
藤川（フヂカハ）村	福島縣	大沼郡
	愛知縣	額田郡
藤河（フヂカハ）村	山口縣	玖珂郡
藤里（フヂサト）村	宮城縣	栗原郡
	岩手縣	江刺郡
藤原（フヂハラ）村	大分縣	速見郡
	栃木縣	鹽谷郡
藤戸（フヂト）町	岡山縣	兒島郡
藤枝（フヂエダ）町	靜岡縣	志太郡
藤島（フヂシマ）町	山形縣	東田川郡
藤井寺（フヂヰデラ）町	大阪府	南河内郡
藤野（フヂノ）村	岡山縣	和氣郡
藤橋（フヂハシ）村	岐阜縣	揖斐郡
藤琴（フジコト）村	秋田縣	山本郡
藤富（フヂトミ）村	熊本縣	飽託郡
藤尾（フヂヲ）村	宮城縣	伊具郡
藤坂（フヂサカ）村	青森縣	上北郡
藤水（フヂミ）村	三重縣	安濃郡
藤代（フヂシロ）村	青森縣	中津輕郡
藤並（フヂナミ）村	和歌山縣	有田郡
藤江（フヂエ）村	廣島縣	沼隈郡
藤木（フヂキ）村	秋田縣	仙北郡
藤生（フヂヤマ）村	廣島縣	蘆品郡
藤山（フヂヤマ）村	山口縣	厚狹郡
藤根（フヂネ）村	岩手縣	和賀郡
藤崎（フヂサキ）村	青森縣	南津輕郡
麓（フモト）村	佐賀縣	三養基郡
分田（ブンダ）村	新潟縣	北蒲原郡
分校（ブンコウ）村	石川縣	江沼郡
プロトン島	北海道	得撫郡
フラツトチルノウ島	北海道	得撫郡

コの部

小松(コマツ)町	山口縣	大島郡
	愛媛縣	周桑郡
	石川縣	能美郡
	山形縣	東置賜郡
小松(コマツ)村	滋賀縣	滋賀郡
	茨城縣	東茨城郡
小松川(コマツカハ)町	東京府	南葛飾郡
小松島(コマツシマ)町	徳島縣	勝浦郡
小川(コガワ)村	靜岡縣	志太郡
	新潟縣	東蒲原郡
	和歌山縣	東牟婁郡
	岩手縣	下閉伊郡
小泉(コイヅミ)町	群馬縣	邑樂郡
小泉(コイヅミ)村	宮城縣	本吉郡
	廣島縣	豐田郡
	福島縣	田村郡
	山梨縣	北巨摩郡

小出(コイデ)町	岐阜縣	可兒郡
	靜岡縣	駿東郡
	新潟縣	北魚沼郡
小出(コイデ)村	秋田縣	由利郡
	神奈川縣	高座郡
小林(コバヤシ)町	宮崎縣	西諸縣郡
小林(コバヤシ)村	埼玉縣	南埼玉郡
	新潟縣	中蒲原郡
小串(コグシ)町	山口縣	豐浦郡
小串(コグシ)村	岡山縣	兒島郡
小坂井(コサカヰ)町	愛知縣	寶飯郡
小坂井(コサカヰ)村	愛知縣	寶飯郡
小阪(コサカ)町	大阪府	中河內郡
小坂(コサカ)村	福島縣	伊達郡
	神奈川縣	鎌倉郡
小島(コジマ)村	北海道	松前郡
	岐阜縣	揖斐郡
小宮(コミヤ)村	東京府	西多摩郡
	東京府	南多摩郡
小湊(コミナト)町	青森縣	東津輕郡
	千葉縣	安房郡

小谷(コタニ)村	埼玉縣	北足立郡
	廣島縣	豐田郡
小原(コハラ)村	滋賀縣	甲賀郡
小原(コハラ)町	神奈川縣	津久井郡
小室(コムロ)村	埼玉縣	北足立郡
	靜岡縣	田方郡
小牟田(コムタ)町	宮城縣	遠田郡
小須戸(コスド)町	新潟縣	中蒲原郡
小島田(コシマダ)村	長野縣	更級郡
小金田(コガネダ)村	岐阜縣	武儀郡
小井川(コヰカハ)村	山梨縣	中巨摩郡
小清水(コシミズ)村	北海道	斜里郡
小綱木(コツナキ)村	福島縣	伊達郡
小田川(コタカワ)村	福島縣	西白河郡
小佐々(コサヽ)村	長崎縣	北松浦郡
小摺戸(コスリト)村	富山縣	下新川郡
小鹽江(コシホエ)村	福島縣	石川郡
小手指(コテサシ)村	埼玉縣	入間郡
小鷲河(コワシカハ)村	鳥取縣	氣高郡

小鷹利村	コタカリ	岐阜縣	吉城郡
小佐井村	コザイ	大分縣	北海部郡
小中川村	コナカガワ	新潟縣	西蒲原郡
小筑紫村	コヅクシ	高知縣	幡多郡
小ケ倉村	コガクラ	長崎縣	西彼杵郡
小長井村	コナガヰ	長崎縣	北高來郡
小淵澤村	ロフチサワ	山梨縣	北巨摩郡
小鈴谷村	コスズタニ	愛知縣	知多郡
小石原村	コイシハラ	福岡縣	朝倉郡
小根占村	コネシメ	鹿兒島縣	肝屬郡
小富士村	コフジ	愛媛縣	宇摩郡
		福岡縣	糸島郡
小奴可村	コヌカ	廣島縣	比婆郡
小阿彌村	コアミ	青森縣	北津輕郡
小輕米村	コカルマイ	岩手縣	九戸郡
小御門村	コミカト	千葉縣	香取郡
小島谷村	コズヤ	岩手縣	二戸郡
小杉町	コスギ	富山縣	射水郡
小牧町	コマキ	愛知縣	東春日井郡
小諸町	コモロ	長野縣	北佐久郡
小坂町	コサカ	秋田縣	鹿角郡
小梁村	コヤナ	福島縣	南會津郡
小澤村	コサワ	北海道	岩內郡
小瀧村	コタキ	新潟縣	西頸城郡
小黒村	コグロ	新潟縣	東頸城郡
小濱村	コハマ	兵庫縣	川邊郡
小榊村	コサカキ	長崎縣	西彼杵郡
小海村	コウミ	長野縣	南佐久郡
小鮎村	コアユ	神奈川縣	愛甲郡
小吉村	コヨシ	新潟縣	西蒲原郡
小池村	コイケ	新潟縣	西蒲原郡
小合村	コアヒ	新潟縣	中蒲原郡
小齋村	コサイ	宮城縣	伊具郡
小糸村	コイト	千葉縣	君津郡
小絹村	コキヌ	茨城縣	北相馬郡
小針村	コハリ	埼玉縣	北足立郡
小貝村	コガイ	栃木縣	芳賀郡
小西村	コニシ	愛媛縣	越智郡
小泊村	コドマリ	青森縣	北津輕郡
小口村	コグチ	和歌山縣	東牟婁郡
小梨村	コナシ	岩手縣	東磐井郡
小櫃村	コセツ	千葉縣	君津郡
小岩町	コイワ	東京府	南葛飾郡
小菅村	コスガ	山梨縣	北都留郡
小立村	コタテ	山梨縣	南都留郡
小竹町	コタケ	福岡縣	鞍手郡
小平村	コヒラ	東京府	北多摩郡
小金井村	コガネヰ	東京府	北多摩郡
小金町	コガネ	千葉縣	東葛飾郡
小畠村	コバタケ	廣島縣	神石郡
小能登呂村	コノトロ	樺太	野田郡
古城村	コ[illegible]ウ	千葉縣	香取郡
		熊本縣	阿蘇郡
		岩手縣	膽澤郡
古關村	コセキ	山梨縣	西八代郡
		福島縣	西白河郡
古井町	コヰ	岐阜縣	加茂郡
古座町	ゴザ	和歌山縣	東牟婁郡
古河町	コガ	茨城縣	猿島郡
古知野町	コチノ	愛知縣	丹羽郡

古保利（コホリ）	村	滋賀縣	伊香郡
古吉野（コヨシノ）	村	岡山縣	勝田郡
古馬牧（コメマキ）	村	群馬縣	利根郡
古布庄（コフノシヤウ）	村	鳥取縣	東伯郡
古賀（コガ）	村	長崎縣	北高來郡
古都（コツ）	村	岡山縣	上道郡
古里（コリ）	村	東京府	西多摩郡
古志（コシ）	村	島根縣	簸川郡
御坊（ゴボウ）	町	和歌山縣	日高郡
御油（ゴユ）	町	愛知縣	寶飯郡
御殿場（ゴテンバ）	町	靜岡縣	駿東郡
御所（ゴセ）	町	奈良縣	南葛城郡
御所（ゴショ）	村	德島縣	板野郡
		岩手縣	岩手郡
御所見（ゴショミ）	村	神奈川縣	高座郡
御返地（ゴヘンチ）	村	岩手縣	二戸郡
御所浦（ゴショウラ）	村	熊本縣	天草郡
御靈（ゴリヤウ）	村	和歌山縣	有田郡
御領（ゴリヤウ）	村	熊本縣	天草郡
御座（ゴザ）	村	三重縣	志摩郡
粉河（コカワ）	町	和歌山縣	那賀郡
後藤寺（ゴトウジ）	町	福岡縣	田川郡
後免（ゴメン）	町	高知縣	長岡郡
後屋敷（ゴヤシキ）	村	山梨縣	東山梨郡
後閑（ゴカン）	村	群馬縣	碓氷郡
子吉（コヨシ）	村	秋田縣	由利郡
子撫（コナデ）	村	富山縣	西礪波郡
兒玉（コタマ）	町	埼玉縣	兒玉郡
兒島（コジマ）	町	岡山縣	兒島郡
已斐（コヒ）	町	廣島縣	佐伯郡
湖山（コヤマ）	村	鳥取縣	氣高郡
湖北（コホク）	村	千葉縣	東葛飾郡
湖東（コヒガシ）	村	長野縣	諏訪郡
湖南（コミナミ）	村	長野縣	諏訪郡
胡麻鄕（ゴマガウ）	村	京都府	船井郡
養蠶（コガヒ）	村	茨城縣	眞壁郡
蠶桑（コクワ）	村	山形縣	西置賜郡
蠶飼（コガイ）	村	茨城縣	結城郡
桑折（コヲリ）	町	福島縣	伊達郡
巨勢（コセ）	村	佐賀縣	佐賀郡
		岡山縣	英田郡
巨瀬（コセ）	村	岡山縣	上房郡
碁石（ゴイシ）	村	富山縣	氷見郡
久我（コガ）	村	京都府	乙訓郡
黃金（コガネ）	村	山形縣	東田川郡
木幡（コハタ）	村	福島縣	安達郡
		福島縣	耶麻郡
木野（コノ）	村	廣島縣	佐伯郡
木屋（コヤ）	村	福岡縣	八女郡
木屋瀬（コヤノセ）	町	福岡縣	鞍手郡
木屋平（コヤタイラ）	村	德島縣	麻植郡
木葉（コノハ）	村	熊本縣	玉名郡
木浦（コノウラ）	村	新潟縣	西頸城郡
五箇（ゴカ）	村	島根縣	隱地郡
		福井縣	大野郡
		山梨縣	南巨摩郡
		福島縣	西白河郡
		京都府	中郡
		茨城縣	結城郡
五鄕（ゴガウ）	村	香川縣	三豐郡
		青森縣	南津輕郡
		千葉縣	長生郡

五城村（ゴジャウ）	愛媛縣	喜多郡
	岡山縣	赤磐郡
五箇庄村（ゴカシャウ）	富山縣	下新川郡
	大阪府	泉北郡
五ケ所村（ゴカショ）	三重縣	度會郡
五所村（ゴショ）	茨城縣	眞壁郡
五ノ莊村（ゴノシャウ）	兵庫縣	城崎郡
五ケ莊村（ゴカショウ）	京都府	船井郡
五所川原村（ゴショカハラ）	青森縣	北津輕郡
五位山村（ゴエヤマ）	富山縣	西礪波郡
五位堂村（ゴエドウ）	奈良縣	北葛城郡
五臺山村（ゴダイヤマ）	高知縣	長岡郡
五里合村（ゴリアヒ）	秋田縣	南秋田郡
五鹿屋村（ゴカヤ）	富山縣	東礪波郡
五郎兵衛新田村（ゴロベイシンデン）	長野縣	北佐久郡
五ケ谷村（ゴケタニ）	奈良縣	添上郡
	三重縣	多氣郡
五明村（ゴミャウ）	山梨縣	中巨摩郡
	愛媛縣	溫泉郡
五城目村（ゴジャウメ）	秋田縣	南秋田郡
五條町（ゴゼウ）	奈良縣	宇智郡
五泉町（ゴセン）	新潟縣	中蒲原郡
五百石町（ゴヒャクコク）	富山縣	中新川郡
五千石町（ゴセンゴク）	鳥取縣	西伯郡
五戸町（ゴヘ）	青森縣	三戸郡
五井町（ゴヰ）	千葉縣	市原郡
五霞村（ゴカ）	茨城縣	猿島郡
五臺村（ゴダイ）	茨城縣	那珂郡
五町田村（ゴテウダ）	佐賀縣	藤津郡
五開村（ゴカイ）	山梨縣	南巨摩郡
五常村（ゴジャウ）	長野縣	東筑摩郡
五島村（ゴトウ）	滋賀縣	濱名郡
五領村（ゴレウ）	大阪府	三島郡
五領ケ島村（ゴレウカシマ）	福井縣	吉田郡
五峰村（ゴホウ）	滋賀縣	神崎郡
五名村（ゴミャウ）	香川縣	大川郡
五加村（ゴカ）	長野縣	埴科郡
五村（ゴ）	和歌山縣	有田郡
五和村（ゴワ）	靜岡縣	榛原郡
	大分縣	日田郡
伍知村（ゴワ）	長野縣	下伊那郡
伍賀村（ゴカ）	長野縣	北佐久郡
鯉淵村（コイフチ）	茨城縣	東茨城郡
濃代村（コイシロ）	三重縣	飯南郡
擧母町（コロモ）	愛知縣	西加茂郡
衣川村（コロモガワ）	岩手縣	膽澤郡
强首村（コハクビ）	秋田縣	仙北郡
壽村（コトブキ）	長野縣	東筑摩郡
琴浦町（コトウラ）	岡山縣	兒島郡
琴平町（コトヒラ）	香川縣	仲多度郡
琴似村（コトニ）	北海道	札幌郡
是戸村（コレト）	富山縣	西礪波郡
是川村（コレカハ）	青森縣	三戸郡
郡山町（コウリヤマ）	奈良縣	生駒郡
郡山村（コウリヤマ）	鹿兒島縣	日置郡
郡里村（コウリサト）	德島縣	美馬郡
郡浦村（コウリウラ）	熊本縣	宇土郡
好仁村（コウニ）	樺太	本斗郡
鴻沼村（コウヌマ）	新潟縣	北蒲原郡
鴻茎村（ゴウクキ）	埼玉縣	北埼玉郡

鴻ノ巣町	コウノス	埼玉縣	北足立郡
與除村	コウジョ	岡山縣	兒島郡
興居島村	ゴゴシマ	愛媛縣	温泉郡
厚東村	コウトウ	山口縣	厚狹郡
好南村	コウナイ	山口縣	厚狹郡
公津村	コウヅ	千葉縣	印旛郡
向道村	コウダウ	山口縣	都濃郡
神崎村	コウザキ	大分縣	北海部郡
戀瀨村	コエセ	茨城縣	新治郡
戀野村	コエノ	和歌山縣	伊都郡
國府町	コクフ	德島縣	名東郡
國府村	コクフ	大阪府	泉北郡
		岐阜縣	吉城郡
		栃木縣	下都賀郡
		群馬縣	群馬郡
		廣島縣	蘆品郡
		岡山縣	邑久郡
		石川縣	能美郡
		神奈川縣	中郡
		高知縣	長岡郡
		兵庫縣	城崎郡

國府津町	コフツ	神奈川縣	足柄下郡
國府町	コフウ	愛知縣	寶飯郡
國府村	コフ	千葉縣	安房郡
		三重縣	志摩郡
		三重縣	鈴鹿郡
國分町	コクブ	鹿兒島縣	始良郡
國分村	コクフ	千葉縣	東葛飾郡
		茨城縣	多賀郡
		大阪府	南河内郡
		島根縣	那賀郡
國分寺村	コクブンジ	栃木縣	下都賀郡
		東京府	北多摩郡
國領村	コクレウ	兵庫縣	氷上郡
國母村	コクボ	山梨縣	中巨摩郡
駒ケ嶺町	コマガミネ	福島縣	相馬郡
駒澤町	コマザワ	東京府	荏原郡
駒形村	コマガタ	福島縣	耶麻郡
		秋田縣	雄勝郡
駒井村	コマヰ	山梨縣	北巨摩郡

駒寄村	コマヨセ	群馬縣	群馬郡
駒山村	コマヤマ	千葉縣	君津郡
駒城村	コマキ	山梨縣	北巨摩郡
駒越村	コマゴシ	青森縣	中津輕郡
駒ケ谷村	コマガタニ	大阪府	南河内郡
高麗村	コマ	埼玉縣	入間郡
		京都府	相樂郡
高麗川村	コマカワ	埼玉縣	入間郡
狛江村	コマエ	東京府	北多摩郡
狛田村	コマタ	京都府	相樂郡
九重村	ココノヘ	茨城縣	新治郡
		千葉縣	安房郡
犢橋村	コテハシ	千葉縣	千葉郡
米ノ津町	コメノツ	鹿兒島縣	出水郡
越ケ谷町	コシガヤ	埼玉縣	南埼玉郡
越智岡村	コシヂチカ	奈良縣	高市郡
越賀村	コシジ	三重縣	志摩郡
越廼村	コシノ	福井縣	丹生郡
越部村	コシベ	兵庫縣	揖保郡
越路野村	コシジノ	石川縣	羽咋郡

越路(コシジ)村	石川縣	鹿島郡
越水(コシミズ)村	青森縣	西津輕郡
越來(コシク)村	沖繩縣	中頭郡
越河(コシカハ)村	宮城縣	刈田郡
腰越津(コシゴエツ)村	神奈川縣	鎌倉郡
菰原(コモハラ)村	三重縣	名賀郡
菰野(コモノ)村	三重縣	三重郡
蒋淵(コモフチ)村	愛媛縣	北宇和郡
金光(コンコウ)町	岡山縣	淺口郡
金浦(コノウラ)町	秋田縣	由利郡
金剛(コンガウ)村	熊本縣	八代郡
金勝(コンゼ)村	滋賀縣	栗太郡
今田(コンタ)村	兵庫縣	多紀郡
權現堂川(ゴンゲンドウカハ)村	埼玉縣	北葛飾郡
昆布森(コンブモリ)村	北海道	釧路郡

エの部

江川崎(エガワサキ)村	高知縣	幡多郡
江川(エガワ)村	茨城縣	結城郡
	兵庫縣	佐用郡
江見(エミ)村	千葉縣	安房郡
	岡山縣	英田郡
江田島(エタシマ)村	廣島縣	安藝郡
江田(エタ)村	熊本縣	玉名郡
江戸崎(エドサキ)町	茨城縣	稻敷郡
江與味(エヨミ)村	縣山縣	御津郡
江丹別(エタンベツ)村	北海道	上川郡
江釣子(エツリコ)村	岩手縣	和賀郡
江刺家(エサシカ)村	岩手縣	九戸郡
江吉良(エギラ)村	岐阜縣	羽島郡
江部乙(エベオツ)村	北海道	空知郡
江井(エヰ)町	兵庫縣	津名郡
江別(エベツ)町	北海道	札幌郡
江差(エサシ)町	北海道	檜山郡
江名(エナ)町	福島縣	石城郡
江浦(エウラ)町	福岡縣	三池郡
江尾(エビ)村	鳥取縣	日野郡
江原(エハラ)村	德島縣	美馬郡
江上(エガミ)村	長崎縣	東彼杵郡
江浦(エノウラ)村	長崎縣	北高來郡
江迎(エムカヘ)村	長崎縣	北松浦郡
江島(エシマ)村	長崎縣	西彼杵郡
江草(エグサ)村	山梨縣	北巨摩郡
江間(エマ)村	靜岡縣	田方郡
江住(エスミ)村	和歌山縣	西牟婁郡
江面(エヅラ)村	埼玉縣	南埼玉郡
江刈(エカリ)村	岩手縣	九戸郡
江上(エガミ)村	福岡縣	三潴郡
江南(エナミ)村	福岡縣	浮羽郡
永明(エイメイ)村	長野縣	諏訪郡
永和(エイワ)村	愛知縣	海部郡
永樂(エイラク)村	群馬縣	邑樂郡
永治(エイジ)村	千葉縣	印旛郡
海老名(エビナ)村	神奈川縣	高座郡
海老江(エビエ)村	富山縣	射水郡
海老瀬(エビセ)村	群馬縣	邑樂郡
海老(エビ)町	愛知縣	南設樂郡
圓城(エンジャウ)村	岡山縣	御津郡

圓座(エンザ)村	香川縣	香川郡
圓田(エンダ)村	宮城縣	刈田郡
荏原(エバラ)町	東京府	荏原郡
荏原(エバラ)村	岡山縣	後月郡
	愛媛縣	温良郡
惠須取(エストル)町	樺太	名好郡
惠曇(エトモ)村	島根縣	八束郡
惠我(エガ)村	大阪府	中河內郡
惠庭(エニハ)村	北海道	千歳郡
枝幸(エサシ)村	北海道	枝幸郡
枝野(エダノ)村	宮城縣	伊具郡
榎列(エナミ)村	兵庫縣	三原郡
榎井(エナヰ)村	香川縣	仲多度郡
衣奈(エナ)村	和歌山縣	日高郡
依知(エチ)村	神奈川縣	愛甲郡
遠別(エンベツ)村	北海道	天鹽郡
遠輕(エンガル)村	北海道	紋別郡
愛知川(エチカハ)町	滋賀縣	愛知郡
延徳(エントク)村	長野縣	下高井郡
穎娃(エイ)村	鹿兒島縣	揖宿郡
家武(エタケ)村	愛知縣	幡豆郡
英保(エイホ)村	岡山縣	和氣郡
可愛(エノ)村	廣島縣	高田郡
畫圖(エツ)村	熊本縣	飽託郡
鹽冶(エンヤ)村	島根縣	簸川郡
遙堪(エウカン)村	島根縣	簸川郡
驛家(エキヤ)村	廣島縣	蘆品郡
エカルマ島	北海道	占守郡

テの部

寺田(テラダ)村	京都府	久世郡
	富山縣	中新川郡
	岩手縣	岩手郡
寺尾(テラヲ)村	栃木縣	下都賀郡
	長野縣	埴科郡
寺津(テラツ)村	愛知縣	幡豆郡
	山形縣	東村山郡
寺井野(テラヰノ)町	石川縣	能美郡
寺泊(テラトマリ)町	新潟縣	三島郡
寺島(テラシマ)町	東京府	南葛飾郡
寺野(テラノ)村	新潟縣	中頸城郡
寺原(テラハラ)村	茨城縣	北相馬郡
寺前(テラマヘ)村	兵庫縣	神崎郡
寺內(テラウチ)村	秋田縣	南秋田郡
寺庄(テラシヤウ)村	滋賀縣	甲賀郡
寺西(テラニシ)村	廣島縣	賀茂郡
手子林(テコハヤシ)村	埼玉縣	北埼玉郡
手賀(テガ)村	茨城縣	行方郡
	千葉縣	東葛飾郡
手稻(テイネ)村	北海道	札幌郡
手莊(テシヤウ)村	岡山縣	川上郡
手野(テノ)村	熊本縣	天草郡
手城(テシロ)村	廣島縣	深安郡
手良(テラ)村	長野縣	上伊那郡
手塚(テツカ)村	山梨縣	西山梨郡
手柄(テガラ)村	兵庫縣	飾磨郡
手間(テマ)村	鳥取縣	西伯郡

天滿（テンマ）村	奈良縣	高市郡
	愛媛縣	宇摩郡
	兵庫縣	加古郡
天間林（テンマハヤシ）村	青森縣	上北郡
天神山（テンジンヤマ）村	千葉縣	君津郡
天神（テンジン）村	富山縣	下新川郡
	愛媛縣	喜多郡
天川（テンカワ）村	奈良縣	吉野郡
天王（テンノウ）村	秋田縣	南秋田郡
天白（テンパク）村	愛知縣	愛知郡
天賣（テウレ）村	北海道	苫前郡
天龍（テンリウ）村	靜岡縣	磐田郡
天鹽（テシホ）町	北海道	天鹽郡
天童（テンドウ）町	山形縣	東村山郡
出羽（デワ）村	埼玉縣	南埼玉郡
	山形縣	東村山郡
出合（デアヒ）村	山口縣	厚狹郡
出城（デシロ）村	石川縣	石川郡
出（ヅ）町	富山縣	東礪波郡
調布（テウフ）町	東京府	北多摩郡
調布（テウフ）村	東京府	西多摩郡
弟子屈（テシカガ）村	北海道	川上郡
豐島（テシマ）村	香川縣	小豆郡
廳南（テウナン）町	千葉縣	長生郡
蝶屋（テウヤ）村	石川縣	石川郡
帖佐（テフサ）村	鹿兒島縣	始良郡
田頭（デンドウ）村	岩手縣	岩手郡
傳法（デンボウ）村	靜岡縣	富士郡
照來（テルキ）村	兵庫縣	美方郡
殿下（デンカ）村	福井縣	丹生郡
堤鄕（テイガフ）村	埼玉縣	北葛飾郡
光岡（テルヲカ）村	大分縣	日田郡

アの部

網干（アボシ）町	兵庫縣	揖保郡
網走（アバシリ）町	北海道	網走郡
網野（アミノ）町	京都府	竹野郡
網津（アミツ）村	熊本縣	宇土郡
網引（アビキ）村	廣島縣	蘆品郡
網代（アジロ）町	靜岡縣	田方郡
網代（アジロ）村	岐阜縣	本巣郡
	鳥取縣	岩美郡
阿曾布（アソフ）村	岐阜縣	吉城郡
阿曾（アソ）村	岡山縣	吉備郡
阿波（アハ）村	茨城縣	稻敷郡
	三重縣	阿山郡
	岡山縣	苫田郡
阿蘇野（アソノ）村	大分縣	直入郡
阿蘇（アソ）村	千葉縣	印旛郡
阿下喜（アゲキ）村	三重縣	員辨郡
阿下（アゲ）村	廣島縣	神石郡
阿久根（アグネ）町	鹿兒島縣	出水郡
阿久津（アクツ）村	栃木縣	鹽谷郡
阿久比（アクヒ）村	愛知縣	知多郡
阿保（アホ）町	三重縣	名賀郡
阿仁合（アニアイ）町	秋田縣	北秋田郡

阿宇遠須島	北海道	占守郡
阿毘縁村	鳥取縣	日野郡
阿須那村	島根縣	邑智郡
阿武野村	大阪府	三島郡
阿彌陀村	兵庫縣	印南郡
阿那賀村	兵庫縣	三原郡
阿田和村	三重縣	南牟婁郡
阿古村	東京府	三宅島
阿坂村	三重縣	一志郡
阿井村	島根縣	仁多郡
阿萬村	兵庫縣	三原郡
阿閇村	兵庫縣	加古郡
阿南村	大分縣	大分郡
阿月村	山口縣	熊毛郡
阿部村	徳島縣	海部郡
阿野村	徳島縣	名西郡
阿用村	島根縣	大原郡
阿川村	山口縣	豊浦郡
阿尾村	富山縣	氷見郡
阿氣村	秋田縣	平鹿郡
阿木村	岐阜縣	惠那郡
阿字村	廣島縣	蘆品郡
阿多村	鹿兒島縣	日置郡
阿見村	茨城縣	稻敷郡
阿摺村	愛知縣	東加毛郡
阿村	熊本縣	天草郡
庵治村	香川縣	木田郡
庵我村	京都府	天田郡
我孫子町	千葉縣	東葛飾郡
愛野村	長崎縣	南高來郡
愛川村	神奈川縣	愛甲郡
愛本村	富山縣	下新川郡
愛治村	愛媛縣	北宇和郡
愛發村	福井縣	敦賀郡
愛別村	北海道	上川郡
愛宕村	山口縣	玖珂郡
藍園村	徳島縣	板野郡
藍畑村	徳島縣	名西郡
藍田村	熊本縣	球磨郡
藍見村	岐阜縣	武儀郡
藍村	兵庫縣	有馬郡
饗庭村	滋賀縣	高島郡
相可町	三重縣	多氣郡
相川町	新潟縣	佐渡郡
相川村	福島縣	耶麻郡
	山梨縣	西山梨郡
	静岡縣	志太郡
	神奈川縣	中郡
相生村	香川縣	大川郡
	岐阜縣	郡上郡
	徳島縣	那賀郡
	群馬縣	山田郡
相ノ木村	富山縣	中新川郡
相野谷村	三重縣	南牟婁郡
相ノ内村	北海道	常呂郡
相賀村	三重縣	北牟婁郡
相原村	神奈川縣	高座郡
相興村	山梨縣	東八代郡
相内村	青森縣	北津輕郡
相草村	静岡縣	小笠郡

相知村(アフチ)	佐賀縣	東松浦郡
相去村(アイサリ)	岩手縣	膽澤郡
跡市村(アトイチ)	島根縣	那賀郡
味野町(アジノ)	岡山縣	兒島郡
味眞野村(アヂマノ)	福井縣	今立郡
味生村(アヂフ)	大阪府	三島郡
味岡村(アヂオカ)	愛知縣	東春日井郡
味坂村(アヂサカ)	福岡縣	三井郡
味間村(アヂマ)	兵庫縣	多紀郡
味方村(アヂカタ)	新潟縣	西蒲原郡
鰺ケ澤町(アヂガサワ)	青森縣	西津輕郡
有松町(アリマツ)	愛知縣	知多郡
有路下村(アリジシモ)	京都府	加佐郡
有路上村(アリジカミ)	京都府	加佐郡
有田村(アリタ)	和歌山縣	西牟婁郡
	佐賀縣	西松浦郡
	新潟縣	中頸城郡
有田町(アリタ)	佐賀縣	西松浦郡
有馬町(アリマ)	兵庫縣	有馬郡
有馬村(アリマ)	神奈川縣	高座郡

有明村(アリアケ)	長野縣	南安曇郡
	熊本縣	玉名郡
有眞香村(アリマカ)	大阪府	泉南郡
有福村(アリフク)	島根縣	那賀郡
有家町(アリガ)	長崎縣	南高來郡
有川村(アリカワ)	長崎縣	南松浦郡
有佐村(アリサ)	熊本縣	八代郡
有磨村(アリマ)	廣島縣	蘆品郡
有保村(アリホ)	廣島縣	高田郡
有井村(アリヰ)	三重縣	南牟婁郡
有野村(アリノ)	兵庫縣	有馬郡
有賀村(アリカ)	宮城縣	栗原郡
有浦村(アリウラ)	佐賀縣	東松浦郡
在田村(アリタ)	兵庫縣	加西郡
在良村(アリヨシ)	三重縣	桑名郡
青堀町(アヲホリ)	千葉縣	君津郡
青海町(アヲミ)	新潟縣	西頸城郡
青梅町(アヲメ)	東京府	西多摩郡
青郷村(アヲサト)	福井縣	大飯郡
青江町(アヲエ)	大分縣	北海部郡

青山村(アヲヤマ)	大分縣	南海部郡
青原村(アヲハラ)	島根縣	鹿足郡
青方村(アヲカタ)	長崎縣	南松浦郡
青波村(アヲナミ)	滋賀縣	犬上郡
青根村(アヲネ)	神奈川縣	津久井郡
青沼村(アヲヌマ)	長野縣	南佐久郡
青田村(アヲタ)	福島縣	安達郡
青倉村(アオクラ)	群馬縣	北甘樂郡
青墓村(アヲハカ)	岐阜縣	不破郡
青野原村(アヲノハラ)	神奈川縣	津久井郡
青野村(アヲノ)	岡山縣	後月郡
青谷町(アヲヤ)	鳥取縣	氣高郡
青谷村(アヲタニ)	京都府	綴喜郡
青柳村(アヲヤギ)	福岡縣	糟屋郡
	埼玉縣	兒玉郡
	滋賀縣	高島郡
青島町(アヲシマ)	靜岡縣	志太郡
青島村(アヲシマ)	宮崎縣	宮崎郡
	富山縣	東礪波郡
青ケ島(アヲガシマ)	東京府	八丈島

青木島村（アヲキシマ）	長野縣	更級郡
青木村（アヲキ）	長野縣	小縣郡
	富山縣	下新川郡
	福島縣	伊達郡
	埼玉縣	北足立郡
	福岡縣	三潴郡
粟野町（アワノ）	栃木縣	上都賀郡
粟島浦村（アハジマウラ）	新潟縣	岩船郡
粟島村（アワシマ）	香川縣	三豐郡
粟野村（アワノ）	福島縣	伊達郡
	山口縣	豐浦郡
	福井縣	敦賀郡
粟生津村（アハフツ）	新潟縣	西蒲原郡
粟生村（アハフ）	石川縣	能美郡
粟井村（アハヰ）	香川縣	三豐郡
	愛媛縣	溫泉郡
	岡山縣	英田郡
粟津村（アハツ）	石川縣	能美郡
	愛媛縣	喜多郡
粟ノ保村（アワノホ）	石川縣	羽咋郡

粟廣村（アワヒロ）	岡山縣	英田郡
粟國村（アワクニ）	沖繩縣	島尻郡
粟屋村（アワヤ）	廣島縣	高田郡
粟本村（アワモト）	靜岡縣	小笠郡
粟鹿村（アワガ）	兵庫縣	朝來郡
粟賀村（アワサキ）	兵庫縣	神崎郡
粟崎村（アワサキ）	石川縣	石川郡
赤湯町（アカユ）	山形縣	東置賜郡
赤崎町（アカサキ）	鳥取縣	東伯郡
赤岡町（アカヲカ）	高知縣	香美郡
赤江町（アカエ）	宮崎縣	宮崎郡
赤間町（アカマ）	福岡縣	宗像郡
赤穗町（アカホ）	兵庫縣	赤穗郡
赤穗村（アカホ）	長野縣	上伊那郡
赤坂町（アカサカ）	岐阜縣	不破郡
	愛知縣	寶飯郡
赤坂村（アカサカ）	廣島縣	沼隈郡
	大阪府	南河內郡
赤羽根村（アカハネ）	愛知縣	渥美郡
赤羽村（アカハネ）	群馬縣	邑樂郡

赤羽村（アカバ）	三重縣	北牟婁郡
赤澤村（アカサハ）	福島縣	大沼郡
	岩手縣	紫波郡
赤崎村（アカサキ）	熊本縣	天草郡
	岩手縣	氣仙郡
	岡山縣	兒島郡
赤塚村（アカツカ）	東京府	北豐島郡
	新潟縣	西蒲原郡
赤津村（アカツ）	栃木縣	下都賀郡
	福島縣	安積郡
赤井川村（アカヰカハ）	北海道	余市郡
赤井村（アカヰ）	宮城縣	桃生郡
	福島縣	石城郡
赤河內村（アカカワチ）	德島縣	海部郡
赤城根村（アカキネ）	群馬縣	利根郡
赤野村（アカノ）	高知縣	安藝郡
赤松村（アカマツ）	兵庫縣	赤穗郡
赤屋村（アカヤ）	島根縣	能義郡
赤佐村（アカサ）	靜岡縣	濱名郡
赤堀村（アカボリ）	群馬縣	佐波郡

赤郷村	アカゴウ	山口縣	美彌郡
赤石村	アカイシ	青森縣	西津輕郡
		岩手縣	紫波郡
赤江村	アカエ	島根縣	能義郡
赤泊村	アカドマリ	新潟縣	佐渡郡
赤谷村	アカタニ	新潟縣	北蒲原郡
赤名村	アカナ	島根縣	飯石郡
赤麻村	アカマ	栃木縣	下都賀郡
赤平村	アカヒラ	北海道	空知郡
赤丸村	アカマル	富山縣	西礪波郡
赤見村	アカミ	栃木縣	安蘇郡
赤藏村	アカクラ	石川縣	鹿島郡
赤村	アカ	福岡縣	田川郡
揚川村	アカハ	新潟縣	東蒲原郡
茜部村	アカナベ	岐阜縣	稻葉郡
縣主村	アガタヌシ	岡山縣	後月郡
縣村	アガタ	鳥取縣	西伯郡
		三重縣	三重郡
		長野縣	小縣郡
英賀保村	アガホ	兵庫縣	飾磨郡
英田村	アカタ	大阪府	中河內郡
		石川縣	河北郡
曉霞村	アカツカ	高知縣	香美郡
熱海町	アタミ	靜岡縣	田方郡
熱見村	アツミ	山梨縣	北巨摩郡
熱鹽村	アツシオ	福島郡	耶麻郡
東嶽村	アヅマダケ	青森縣	東津輕郡
東村	アヅマ	千葉縣	夷隅郡
		茨城縣	新治郡
		群馬郡	勢多郡
		群馬縣	佐波郡
		群馬縣	吾妻郡
		群馬縣	群馬郡
		群馬縣	利根郡
		山形郡	東田川郡
		山形縣	南村山郡
		鳥取縣	岩美郡
厚岸町	アツケシ	北海道	厚岸郡
厚木町	アツキ	神奈川縣	愛甲郡
厚狹町	アサ	山口縣	厚狹郡
厚澤部村	アツサブ	北海道	檜山郡
厚見村	アツミ	岐阜縣	稻葉縣
厚眞村	アツマ	北海道	勇拂郡
厚田村	アツタ	北海道	厚田郡
吾嬬町	アヅマ	東京府	南葛飾郡
吾桑村	アサウ	高知縣	高岡郡
吾野村	アガノ	埼玉縣	入間郡
吾田村	アガタ	宮崎縣	南那珂郡
吾鄕村	ガガウ	島根縣	邑智郡
吾妻村	アヅマ	栃木縣	足利郡
		埼玉縣	入間郡
		福島縣	耶麻郡
		長野縣	西筑摩郡
		神奈川縣	中郡
溫海村	アツミ	山形縣	西田川郡
梓村	アヅサ	長野縣	南安曇郡
姉崎町	アネサキ	千葉縣	市原郡
姉體村	アネタイ	岩手縣	膽澤郡
姉帶村	アネタイ	岩手縣	二戶郡
姉島	アネシマ	東京府	小笠原島

穴水町	アナミヅ	石川縣	鳳至郡
穴吹町	アナブキ	徳島縣	美馬郡
穴内村	アナナイ	高知縣	安藝郡
穴師村	アナシ	大阪府	泉北郡
穴山村	アナヤマ	山梨縣	北巨摩郡
新井町	アラヰ	新潟縣	中頸城郡
新野町	アラタノ	徳島縣	那賀郡
新居町	アライ	靜岡縣	濱名郡
新屋町	アラヤ	秋田縣	河邊郡
新屋村	アラヤ	富山縣	下新川郡
新砥村	アラト	岡山縣	阿哲郡
新鹿村	アタシカ	三重縣	南牟婁郡
新成村	アラナリ	秋田縣	雄勝郡
新田村	アラタ	大分縣	大野郡
新磯村	アライソ	神奈川縣	高座郡
新山村	アラヤマ	京都府	中郡
荒尾町	アラヲ	熊本縣	玉名郡
荒川村	アラカワ	栃木縣	那須郡
		富山縣	西礪波郡
		秋田縣	仙北郡
		青森縣	東津輕郡
		兵庫縣	飾磨郡
荒井村	アラヰ	福島縣	信夫郡
		福島縣	北會津郡
		福島縣	安達郡
		兵庫縣	加古郡
荒木村	アラキ	福岡縣	三潴郡
		埼玉縣	北埼玉郡
		島根縣	簸川郡
荒濱村	アラハマ	宮城縣	亘理郡
		新潟縣	刈羽郡
荒砥村	アラトコ	群馬縣	勢多郡
荒砥町	アラト	山形縣	西置賜郡
荒茅村	アラカヤ	島根縣	簸川郡
荒島村	アラシマ	島根縣	能義郡
荒土村	アラド	福井縣	大野郡
荒澤村	アラサワ	岩手縣	二戸郡
荒阪村	アラサカ	三重縣	南牟婁郡
荒崎村	アラサキ	岐阜縣	不破郡
荒海村	アラカイ	福島縣	南會津郡
荒雄村	アラヲ	宮城縣	志田郡
荒瀬村	アラセ	秋田縣	北秋田郡
現原村	アラハラ	茨城縣	行方郡
麁玉村	アラタマ	靜岡縣	引佐郡
圷村	アクツ	茨城縣	東茨城郡
芥川町	アクタカワ	大阪府	三島郡
芥見村	アクタミ	岐阜縣	稻葉郡
綾部町	アヤベ	京都府	伊鹿郡
綾村	アヤ	宮崎縣	東諸縣郡
綾木村	アヤギ	山口縣	美禰郡
綾里村	アヤサト	岐阜縣	不破郡
綾織村	アヤオリ	岩手縣	上閉伊郡
綾瀬村	アヤセ	埼玉縣	南埼玉郡
		東京府	南足立郡
		神奈川縣	高座郡
天野村	アマノ	和歌山縣	伊都郡
		大阪府	南河内郡
天津町	アマツ	千葉縣	安房郡
天津村	アマツ	福井縣	丹生郡
		大分縣	宇佐郡
		鳥取縣	西伯郡

天美(アマミ)	村	大阪府	中河内郡
天見(アマミ)	村	大阪府	南河内郡
天坪(アマツボ)	村	高知縣	長岡郡
天名(アナ)	村	三重縣	河藝郡
天城(アマギ)	村	鹿兒島縣	大島郡
天方(アマカタ)	村	静岡縣	周智郡
天白(アマシロ)	村	三重縣	一志郡
海邊(アマベ)	村	大分縣	北海部郡
海士(アド)	村	島根縣	海士郡
海部(アマベ)	村	京都府	熊野郡
余目(アマルメ)	町	山形縣	東田川郡
余部(アマルベ)	村	兵庫縣	揖保郡
餘子(アマリコ)	村	鳥取縣	西伯郡
餘部(アマルベ)	村	兵庫縣	城崎郡
餘目(アマルメ)	村	福島縣	信夫郡
餘內(アマウチ)	村	京都府	加佐郡
甘木(アマキ)	町	福岡縣	朝倉郡
甘地(アマヂ)	村	兵庫縣	神崎郡
明知(アケチ)	町	岐阜縣	惠那郡
明治(アケハル)	村	愛媛縣	北宇和郡
明合(アケアイ)	村	三重縣	安濃郡
明穗(アケホ)	村	山梨縣	中巨摩郡
明戶(アケト)	村	埼玉縣	大里郡
明木(アキラギ)	村	山口縣	阿武郡
明(アキラ)	村	三重縣	河藝郡
		千葉縣	東葛飾郡
明世(アキヨ)	村	岐阜縣	土岐郡
明見(アケミ)	村	山梨縣	南都留郡
曙川(アケカハ)	村	大阪府	中河內郡
曙(アケボノ)	村	秋田縣	鹿角郡
		山梨縣	南巨摩郡
上尾(アゲヲ)	町	埼玉縣	北足立郡
上松(アゲマツ)	町	長野縣	西筑摩郡
上道(アガリミチ)	村	鳥取縣	西伯郡
上路(アゲロ)	村	新潟縣	西頸城郡
上倉(アケクラ)	村	高知縣	長岡郡
上野(アガノ)	村	福岡縣	田川郡
逢坂(アフサカ)	村	鳥取縣	西伯郡
		鳥取縣	氣高郡
逢隈(アフクマ)	村	宮城縣	亘理郡
		福島縣	田村郡
逢束(アフツカ)	村	鳥取縣	東伯郡
扇田(アフギタ)	町	秋田縣	北秋田郡
扇淵(アフギフチ)	村	秋田縣	山本郡
虻田(アブタ)	村	北海道	虻田郡
仰木(アフキ)	村	滋賀縣	滋賀郡
嚶(アフキ)	村	宮崎縣	宮崎郡
鸚鳴(アウメイ)	村	千葉縣	海上郡
油津(アブラツ)	町	宮崎縣	南那珂郡
油川(アブラカハ)	町	青森縣	東津輕郡
油日(アブラヒ)	村	滋賀縣	甲賀郡
油田(アブラデン)	村	富山縣	東礪波郡
淡河(アフゴ)	村	兵庫縣	美嚢郡
朝日野(アサヒノ)	村	滋賀縣	蒲生郡
		大分縣	速見郡
		大分縣	日田郡
		岡山縣	邑久郡
		滋賀縣	東淺井郡
		三重縣	三重郡
		熊本縣	上益城郡
		福井縣	丹生郡

朝日（アサヒ）村	静岡縣	加茂郡
	岐阜縣	益田郡
	長野縣	上伊那郡
	長野縣	東筑摩郡
	愛知縣	中島郡
	富山縣	婦負郡
	福島縣	南會津郡
	茨城縣	稻敷郡
	佐賀縣	杵島郡
朝倉（アサクラ）町	高知縣	土佐郡
朝倉（アサクラ）村	島根縣	鹿足郡
	高知縣	土佐郡
	秋田縣	平鹿郡
	奈良縣	磯城郡
	福島縣	耶麻郡
	福岡縣	朝倉郡
朝山（アサヤマ）村	島根縣	安濃郡
	島根縣	簸川郡
朝比奈（アサヒナ）村	静岡縣	小笠郡
	静岡縣	志太郡

朝來（アサク）村	大分縣	東國東郡
朝來（アサキ）村	京都府	加佐郡
朝來（アサソ）村	和歌山縣	西牟婁郡
朝酌（アサクミ）村	島根縣	八束郡
朝田（アサタ）村	大分縣	西國東郡
朝里（アサリ）村	北海道	小樽郡
朝陽（アサヒ）村	長野縣	上水内郡
朝上（アサカミ）村	三重縣	三重郡
朝神（アサカミ）村	山梨縣	北巨摩郡
朝見（アサミ）村	三重縣	飯南郡
朝宮（アサミヤ）村	滋賀縣	甲賀郡
朝井（アサヰ）村	山梨縣	西山梨郡
朝和（アサワ）村	奈良縣	山邊郡
朝妻（アサツマ）村	京都府	與謝郡
旭（アサヒ）町	千葉縣	海上郡
	千葉縣	東葛飾郡
	千葉縣	印旛郡
	石川縣	石川郡
	佐賀縣	三養基郡
	茨城縣	筑波郡

旭（アサヒ）村	埼玉縣	北葛飾郡
	埼玉縣	兒玉郡
	京都府	南桑田郡
	福島縣	安達郡
	福島縣	大沼郡
	山梨縣	北巨摩郡
	愛知縣	東賀茂郡
	愛知縣	碧海郡
	愛知縣	東春日井郡
	愛知縣	知多郡
	秋田縣	平鹿郡
	愛媛縣	北宇和郡
	滋賀縣	神崎郡
	神奈川縣	中郡
	新潟縣	東頸城郡
	新潟縣	中頸城郡
	鳥取縣	日野郡
	鳥取縣	東伯郡
旭日（アサヒ）村	大分縣	東國東郡
旭川（アサヒカワ）村	秋田縣	南秋田郡

旭野(アサヒノ)村	熊本縣	菊池郡
旭田(アサヒタ)村	福島縣	南會津郡
淺舞(アサマヒ)町	秋田縣	平鹿郡
淺川(アサカワ)村	石川縣	河北郡
	福島縣	石川郡
	東京府	南多摩郡
	長野縣	上水内郡
	徳島縣	海部郡
淺野(アサノ)村	香川縣	香川郡
	兵庫縣	津名郡
淺井(アサヰ)村	富山縣	射水郡
淺井(アサヰ)町	愛知縣	葉栗郡
淺津(アサツ)村	鳥取縣	東伯郡
淺水(アサミヅ)村	宮城縣	登米郡
淺草(アサクサ)村	岐阜縣	安八郡
淺海(アサナミ)村	愛媛縣	溫泉郡
淺岸(アサキシ)村	岩手縣	岩手郡
淺内(アサウチ)村	秋田縣	山本郡
淺木(アサキ)村	福岡縣	遠賀郡
淺江(アサエ)村	山口縣	熊毛郡
淺原(アサハラ)村	廣島縣	佐伯郡
淺田(アサタ)村	青森縣	三戸郡
淺利(アサリ)村	島根縣	那賀郡
淺瀨石(アサセイシ)村	青森縣	南津輕郡
麻生(アサウ)町	茨城縣	行方郡
麻生(アサフ)村	大分縣	宇佐郡
麻生津(アサフツ)村	福井縣	足羽郡
麻生津(アサフツ)村	和歌山縣	那賀郡
麻生郷(アサリガウ)村	大阪府	泉南郡
麻田(アサダ)村	大阪府	豐能郡
麻機(アサハタ)村	靜岡縣	安倍郡
麻溝(アサミゾ)村	神奈川縣	高座郡
麻(アサ)村	香川縣	三豐郡
旦開(アサゲ)村	長野縣	下伊那郡
呰部(アサエ)村	岡山縣	上房郡
秋月(アキツキ)町	福岡縣	朝倉郡
秋成(アキナリ)村	新潟縣	中魚沼郡
秋鹿(アイカ)村	島根縣	八束郡
秋山(アキヤマ)村	高知縣	吾川郡
	山梨縣	南郡留郡
秋津(アキツ)村	熊本縣	上益城郡
	長野縣	下水内郡
	奈良縣	南葛城郡
	茨城縣	行方郡
秋津川(アキツカワ)村	和歌山縣	西牟婁郡
秋田(アキタ)村	山梨縣	北巨摩郡
秋吉(アキヨシ)村	山口縣	美禰郡
秋穗(アキホ)村	山口縣	吉敷郡
秋穗二島(アキホフタシマ)村	山口縣	吉敷郡
秋中(アキナカ)村	山口縣	玖珂郡
秋野(アキノ)村	奈良縣	吉野郡
秋平(アキヒラ)村	埼玉縣	兒玉郡
秋間(アキマ)村	群馬縣	碓氷郡
秋畑(アキハタ)村	群馬縣	北甘樂郡
秋ノ宮(アキノミヤ)村	秋田縣	雄勝郡
秋越(アキコシ)村	廣島縣	高田郡
秋保(アキウ)村	宮城縣	名取郡
秋元(アキモト)村	千葉縣	君津郡
鮎川(アイガワ)村	滋賀縣	甲賀郡
鮎貝(アユカヒ)村	山形縣	西置賜郡

鮎原村（アユハラ）	兵庫縣	津名郡
鮎川村（アユカワ）	和歌山縣	西牟婁郡
	宮城縣	牡鹿郡
	茨城縣	多賀郡
	秋田縣	由利郡
雨宮縣村（アメミヤカタ）	長野縣	埴科郡
雨引村（アマビキ）	茨城縣	眞壁郡
雨櫻村（アメサクラ）	靜岡縣	小笠郡
足尾町（アシヲ）	栃木縣	上都賀郡
足助町（アスケ）	愛知縣	東加茂郡
足守町（アシモリ）	岡山縣	吉備郡
足近村（アチカ）	岐阜縣	羽島郡
足寄村（アシヨロ）	北海道	足寄郡
足代村（アシロ）	德島縣	三好郡
足白村（アジシロ）	福岡縣	嘉穗郡
足柄村（アシガラ）	靜岡縣	駿東郡
	神奈川縣	足柄下郡
蘆屋町（アシヤ）	福岡縣	遠賀郡
蘆ケ崎村（アシカサキ）	新潟縣	中魚沼郡
蘆ケ久保村（アシガクボ）	埼玉縣	秩父郡
蘆原村（アシハラ）	福井縣	坂井郡
蘆湯村（アシユ）	神奈川縣	足柄下郡
蘆見村（アシミ）	福井縣	大野郡
蘆刈村（アシカリ）	佐賀縣	小城郡
蘆安村（アシヤス）	山梨縣	中巨摩郡
蘆田村（アシタ）	長野縣	北佐久郡
	兵庫縣	氷上郡
芦野町（アシノ）	栃木縣	那須郡
芦澤村（アシサワ）	福島縣	田村郡
別村（アシベツ）	北海道	空知郡
葦穗村（アシホ）	茨城縣	新治郡
合橋村（アヒハシ）	兵庫縣	出石郡
合原村（アヒハラ）	岐阜縣	不破郡
合川村（アヒカワ）	福岡縣	三井郡
	三重縣	河藝郡
	大分縣	大野郡
會染村（アヒソメ）	長野縣	北安曇郡
會地村（アフチ）	長野縣	下伊那郡
會田村（アヒタ）	長野縣	東筑摩郡
始良村（アヒラ）	鹿兒島縣	肝屬郡
畔名村（アゼナ）	三重縣	志摩郡
飛鳥村（アスカ）	三重縣	南牟婁郡
	奈良縣	高市郡
安宅町（アタカ）	石川縣	能美郡
安食町（アジキ）	千葉縣	印旛郡
安岐町（アキ）	大分縣	東國東郡
安藝町（アキ）	高知縣	安藝郡
安城町（アンジヤウ）	愛知縣	碧海郡
安中町（アンナカ）	群馬縣	碓氷郡
安中村（アンナカ）	長崎縣	南高來郡
安中村（アンヂウ）	茨城縣	稻敷郡
安曇村（アンド）	滋賀縣	高島郡
安曇村（アヅミ）	長野縣	南安曇郡
安倍村（アベ）	奈良縣	磯城郡
安部郡（アベ）	鳥取縣	八頭郡
安茂里村（アモリ）	長野縣	上水内郡
安心院村（アジム）	大分縣	宇佐郡
安下庄村（アゲノシヤウ）	山口縣	大島郡
安都玉村（アツタマ）	山梨郡	北巨摩郡
安樂城村（アラキ）	山梨縣	最上郡

安良里村（アラリ）	靜岡縣	加茂郡
安都那村（アツナ）	山梨縣	北巨摩郡
安眞木村（アマキ）	福岡縣	田川郡
安行村（アンギヤウ）	埼玉縣	北足立郡
安西村（アンサイ）	三重縣	安濃郡
安濃村（アンノウ）	三重縣	安濃郡
	三重縣	安濃郡
安靜村（アンセイ）	茨城縣	結城郡
安德村（アントク）	福岡縣	筑紫郡
安飾村（アンショク）	茨城縣	新治郡
安乎村（アイガ）	兵庫縣	津名郡
安土村（アヅチ）	滋賀縣	蒲生郡
安師村（アンシ）	兵庫縣	宍粟郡
安乘村（アノリ）	三重縣	志摩郡
安平村（アビラ）	北海道	勇拂郡
安樂川村（アラカワ）	和歌山縣	那賀郡
安威村（アイ）	大阪府	三島郡
安堵村（アンド）	奈良縣	生駒郡
安登村（アンド）	廣島縣	賀茂郡
安家村（アッカ）	岩手縣	下閉伊郡
安諦村（アデ）	和歌山縣	有田郡
左澤町（アテラザワ）	山形縣	西村上郡
出雲郷村（アダカイ）	島根縣	八束郡
アライト島	北海道	占守郡

サの部

佐野町（サノ）	大阪府	泉南郡
	栃木縣	安蘇郡
	兵庫縣	津名郡
佐野村（サノ）	富山縣	射水郡
	群馬縣	群馬郡
	茨城縣	那珂郡
佐野川村（サノカワ）	神奈川縣	津久井郡
佐山村（サヤマ）	京都府	久世郡
	山口縣	吉敷郡
	滋賀縣	甲賀郡
佐治町（サヂ）	兵庫縣	氷上郡
佐治村（サヂ）	鳥取縣	八頭郡
佐敷町（サシキ）	熊本縣	葦北郡
佐敷村（サシキ）	沖繩縣	島尻郡
佐波村（サハ）	廣島縣	沼隈郡
	岐阜縣	稻葉郡
佐賀村（サガ）	京都府	何鹿郡
	山口縣	熊毛郡
	高知縣	幡多郡
	茨城縣	新治郡
佐賀關町（サガノセキ）	大分縣	北海部郡
佐原町（サハラ）	千葉縣	香取郡
佐原村（サハラ）	茨城縣	久慈郡
佐貫町（サヌキ）	千葉縣	君津郡
佐貫村（サヌキ）	群馬縣	邑樂郡
佐倉町（サクラ）	千葉縣	印旛郡
佐倉村（サクラ）	福島縣	信夫郡
	靜岡縣	小笠郡
佐倉河村（サクラガハ）	岩手縣	膽澤郡
佐比内村（サヒナイ）	岩手縣	紫波郡
佐比賣村（サヒメ）	島根縣	安濃郡
佐須奈村（サスナ）	長崎縣	上縣郡

佐須村	サス	長崎縣	下縣郡
佐々並村	ササナミ	山口縣	阿武郡
佐々木村	ササキ	長崎縣	北松浦郡
佐々村	ササ	長崎縣	北松浦郡
佐志生村	サシフ	大分縣	北海部郡
佐志村	サシ	鹿兒島縣	薩摩郡
		佐賀縣	東松浦郡
佐伯町	サヘキ	大分縣	南海部郡
佐伯北村	サヘキキタ	岡山縣	赤磐郡
佐伯上村	サヘキカミ	岡山縣	赤磐郡
佐伯本村	キトキホン	岡山縣	赤磐郡
佐久山町	サクヤマ	栃木縣	那須郡
佐久間村	サクマ	靜岡縣	磐田郡
		千葉縣	安房郡
佐久島村	サクシマ	愛知縣	幡豆郡
佐土原町	サドハラ	宮崎縣	宮崎郡
佐沼町	サヌマ	宮城縣	登米郡
佐川町	サカワ	高知縣	高岡郡
佐喜濱村	サキノハラ	高知縣	安藝郡
佐馬地村	サマチ	德島縣	三好郡

佐那河內村	サナカワチ	德島縣	名東郡
佐柳島村	サナギシマ	香川縣	仲多度郡
佐呂間村	サロマ	北海道	常呂郡
佐左見村	ササミ	靜岡縣	濱名郡
佐分利村	サブリ	福井縣	大飯郡
佐禮谷村	サレイタニ	愛媛縣	伊豫郡
佐良山村	サラヤマ	岡山縣	久米郡
佐伊津村	サイツ	熊本縣	天草郡
佐谷田村	サヤタ	埼玉縣	大里郡
佐留志村	サルシ	佐賀縣	杵島郡
佐江崎町	サエサキ	廣島縣	豐田郡
佐井村	サイ	青森縣	下北郡
佐奈村	サナ	三重縣	多氣郡
佐多村	サタ	鹿兒島縣	肝屬郡
佐用町	サヨウ	兵庫縣	佐用郡
佐香村	サカ	島根縣	簸川郡
佐田村	サダ	大分縣	宇佐郡
佐織村	サオリ	愛知縣	海部郡
佐屋村	サヤ	愛知縣	海部郡
佐見村	サミ	岐阜縣	加茂郡

佐竹村	サタケ	茨城縣	久慈郡
佐岡村	サヲカ	高知縣	香美郡
佐古村	サコ	高知縣	香美郡
佐束村	サツカ	靜岡縣	小笠郡
佐太村	サツト	島根縣	八束郡
佐世村	サセ	島根縣	大原郡
佐都村	サト	茨城縣	久慈郡
佐本村	サモト	和歌山縣	西牟婁郡
砂原村	サハラ	北海道	茅部郡
砂谷村	サゴタニ	廣島縣	佐伯郡
座光寺村	ザコウジ	長野縣	下伊那郡
座間味村	サマシ	沖繩縣	島尻郡
座間村	ザマ	神奈川縣	高座郡
嵯峨町	サガ	京都府	葛野郡
蹉跎村	サダ	大阪府	北河內郡
狹山村	サヤマ	大阪府	南河內郡
狹川村	サカワ	奈良縣	添上郡
五西月村	サシキ	和歌山縣	有田郡
早田原村	サタワラ	廣島縣	賀茂郡
左木地村	サキジ	東京府	大島

散岐村（サンキ）	鳥取縣	八頭郡
匝瑳村（サフサ）	千葉郡	匝瑳郡
西條町（サイゼウ）	廣島縣	賀茂郡
	愛媛縣	新居郡
西條村（サイゼウ）	千葉縣	安房郡
	山梨縣	中巨摩郡
西郷町（サイゴウ）	島根縣	周古郡
西郷村（サイゴウ）	佐賀縣	神崎郡
	茨城縣	東茨城郡
	宮崎縣	東臼杵郡
	岐阜縣	本巣郡
	靜岡縣	小笠郡
	大阪府	豐能郡
	長崎縣	南高來郡
	鳥取縣	東伯郡
	鳥取縣	八頭郡
西大寺町（サイダイジ）	岡山縣	上道郡
西明寺村（サイミヤウジ）	秋田縣	仙北郡
西郡村（サイグン）	岐阜縣	揖斐郡
西牧村（サイマキ）	群馬縣	北甘樂郡
西城村（サイジヤウ）	廣島縣	比婆郡
西豆村（サイズ）	靜岡縣	田方郡
西海村（セイカイ）	石川縣	羽咋郡
西原村（サイハラ）	山梨縣	北都留郡
西院村（サイイン）	京都府	葛野郡
犀川村（サイカワ）	福岡縣	京都郡
	石川縣	石川郡
財田大野村（サイダオホノ）	香川縣	三豐郡
財田村（サイタ）	香川縣	三豐郡
財田村（サイデン）	岡山縣	上道郡
在家塚村（ザイケツカ）	山梨縣	中巨摩郡
在所村（ザイジヨウ）	高知縣	香美郡
雑賀崎村（ザイカサキ）	和歌山縣	海草郡
採銅所村（サイトウシヨ）	福岡縣	田川郡
齋宮村（サイク）	三重縣	多氣郡
齋川村（サイカハ）	宮城縣	刈田郡
埼玉村（サイタマ）	埼玉縣	北埼玉郡
鯖江町（サバエ）	福井縣	今立郡
里五十公野村（サトイジミノ）	新潟縣	中頸城郡
里山邊村（サトヤマベ）	長野縣	東筑摩郡
里浦村（サトノウラ）	德島縣	板野郡
里庄村（サトシヤウ）	岡山縣	淺口郡
里垣村（サトカキ）	山梨縣	西山梨郡
里見村（サトミ）	千葉縣	市原郡
	群馬縣	碓氷郡
	秋田縣	平鹿郡
里村（サト）	鹿兒島縣	薩摩郡
郷谷村（サトヤ）	群馬縣	邑樂郡
猿澤村（サルサワ）	岩手縣	東磐井郡
	新潟縣	岩船郡
猿拂村（サルフツ）	北海道	宗谷郡
猿邊村（サルベ）	青森縣	三戸郡
猿賀村（サルガ）	青森縣	南津輕郡
猿投村（サナゲ）	愛知縣	西加茂郡
猿橋村（サルハシ）	新潟縣	北蒲原郡
猿川村（サルカワ）	和歌山縣	那賀郡
猿島村（サルシマ）	茨城縣	猿島郡
澤根町（サワネ）	新潟縣	佐渡郡

澤(サワ)谷(ダニ)村	島根縣	邑智郡
	德島縣	那賀郡
澤(サワ)田(タ)村	群馬縣	吾妻郡
	福島縣	石川郡
澤(サワ)渡(ワタリ)村	福島縣	石城郡
澤(サワ)目(メ)村	秋田縣	山本郡
澤(サワ)內(ウチ)村	岩手縣	和賀郡
澤(ハワ)井(キ)村	神奈川縣	津久井郡
澤(サリ)口(クチ)村	秋田縣	北秋田郡
澤(サワ)石(イシ)村	福島縣	田村郡
澤(サワ)邊(ベ)村	宮坂縣	栗原郡
澤(サソ)山(ヤマ)村	茨城縣	東茨城郡
境(サカイ)町(マチ)村	秋田縣	平鹿郡
境(サカイ)町	茨城縣	猿島郡
	群馬縣	佐波郡
	鳥取縣	西伯郡
境(サカイ)村	栃木縣	那須郡
	富山縣	下新川郡
	三重縣	一志郡
	長野縣	諏訪郡
境(サカイ)川(カワ)村	山梨縣	東八代郡
境(サカイ)野(ノ)町	群馬縣	山田郡
境(サカイ)野(ノ)村	佐賀縣	神崎郡
堺(サカイ)村	長野縣	下高井郡
	福井縣	南條郡
	兵庫縣	三原郡
	岡山縣	小田郡
	東京府	南多摩郡
界(サカヒ)村	栃木縣	安蘇郡
酒(サカ)田(タ)町	山形縣	飽海郡
	神奈川縣	足柄上郡
酒(サカ)匂(ワ)村	神奈川縣	足柄下郡
酒(サケノ)津(ツ)村	鳥取縣	氣高郡
酒(サカ)生(フ)村	福井縣	足羽郡
酒(サケ)河(カハ)村	廣島縣	雙三郡
酒(サカ)門(ド)村	茨城縣	東茨城郡
酒(サカ)谷(タニ)村	宮崎縣	南那珂郡
寒(サ)河(カ)江(エ)村	山形縣	西村山郡
寒(サブ)江(エ)村	富山縣	婦負郡
寒(サウ)川(カワ)村	和歌山縣	日高郡
	栃木縣	下都賀郡
	愛媛縣	宇摩郡
	神奈川縣	高座郡
盛(サカリ)町	岩手縣	氣仙郡
相(サガ)良(ラ)町	靜岡縣	榛原郡
相(サ)模(ガミ)村	山形縣	東村山郡
相(サウ)樂(ラク)村	京都府	相樂郡
相(サウ)馬(マ)町	茨城縣	北相馬郡
相(サウ)馬(マ)村	群馬縣	群馬郡
	石川縣	鹿島郡
賢(サカ)木(キ)村	熊本縣	玉名郡
坂(サカ)本(モト)町	群馬縣	碓氷郡
坂(サカ)本(モト)村	香川縣	綾歌郡
	岐阜縣	惠那郡
	愛媛縣	溫泉郡
	滋賀縣	滋賀郡
	茨城縣	久慈郡
坂(サカ)下(シタ)町	愛知縣	東春日井郡
	岐阜縣	惠那郡

坂下村（サカシタ）	熊本縣	玉名郡
	三重縣	鈴鹿郡
	岐阜縣	吉城郡
坂上村（サカガミ）	山口縣	玖珂郡
	茨城縣	多賀郡
	群馬縣	吾妻郡
	岐阜縣	吉城郡
坂手村（サカテ）	茨城縣	北相馬郡
	香川縣	小豆郡
	三重縣	志摩郡
坂村（サカ）	廣島縣	高田郡
	廣島縣	安藝郡
坂合部村（サカヒベ）	奈良縣	宇智郡
坂井原村（サカヰハラ）	廣島縣	御調郡
坂井村（サカヰ）	長野縣	東筑摩郡
坂戸町（サカト）	埼玉縣	入間郡
坂城町（サカキ）	長野縣	埴科郡
坂出町（サカデ）	香川縣	綾歌郡
坂瀬川村（サカセガハ）	熊本縣	天草郡

坂之東村（サカノヒガシ）	岐阜縣	武儀郡
坂州木頭村（サカシウキドウ）	德島縣	那賀郡
坂ノ市村（サカノイチ）	大分縣	北海部郡
坂井輪村（サカヰワ）	新潟縣	西蒲原郡
坂越村（サカゴシ）	兵庫縣	赤穗郡
坂北村（サカキタ）	長野縣	東筑摩郡
坂元村（サカモト）	宮城縣	亘理郡
坂祝村（サカホキ）	岐阜縣	加茂郡
坂内村（サカウチ）	岐阜縣	揖斐郡
坂部村（サカベ）	靜岡縣	榛原郡
坂口村（サカクチ）	福井縣	南條郡
坂野村（サカノ）	德島縣	那賀郡
坂梨村（サカナシ）	熊本縣	阿蘇郡
坂谷村（サカタニ）	福井縣	大野郡
坂合村（サカアヒ）	奈良縣	高市郡
逆井山村（サカヰヤマ）	茨城縣	猿島郡
逆川村（サカカワ）	栃木縣	芳賀郡
	千葉縣	匝瑳郡
	茨城縣	新治郡
	山梨縣	西八代郡

榮村（サカエ）	長野縣	南佐久郡
	長野縣	上水内郡
	山形縣	東田川郡
	山形縣	西田川郡
	秋田縣	平鹿郡
	秋田縣	北秋田郡
	三重縣	河藝郡
	青森縣	北津輕郡
	德島縣	板野郡
	鳥取縣	東伯郡
榮濱村（サカエハマ）	樺太	榮濱郡
榊原村（サカキハラ）	三重縣	一志郡
榊村（サカキ）	秋田縣	山本郡
	山梨縣	中巨摩郡
貞光町（サダミツ）	德島縣	美馬郡
貞元村（サダモト）	千葉縣	君津郡
幸手町（サツテ）	埼玉縣	北葛飾郡
幸世村（サチヨ）	兵庫縣	氷上郡
幸浦村（サチウチ）	靜岡縣	磐田郡

幸久（サキク）村	茨城縣	久慈郡
札幌（サッポロ）村	北海道	札幌郡
刺鹿（サッカ）村	島根縣	安濃郡
實久（サネク）村	鹿兒島縣	大島郡
更木（サラキ）村	岩手縣	和賀郡
	岐阜縣	稻葉郡
更級（サラシナ）村	長野縣	更級郡
更科（サラシナ）村	山梨縣	北巨摩郡
	千葉縣	千葉郡
侍濱（サムライハマ）村	岩手縣	九戸郡
造賀（ザウガ）村	廣島縣	賀茂郡
造田（ザウタ）村	香川縣	大川郡
造田（ザウタ）村	香川縣	綾歌郡
讃甘（サノモ）村	岡山縣	英田郡
櫻井谷（サクラヰダニ）村	大阪府	豐能郡
櫻井（サクラヰ）町	奈良縣	磯城郡
	愛媛縣	越智郡
	福岡縣	糸島郡
	茨城縣	猿島郡
	埼玉縣	南埼玉縣

櫻井（サクライ）村	埼玉縣	北葛飾郡
	愛知縣	碧海郡
	長野縣	南佐久郡
	熊本縣	鹿本郡
	神奈川縣	足柄上郡
櫻（サクラ）村	宮城縣	伊具郡
	三重縣	三重郡
櫻樹（サクラギ）村	愛媛縣	周桑郡
櫻田（サクラダ）村	埼玉縣	北葛飾郡
櫻澤（サクラサワ）村	埼玉縣	大里郡
櫻川（サクラガワ）村	滋賀縣	蒲生郡
櫻洲（サクラス）村	大分縣	下毛郡
櫻尾（サクラヲ）村	岐阜縣	山縣郡
作谷澤（サクヤサハ）村	山形縣	東村山郡
作木（サクキ）村	廣島縣	雙三郡
作見（サクミ）村	石川縣	江沼郡
鮭川（サケカワ）村	山形縣	最上郡
笹岡（ササヲカ）村	岡山縣	赤磐郡
	新潟縣	北蒲原郡

笹間（ササマ）村	靜岡縣	志太郡
	岩手縣	和賀郡
笹川（ササガワ）町	千葉縣	香取郡
笹目（ササメ）村	埼玉縣	北足立郡
笹原（ササハラ）村	福島縣	東白川郡
笹子（ササコ）村	山梨縣	北都留郡
笹賀（ササガ）村	長野縣	東筑摩郡
笹谷（ササヤ）村	福島縣	信夫郡
篠山（ササヤマ）町	兵庫縣	多紀郡
雀部（ササベ）村	京都府	天田郡
崎針尾（サキハリヲ）村	長崎縣	東彼杵郡
崎浦（サキウラ）村	石川縣	石川郡
崎戸（サキト）村	長崎縣	西彼杵郡
崎津（サキツ）村	鳥取縣	西伯郡
崎山（サキヤマ）村	石川縣	鹿島郡
	岩手縣	下閉伊郡
	長崎縣	南松浦郡
鷺浦（サキウラ）村	廣島縣	豐田郡
鷺山（サギヤマ）村	岐阜縣	稻葉郡
鷺田（サギタ）村	岐阜縣	本巣郡
	香川縣	香川郡

前山村	サキヤマ	兵庫縣	氷上郡
醒井村	サメガヰ	滋賀縣	坂田郡
鮫川村	サメカハ	福島縣	東白川郡
指扇村	サシアフギ	埼玉縣	北足立郡
山王村	サンノウ	茨城縣	北相馬郡
		富山縣	西礪波郡
山東村	サントウ	福井縣	三方郡
		熊本縣	鹿本郡
山郷村	サンガウ	福岡縣	耶麻郡
山内村	サンナイ	秋田縣	平鹿郡
山南村	サンナ	廣島縣	沼隈郡
山波村	サンバ	廣島縣	沼隈郡
三郷村	サンガウ	富山縣	中新川郡
		大阪府	北河内郡
		新潟縣	中頸城郡
三田村	サンタ	和歌山縣	海草郡
		神奈川縣	愛甲郡
三田町	サンタ	兵庫縣	有馬郡
參川村	サンカワ	愛媛縣	上浮穴郡
		千葉縣	海上郡
三河村	サンカワ	靜岡縣	八女郡
三本松町	サンボンマツ	香川縣	大川郡
三本松村	サンボンマツ	奈良縣	宇陀郡
三本木町	サンボンキ	青森縣	上北郡
		宮城縣	志田郡
三戸町	サンノヘ	青森縣	三戸郡
三箇村	サンコ	埼玉縣	南埼玉郡
三箇牧村	サンガマキ	大阪府	三島郡
三條町	サンゼウ	新潟縣	南蒲原郡
三ケ所村	サンガシヨ	宮崎縣	西臼杵郡
三ノ宮村	サンノミヤ	京都府	船井郡
三財村	サンダイ	宮崎縣	兒湯郡
三名村	サンミヤウ	德島縣	三好郡
三庄村	サンシヤウ	德島縣	三好郡
三澤村	サンサワ	神奈川縣	津久井郡
三蟠村	サンバン	岡山縣	上道郡
三町村	サンチヨウ	山梨縣	中巨摩郡
三見村	サンミ	山口縣	阿武郡
三水村	サンミズ	長野縣	上水內郡
三椒村	サンシヤウ	兵庫縣	城崎郡
三方村	サンボウ	鹿兒島縣	大島郡
三波村	サンナミ	石川縣	鳳至郡
三波川村	サンバカワ	群馬縣	多野郡

キの部

木津町	キツ	京都府	相樂郡
木津村	キツ	京都府	竹野郡
木津和村	キツワ	廣島縣	神石郡
木崎村	キサキ	茨城縣	那賀郡
		埼玉縣	北足立郡
		新潟縣	北蒲原郡
木田村	キダ	岐阜縣	稻葉郡
		福井縣	足羽郡
		島根縣	那賀郡
木山町	キヤマ	熊本縣	上益城郡

木山村	キヤマ	岡山縣	眞庭郡
木部村	キベ	福井縣	坂井郡
		島根縣	鹿足郡
木戸村	キド	福島縣	雙葉郡
		滋賀縣	滋賀郡
木島村	キシマ	大阪府	泉南郡
		長野縣	下高井郡
木更津町	キサラヅ	千葉縣	君津郡
木曾岬村	キソサキ	三重縣	桑名郡
木曾川町	キソガワ	愛知縣	葉栗郡
木之本町	キノモト	滋賀縣	伊香郡
木本町	キモト	三重縣	南牟婁郡
木ノ本村	キノモト	和歌山縣	海草郡
木ノ江町	キノエ	廣島縣	豐田郡
木ノ庄村	キノシヤウ	廣島縣	深安郡
木庄村	キノシヤウ	廣島縣	御調郡
木之子村	キノコ	岡山縣	後月郡
木古內村	キコナイ	北海道	上磯郡
木佐木村	キサキ	福岡縣	三瀦郡
木間瀬村	キマセ	千葉縣	東葛飾郡
木下町	キヲロシ	千葉縣	印旛郡
木次町	キスキ	島根縣	大原郡
木造町	キツクリ	青森縣	西津輕郡
木室村	キムロ	福岡縣	三瀦郡
木瀬村	キセ	群馬縣	勢多郡
木原村	キハラ	茨城縣	稻敷郡
木脇村	キワキ	宮崎縣	東諸縣郡
木澤村	キサワ	長野縣	下伊那郡
木ノ上村	キノノヘ	熊本縣	球磨郡
木祖村	キソ	長野縣	西筑摩郡
木倉村	キノクラ	熊本縣	上益城郡
木太村	キダ	香川縣	木田郡
木城村	ギジヤウ	宮崎縣	兒湯郡
木花村	キバナ	宮崎縣	宮崎郡
木谷村	キタニ	廣島縣	豐田郡
木立村	キタチ	大分縣	南海部郡
喜多方町	キタカタ	福島縣	耶麻郡
喜連川町	キツレカワ	栃木縣	鹽谷郡
喜茂別村	キモベツ	北海道	虻田郡
喜良市村	キライチ	青森縣	北津輕郡
喜屋武村	キヤム	沖繩縣	島尻郡
喜々津村	キキツ	長崎縣	西彼杵郡
喜久田村	キクタ	福島縣	安積郡
喜佐方村	キサカタ	愛媛縣	北宇和郡
喜多灘村	キタナダ	愛媛縣	喜多郡
喜須來村	キスキ	愛媛縣	西宇和郡
喜志村	キシ	大阪府	南河內郡
喜界村	キカイ	鹿兒島縣	大島郡
喜舍町	キサ	廣島縣	雙三郡
吉良川村	キラカワ	高知縣	安藝郡
吉部村	キベ	山口縣	厚狹郡
		山口縣	阿武郡
吉美村	キミ	京都府	何鹿郡
吉祥院村	キツシヨウキン	京都府	紀伊郡
城東村	キトウ	靜岡縣	加茂郡
城原村	キハル	大分縣	直入郡
城島村	キシマ	神奈川縣	中郡
城崎村	キサキ	兵庫縣	城崎郡
城田村	キダ	三重縣	度會郡
城井村	キサ	福岡縣	京都郡

來島村	キシマ	島根縣	飯石郡
來待村	キマチ	島根縣	八束郡
來住村	キシ	兵庫縣	加東郡
貴生川村	キブカワ	滋賀縣	甲賀郡
貴志村	キシ	兵庫縣	有馬郡
		和歌山縣	海草郡
紀伊村	キイ	和歌山縣	海草郡
		香川縣	三豐郡
紀見村	キミ	和歌山縣	伊都郡
紀三井寺村	キミヰデラ	和歌山縣	海草郡
祇王村	ギワウ	滋賀縣	野洲郡
祇園村	ギオン	廣島縣	安佐郡
杵築町	キヅキ	大分縣	速見郡
杵束村	キツカ	島根縣	那賀郡
基里村	キサト	佐賀縣	三養基郡
基山村	キヤマ	佐賀縣	三養基郡
枳根莊村	キネノシヤウ	大阪府	豐能郡
鬼無里村	キナサ	長野縣	上水内郡
幾世橋村	キヨハシ	福島縣	雙葉郡
宜野灣村	ギノワン	沖繩縣	中頭郡
岐宿村	キシク	長崎縣	南松浦郡
騎西町	キサイ	埼玉縣	北埼玉郡
企救町	キク	福岡縣	企救郡
黃海村	キイミ	岩手縣	東磐井郡
桐之庄村	キノシヤウ	京都府	船井郡
桐島村	キリシマ	新潟縣	三島郡
桐原村	キリハラ	滋賀縣	蒲生郡
切目川村	キリメガハ	和歌山縣	日高郡
切目村	キリメ	和歌山縣	日高郡
切畑村	キリハタ	大分縣	南海部郡
切原村	キリハラ	長野縣	南佐久郡
切木村	キリコ	佐賀縣	東松浦郡
絹川村	キヌカハ	茨城縣	結城郡
絹島村	キヌシマ	栃木縣	河内郡
絹村	キヌ	栃木縣	下都賀郡
衣笠村	キヌカサ	神奈川縣	三浦郡
砧村	キヌタ	東京府	北多摩郡
淸里村	キヨサト	群馬縣	群馬郡
		山梨縣	北巨摩郡
		熊本縣	玉名郡
淸水村	キヨミズ	鹿兒島縣	姶良郡
		岐阜縣	揖斐郡
		高知縣	吾川郡
淸川村	キヨカワ	山形縣	東田川郡
		千葉縣	君津郡
		和歌山縣	日高郡
		山梨縣	中巨摩郡
淸洲町	キヨス	愛知縣	西春日井郡
淸洲村	キヨス	栃木縣	上都賀郡
淸瀧村	キヨタキ	宮城縣	栗原郡
		兵庫縣	城崎郡
淸久村	キヨク	埼玉縣	南埼玉郡
淸音村	キヨネ	岡山縣	都窪郡
淸嶽村	キヨタケ	廣島縣	甲奴郡
淸末村	キヨスヘ	山口縣	豐浦郡
淸見村	キヨミ	岐阜縣	大野郡
淸滿村	キヨミツ	愛媛縣	北宇和郡
淸溪村	キヨタニ	大阪府	三島郡
淺野村	キヨノ	長野縣	埴科郡
淸春村	キヨハル	山梨縣	北巨摩郡

清瀨村	キヨセ	東京府	北多摩郡
清澤村	キヨサハ	靜岡縣	安倍郡
清武村	キヨタケ	宮崎縣	宮崎郡
清原村	キヨハラ	栃木縣	芳賀郡
共和村	キヨウワ	千葉縣	匝瑳郡
		埼玉縣	北埼玉郡
		埼玉縣	兒玉郡
		山口縣	美禰郡
		山梨縣	西八代郡
		長野縣	更級郡
		岡山縣	後月郡
		神奈川縣	足柄上郡
共興村	キヨウコウ	千葉縣	匝瑳郡
京ケ島村	キヨウガシマ	群馬縣	群馬郡
京ケ瀨村	キヨウカクセ	新潟縣	北蒲原郡
京田村	キヨウタ	山形縣	西田川郡
京極村	キヨウゴク	京都府	葛野郡
旭陽村	キヤクヤウ	兵庫縣	揖斐郡
經田村	キヨウタ	富山縣	下新川郡
行德町	ギヤウトク	千葉縣	東葛飾郡
北小國村	キタテグニ	熊本縣	阿蘇郡
		山形縣	西置賜郡
北山田村	キタヤマダ	富山縣	東礪波郡
		大分縣	玖珠郡
北志雄村	キクシヲ	石川縣	羽咋郡
北河內村	キタカワチ	山口縣	玖珂郡
		兵庫縣	多紀郡
北川內村	キタカワチ	福岡縣	八女郡
北有馬村	キクアリマ	長崎縣	南高來郡
北伊豫村	キタイヨ	愛媛縣	伊豫郡
北輪內村	キタワウチ	三重縣	南牟婁郡
北上神村	キタカミワ	大阪府	泉北郡
北馬城村	キタマキ	大分縣	宇佐郡
北富永村	キタトミナガ	滋賀縣	伊香郡
北木島村	キタキシマ	岡山縣	小田郡
北靑柳村	キタアヲヤギ	滋賀縣	犬上郡
北足柄村	キアシガラ	神奈川縣	足柄上郡
北鄕里村	キタガウリ	滋賀縣	坂田郡
北阿萬村	キクアマ	兵庫縣	三原郡
北比都佐村	キタヒヅサ	滋賀縣	蒲生郡
北五箇莊村	キタゴカシヨウ	滋賀縣	神崎郡
北大海村	キタオホミ	石川縣	羽咋郡
北仙道村	キクセンドワ	島根縣	美濃郡
北高安村	キタタカヤス	大阪府	中河內郡
北吉井村	キタヨシヰ	愛媛縣	溫泉郡
北豐島村	キクトシマ	大阪府	豐能郡
北八下村	キタヤジモ	大阪府	南河內郡
北野上村	キタノカミ	和歌山縣	那賀郡
北下浦村	キタシモウラ	神奈川縣	三浦郡
北松尾村	キタマツヲ	大阪府	泉北郡
北山崎村	キタヤマサキ	愛媛縣	伊豫郡
北魚目村	キクウオノメ	長崎縣	南松浦郡
北池田村	キタイケダ	大阪府	泉北郡
北由布村	キタユフ	大分縣	速見郡
北杵築村	キタサツキ	大分縣	速見郡
北鯖石村	キタサバイシ	新潟縣	刈羽郡
北近義村	キクコギ	大阪府	泉南郡
北中通村	キメナカトホリ	大阪府	泉南郡
北井上村	キタヰノウヘ	德島縣	名東郡

北邑知村（キタオフチ）	石川縣	羽咋郡
北秦野村（キタハタノ）	神奈川縣	中郡
北串山村（キタクシヤマ）	長崎縣	南高來郡
北大呑村（キタオホノミ）	石川縣	鹿島郡
北三原村（キタミハラ）	千葉縣	安房郡
北富田村（キタトミタ）	和歌山縣	西牟婁郡
北宇智村（キタウチ）	奈良縣	宇智郡
北河原村（キタカワハラ）	埼玉縣	北埼玉郡
北吉見村（キタヨシミ）	埼玉縣	比企郡
北犬飼村（キタイヌガヒ）	栃木縣	上都賀郡
北押原村（キタオシハラ）	栃木縣	上都賀郡
北高根澤村（キタタカネサワ）	栃木縣	鹽谷郡
北文間村（キタブンマ）	茨城縣	北相馬郡
北山內村（キタヤマウチ）	茨城縣	西茨城郡
北川根村（キタカハネ）	茨城縣	西茨城郡
北那珂村（キタナカ）	茨城縣	西茨城郡
北多久村（キタタク）	佐賀縣	小城郡
北川副村（キタカワソヘ）	佐賀縣	佐賀郡
北有明村（キタアリアケ）	佐賀縣	杵島郡
北茂安村（キタシゲヤス）	佐賀縣	三養基郡

北波多村（キタハタ）	佐賀縣	東松浦郡
北生口村（キタイクチ）	廣島縣	豐田郡
北八代村（キタヤツシロ）	山梨縣	東八代郡
北般若村（キタハンニヤ）	富山縣	東礪波郡
北加積村（キタカツミ）	富山縣	中新川郡
北蟹谷村（キタカンダ）	富山縣	西礪波郡
北硫黃島（キタユワウ）	東京府	小笠原島
北穗高村（キタホタカ）	長野縣	南安曇郡
北相木村（キタアイキ）	長野縣	南佐久郡
北小谷村（キタヲタニ）	長野縣	北安曇郡
北大井村（キタオホヰ）	長野縣	北佐久郡
北御牧村（キタミマキ）	長野縣	北佐久郡
北小川村（キタヲガワ）	長野縣	上水內郡
北平野村（キタヒラノ）	岐阜縣	安八郡
北武藝村（キタブゲ）	岐阜縣	武儀郡
北長森村（キタナガモリ）	岐阜縣	稻葉郡
北庄內村（キヨシヤウナイ）	靜岡縣	濱名郡
北狩野村（キタカリノ）	靜岡縣	田方郡
北平田村（キタヒラタ）	山形縣	飽海郡

北谷地村（キタヤチ）	山形縣	西村山郡
北西鄕村（キタサイガウ）	福井縣	三方郡
北中山村（キタナカヤマ）	福井縣	今立郡
北日野村（キタヒノ）	福井縣	今立郡
北新庄村（キタシンビウ）	福井縣	今立郡
北合志村（キタガウシ）	熊本縣	菊池郡
北楢岡村（キタナラオカ）	秋田縣	仙北郡
北內越村（キタウチイチ）	秋田縣	由利郡
北吉野村（キタヨシノ）	岡山縣	勝田郡
北和氣村（キタワキ）	岡山縣	勝田郡
北鄕村（キタガワ）	福井縣	大野郡
北鄕村（キタガワ）	靜岡縣	駿東郡
北鄕村（キタガワ）	宮崎縣	南那珂郡
北鄕村（キタガワ）	宮崎縣	東臼杵郡
北鄕村（キタガワ）	栃木縣	足利郡
北鄕村（キタガワ）	宮城縣	伊具郡
北方町（キタカタ）	岐阜縣	本巢郡
北方村（キタカタ）	宮崎縣	南那珂郡
北方村（キタカタ）	宮崎縣	東臼杵郡
北方村（キタカタ）	愛知縣	葉栗郡

- 佐賀縣 杵島郡
- 宮城縣 登米郡
- 岐阜縣 揖斐郡

北山（キタヤマ）村
- 靜岡縣 富士郡
- 岐阜縣 山縣郡
- 長野縣 諏訪郡
- 福島縣 耶麻郡
- 佐賀縣 小城郡
- 福岡縣 八女郡
- 和歌山縣 東牟婁郡

北（キタ）村
- 東京府 小笠原島
- 北海道 空知郡
- 廣島縣 高田郡
- 宮城縣 桃生郡

北川（キタカワ）村
- 岡山縣 山田郡
- 宮崎縣 東臼杵郡
- 高知縣 安藝郡
- 青森縣 三戸郡

北浦（キタウラ）町　秋田縣 南秋田郡

北浦（キタウラ）村
- 宮城縣 遠田郡
- 香川縣 小豆郡
- 宮崎縣 東臼杵郡

北谷（キタタニ）村
- 兵庫縣 美囊郡
- 新潟縣 古志郡
- 鳥取縣 東伯郡
- 福井縣 大野郡

北濱（キタハマ）村
- 靜岡縣 濱名郡
- 三重縣 度會郡
- 兵庫縣 印南郡
- 島根縣 簸川郡

北灘（キタナダ）村
- 愛媛縣 北宇和郡
- 德島縣 板野郡

北條（キタゼウ）町　茨城縣 筑波郡

北條（キタゼウ）村　新潟縣 刈羽郡

北里（キタサト）村
- 愛知縣 西春日井郡
- 滋賀縣 野洲郡

北野（キタノ）町　福岡縣 三井郡

北野（キタノ）村　富山縣 東礪波郡

北潟（キタカタ）村　福井縣 坂井郡

北俣（キタマタ）村　山形縣 飽海郡

北上（キタカミ）村　靜岡縣 田方郡

北莊（キタゼウ）村　石川縣 羽咋郡

北牧（キタマキ）村　長野縣 南佐久郡

北原（キタハラ）村　高知縣 高岡郡

北島（キタシマ）村　德島縣 板野郡

北江（キタエ）村　大阪府 中河内郡

北杣（キタソマ）村　滋賀縣 甲賀郡

北杣山（キタソマヤマ）村　福井縣 南條郡

北泉（キタイヅミ）村　埼玉縣 兒玉郡

北倭（キタヤマト）村　奈良縣 生駒郡

北崎（キタサキ）村　福岡縣 糸島郡

北橘（キタタナバナ）村　群馬縣 勢多郡

休息（キウソク）村　山梨縣 東山梨郡

休泊（キウハク）村　群馬縣 山田郡

久寶寺（キウホウジ）村　大阪府 中河内郡

久德（キウトク）村　滋賀縣 犬上郡

鳩里（キウリ）村　兵庫縣 加古郡

嚴木（キウヲキ）村　佐賀縣 東松浦郡

乙（キノト）村　新潟縣 北蒲原郡

菊間（キクマ）町　愛媛縣　越智郡
菊間（キクマ）村　千葉縣　市原郡
菊池（キクチ）村　熊本縣　菊池郡
菊澤（キクサワ）村　栃木縣　上都賀郡
象潟（キサカタ）町　秋田縣　由利郡
君田（キミタ）村　廣島縣　雙三郡
君谷（キミタニ）村　島根縣　邑智郡
君原（キミハラ）村　茨城縣　稻敷郡
君賀（キミガ）村　茨城縣　稻敷郡
岸本（キシモト）町　高知縣　香美郡
岸部（キシベ）村　大阪府　三島郡
岸野（キシノ）村　長野縣　南佐久郡
岸上（キシカミ）村　和歌山縣　伊都郡
金田一（キンタイチ）村　岩手縣　二戸郡
金武（キンム）村　沖繩縣　國頭郡
金生（キンセイ）村　愛媛縣　宇摩郡
金砂（キンシャ）村　愛媛縣　宇摩郡
金立（キンリツ）村　佐賀縣　佐賀郡
銀水（キンスイ）村　福岡縣　三池郡
琴（キン）村　長崎縣　上縣郡

ユの部

湯本（ユモト）町　神奈川縣　足柄下郡／福島縣　石城郡
湯本（ユモト）村　福島縣　岩瀬郡／岩手縣　稗貫郡
湯田川（ユダガワ）村　山形縣　西田川郡
湯田（ユダ）村　廣島縣　深安郡／岩手縣　和賀郡／滋賀縣　東淺井郡
湯川（ユカワ）村　和歌山縣　日高郡／北海道　龜田郡
湯澤（ユザワ）町　秋田縣　雄勝郡
湯澤（ユザワ）村　新潟縣　南魚沼郡
湯野（ユノ）村　福島縣　伊達郡／山口縣　都濃郡／岡山縣　川上郡

湯江（ユエ）村　長崎縣　南高來郡／長崎縣　北高來郡
湯涌谷（ユワクダニ）村　石川縣　石川郡
湯河原（ユガハラ）町　神奈川縣　足柄下郡
湯ノ谷（ユノタニ）村　新潟縣　北魚沼郡
湯津上（ユツカミ）村　栃木縣　那須郡
湯淺（ユアサ）町　和歌山縣　有田郡
湯浦（ユノウラ）村　熊本縣　葦北郡
湯郷（ユノゴウ）村　岡山縣　勝田郡
湯里（ユノサト）村　島根縣　邇摩郡
湯原（ユハラ）村　岡山縣　眞庭郡
湯平（ユヒラ）村　大分縣　大分郡
湯船（ユフネ）村　京都府　相樂郡
湯島（ユシマ）村　熊本縣　天草郡
湯尾（ユノオ）村　福井縣　南條郡
湯前（ユノマヘ）村　熊本縣　球磨郡
湯口（ユノクチ）村　岩手縣　稗貫郡
湯山（ユヤマ）村　愛媛縣　溫泉郡
由良（ユラ）町　兵庫縣　津名郡／鳥取縣　東伯郡

由良村（ユラ）	京都府	加佐郡
	和歌山縣	日高郡
由宇町（ユウ）	山口縣	玖珂郡
由比町（ユヒ）	靜岡縣	庵原郡
由布川村（ユフカワ）	大分縣	大分郡
由佐村（ユサ）	香川縣	香川郡
由木村（ユキ）	東京府	南多摩郡
由井村（ユヰ）	東京府	南多摩郡
由仁村（ユニ）	北海道	夕張郡
弓削町（ユゲ）	岡山縣	久米郡
弓削村（ユゲ）	福岡縣	三井郡
	京都府	北桑田郡
	愛媛縣	越智郡
弓馬田村（ユマダ）	茨城縣	猿島郡
弓ノ庄村（ユノシヤウ）	富山縣	中新川郡
温泉津町（ユノツ）	島根縣	邇摩郡
温泉村（ユイヅミ）	島根縣	仁多郡
温村（ユタカ）	長野縣	南安曇郡
豐村（ユタカ）	福井縣	丹生郡
	長野縣	下伊那郡
	山梨縣	中巨摩郡
	茨城縣	筑波郡
柚木村（ユノキ）	長崎縣	北松浦郡
柚釋村（ユノ）	靜岡縣	富士郡
	山口縣	佐波郡
油木町（ユキ）	廣島縣	神石郡
油島村（ユシマ）	岩手縣	西磐井郡
油田村（ユダ）	山口縣	大島郡
油井村（ユヰ）	福島縣	安達郡
遊子川村（ユスカハ）	愛媛縣	東宇和郡
遊佐村（ユサ）	山形縣	飽海郡
遊子村（ユス）	愛媛縣	北宇和郡
結城町（ユウキ）	茨城縣	結城郡
夕張町（ユウバリ）	北海道	夕張郡
行橋町（ユクハシ）	福岡縣	京都郡
檮原村（ユスハラ）	高知縣	高岡郡
雪浦村（ユキウラ）	長崎縣	西彼杵郡
棡原村（ユズリハラ）	山梨縣	北都留郡
閖上町（ユリアゲ）	宮城縣	名取郡

メの部

明治村（メイジ）	鳥取縣	氣高郡
	大分縣	大分郡
	大分縣	直入郡
	大分縣	南海部郡
	大分縣	宇佐郡
	新潟縣	中頸城郡
	岡山縣	後月郡
	高知縣	香美郡
	高知縣	吾川郡
	秋田縣	雄勝郡
	山形縣	東村山郡
	愛知縣	中島郡
	愛知縣	碧海郡
	奈良縣	添上郡
	栃木縣	河內郡
	群馬縣	群馬郡

明盛（メイセイ）	村	長野縣	南安曇郡
女滿別（メマンベツ）	村	北海道	網走郡
女鹿澤（メカサワ）	村	青森縣	南津輕郡
女良（メラ）	村	富山縣	氷見郡
妻鹿（メガ）	町	兵庫縣	飾磨郡
妻沼（メヌマ）	町	埼玉縣	大里郡
妻鳥（メンドリ）	村	愛媛縣	宇摩郡
妙寺（メウジ）	町	和歌山縣	伊都郡
妙義（メウギ）	町	群馬縣	北甘樂郡
姪濱（メイノハマ）	町	福岡縣	早良郡
姪（メイ）	島（シマ）	東京府	小笠原島
米野岳（メノダケ）	村	熊本縣	鹿本郡
愛島（メデシマ）	村	宮城縣	名取郡
目黑（メグロ）	町	東京府	荏原郡
免田（メンダ）	村	熊本縣	球磨郡
芽室（メムロ）	村	北海道	河西郡

ミの部

三島（ミシマ）	町	愛媛縣	宇摩郡
		靜岡縣	田方郡
三島（ミシマ）	村	大阪府	三島郡
		愛媛縣	西宇和郡
		高知縣	香美郡
		德島縣	美馬郡
		千葉縣	君津郡
		茨城縣	筑波郡
		愛媛縣	北宇和郡
三輪崎（ミワサキ）	町	和歌山縣	東牟婁郡
三輪（ミワ）	町	奈良縣	磯城郡
		兵庫縣	有馬郡
三輪（ミワ）	村	福岡縣	朝倉郡
		山口縣	熊毛郡
		愛知縣	北設樂郡
		秋田縣	雄勝郡
三輪野江（ミワノエ）	村	埼玉縣	北葛飾郡
三宅（ミヤケ）	村	福岡縣	筑紫郡
		奈良縣	磯城郡
		福井縣	遠敷郡
三田（ミタ）	村	大阪府	中河內郡
		大阪府	三島郡
		廣島縣	高田郡
		東京府	西多摩郡
		長野縣	南安曇郡
		三重縣	阿山郡
三田ケ谷（ミタガヤ）	村	埼玉縣	北埼玉郡
三田川（ミタガワ）	村	埼玉縣	秩父郡
		佐賀縣	神崎郡
三岳（ミタケ）	村	京都府	天田郡
		長野縣	西筑摩郡
三丘（ミツヲ）	村	山口縣	熊毛郡
三和（ミワ）	村	岐阜縣	加毛郡
		愛知縣	知多郡
		愛知縣	幡豆郡
		福島縣	安積郡
		栃木縣	足利郡
		廣島縣	佐伯郡
		高知縣	長岡郡
三重（ミエ）	町	大分縣	大野郡

三重（ミエ）村
- 大分縣 西國東郡
- 栃木縣 足利郡
- 京都府 中郡
- 三重縣 三重郡
- 秋田縣 平鹿郡
- 長崎縣 西彼杵郡

三芳（ミヨシ）村
- 埼玉縣 入間郡
- 愛媛縣 周桑郡
- 大分縣 日田郡

三芳野（ミヨシノ）村
- 埼玉縣 入間郡

三好（ミヨシ）村
- 愛知縣 西加茂郡
- 青森縣 北津輕郡
- 栃木縣 安蘇郡

三俣（ミツマタ）村
- 埼玉縣 北埼玉郡
- 靜岡縣 小笠郡
- 新潟縣 南魚沼郡

三保（ミホ）村
- 岡山縣 久米郡
- 神奈川縣 足柄上郡
- 島根縣 那賀郡
- 大分縣 下毛郡

三保谷（ミホヤ）村
- 埼玉縣 比企郡

三川（ミカハ）町
- 福岡縣 三池郡

三川（ミカハ）村
- 廣島縣 安佐郡
- 和歌山縣 西牟婁郡
- 新潟縣 東蒲原郡
- 佐賀縣 三養基郡
- 廣島縣 世羅郡
- 靜岡縣 磐田郡

三橋（ミツハシ）村
- 福岡縣 山門郡
- 埼玉縣 北足立郡

三原（ミハラ）村
- 岡山縣 後月郡
- 島根縣 邑智郡

三方（ミカタ）村
- 兵庫縣 城崎郡
- 兵庫縣 宍粟郡
- 福井縣 丹生郡

三方原（ミカタハラ）村
- 靜岡縣 濱名郡

三國（ミクニ）町
- 福井縣 坂井郡
- 岡山縣 和氣郡
- 福岡縣 三井郡

三隅（ミスミ）町
- 島根縣 那賀郡

三隅（ミスミ）村
- 山口縣 大津郡

三谷（ミタニ）村
- 滋賀縣 高島郡
- 岡山縣 小田郡
- 島根縣 邑智郡
- 福島縣 大沼郡
- 香川縣 木田郡
- 石川縣 江沼郡
- 石川縣 河北郡

三谷（ミヤ）町
- 愛知縣 寶飯郡

三浦（ミウラ）村
- 愛媛縣 北宇和郡
- 長崎縣 東彼杵郡
- 大分縣 西國東郡
- 廣島縣 御調郡

三崎（ミサキ）町
- 神奈川縣 三浦郡
- 愛媛縣 西宇和郡
- 高知縣 幡多郡

三崎（ミサキ）村
- 石川縣 珠洲郡

三澤（ミサワ）村
- 青森縣 上北郡
- 山形縣 南置賜郡

三上（ミカミ）村	滋賀縣	野洲郡
	愛知縣	八名郡
三郷（ミサト）村	岐阜縣	惠那郡
	群馬縣	佐波郡
	奈良縣	生駒郡
	大分縣	下毛郡
三里（ミサト）村	和歌山縣	東牟婁郡
	佐賀縣	小城郡
	山梨縣	南巨摩郡
	岐阜縣	稻葉郡
	三重縣	員辨郡
	高知縣	長岡郡
三日月（ミカヅキ）村	兵庫縣	佐用郡
	佐賀縣	小城郡
三日市（ミツカイチ）町	富山縣	下新川郡
三日市（ミツカイチ）村	大阪府	南河內郡
三河島（ミカワシマ）町	東京府	北豐島郡
三河內（ミゴチ）村	京都府	與謝郡
三河（ミカワ）村	兵庫縣	宍粟郡
三岐田（ミキタ）町	德島縣	海部郡

三津濱（ミツハマ）町	愛媛縣	溫泉郡
三津（ミツ）町	廣島縣	加茂郡
三津ノ（ミツノ）村	和歌山縣	東牟婁郡
三津口（ミツクチ）町	廣島縣	加茂郡
三良坂（ミラサカ）町	廣島縣	雙三郡
三山（ミヤマ）村	德島縣	麻植郡
三山木（ミヤマキ）村	京都府	綴喜郡
三野（ミノ）町	德島縣	三好郡
三野谷（ミノヤ）村	群馬縣	邑樂郡
三野瀨（ミノセ）村	三重縣	北牟婁郡
三（ミ）野鄉（ウ）村	大阪府	中河內郡
三都和（ミツワ）村	長野縣	北佐久郡
三都（ミト）村	香川縣	小豆郡
三都（ミツ）村	大阪府	南河內郡
三毛門（ミケカド）村	福岡縣	築上郡
三（ミ）ツ（ワ）島（シマ）村	埼玉縣	入間郡
三梨（ミツナシ）村	秋田縣	雄勝郡
三瀨谷（ミセヤ）村	三重縣	多氣郡
三瀨（ミセ）村	高知縣	吾川郡
	佐賀縣	神崎郡

三井樂（ミヰラク）村	長崎縣	南松浦郡
三井（ミツヰ）村	長野縣	北佐久郡
	石川縣	鳳至郡
三ケ日（ミッカビ）町	靜岡縣	引佐郡
三角（ミスミ）町	熊本縣	宇土郡
三次（ミヨシ）町	廣島縣	雙三郡
三庄（ミツシヤウ）町	廣島縣	御調郡
三瓶（ミカメ）町	愛媛縣	西宇和郡
三原（ミハラ）町	廣島縣	御調郡
三原（ミハラ）村	高知縣	幡多郡
三春（ミハル）町	福島縣	田村郡
三石（ミツイシ）町	岡山縣	和氣郡
三石（ミツイシ）村	北海道	三石郡
三木（ミキ）町	兵庫縣	美囊郡
三池（ミイケ）町	福岡縣	三池郡
三間（ミマ）村	愛媛縣	北宇和郡
三代（ミヨ）村	福島縣	安積郡
三惠（ミエ）村	山梨縣	中巨摩郡
三岡（ミツヲカ）村	長野縣	北佐久郡
三會（ミエ）村	長崎縣	南高來郡

三(ミ)納(ナフ)村	宮崎縣	兒湯郡
三(ミ)机(ツクエ)村	愛媛縣	西宇和郡
三(ミ)濱(ハマ)村	樺太	久春内郡
	靜岡縣	小笠郡
	靜岡縣	加茂郡
三(ミ)尾(ヲ)川(カハ)村	和歌山縣	東牟婁郡
三(ミ)德(トク)村	鳥取縣	東伯郡
三(ミ)朝(アサ)村	鳥取縣	東伯郡
三(ミ)繩(ナワ)村	德島縣	三好郡
三(ミ)江(エ)村	兵庫縣	城崎郡
三(ミ)關(セキ)村	秋田縣	雄勝郡
三(ミ)鷹(タカ)村	東京府	北多摩郡
三(ミ)股(マタ)村	宮崎縣	北諸縣郡
三(ミ)佐(サ)村	大分縣	大分郡
三(ミ)花(ハナ)村	大分縣	日田郡
三(ミ)倉(クラ)村	靜岡縣	周智郡
三(ミ)内(ウチ)村	愛媛縣	溫泉郡
三(ミ)城(キ)村	岐阜縣	安八郡
三(ミ)村	茨城縣	新治郡
三(ミ)笠(カサ)山(ヤマ)村	北海道	空知郡
三(ミ)笠(カサ)村	鹿兒島縣	出水郡
三(ミ)舞(マヒ)村	和歌山縣	西牟婁郡
三(ミ)澤(サワ)村	埼玉縣	秩父郡
	島根縣	仁多郡
三(ミ)高(タカ)村	廣島縣	佐伯郡
三(ミ)妻(ツマ)村	茨城縣	結城郡
三(ミ)坂(サカ)村	靜岡縣	加茂郡
三(ミ)富(トミ)村	山梨縣	東山梨郡
三(ミ)奈(ナ)木(キ)村	福岡縣	朝倉郡
三(ミ)義(ヨシ)村	長野縣	上伊那郡
三(ミ)濃(ノ)村	岐阜縣	惠那郡
三(ミ)嶽(タケ)村	熊本縣	鹿本郡
三(ミ)鴨(カモ)村	栃木縣	下都賀郡
三(ミ)廐(ウマヤ)村	青森縣	東津輕郡
三(ミ)成(ナリ)村	島根縣	仁多郡
三(ミ)玉(タマ)村	熊本縣	鹿本郡
三(ミ)雲(クモ)村	滋賀縣	甲賀郡
三(ミ)篠(ササ)町	廣島縣	安佐郡
三(ミ)沼(イツミ)村	山形縣	西村山郡
三(ミ)穗(ホ)村	長野縣	下伊那郡
三(ミツ)根(ネ)村	東京府	八丈島
三(ミ)依(ヨリ)村	栃木縣	鹽谷郡
三(ミ)吉(ヨシ)村	山梨縣	南都留郡
三(ミ)善(ヨシ)村	愛媛縣	喜多郡
三(ミ)須(ス)村	岡山縣	都窪郡
三(ミ)面(ヲモテ)村	新潟縣	岩船郡
三(ミ)瀦(ツマ)村	福岡縣	三瀦郡
三(ミツ)叉(マタ)村	福岡縣	三瀦郡
三(ミ)入(イリ)村	廣島縣	安佐郡
三(ミ)栖(ス)村	和歌山縣	西牟婁郡
三(ミ)木(キ)村	石川縣	江沼郡
三(ミ)尾(オ)村	和歌山縣	日高郡
三(ミ)馬(マ)村	石川縣	石川郡
三(ミ)室(ムロ)村	埼玉縣	北足立郡
三(ミ)尻(ジリ)村	埼玉縣	大里郡
三(ミ)阪(サカ)村	福島縣	石城郡
三(ミ)神(カミ)村	福島縣	西白河郡
美(ミ)和(ワ)村	愛知縣	海部郡
	長野縣	上伊那郡
	靜岡縣	安倍郡

	岡山縣	邑久郡
	岡山縣	眞庭郡
	兵庫縣	氷上郡
美川町（ミカワ）	石川縣	石川郡
美川村（ミカワ）	岡山縣	眞庭郡
	岡山縣	小田郡
美山村（ミヤマ）	福島縣	田村郡
	岡山縣	小田郡
美合村（ミアヒ）	香川縣	綾歌郡
	愛知縣	額田郡
美濃町（ミノ）	岐阜縣	武儀郡
美濃村（ミノ）	島根縣	美濃郡
美濃波多村（ミノハタ）	三重縣	名賀郡
美谷本村（ミヤモト）	埼玉縣	北足立郡
美良布村（ミラフ）	高知縣	香美郡
美古湯村（ミコト）	廣島縣	比婆郡
美木多村（ミキタ）	大阪府	泉北郡
美々津村（ミミツ）	宮崎縣	兒湯郡
美九里村（ミクリ）	群馬縣	多野郡
美土里村（ミドリ）	群馬縣	多野郡
美ノ郷村（ミノガウ）	廣島縣	御調郡
美保村（ミホ）	鳥取縣	岩見郡
美保關村（ミホセキ）	島根縣	八束郡
美並村（ミナミ）	茨城縣	新治郡
美穗村（ミホ）	鳥取縣	氣高郡
美豆村（ミヅ）	京都府	綴喜郡
美甘村（ミカモ）	岡山縣	眞庭郡
美篶村（ミスズ）	長野縣	上伊那郡
美穀村（ミヨシ）	岡山縣	阿哲郡
美里村（ミサト）	沖繩縣	中頭郡
美原村（ミハラ）	群馬縣	多野郡
御厨町（ミクリヤ）	栃木縣	足利郡
御厨村（ミクリヤ）	長野縣	更級郡
	靜岡縣	磐田郡
	長崎縣	北松浦郡
御影町（ミカゲ）	兵庫縣	武庫郡
御影村（ミカゲ）	北海道	河西郡
	山梨縣	中巨摩郡
御園村（ミソノ）	三重縣	度會郡
	滋賀縣	神崎郡
御船町（ミフネ）	熊本縣	上益城郡
御船村（ミフネ）	三重縣	南牟婁郡
御幸村（ミユキ）	石川縣	能美郡
	熊本縣	飽託郡
御手洗町（ミタライ）	廣島縣	豐田郡
御手洗村（ミタラシ）	石川縣	石川郡
御津村（ミツ）	島根縣	八束郡
	兵庫縣	揖保郡
御嶽村（ミタケ）	熊本縣	上益城郡
	宮城縣	本吉郡
御嵩町（ミタケ）	岐阜縣	可兒郡
御來屋町（ミクリヤ）	鳥取縣	西伯郡
御井町（ミヰ）	福岡縣	三井郡
御莊町（ミシヤウ）	愛媛縣	南宇和郡
御牧村（ミマキ）	京都府	久世郡
御舘村（ミタテ）	福島縣	田村郡
御休村（ミヤス）	岡山縣	上道郡
御正村（ミシヤウ）	埼玉縣	大里郡
御秡村（ミソギ）	愛媛縣	喜多郡
御杖村（ミツヱ）	奈良縣	宇陀郡

御庄村	ミシヤウ	山口縣	玖珂郡
御堂村	ミドウ	岩手縣	岩手郡
御祖村	ミオヤ	石川縣	鹿島郡
御殿村	ミトノ	愛知縣	北設樂郡
御津村	ミト	愛知縣	寶飯郡
御野村	ミノ	廣島縣	深安郡
御笠村	ミカサ	福岡縣	筑紫郡
御代咲村	シヨサク	山梨縣	東八代郡
御代田村	ミヨタ	長野縣	北佐久郡
御原村	ミハラ	福岡縣	三井郡
御槇村	ミマキ	愛媛縣	北宇和郡
御木澤村	ミキハ	福島縣	田村郡
御園宇村	ミソノウ	廣島縣	賀茂郡
御疊瀨村	ミマセ	高知縣	吾川郡
御國野村	ミクニノ	兵庫縣	飾磨郡
御藏島	ミクラシマ	東京府	御藏島
見付町	ミツケ	靜岡縣	磐田郡
		新潟縣	南蒲原郡
見能林村	ミノハヤシ	德島縣	那賀郡
見島村	ミシマ	山口縣	阿武郡
見前村	ミルマヘ	岩手縣	紫波郡
見山村	ミヤマ	大阪府	三島郡
見好村	ミヨシ	和歌山縣	伊都郡
壬生野村	ミブノ	三重縣	阿山郡
壬生町	ミブ	栃木縣	下都賀郡
		廣島縣	山縣郡
彌刀村	ミト	大阪府	中河內郡
身延村	ミノブ	山梨縣	南巨摩郡
深株村	ミマグサ	大分縣	下毛郡
味生村	ミブ	愛媛縣	溫泉郡
綠僧都村	ミドリノソウツ	愛媛縣	南宇和郡
綠川村	ミドリカワ	熊本縣	宇土郡
綠岡村	ミドリヲカ	茨城縣	東茨城郡
綠井村	ミドリヰ	廣島縣	安佐郡
綠海村	ミドリウミ	千葉縣	山武郡
綠村	ミドリ	熊本縣	玉名郡
道川村	ミチカフ	島根縣	美濃郡
道川村	ミチカワ	秋田縣	由利郡
道上村	ミチノウヘ	廣島縣	深安郡
道下村	ミチシタ	富山縣	下新川郡
初月村	ミカツキ	高知縣	土佐郡
瓶原村	ミカノハラ	京都府	相樂郡
溝延村	ミゾノブ	山形縣	西村山郡
溝口村	ミゾクチ	鳥取縣	日野郡
溝部村	ミゾベ	大分縣	下毛郡
溝咋村	ミゾクイ	大阪府	三島郡
溝邊村	ミゾベ	鹿兒島縣	姶良郡
溝谷村	ミゾタニ	京都府	竹野郡
水上村	ミツカミ	千葉縣	長野郡
		群馬縣	利根郡
		熊本縣	球磨郡
		兵庫縣	飾磨郡
		島根縣	邇摩郡
		新潟縣	中頸城郡
水內村	ミノチ	廣島縣	佐伯郡
		岡山縣	吉備郡
		長野縣	下水內郡
		長野縣	上水內郡
水澤町	ミツサワ	岩手縣	膽澤郡
水澤村	ミツサワ	新潟縣	中魚沼郡

水分(ミツワケ)村	岩手縣	紫波郡
	福岡縣	浮羽郡
水原(ミハラ)村	福島縣	信夫郡
	新潟縣	中頸城郡
水元(ミヅモト)村	東京府	南葛飾郡
	青森縣	西津輕郡
水田(ミツタ)村	岡山縣	上房郡
	福岡縣	八女郡
水海道(ミツカイドウ)町	茨城縣	結城郡
水俣(ミナマタ)町	熊本縣	葦北郡
水窪(ミツクボ)町	靜岡縣	周智郡
水尾(ミツヲ)村	滋賀縣	高島郡
水谷(ミツタニ)村	埼玉縣	入間郡
水保(ミツホ)村	福島縣	信夫郡
水野(ミツノ)村	愛知縣	東春日井郡
水本(ミツモト)村	大阪府	北河內郡
水口(ミツクチ)町	滋賀縣	甲賀郡
水越(ミツコシ)村	熊本縣	上益城郡
水巻(ミツマキ)村	福岡縣	遠賀郡
水呑(ミツノミ)村	廣島縣	沼隈郡

水城(ミツキ)村	福岡縣	筑紫郡
水繩(ミツナワ)村	福岡縣	浮羽郡
水富(ミツトミ)村	埼玉縣	入間郡
水深(ミツフカ)村	埼玉縣	北埼玉郡
水代(ミツシロ)村	栃木縣	下都賀郡
水戸田(ミトタ)村	富山縣	射水郡
水島(ミツシマ)村	富山縣	西礪波郡
水橋(ミツハシ)村	栃木縣	芳賀郡
瑞穗(ミズホ)村	千葉縣	香取郡
	千葉縣	山武郡
	栃木縣	下都賀郡
	山梨縣	南都留郡
	長野縣	下高井郡
	鳥取縣	氣高郡
瑞穗野(ミツホノ)村	栃木縣	河內郡
瑞浪(ミツナミ)町	岐阜縣	土岐郡
瑞澤(ミツサワ)村	千葉縣	夷隅郡
瑞江(ミツエ)村	東京府	南葛飾郡
光政(ミツマサ)村	岡山縣	上道郡
光信(ミツノブ)村	廣島縣	神石郡

光井(ミツイ)村	山口縣	熊毛郡
光友(ミツトモ)村	福岡縣	八女郡
光末(ミツスエ)村	廣島縣	神石郡
滿穗(ミツホ)村	愛媛縣	喜多郡
峰山(ミネヤマ)町	京都府	中郡
峰吉川(ミネヨシカハ)村	秋田縣	仙北郡
峰岡(ミネオカ)村	新潟縣	西蒲原郡
峯田(ミネタ)村	廣島縣	比婆郡
峯(ミネ)村	長崎縣	上縣郡
南方(ミナミカタ)村	廣島縣	山縣郡
	廣島縣	豐田郡
	宮城縣	登米郡
	宮崎縣	東臼杵郡
南谷(ミナミタニ)村	鳥取縣	東伯郡
	兵庫縣	養父郡
	富山縣	西礪波郡
南端(ミナミハタ)村	大分縣	速見郡
南畑(ミナミハタ)村	福岡縣	筑紫郡
南山(ミナミヤマ)村	佐賀縣	小城郡
	靜岡縣	小笠郡

南(ミナミ)村、	東京府	南多摩郡
	香川縣	仲多度郡
南海(ミナミウミ)村	三重縣	度會郡
南條(ミナミビウ)村	長野縣	埴科郡
南廣(ミナミヒロ)村	和歌山縣	有田郡
南部(ミナミベ)町	和歌山縣	日高郡
南崎(ミナミサキ)村	靜岡縣	加茂郡
南鄕(ミナミガウ)村	大阪府	北河內郡
南濱(ミナミハマ)村	新潟縣	北蒲原郡
南磯(ミナミイソ)村	秋田縣	南秋田郡
南橘(ミナミタチバナ)村	群馬縣	勢多郡
南牧(ミナミマキ)村	長野縣	南佐久郡
南原(ミナミハラ)村	山形縣	南置賜郡
南浦(ミナミウラ)村	宮崎縣	東臼杵郡
南向(ミナミカタ)村	長野縣	上伊那郡
南北(ミナミキタ)村	石川縣	鳳至郡
南中(ミナミナカ)村	靜岡縣	加茂郡
南上(ミナミカミ)村	靜岡縣	加茂郡
南小國(ミナミヲグニ)村	熊本縣	阿蘇郡
	山形縣	西置賜郡

南千住(ミナミセンジユ)町	東京府	北豐島郡
南小川(ミナミヲガワ)村	長野縣	上水內郡
南高安(ミナミタカヤス)村	大阪府	中河內郡
南高根澤(ミナミタカネザワ)村	栃木縣	芳賀郡
南富永(ミナミトミナガ)村	滋賀縣	伊香郡
南富田(ミナミトミタ)村	和歌山縣	西牟婁郡
南富良野(ミナミフラノ)村	北海道	空知郡
南中通(ミナミナカドホリ)村	大阪府	泉南郡
南中鄕(ミナミナカガウ)村	茨城縣	多賀郡
南中山(ミナミナカヤマ)村	福井縣	今立郡
南平野(ミナミヒラノ)村	岐阜縣	安八郡
南平田(ミナミヒラダ)村	山形縣	飽海郡
南山見(ミナミヤマミ)村	富山縣	東礪波郡
南山田(ミナミヤマダ)村	大分縣	玖珠郡
南山崎(ミナミヤマサキ)村	愛媛縣	伊豫郡
南日野(ミナミヒノ)村	福井縣	南條郡
南大谷(ミナミオホタニ)村	石川縣	鹿島郡
南箕輪(ミナミミワ)村	長野縣	上伊那郡
南吉富(ミナミヨシトミ)村	福岡縣	築上郡
南八代(ミナミヤツシロ)村	山梨縣	東八代郡

南生駒(ミナミイコマ)村	奈良縣	生駒郡
南野上(ミナミノガミ)村	和歌山縣	那賀郡
南野尻(ミナミノジリ)村	富山縣	東礪波郡
南犬飼(ミナミイヌガイ)村	栃木縣	下都賀郡
南松尾(ミナミマツヲ)村	大阪府	泉北郡
南下浦(ミナミシモウラ)村	神奈川縣	三浦郡
南鯖石(ミナミサバイシ)村	新潟縣	刈羽郡
南池田(ミナミイケダ)村	大阪府	泉北郡
南庄內(ミナミシヤウナイ)村	靜岡縣	濱名郡
	大分縣	大分郡
南足柄(ミナミアシガラ)村	神奈川縣	足柄上郡
南院內(ミナミインナイ)村	大分縣	宇佐郡
南安岐(ミナミアキ)村	大分縣	東國東郡
南由布(ミナミユフ)村	大分縣	速見郡
南井上(ミナミヰノウヘ)村	德島縣	名東郡
南秦野(ミナミハタノ)村	神奈川縣	中郡
南串山(ミナミクシヤマ)村	長崎縣	南高來郡
南有明(ミナミアリアケ)村	佐賀縣	杵島郡
南有馬(ミナミアリマ)村	長崎縣	南高來郡
南田平(ミナミタヒラ)村	長崎縣	北松浦郡

南五箇荘村（ミナミゴカシヤウ）	滋賀縣	神崎郡
南横山村（ミナミヨコヤマ）	大阪府	泉北郡
南内越村（ミナミウチコシ）	秋田縣	由利郡
南豐島村（ミナミテシマ）	大阪府	豐能郡
南西鄕村（ミナミサイガウ）	福井縣	三方郡
南杣山村（ミナミソマヤマ）	福井縣	南條郡
南杣村（ミナミソマ）	滋賀縣	甲賀郡
南遊佐村（ミナミユサ）	山形縣	飽海郡
南穗高村（ミナミホタカ）	長野縣	南安曇郡
南御牧村（ミナミミマキ）	長野縣	北佐久郡
南大井村（ミナミオホヰ）	長野縣	北佐久郡
南楢岡村（ミナミナラヲカ）	秋田縣	仙北郡
南長森村（ミナミナガモリ）	岐阜縣	稻葉郡
南邑知村（ミナミイウチ）	石川縣	羽咋郡
南種子村（ミナミタネ）	鹿兒島縣	熊毛郡
南河内村（ミナミカワチ）	兵庫縣	多紀郡
	山口縣	玖珂郡
南蟹谷村（ミナミカニヤ）	富山縣	西礪波郡
南押原村（ミナミナシハラ）	栃木縣	上都賀郡
南山田村（ミナミヤマダ）	富山縣	東礪波郡

南御厨村（ミナミミクリ）	靜岡縣	磐田郡
南平柳村（ミナミヒラヤナギ）	埼玉縣	北足立郡
南加積村（ミナミカツミ）	富山縣	中新川郡
南吉見村（ミナミヨシミ）	埼玉縣	比企郡
南山内村（ミナミヤマウチ）	茨城郡	西茨城郡
南阿太村（ミナミアタ）	奈良縣	宇智郡
南生口村（ミナミイクチ）	廣島縣	豐田郡
南茂安村（ミナミシゲヤス）	佐賀縣	三養基郡
南高麗村（ミナミコマ）	埼玉縣	入間郡
南櫻井村（ミナミサクラヰ）	埼玉縣	北葛飾郡
南川副村（ミナミカハソヘ）	佐賀縣	佐賀郡
南河原村（ミナミカハハラ）	埼玉縣	北埼玉郡
南綾瀨町（ミナミアヤセ）	東京府	南葛飾郡
南和田村（ミナミワダ）	長野縣	下伊那郡
南宇智村（ミナミウチ）	奈良縣	宇智郡
南藁科村（ミナミワラシナ）	靜岡縣	安倍郡
南武藝村（ミナミムギ）	岐阜縣	武儀郡
南相木村（ミナミアイキ）	長野縣	南佐久郡
南般若村（ミナミハンニヤ）	富山縣	東礪波郡
南尻別村（ミナミシリベツ）	北海道	磯谷郡

南沼原村（ミナミヌマハラ）	山形縣	南村山郡
南久米村（ミナミクメ）	愛媛縣	喜多郡
南掃守村（ミナミカモリ）	大阪府	泉南郡
南杭瀨村（ミナミクヒセ）	岐阜縣	安八郡
南志雄村（ミナミシヲ）	石川縣	羽咋郡
南大海村（ミナミオウミ）	石川縣	羽咋郡
南三原村（ミナミミハラ）	千葉縣	安房郡
南行德村（ミナミギヤウトク）	千葉縣	東葛飾郡
南硫黃島（ミナミユワウシマ）	東京府	小笠原島
南鄕里村（ミナミガウリ）	滋賀縣	坂田郡
南輪内村（ミナミワウチ）	三重縣	南牟婁郡
南古谷村（ミナミコヤ）	埼玉縣	入間郡
南野津村（ミナミノヅ）	大分縣	大野郡
南近義村（ミナコギ）	大阪府	泉南郡
南緒方村（ミナミヲガタ）	大分縣	大野郡
南吉井村（ミナミヨシヰ）	愛媛縣	温泉郡
南波多村（ミナミハタ）	佐賀縣	西松浦郡
南川根村（ミナミカワネ）	茨城縣	西茨城郡
南比都佐村（ミナミヒツサ）	滋賀縣	蒲生郡
南八下村（ミナミヤシモ）	大阪府	南河内郡

南津留村（ミナミツル）	大分縣	北海部郡
南和氣村（ミナミワキ）	岡山縣	勝田郡
南多久村（ミナミタク）	佐賀縣	小城郡
南青柳村（ミナミアヲヤギ）	滋賀縣	犬上郡
南伊豫村（ミナミイヨ）	愛媛縣	伊豫郡
南王子村（ミナミワウジ）	大阪府	泉北郡
南鳥島（ミナミトリシマ）	東京府	小笠原島
湊町（ミナミ）	兵庫縣	三原郡
	千葉縣	君津郡
	茨城縣	那珂郡
湊村（ミナト）	福島縣	北會津郡
	石川縣	能美郡
	長野縣	諏訪郡
	京都府	熊野郡
	和歌山縣	海草郡
港村（ミナト）	三重縣	飯南郡
	兵庫縣	城崎郡
源村（ミナモト）	新潟縣	中頸城郡
	山梨縣	中巨摩郡
	千葉縣	山武郡
皆野町（ミナノ）	埼玉縣	秩父郡
皆瀨村（ミナセ）	秋田縣	雄勝郡
皆川村（ミナカワ）	栃木縣	下都賀郡
箕輪町（ミノワ）	群馬縣	群馬郡
箕輪村（ミノワ）	福島縣	石城郡
	長野縣	上伊那郡
箕田村（ミノタ）	埼玉縣	北足立郡
	三重縣	河藝郡
箕島町（ミノシマ）	和歌山縣	有田郡
箕曲村（ミノワ）	三重縣	名賀郡
箕面村（ミノモ）	大阪府	豐能郡
簑谷村（ミノタニ）	富山縣	東礪波郡
蓑島村（ミノシマ）	福岡縣	京都郡
宮前村（ミヤサキ）	和歌山縣	海草郡
	埼玉縣	比企郡
	京都府	南桑田郡
	三重縣	飯南郡
	神奈川縣	橘樹郡
宮本村（ミヤモト）	福島縣	東白川郡
	山梨縣	中巨摩郡
	三重縣	度會郡
	新潟縣	三島郡
宮野村（ミヤノ）	宮城縣	栗原郡
	福岡縣	朝倉郡
	福岡縣	嘉穗郡
	山口縣	吉敷郡
宮内町（ミヤウチ）	山形縣	東置賜郡
宮内村（ミヤウチ）	廣島縣	佐伯郡
	熊本縣	上益城郡
	愛媛縣	西宇和郡
宮崎村（ミヤサキ）	宮城縣	賀美郡
	富山縣	下新川郡
	愛知縣	額田郡
	福井縣	丹生郡
宮地町（ミヤジ）	熊本縣	阿蘇郡
宮地村（ミヤジ）	熊本縣	八代郡
	岐阜縣	揖斐郡
	熊本縣	天草郡
宮府岳村（ミヤジタケ）	熊本縣	天草郡

宮城(ミヤギ)村　群馬縣勢多郡　福島縣田村郡　大分縣直入郡

宮城野(ミヤギノ)村　神奈川縣足柄下郡

宮田(ミヤタ)町　愛知縣棄栗郡　福岡縣鞍手郡

宮田(ミヤタ)村　熊本縣天草郡　富山縣氷見郡　長野縣上伊那郡

宮川(ミヤカワ)村　茨城縣久慈郡　富山縣中新川郡　富山縣婦負郡　長野縣諏訪郡　福井縣遠敷郡　秋田縣鹿角郡

宮島(ミヤシマ)村　京都府北桑田郡　富山縣西礪波郡　大阪府三島郡

宮宿(ミヤシユク)町　山形縣西村山郡

宮(ミヤ)村　宮城縣刈田郡　岐阜縣大野郡

滋賀縣甲賀郡　宮崎縣東彼杵郡

宮原(ミヤノハラ)町　熊本縣八代郡

宮原(ミヤハラ)村　埼玉縣北足立郡　和歌山縣有田郡　山梨縣西八代郡

宮澤(ミヤサワ)村　宮城縣栗原郡　東京府北多摩郡　山形縣北村山郡

宮之城(ミヤノジヤウ)町　鹿兒島縣薩摩郡

宮津(ミヤツ)町　京都府與謝郡

宮古(ミヤコ)町　岩手縣下閉伊郡

宮野河内(ミヤノカワチ)村　熊本縣天草郡

宮野目(ミヤノメ)村　岩手縣稗貫郡

宮床(ミヤトコ)村　宮城縣黑川郡

宮寺(ミヤテラ)村　埼玉縣入間郡

宮生(ミヤオヘ)村　山形縣南村山郡

宮代(ミヤシロ)村　岐阜縣不破郡

宮濱(ミヤハマ)村　德島縣那賀郡

宮ケ瀬(ミヤガセ)村　神奈川縣愛甲郡

宮窪(ミヤクボ)村　愛媛縣越智郡

宮保(ミヤヤス)村　石川縣石川郡

宮戸(ミヤト)村　宮城縣桃生郡

宮砥(ミヤト)村　大分縣直入郡

宮陣(ミヤジン)村　福岡縣三井郡

宮守(ミヤモリ)村　岩手縣上閉伊郡

宮郷(ミヤガウ)村　群馬縣佐波郡

宮浦(ミヤウラ)村　愛媛縣越智郡

都野(ミヤコノ)村　大分縣直入郡

都田(ミヤコタ)村　静岡縣引佐郡

都川(ミヤコカワ)村　山梨縣南巨摩郡

都跡(ミアト)村　奈良縣生駒郡

都路(ミヤコヂ)村　福島縣田村郡

都(ミヤコ)村　千葉縣千葉郡　奈良縣磯城郡

明神(ミヤウジン)村　和歌山縣東牟婁郡　愛媛縣上浮穴郡

明星(ミヤウゼウ)村　三重縣多氣郡

明覺(ミヤウガク)村　埼玉縣比企郡

名衙(ミヤウガ)村　廣島縣豐田郡

神坂村（ミサカ）	長野縣	西筑摩郡
岬村（ミサキ）	福岡縣	宗像郡
右田村（ミギタ）	山口縣	佐波郡
行幸村（ミユキ）	岡山縣	邑久郡
	埼玉縣	北葛飾郡
耳成村（ミミナリ）	奈良縣	磯城郡
耳村（ミミ）	福井縣	三方郡
美和町（ミワ）	廣島縣	山縣郡

シの部

四鄕村（シガウ）	和歌山縣	伊都郡
	奈良縣	吉野郡
	三重縣	度會郡
	兵庫縣	飾磨郡
四和村（シワ）	廣島縣	佐伯郡
	青森縣	上北郡
四箇鄕村（シカガウ）	和歌山縣	海草郡
四箇村（シカ）	香川縣	仲多度郡
四箇浦村（シカウラ）	福井縣	丹生郡
四條村（シジヤウ）	香川縣	仲多度郡
	大阪府	北河內郡
四賀村（シカ）	長野縣	諏訪郡
四ノ宮村（シノミヤ）	大阪府	北河內郡
四所村（シシヨ）	京都府	加佐郡
四海村（シカイ）	香川縣	小豆郡
泗水村（シスイ）	熊本縣	菊池郡
淸水町（シミズ）	高知縣	幡多郡
淸水村（シミズ）	福島縣	信夫郡
	北海道	上川郡
	靜岡縣	駿東郡
	熊本縣	飽託郡
	秋田縣	仙北郡
	大阪府	三島郡
	愛媛縣	越智郡
	青森縣	中津輕郡
	神奈川縣	足柄上郡
	樺太	眞岡郡
志津村（シツ）	滋賀縣	栗太郡
	千葉縣	印旛郡
	福井縣	丹生郡
志津川村（シツカリ）	宮城縣	本吉郡
志賀野村（シガノ）	和歌山縣	那賀郡
志賀島村（シカシマ）	福岡縣	糟屋郡
志賀鄕村（シガサト）	京都府	何鹿郡
志賀村（シガ）	長野縣	北佐久郡
	和歌山縣	日高郡
志々伎村（シシキ）	長崎縣	北松浦郡
志志村（シシ）	島根縣	飯石郡
志和堀村（シワホリ）	廣島縣	賀茂郡
志和池村（シワヂ）	宮崎縣	北諸縣郡
志和村（シワ）	岩手縣	紫波郡
志度町（シド）	香川縣	大川郡
志筑町（シヅキ）	兵庫縣	津名郡
志佐町（シサ）	長崎縣	北松浦郡
志木町（シキ）	埼玉縣	北足立郡
志布志町（シブシ）	鹿兒島縣	囎唹郡
志加浦村（シカウラ）	石川縣	羽咋郡
志土庫村（シトクラ）	茨城縣	新治郡
志段味村（シダミ）	愛知縣	東春日井郡
志比谷村（シヒヤ）	福井縣	吉田郡

志多見(シダミ)	村	埼玉縣	北埼玉郡
志都美(シトミ)	村	奈良縣	北葛城郡
志屋(シヤ)	村	廣島縣	高田郡
志田(シダ)	村	宮城縣	志田郡
志雄(シヲ)	村	石川縣	羽咋郡
志筑(シヅク)	村	茨城縣	新治郡
志原(シハラ)	村	長崎縣	壹岐郡
志島(シジマ)	村	三重縣	志摩郡
志樂(シラク)	村	京都府	加佐郡
志紀(シキ)	村	大阪府	南河内郡
志知(シチ)	村	兵庫縣	三原郡
志染(シジミ)	村	兵庫縣	美囊郡
志方(シカタ)	村	兵庫縣	印南郡
志岐(シキ)	村	熊本縣	天草郡
志柿(シカキ)	村	熊本縣	天草郡
志免(シメ)	村	福岡縣	糟屋郡
志波(シハ)	村	福岡縣	朝倉郡
志波姫(シハヒメ)	村	宮城縣	栗原郡
志(シ)	村	東京府	北豐島郡
紫雲寺(シウンジ)	村	新潟縣	北蒲原郡
紫福(シフキ)	村	山口縣	阿武郡
紫尾(シヲ)	村	茨城縣	眞壁郡
市東(シトウ)	村	千葉縣	市原郡
市西(シサイ)	村	千葉縣	市原郡
士別(シベツ)	町	北海道	上川郡
士幌(シホロ)	村	北海道	河東郡
師勝(シカツ)	村	愛知縣	西春日井郡
師木野(シキノ)	村	山口縣	玖珂郡
滋賀(シガ)	村	滋賀縣	滋賀郡
磯長(シナガ)	村	大阪府	南河内郡
獅子(シシ)	村	長崎縣	北松浦郡
資母(シモ)	村	兵庫縣	出石郡
仕七川(シナナカハ)	村	愛媛縣	上浮穴郡
慈恩寺(ジオンジ)	村	埼玉縣	南埼玉郡
不知火(シラヌヒ)	村	熊本縣	宇土郡
雌雄島(シヲシマ)	村	香川縣	香川郡
椎田(シイタ)	町	福岡縣	築上郡
椎原(シイバル)	村	熊本縣	八代郡
椎葉(シイバ)	村	宮崎縣	西臼杵郡
椎名(シイナ)	村	千葉縣	千葉郡
椎柴(シイシバ)	村	千葉縣	海上郡
白川(シラカワ)	村	岐阜縣	大野郡
		三重縣	鈴鹿郡
		埼玉縣	秩父郡
		福岡縣	京都郡
		宮城縣	刈田郡
白鳥本(シラトリモト)	町	香川縣	大川郡
白鳥(シラトリ)	町	岐阜縣	郡上郡
白鳥(シラトリ)	村	香川縣	大川郡
		埼玉縣	秩父郡
		茨城縣	鹿島郡
		千葉縣	市原郡
白石(シライシ)	村	宮城縣	刈田郡
白石(シロイシ)	村	北海道	札幌郡
		熊本縣	飽託郡
		岡山縣	御津郡
白濱(シラハマ)	村	靜岡縣	加茂郡
		千葉縣	匝瑳郡
		千葉縣	安房郡
		兵庫縣	飾磨郡

白岩（シライワ）町	山形縣	西村山郡
白岩（シライワ）村	福島縣	安達郡
	秋田縣	仙北郡
白子（シロコ）町	三重縣	河藝郡
白子（シロコ）村	埼玉縣	北足立郡
白木（シロキ）村	大阪府	南河内郡
	福岡縣	八女郡
白根（シロネ）町	新潟縣	中蒲原郡
白根（シロネ）村	福島縣	伊達郡
白糸（シライト）村	靜岡縣	富士郡
	熊本縣	上益城郡
白山（シラヤマ）村	岩手縣	膽澤郡
	福井縣	丹生郡
白方（シラカタ）村	福島縣	岩瀨郡
	香川縣	仲多度郡
白河（シラカハ）町	福島縣	西白河郡
白河（シラカハ）村	茨城縣	東茨城郡
白江（シラエ）村	石川縣	能美郡
	福島縣	岩瀨郡
白井（シラヰ）村	千葉縣	千葉郡
白井（シロヰ）村	千葉縣	印旛郡
白井河原（シラヰカワラ）村	山梨縣	東八代郡
白須賀（シラスカ）町	靜岡縣	濱名郡
白郷井（シロサトヰ）村	群馬縣	群馬郡
白田川（シロタカハ）村	高知縣	幡多郡
白峰（シラミネ）村	石川縣	能美郡
白澤（シラサワ）村	群馬縣	利根郡
白塚（シラツカ）村	三重縣	河藝郡
白旗（シラハタ）村	熊本縣	上益城郡
白萩（シラハギ）村	富山縣	中新川郡
白崎（シロサキ）村	和歌山縣	日高郡
白鷹（シラタカ）村	山形縣	西置賜郡
白坪（シラツボ）村	熊本縣	飽託郡
白丹（シラニ）村	大分縣	直入郡
白銀（シロカネ）村	奈良縣	吉野郡
白瀨（シロセ）村	三重縣	員辨郡
白羽（シロハ）村	福岡縣	榛原郡
白潟（シロカタ）村	千葉縣	長生郡
白坂（シラサカ）村	福島縣	西白河郡
白瀧（シラタキ）村	富媛縣	喜多郡
白脇（シラワキ）村	靜岡縣	濱名郡
白糠（シラヌカ）村	北海道	白糠郡
白老（シラオイ）村	北海道	白老郡
白里（シロサト）村	千葉縣	山武郡
白縫（シラヌイ）村	樺太	榮濱郡
柴原（シバハル）村	大分縣	大野郡
柴田（シバタ）村	青森縣	西津輕郡
柴崎（シバサキ）村	茨城縣	稻敷郡
柴橋（シバハシ）村	山形縣	西村山郡
柴平（シバヒラ）村	秋田縣	鹿角郡
柴刈（シバカリ）村	福岡縣	浮羽郡
芝富（シバトミ）村	靜岡縣	富士郡
芝根（シバネ）村	群馬縣	佐波郡
芝（シバ）村	兵庫縣	武庫郡
	埼玉縣	北足立郡
潮見（シホミ）村	愛媛縣	溫泉郡
潮原（シホナミ）村	岐阜縣	加毛郡
潮岬（シホノミサキ）村	和歌山縣	西牟婁郡
潮止（シホトメ）村	埼玉縣	南埼玉郡
標津（シベツ）村	北海道	標津郡

蘂取	シベトロ	村	北海道	蘂取郡
倭文	シトリ	村	兵庫縣	三原郡
倭文東	シトリヒガシ	村	岡山縣	久米郡
倭文中	シトリナカ	村	岡山縣	久米郡
倭文西	シトリニシ	村	岡山縣	久米郡
七戸	シチノヘ	町	青森縣	上北郡
七本木	シチホンギ	村	埼玉縣	兒玉郡
七ケ宿	シチガジユク	村	宮城縣	刈田郡
七ケ濱	シチガハマ	村	宮城縣	宮城郡
七郷	シチガウ	村	宮城縣	宮城郡
七浦	シツラ	村	石川縣	鳳至郡
七箇	シチカ	村	香川縣	仲多度郡
七川	シチカワ	村	和歌山縣	東牟婁郡
七軒	シチケン	村	山形縣	西村山郡
七寶	シツポウ	村	愛知縣	海部郡
七美	シチミ	村	富山縣	射水郡
尻岸内	シリキシナイ	村	北海道	龜田郡
知内	シリウチ	村	北海道	上磯郡
知取	シルトル	町	樺太	元泊郡
知床	シレトコ	村	樺太	長濱郡
鹽田	シオタ	町	佐賀縣	藤津郡
鹽田	シオタ	村	兵庫縣	津名郡
			山口縣	熊毛郡
			茨城縣	那珂郡
			岡山縣	和氣郡
鹽津	シオツ	村	愛知縣	寶飯郡
			石川縣	江沼郡
			和歌山縣	海草郡
			滋賀縣	伊香郡
鹽屋	シオヤ	村	和歌山縣	日高郡
			石川縣	江沼郡
			兵庫縣	赤穗郡
鹽澤	シオサワ	町	新潟縣	南魚沼郡
鹽澤	シオサワ	村	福島縣	安達郡
鹽尻	シオジリ	町	長野縣	東筑摩郡
鹽尻	シオジリ	村	長野縣	小縣郡
鹽崎	シオサキ	村	山梨縣	北巨摩郡
			長野縣	更級郡
鹽川	シオカワ	町	福島縣	耶麻郡
鹽川	シオカワ	村	長野縣	小縣郡
鹽竈	シオガマ	町	宮城縣	宮城郡
鹽山	シホヤマ	町	山梨縣	東山梨郡
鹽原	シオバラ	町	栃木縣	鹽谷郡
鹽谷	シオヤ	村	北海道	忍路郡
鹽見	シオミ	村	鳥取縣	岩美郡
鹽瀬	シオセ	村	兵庫縣	有馬郡
鹽井	シオヰ	村	山形縣	南置賜郡
鹽濱	シオハマ	村	三重縣	三重郡
鹽江	シオノエ	村	香川縣	香川郡
鹽野町	シオノマチ	村	新潟縣	岩船郡
鹿野	シカノ	町	鳥取縣	氣高郡
鹿部	シカベ	村	北海道	茅部郡
鹿町	シカマチ	村	長崎縣	北松浦郡
鹿谷	シカダニ	村	福井縣	大野郡
鹿追	シカオヒ	村	北海道	河東郡
鹿本	シカモト	村	東京府	南葛飾郡
鹿折	シカヲリ	村	宮城縣	本吉郡
飾磨	シカマ	町	兵庫縣	飾磨郡
色麻	シカマ	村	宮城縣	賀美郡
柵	シガラミ	村	長野縣	上水内郡
初山別	シヨサンベツ	村	北海道	苫前郡

生石村（シヤウセキ）	愛媛縣	温泉郡
勝常村（シヤウジヤウ）	福島縣	河沼郡
渚滑村（ショコツ）	北海道	紋別郡
如水村（ジョスイ）	大分縣	下毛郡
舌田村（シタダ）	愛媛縣	西宇和郡
舌辛村（シタカラ）	北海道	阿寒郡
靜市野村（シヅイチノ）	京都府	愛宕郡
靜間村（シヅマ）	島根縣	邇摩郡
靜濱村（シツハマ）	靜岡縣	志太郡
靜浦村（シツウラ）	靜岡縣	駿東郡
靜波村（シヅナミ）	岐阜縣	惠那郡
靜川村（シヅカハ）	山梨縣	南巨摩郡
靜内村（シツナイ）	北海道	靜内郡
靜里村（シヅサト）	岐阜縣	不破郡
靜和村（シヅワ）	栃木縣	下都賀郡
靜村（シヅカ）	埼玉縣	北葛飾郡
	茨城縣	猿島郡
靜村（シヅ）	茨城縣	那珂郡
鎭玉村（シツダマ）	靜岡縣	引佐郡
後川村（シツカワ）	兵庫縣	多紀郡
雫石村（シヅクイシ）	岩手縣	岩手郡
質美村（シツミ）	京都府	船井郡
賤機村（シヅハタ）	靜岡縣	安部郡
品川町（シナカワ）	東京府	荏原郡
品野町（シナノ）	愛知縣	東春日井郡
信濃尻村（シナノシリ）	長野縣	上水内郡
信達村（シンタツ）	大阪府	泉南郡
信夫村（シノブ）	福島縣	西白河郡
信太村（シノダ）	和歌山縣	伊都郡
	大阪府	泉北郡
階見村（シナミ）	廣島縣	甲奴郡
科野村（シナノ）	長野縣	下高井郡
占冠村（シムカツプ）	北海道	勇拂郡
占守島（シムシユトウ）	北海道	占守郡
周布村（シウフ）	愛媛縣	周桑郡
周山村（シウサン）	京都府	北桑田郡
篠ノ井町（シノノイ）	長野縣	更級郡
篠井村（シノイ）	栃木縣	河内郡
篠原村（シノハラ）	靜岡縣	濱名郡
	石川縣	江沼郡
	滋賀縣	野洲郡
篠木村（シノギ）	愛知縣	東春日井郡
篠島村（シノシマ）	愛知縣	知多郡
篠崎村（シノサキ）	東京府	南葛飾郡
篠岡村（シノオカ）	愛知縣	東春日井郡
篠津村（シノツ）	埼玉縣	南埼玉郡
篠路村（シノロ）	北海道	札幌郡
篠生村（シノブ）	山口縣	阿武郡
篠尾村（シノヲ）	山梨縣	北巨摩郡
篠村（シノ）	京都府	南桑田郡
東雲村（シノノメ）	秋田縣	山本郡
	京都府	加佐郡
忍村（シノブ）	山梨縣	中巨摩郡
敷香村（シカ）	樺太	敷香郡
上下町（ジヤウゲ）	廣島縣	甲奴郡
上條村（ジヤウジヤウ）	富山縣	中新川郡
	新潟縣	刈羽郡
	新潟縣	東蒲原郡
上河原村（ジヤウカワハラ）	東京府	北多摩郡
上川村（ジヤウセン）	三重縣	南牟婁郡
上陽村（ジヤウヨウ）	群馬縣	佐波郡

城邊町	ジヤウヘン	愛媛縣	南宇和郡
城島町	ジヤウシマ	福岡縣	三潴郡
城島村	シロシマ	奈良縣	磯城郡
城河原村	ジヤウカワラ	熊本縣	天草郡
城東村	ジヤウトウ	愛知縣	丹羽郡
城下村	ジヤウシタ	兵庫縣	宍粟郡
城田村	シロタ	佐賀縣	神崎郡
城川村	シロカワ	新潟縣	北魚沼郡
城見村	シロミ	岡山縣	小田郡
城崎村	シロサキ	福井縣	丹生郡
城西村	シロニシ	靜岡縣	周智郡
城南村	シロミナミ	三重縣	桑名郡
		兵庫縣	飾磨郡
城南村	ジヤウナン	兵庫縣	多紀郡
		山口縣	熊毛郡
		三重縣	阿山郡
城端町	ジヤウハナ	富山縣	東礪波郡
城北村	シロキタ	熊本縣	菊池郡
城北村	ジヤウホク	兵庫縣	多紀郡
城内村	シロウチ	福岡縣	山門郡
城内村	ジヤウナイ	新潟縣	南魚沼郡
城山村	シロヤマ	岐阜縣	海津郡
		栃木縣	河内郡
		和歌山縣	有田郡
城山村	ジヤウヤマ	熊本縣	飽託郡
庄内町	ジヤウナイ	宮崎縣	北諸縣郡
		愛知縣	西春日井郡
庄内村	シヤウナイ	鳥取縣	西伯郡
		福岡縣	嘉穗郡
		大阪府	豐能郡
		三重縣	鈴鹿郡
		愛媛縣	周桑郡
庄村	シヤウ	石川縣	江沼郡
		岡山縣	都窪郡
庄原町	シヤウハラ	廣島縣	比婆郡
庄瀬村	シヤウセ	新潟縣	中蒲原郡
庄川村	シヤウカハ	新潟縣	南蒲原郡
庄野村	シヤウノ	三重縣	鈴鹿郡
庄下村	シヤウゲ	富山縣	東礪波郡
莊原村	シヤウバラ	島根縣	簸川郡
莊野村	シヤウノ	廣島縣	賀美郡
昭和村	シヨウワ	高知縣	幡多郡
		熊本縣	八代郡
		福島縣	大沼郡
莊内村	シヤウナイ	香川縣	三豐郡
		岡山縣	兒島郡
淨法寺村	ジヤウホウジ	岩手縣	二戶郡
		福井縣	吉田郡
菖蒲町	シヤウブ	埼玉縣	南埼玉郡
正得村	シヤウトク	富山縣	西礪波郡
正院村	シヤウイン	石川縣	珠洲郡
常萬村	ジヤウマン	山形縣	東田川郡
常永村	ジヤウエイ	山梨縣	中巨摩郡
常光村	ジヤウコウ	埼玉縣	北足立郡
斜古丹村	シヤコタン	北海道	色丹郡
斜里村	シヤリ	北海道	斜里郡
樣似村	シヤマニ	北海道	樣似郡
車力村	シヤリキ	青森縣	西津輕郡
湘南村	シヤウナン	神奈川縣	津久井郡
尙德村	シヤウトク	鳥取縣	西伯郡
紗那村	シヤナ	北海道	紗那郡
石神井村	シヤクジヰ	東京府	北豐島郡
釋迦内村	シヤカナイ	秋田縣	北秋田郡

島村	シマ	群馬縣	佐波郡
		富山縣	上新川郡
		岐阜縣	稻葉郡
		大阪府	泉南郡
		滋賀縣	蒲生郡
島田村	シマダ	山口縣	熊毛郡
		山梨縣	北都留郡
		靜岡縣	富士郡
		島根縣	能義郡
		新潟縣	三島郡
島田町	シマダ	靜岡縣	志太郡
島津村	シマツ	京都府	竹野郡
		三重縣	度會郡
島原町	シマバラ	長崎縣	南高來郡
島ケ原村	シマガハラ	三重縣	阿山郡
島野村	シマノ	北海道	岩內郡
島郷村	シマガト	福岡縣	遠賀郡
島地村	シマヂ	山口縣	佐波郡
島上村	シマカミ	新潟縣	西蒲原郡
島子村	シマコ	熊本縣	天草郡
島內村	シマウチ	長野縣	東筑摩郡
島守村	シマモリ	青森縣	三戶郡
島本村	シマモト	大阪府	三島郡
島立村	シマタチ	長野縣	東筑摩郡
島名村	シマナ	茨城縣	筑波郡
島門村	シマド	福岡縣	遠賀郡
重淸村	シゲキヨ	德島縣	美馬郡
重春村	シゲハル	兵庫縣	多可郡
重岡村	シゲヲカ	大分縣	大野郡
重井村	シゲヰ	廣島縣	御調郡
重富村	シゲトミ	鹿兒島縣	始良郡
滋野村	シゲノ	長野縣	小縣郡
澁谷町	シブヤ	東京府	豐多摩郡
澁谷村	シブヤ	神奈川縣	高座郡
澁川町	シブカワ	群馬縣	群馬郡
澁川村	シブカワ	福島縣	安達郡
澁民村	シブタミ	岩手縣	東磐井郡
		岩手縣	岩手郡
十・文字町	ジウモンジ	秋田縣	平鹿郡
十王村	ジフワウ	山形縣	西置賜郡
十和村	ジウワ	茨城縣	筑波郡
十全村	ジウゼン	新潟縣	中蒲原郡
十島村	ジツタウ	鹿兒島縣	大島郡
十二所町	ジウニシヨ	秋田縣	北秋田郡
十二町村	ジフニテウ	富山縣	氷見郡
十二鏑村	ジフニカブラ	岩手縣	和賀郡
十二里村	ジフニサト	青森縣	南津輕郡
十三村	ジフサン	青森縣	西津輕郡
十三濱村	ジフサンハマ	宮城縣	本吉郡
十四山村	ジフシヤマ	愛知縣	海部郡
十五濱村	ジフゴハマ	宮城縣	桃生郡
敷島村	シキシマ	群馬縣	勢多郡
		山梨縣	中巨摩郡
敷地村	シキチ	靜岡縣	磐田郡
敷玉村	シキタマ	宮城縣	志田郡
敷根村	シキネ	鹿兒島縣	始良郡
敷屋村	シキヤ	和歌山縣	東牟婁郡
敷信村	シノブ	廣島縣	比婆郡
式見村	シキミ	長崎縣	西彼杵郡

式根島（シキネシマ）	東京府	新島
色見村（シキミ）	熊本縣	阿蘇郡
出精村（シュツセイ）	青森縣	西津輕郡
出東村（シュツトウ）	島根縣	簸川郡
出西村（シュツサイ）	島根縣	簸川郡
宿田曾村（シュクタソ）	三重縣	度會郡
宿南村（シュクナミ）	兵庫縣	養父郡
春照村（シュンセウ）	滋賀縣	坂田郡
酒々井町（シュスヰ）	千葉縣	印旛郡
修善寺町（シュゼンジ）	靜岡縣	田方郡
修學院村（シュガクイン）	京都府	愛宕郡
宍喰町（シシクヒ）	德島縣	海部郡
宍戸町（シシド）	茨城縣	西茨城郡
宍道町（シシヂ）	島根縣	八束郡
下郷村（シモガウ）	秋田縣	由利郡
	大分縣	下毛郡
	鳥取縣	東伯郡
下里町（シモサト）	和歌山縣	東牟婁郡
下里村（シモサト）	兵庫縣	加西郡
下浦村（シモウラ）	大分縣	北海部郡
	熊本縣	天草郡

下灘村（シモナダ）	愛媛縣	北宇和郡
	愛媛縣	伊豫郡
下田町（シモダ）	靜岡縣	加茂郡
	高知縣	幡多郡
下田村（シモダ）	滋賀縣	甲賀郡
	青森縣	上北郡
	奈良縣	北葛城郡
下田上村（シモダカミ）	滋賀縣	栗太郡
下地町（シモヂ）	愛知縣	寶飯郡
下地村（シモヂ）	沖繩縣	宮古郡
下山村（シモヤマ）	山梨縣	南巨摩郡
	愛知縣	額田郡
	愛知縣	東加茂郡
下川村（シモカハ）	岐阜縣	郡上郡
	愛知縣	八名郡
	愛知縣	北設樂郡
	北海道	上川郡
下川口村（シモカワグチ）	高知縣	幡多郡
	京都府	天田郡
下川淵村（シモカハフチ）	群馬縣	勢多郡

下川邊村（シモカワフチ）	廣島縣	御調郡
下川入村（シモカワイリ）	神奈川縣	愛甲郡
下川西村（シモカワニシ）	新潟縣	古志郡
下川沿村（シモカワソく）	秋田縣	北秋田郡
下川大内村（シモカワオチ）	秋田縣	由利郡
下川崎村（シモカワサキ）	福島縣	安達郡
下川根村（シモカワネ）	靜岡縣	榛原郡
下竹荘村（シモタケシヤウ）	岡山縣	上房郡
下竹田村（シモタケダ）	廣島縣	深安郡
	大分縣	直入郡
下北方村（シモキタカタ）	廣島縣	豐田郡
下北山村（シモキタヤマ）	奈良縣	吉野郡
下北手村（シモキタテ）	秋田縣	河邊郡
下北條村（シモキタゼウ）	鳥取縣	東伯郡
下北津留村（シモキタツル）	大分縣	北海部郡
下中島村（シモナカシマ）	岐阜縣	羽島郡
	富山縣	下新川郡
下中妻村（シモナカツマ）	茨城縣	東茨城郡
下中山村（シモナカヤマ）	鳥取縣	東伯郡
下中村（シモナカ）	神奈川縣	足柄下郡

下津井町	シモツヰ	岡山縣	兒島郡
下津深江村	シモツフカエ	熊本縣	天草郡
下津浦村	シモツウラ	熊本縣	天草郡
下津具村	シモツグ	愛知縣	北設樂郡
下大野村	シモオホノ	茨城縣	東茨城郡
下大野村	シモオホノ	秋田縣	北秋田郡
下大津村	シモオホツ	茨城縣	新治郡
下太田村	シモオホタ	和歌山縣	東牟婁郡
下大見村	シモオホミ	靜岡縣	田方郡
下入津村	シモニフツ	大分縣	南海部郡
下府中村	シモフチウ	神奈川縣	足柄下郡
下府村	シタガウ	島根縣	那賀郡
下曾根村	シモソネ	山梨縣	東八代郡
下曾我村	シモソガ	神奈川縣	足柄下郡
下黑瀬村	シモクロセ	廣島縣	賀茂郡
下黑川村	シモクロカハ	新潟縣	中頸城郡
下九一色村	シモクイツシキ	山梨縣	西八代郡
下之一色町	シモノイツシキ	愛知縣	愛知郡
下高野山村	シモタカノヤマ	廣島縣	比婆郡
下高瀬村	シモタカセ	香川縣	三豐郡
下高岡村	シモタカヲカ	香川縣	木田郡
下宇川村	シモウカワ	京都府	竹野郡
下宇坂村	シモウサカ	福井縣	足羽郡
下伊場野村	シモイバノ	宮城縣	志田郡
下伊集院村	シモイジユイン	鹿兒島縣	日置郡
下諏訪町	シモスワ	長野縣	諏訪郡
下麻生町	シモアソウ	岐阜縣	加茂郡
下仁田町	シモニタ	群馬縣	北甘樂郡
下館町	シモダテ	茨城縣	眞壁郡
下妻町	シモツマ	茨城縣	眞壁郡
下市町	シモイチ	奈良縣	吉野郡
下忍村	シモオシ	埼玉縣	北埼玉郡
下段村	シモダン	富山縣	中新川郡
下甑村	シモコシキ	鹿兒島縣	薩摩郡
下境村	シモサカイ	福岡縣	鞍手郡
下野村	シモノ	三重縣	三重郡
		廣島縣	加茂郡
下野方村	シモノカタ	富山縣	下新川郡
下岳村	シモタケ	熊本縣	八代郡
下夕村	シト	富山縣	上新川郡
下波村	シタハ	愛媛縣	北宇和郡
下濱村	シモハマ	秋田縣	山利郡
下岬村	シモミサキ	福井縣	丹生郡
下牧村	シモマキ	岐阜縣	武儀郡
下宮村	シモミヤ	岐阜縣	安八郡
下原村	シモハラ	岐阜縣	益田郡
下條村	シモゼウ	長野縣	下伊那郡
下倉村	シモクラ	岡山縣	吉備郡
下谷村	シタヤ	福島縣	河沼郡
下庄村	シモセウ	福井縣	大野郡
下莊村	シモジヤウ	大阪府	泉南郡
下村	シモ	富山縣	射水郡
下江川村	シモエカハ	栃木縣	那須郡
下練馬村	シモネリマ	東京府	北豐島郡
下芳養村	シモハヤ	和歌山縣	西牟婁郡
下增田村	シモマスダ	宮城縣	名取郡
下秋津村	シモアキツ	和歌山縣	西牟婁郡
下神野村	シモカミノ	和歌山縣	那賀郡
下山路村	シモヤマヂ	和歌山縣	日高郡
下屋久村	シモヤク	鹿兒島縣	熊毛郡

下甘田村	シモアマタ	石川縣	羽咋郡
下城井村	シモキヰ	福岡縣	築上郡
下廣川村	シモヒロカハ	福岡縣	八女郡
下岩成村	シモイワナリ	廣島縣	深安郡
下加茂村	シモカモ	廣島縣	深安郡
下瀨野村	シモセノ	廣島縣	安藝郡
下三永村	シモミナガ	廣島縣	賀茂郡
下小川村	シモヲガワ	茨城縣	久慈郡
		福島縣	石城郡
下結城村	シモユウキ	茨城縣	結城郡
下笠居村	シモカサヰ	香川縣	香川郡
下吉田村	シモヨシダ	埼玉縣	秩父郡
下鳥羽村	シモトバ	京都府	紀伊郡
下鹽谷村	シモシホタニ	新潟縣	古志郡
下八川村	シモヤカハ	高知縣	吾川郡
下湧別村	シモユウベツ	北海道	紋別郡
下宇和村	シモウワ	愛媛縣	東宇和郡
下三方村	シモミカタ	兵庫縣	宍粟郡
下東條村	シモトウジヤウ	兵庫縣	加東郡
下東鄕村	シモトウガウ	鹿兒島縣	薩摩郡

下岩川村	シモイワカワ	秋田縣	山本郡
下海府村	シモカイフ	新潟縣	岩船郡
下早川村	シモハヤカワ	新潟縣	西頸城郡
下船渡村	シモフナト	新潟縣	中魚沼郡
下草野村	シモクサノ	滋賀縣	東淺井郡
下坂本村	シモサカモト	滋賀縣	滋賀郡
下和知村	シモワチ	京都府	船井郡
下保倉村	シモホクラ	新潟縣	東頸城郡
下松山村	シモマツヤマ	島根縣	那賀郡
下堅田村	シモカタダ	大分縣	南海部郡
下私都村	シモキサイチ	鳥取縣	八頭郡
下木頭村	シモキトウ	德島縣	海部郡
下ノ江村	シモノエ	大分縣	北海部郡
下久堅村	シモヒサカタ	長野縣	下伊那郡
下原田村	シモハラダ	岐阜縣	惠那郡
下之保村	シモノホ	岐阜縣	武儀郡
下有知村	シモアリチ	岐阜縣	武儀郡
下多度村	シモタド	岐阜縣	養老郡
下米田村	シモヨネダ	岐阜縣	加毛郡
下羽栗村	シモハクリ	岐阜縣	羽島郡

下内田村	シモウチダ	靜岡縣	小笠郡
下佐濃村	シモサノ	京都府	熊野郡
下狩野村	シモカリノ	靜岡縣	田方郡
下河津村	シモカワヅ	靜岡縣	加茂郡
下文珠村	シモブンジユ	福井縣	足羽郡
下半山村	シモハヤマ	高知縣	高岡郡
下新城村	シモシンジヤウ	秋田縣	南秋田郡
下井河村	シモヰガワ	秋田縣	南秋田郡
下矢部村	シモカベ	熊本縣	上益城郡
下朝倉村	シモアサクラ	愛媛縣	越智郡
下之川村	シモノカワ	三重縣	一志郡
下御絲村	シモミイト	三重縣	多氣郡
下豐富村	シモトヨトミ	京都府	天田郡
下味見村	シモアジミ	福井縣	大野郡
下穴馬村	シモアナウマ	福井縣	大野郡
下志比村	シモシヒ	福井縣	吉田郡
下池田村	シモイケダ	福井縣	今立郡
下蒲刈島村	シモカマカリシマ	廣島縣	安藝郡
下長苗代村	シモナカナハシロ	青森縣	三戸郡
下山阿仁村	シモコアニ	秋田縣	北秋田郡

下阿多古村	シモアタコ	静岡縣	磐田郡
下分上山村	シモブンカミヤマ	徳島縣	名西郡
下伊自良村	シモイジラ	岐阜縣	山縣郡
下波佐見村	シモハサミ	長崎縣	東彼杵郡
下有住村	シモアリスミ	岩手縣	氣仙郡
下外城田村	シモトキダ	三重縣	度會郡
下六人部村	シモムトベ	京都府	天田郡
下松求麻村	シモマツクマ	熊本縣	八代郡
下夜久野村	シモヤクノ	京都府	天田郡
新庄町	シンジヤウ	山形縣	最上郡
		富山縣	上新川郡
		奈良縣	北葛城郡
新庄村	シンジヤウ	岡山縣	眞庭郡
		山口縣	玖珂郡
		京都府	船井郡
		廣島縣	山縣郡
		和歌山縣	西牟婁郡
新宮町	シングウ	和歌山縣	東牟婁郡
新宮村	シングウ	茨城縣	鹿島郡
		福岡縣	糟屋郡
		兵庫縣	揖保郡
新郷村	シンガウ	茨城縣	猿島郡
		埼玉縣	北足立郡
		埼玉縣	北埼玉郡
		福島縣	耶麻郡
		福島縣	河沼郡
新城町	シンジヤウ	愛知縣	南設樂郡
新城村	シンジヤウ	鹿兒島縣	肝屬郡
		青森縣	東津輕郡
新保村	シンボ	富山縣	上新川郡
		福井縣	坂井郡
新濱村	シンハマ	愛媛縣	温泉郡
		兵庫縣	赤穗郡
新合村	シンガフ	熊本縣	天草郡
		栃木縣	安蘇郡
新田村	シンデン	埼玉縣	北足立郡
		大阪府	三島郡
新川町	シンカハ	愛知縣	碧海郡
		愛知縣	西春日井郡
新發田町	シバタ	新潟縣	北蒲原郡
新舞鶴町	シンマイツル	京都府	加佐郡
新十津川村	シントツカハ	北海道	樺戸郡
新知島	シンシルシマ	北海道	新知郡
新高尾村	シンタカヲ	群馬縣	群馬郡
新神足村	シンカンタリ	京都府	乙訓郡
新横江村	シンヨコエ	福井縣	今立郡
新篠津村	シンシノツ	北海道	石狩郡
新山町	シンザン	福島縣	雙葉郡
新湊町	シンミナト	富山縣	射水郡
新市町	シンイチ	廣島縣	蘆品郡
新町	シン	三重縣	安濃郡
		群馬縣	多野郡
新會村	シンクワイ	埼玉縣	大里郡
新立村	シンリツ	愛媛縣	宇摩郡
新家村	シンカ	大阪府	泉南郡
新堂村	シンドウ	大阪府	南河内郡
新道村	シンドウ	新潟縣	中頸城郡
新開村	シンカイ	長野縣	西筑摩郡
新澤村	シンサワ	奈良縣	高市郡
新得村	シンマク	北海道	上川郡
新地村	シンチ	福島縣	相馬郡

新富(シントミ)村	山梨縣	北巨摩郡
新改(シンカイ)村	高知縣	長岡郡
新莊(シンシヤウ)村	高知縣	高岡郡
新儀(シンギ)村	滋賀縣	高島郡
新阪(シンサカ)村	廣島縣	神石郡
新關(シンセキ)村	新潟縣	中蒲原郡
新島(シンシマ)村	千葉縣	香取郡
新本(シンホン)村	岡山縣	吉備郡
新所(シンシヨ)村	靜岡縣	濱名郡
新川(シンカワ)村	千葉縣	東葛飾郡
信達(シンダツ)村	大阪府	泉北郡
新丸(シンマル)村	石川縣	能美郡
新組(シンクミ)村	新潟縣	古志郡
新津(シンツ)村	靜岡縣	濱名郡
神宮寺(ジングウジ)町	秋田縣	仙北郡
神保原(ジンボハラ)村	埼玉縣	兒玉郡
神明(シンメイ)村	福井縣	今立郡
	三重縣	志摩郡
神明(シンミヤウ)村	富山縣	婦負郡
神代(ジンダイ)村	東京府	北多摩郡
	秋田縣	仙北郡
神西(ジンサイ)村	島根縣	簸川郡
神領(ジンリヤウ)村	徳島縣	名西郡
神和(ジンワ)村	愛媛縣	溫泉郡
神興(ジンコウ)村	福岡縣	宗像郡
神樂(シグラ)村	兵庫縣	氷上郡
眞城(シンジヤウ)村	岩手縣	膽澤郡
深才(シンサイ)村	新潟縣	三島郡
仁義(ジンギ)村	和歌山縣	海草郡
甚目寺(ジンモクジ)村	愛知縣	海部郡
シリンケ島	北海道	占守郡

ヒの部

日吉津(ヒエツ)村	鳥取縣	西伯郡
日吉(ヒヨシ)村	千葉縣	香取郡
	千葉縣	長生郡
	岐阜縣	養老郡
	岐阜縣	土岐郡
	熊本縣	飽託郡
	愛媛縣	北宇和郡
	神奈川縣	橘樹郡
	新潟縣	三島縣
日置(ヒキ)町	和歌山縣	西牟婁郡
日置(ヒオキ)村	京都府	與謝郡
	鹿兒島縣	日置郡
	兵庫縣	多紀郡
	鳥取縣	氣高郡
日置莊(ヒオキソウ)村	大阪府	南河內郡
日置江(ヒオキエ)村	岐阜縣	稻葉郡
日置谷(ヒオキダニ)村	鳥取縣	氣高郡
日野上(ヒノカミ)村	鳥取縣	日野郡
日野春(ヒノハル)村	山梨縣	北巨摩郡
日野澤(ヒノサワ)村	埼玉縣	秩父郡
日野谷(ヒノタニ)村	徳島縣	那賀郡
日野(ヒノ)町	東京府	南多摩郡
	滋賀縣	蒲生郡
日野(ヒノ)村	群馬縣	多野郡
	長野縣	下高井郡
	長野縣	上高井郡

	岐阜縣	稲葉郡
	兵庫縣	多可郡
	鳥取縣	日野郡
日高（ヒタカ）町	兵庫縣	城崎郡
日高（ヒダカ）村	愛媛縣	越智郡
	茨城縣	多賀郡
日里（ヒノサト）村	岡山縣	川上郡
日里（ヒサト）村	長野縣	上水内郡
日方（ヒカタ）町	和歌山縣	海草郡
日立（ヒタチ）町	茨城縣	多賀郡
日詰（ヒヅメ）町	岩手縣	紫波郡
日田（ヒタ）町	大分縣	日田郡
日出（ヒジ）町	大分縣	速見郡
日生（ヒナセ）町	岡山縣	和氣郡
日比（ヒビ）町	岡山縣	兒島郡
日永（ヒナガ）村	三重縣	三重郡
日近（ヒヂカイ）村	岡山縣	吉備郡
日登（ヒノボリ）町	島根縣	大原郡
日美（ヒヨシ）村	岡山縣	吉備郡
日影（ヒカゲ）村	山梨縣	東八代郡
日勝（ヒカツ）村	埼玉縣	南埼玉郡
日越（ヒゴシ）村	新潟縣	三島郡
日川（ヒカワ）村	山梨縣	東山梨郡
日向（ヒナタ）村	長野縣	東筑摩郡
日向（ヒウガ）村	千葉縣	山武郡
日原（ヒハラ）村	長野縣	更級郡
日瀧（ヒタキ）村	長野縣	上高井郡
日義（ヒヨシ）村	長野縣	西筑摩郡
日形（ヒカタ）村	岩手縣	西磐井郡
日代（ヒジロ）村	大分縣	北海部郡
日浦（ヒウラ）村	廣島縣	安佐郡
日積（ヒヅミ）村	山口縣	玖珂郡
日和（ヒワ）村	島根縣	邑智郡
日貫（ヒヌキ）村	島根縣	邑智郡
日連（ヒツレ）村	神奈川縣	津久井郡
日岡（ヒノヲカ）村	大分縣	大分郡
日土（ヒヅチ）村	愛媛縣	西宇和郡
日枝（ヒエダ）村	滋賀縣	愛知郡
日撫（ヒナデ）村	滋賀縣	坂田郡
日夏（ヒナツ）村	滋賀縣	犬上郡
日笠（ヒガサ）村	岡山縣	和氣郡
日島（ヒノシマ）村	長崎縣	南松浦郡
日見（ヒミ）村	長崎縣	西彼杵郡
日和田（ヒワタ）町	福島縣	安積郡
日奈久（ヒナグ）町	熊本縣	葦北郡
日和佐（ヒワサ）町	德島縣	海部郡
日出谷（ヒデヤ）村	新潟縣	東蒲原郡
日間賀島（ヒマガシマ）村	愛知縣	知多郡
日根野（ヒネノ）村	大阪府	泉南郡
日頃市（ヒコロイチ）村	岩手縣	氣仙郡
日立木（ヒタテキ）村	福島縣	相馬郡
日ケ谷（ヒカダニ）村	京都府	與謝郡
日良居（ヒライ）村	山口縣	大島郡
日振島（ヒブリシマ）村	愛媛縣	北宇和郡
日御碕（ヒノミサキ）村	島根縣	簸川郡
比地大（ヒデオホ）村	香川縣	三豐郡
比樂島（ヒラシマ）村	石川縣	石川郡
比地二（ヒデフタ）村	香川縣	三豐郡
比自岐（ヒジキ）村	三重縣	名賀郡
比奈知（ヒナチ）村	三重縣	名賀郡

比延庄	ヒエセウ	村	兵庫縣	多可郡
比々多	ヒヒタ	村	神奈川縣	中郡
比井崎	ヒイサキ	村	和歌山縣	日高郡
比和	ヒワ	村	廣島縣	比婆郡
比布	ピップ	村	北海道	上川郡
比木	ヒキ	村	靜岡縣	小笠郡
比田	ヒダ	村	島根縣	能義郡
比角	ヒスミ	村	新潟縣	刈羽郡
枇杷島	ビハジマ	町	新潟縣	刈羽郡
檜山	ヒヤマ	町	秋田縣	山本郡
檜枝岐	ヒノエマタ	村	福島縣	南會津郡
檜木内	ヒノキナイ	村	秋田縣	仙北郡
檜山	ヒノキヤマ	村	京都府	船井郡
檜山	ヒヤマ	村	島根縣	簸川郡
檜原	ヒハラ	村	福島縣	耶麻郡
檜原	ヒノハラ	村	東京府	西多摩郡
檜澤	ヒサワ	村	福島縣	南會津郡
			茨城縣	那珂郡
美唄	ビバイ	町	北海道	空知郡
美幌	ビホロ	町	北海道	網走郡
美國	ビクニ	町	北海道	美國郡
美瑛	ビエイ	村	北海道	上川郡
美守	ヒダモリ	村	新潟縣	中頸城郡
氷見	ヒミ	町	愛媛縣	新居郡
			富山縣	氷見郡
氷室	ヒムロ	村	大阪府	北河内郡
			栃木縣	安蘇郡
氷上	ヒカミ	村	香川縣	木田郡
氷川	ヒカワ	村	東京府	西多摩郡
氷丘	ヒヲカ	村	兵庫縣	加古郡
樋井川	ヒヰガハ	村	福岡縣	早良郡
樋遣川	ヒヤリカハ	村	埼玉縣	北埼玉郡
樋脇	ヒワキ	村	鹿兒島縣	薩摩郡
樋川	ヒノカハ	村	石川縣	羽咋郡
樋口	ヒノクチ	村	埼玉縣	秩父郡
樋島	ヒノシマ	村	熊本縣	天草郡
碑衾	ヒブスマ	町	東京府	荏原郡
肥田	ヒダ	村	岐阜縣	土岐郡
飛渡瀬	ヒトノセ	村	廣島縣	佐伯郡
飛駒	ヒコマ	村	栃木縣	安蘇郡
斐太	ヒダ	村	新潟縣	中頸城郡
廣瀬館	ヒロセタテ	村	富山縣	西礪波郡
廣山田	ヒロヤマダ	村	秋田縣	南秋田郡
廣瀬	ヒロセ	町	島根縣	能義郡
廣瀬	ヒロセ	村	新潟縣	北魚沼郡
			滋賀縣	高島郡
			岩手縣	江刺郡
			山形縣	東田川郡
			靜岡縣	磐田郡
			長野縣	北安曇郡
			富山縣	西礪波郡
			山口縣	玖珂郡
			宮崎縣	宮崎郡
			福島縣	河沼郡
			廣島縣	深安郡
			宮城縣	宮城郡
廣田	ヒロタ	村	兵庫縣	三原郡
			愛媛縣	伊豫郡
			岩手縣	氣仙郡
			富山縣	上新川郡

		埼玉縣	北埼玉郡
廣野村	ヒロノ	岡山縣	勝田郡
		山形縣	東田川郡
		福島縣	雙葉郡
廣谷町	ヒロタニ	兵庫縣	養父郡
廣谷村	ヒロタニ	廣島縣	蘆品郡
廣戸村	ヒロト	岡山縣	勝田郡
		福島縣	岩瀬郡
廣島村	ヒロシマ	香川縣	仲多度郡
		北海道	札幌郡
廣見村	ヒロミ	熊本縣	鹿本郡
廣見町	ヒロミ	岐阜縣	可兒郡
廣幡村	ヒロハタ	山形縣	南置賜郡
		靜岡縣	志太郡
		岐阜縣	養老郡
廣畑村	ヒロハタ	熊本縣	飽託郡
廣里村	ヒロサト	山梨縣	北都留郡
廣定村	ヒロサダ	廣島縣	世羅郡
廣澤村	ヒロサワ	群馬縣	山田郡
廣尾村	ヒロヲ	北海道	廣尾郡
廣塚村	ヒロツカ	富山縣	東礪波郡
廣丘村	ヒロヲカ	長野縣	東筑摩郡
廣石村	ヒロイシ	兵庫縣	津名郡
廣淵村	ヒロフチ	宮城縣	桃生郡
廣安村	ヒロヤス	熊本縣	上益城郡
廣原村	ヒロハラ	宮城縣	賀美郡
廣地村	ヒロチ	樺太	眞岡郡
廣村	ヒロ	和歌山縣	有田郡
		廣島縣	賀茂郡
		兵庫縣	飾磨郡
弘岡上ノ村	ヒロヲカカミノ	高知縣	吾川郡
弘岡中ノ村	ヒロヲカナカノ	高知縣	吾川郡
弘岡下ノ村	ヒロヲカシモノ	高知縣	吾川郡
弘形村	ヒロカタ	愛媛縣	上浮穴郡
人吉町	ヒトヨシ	熊本縣	球磨郡
一日市町	ヒトイチ	秋田縣	南秋田郡
一木村	ヒトツキ	石川縣	石川郡
一松村	ヒトマツ	千葉縣	長生郡
一栗村	ヒトクリ	宮城縣	玉造郡
土方村	ヒヂカメ	靜岡縣	小笠郡
土萬村	ヒヂマ	兵庫縣	宍粟郡
土黑村	ヒジクロ	長崎縣	南高來郡
蛭川村	ヒルカワ	岐阜縣	惠那郡
晝間村	ヒルマ	德島縣	三好郡
晝生村	ヒルフ	三重縣	鈴鹿郡
東大蘆村	ヒガシオホハシ	栃木縣	上都賀郡
東大田村	ヒガシオホタ	廣島縣	世羅郡
東大崎村	ヒガシオホサキ	宮城縣	玉造郡
東大分村	ヒガシオホイタ	大分縣	大分郡
東大戸村	ヒガシオホト	千葉縣	香取郡
東大野村	ヒガシオホノ	大分縣	大野郡
東大浦村	ヒガシオホウラ	京都府	加佐郡
東上浦村	ヒガシカミウラ	大分縣	南海部郡
東中浦村	ヒガシナカウラ	大分縣	南海部郡
東山見村	ヒガシヤマミ	富山縣	東礪波郡
東山東村	ヒガシサントウ	和歌山縣	海草郡
東山代村	ヒガシヤマシロ	佐賀縣	西松浦郡
東山香村	ヒガシヤマガ	大分縣	速見郡
東川根村	ヒガシカワネ	靜岡縣	志太郡
東川手村	ヒガシカワテ	長野縣	東筑摩郡

東川副村	ヒガシカワソヘ	佐賀縣	佐賀郡
東川登村	ヒガシカワノボリ	佐賀縣	杵島郡
東野尻村	ヒガシノジリ	富山縣	東礪波郡
東野上村	ヒガシノカミ	和歌山縣	那賀郡
東長島村	ヒガシナガシマ	鹿兒島縣	出水郡
東長田村	ヒガシナガタ	鳥取縣	西伯郡
東水橋町	ヒガシミヅハシ	富山縣	中新川郡
東水引村	ヒガシミヅヒキ	鹿兒島縣	薩摩郡
東多久村	ヒガシタク	佐賀縣	小城郡
東谷口村	ヒガシタニグチ	石川縣	江沼郡
東谷村	ヒガシタニ	福岡縣	企救郡
東岩瀬町	ヒガシイワセ	富山縣	上新川郡
東耶馬溪村	ヒガシヤバケイ	大分縣	下毛郡
東祖谷山村	ヒガシツヤヤマ	德島縣	美馬郡
東都甲村	ヒガシトゴウ	大分縣	西國東郡
東稙田村	ヒガシワサダ	大分縣	大分郡
東内原村	ヒガシウチハラ	和歌山縣	日高郡
東庄内村	ヒガシセウナイ	大分縣	大分郡
東院内村	ヒガシインナイ	大分縣	宇佐郡
東有田村	ヒガシアリタ	大分縣	日田郡
東飯田村	ヒガシハンタ	大分縣	玖珠郡
東市來村	ヒガシイチキ	鹿兒島縣	日置郡
東小國村	ヒガシヲクニ	山形縣	最上郡
東富田村	ヒガシトミタ	和歌山縣	西牟婁郡
東兒玉村	ヒガシコダマ	埼玉縣	兒玉郡
東貴志村	ヒガシキシ	和歌山縣	那賀郡
東吉見村	ヒガシヨシミ	埼玉縣	比企郡
東櫻島村	ヒガシサクラジマ	鹿兒島縣	鹿兒島郡
東竹澤村	ヒガシタケサワ	新潟縣	古志郡
東須佐村	ヒガシスサ	島根縣	飯石郡
東仙道村	ヒガシセンドウ	島根縣	美濃郡
東秦野村	ヒガシハタノ	神奈川縣	中郡
東加茂村	ヒガシカモ	岡山縣	苫田郡
東苫田村	ヒガシトマタ	岡山縣	苫田郡
東一宮村	ヒガシイチミヤ	岡山縣	苫田郡
東粟倉村	ヒガシアワクラ	岡山縣	英田郡
東甲良村	ヒガシコウラ	滋賀縣	犬上郡
東櫻谷村	ヒガシサクラタニ	滋賀縣	蒲生郡
東小椋村	ヒガシヲグラ	滋賀縣	愛知郡
東押立村	ヒガシヲシタテ	滋賀縣	愛知郡
東黑田村	ヒガシクロタ	滋賀縣	坂田郡
東草野村	ヒガシクサノ	滋賀縣	東淺井郡
東神吉村	ヒガシカムキ	兵庫縣	印南郡
東志方村	ヒガシシカタ	兵庫縣	印南郡
東粟栖村	ヒガシクリス	兵庫縣	揖保郡
東中筋村	ヒガシナカスヂ	高知縣	幡多郡
東津野村	ヒガシツノ	高知縣	高岡郡
東豐永村	ヒガシトヨナガ	高知縣	長岡郡
東目屋村	ヒガシメヤ	兵森縣	中津輕郡
東平內村	ヒガシヒラナイ	青森縣	東津輕郡
東中島村	ヒガシナカシマ	愛媛縣	溫泉郡
東伯方村	ヒガシハカタ	愛媛縣	越智郡
東外海村	ヒガシソトウミ	愛媛縣	南宇和郡
東藤原村	ヒガシフヂハラ	三重縣	員辨郡
東外城田村	ヒガシソトシロタ	三重縣	度會郡
東黑部村	ヒガシクロベ	三重縣	多氣郡
東柘植村	ヒガシツゲ	三重縣	阿山郡
東百舌鳥村	ヒガシモズ	大阪府	泉北郡
東陶器村	ヒガシトウキ	大阪府	泉北郡

東葛城村	ヒガシカツラギ	大阪府	泉南郡
東鳥取村	ヒガシトットリ	大阪府	泉南郡
東信達村	ヒガシシンタツ	大阪府	泉南郡
東六郷村	ヒガシロクゴウ	大阪府	中河内郡
東能勢村	ヒガシノセ	大阪府	豊能郡
東成瀬村	ヒガシナルセ	秋田縣	雄勝郡
東瀧澤村	ヒガシタキサワ	秋田縣	由利郡
東砥用村	ヒガシトモチ	熊本縣	下益城郡
東藤島村	ヒガシフヂシマ	福井縣	吉田郡
東安居村	ヒガシヤスイ	福井縣	足羽郡
東十郷村	ヒガシジウゴウ	福井縣	坂井郡
東平田村	ヒガシヒラタ	山形縣	飽海郡
東濱名村	ヒガシハマナ	靜岡縣	引佐郡
東淺羽村	ヒガシアサハ	靜岡縣	磐田郡
東山口村	ヒガシヤマグチ	靜岡縣	小笠郡
東益津村	ヒガシマスツ	靜岡縣	志太郡
東脊振村	ヒガシセブリ	佐賀縣	神崎郡
東嬉野村	ヒガシウレシノ	佐賀縣	藤津郡
東與賀村	ヒガシヨカ	佐賀縣	佐賀郡
東生口村	ヒガシイクチ	廣島縣	豊田郡

東高尾村	ヒガシタカヲ	廣島縣	賀茂郡
東志和村	ヒガシシワ	廣島縣	賀茂郡
東宮永村	ヒガシミヤナガ	福岡縣	山門郡
東吉富村	ヒガシヨシトミ	福岡縣	築上郡
東串良村	ヒガシクシラ	鹿兒島縣	肝屬郡
東襲山村	ヒガシソノヤマ	鹿兒島縣	姶良郡
東國分村	ヒガシコクブ	鹿兒島縣	姶良郡
東天城村	ヒガアマギ	鹿兒島縣	大島郡
東土田村	ヒガシツチダ	石川縣	羽咋郡
東增穗村	ヒガシマスホ	石川縣	羽咋郡
東谷奧村	ヒガシタニヲク	石川縣	江沼郡
東小澤村	ヒガシヲザワ	茨城縣	久慈郡
東那珂村	ヒガシナカ	茨城縣	西茨城郡
東文間村	ヒガシモンマ	茨城縣	北相馬郡
東横野村	ヒガシヨコノ	群馬縣	碓氷郡
東那須野村	ヒガシナスノ	栃木縣	那須郡
東吾野村	ヒガシワレノ	埼玉縣	入間郡
東金子村	ヒガシカネコ	埼玉縣	入間郡
東和束村	ヒガシワツカ	京都府	相樂郡

東別院村	ヒガシベツイン	京都府	南桑田郡
東本梅村	ヒガシホンウメ	京都府	船井郡
東八田村	ヒガシヤダ	京都府	何鹿郡
東湯野村	ヒガシユノ	福島縣	伊達郡
東尾岐村	ヒガシヲマタ	福島縣	大沼郡
東瀬棚村	ヒガシセタナ	北海道	瀬棚郡
東島牧村	ヒガシシママキ	北海道	島牧郡
東鷹栖村	ヒカシタカス	北海道	上川郡
東旭川村	ヒガシアサヒカハ	北海道	上川郡
東倶知安村	ヒガシクッチアン	北海道	虻田郡
東米良村	ヒガシメラ	宮崎縣	兒湯郡
東植田村	ヒガシウエタ	香川縣	木田郡
東岐波村	ヒガシキハ	山口縣	吉敷郡
東厚保村	ヒガシアツホ	山口縣	美禰郡
東般若村	ヒガシハンニャ	富山縣	東礪波郡
東布施村	ヒガシフセ	富山縣	下新川郡
東加積村	ヒガシカツミ	富山縣	中新川郡
東三郷村	ヒガシサンガウ	富山縣	中新川郡
東五位村	ヒガシゴイ	富山縣	西礪波郡

東石黒村（ヒガシイシクロ）	富山縣	西礪波郡
東太美村（ヒガシフトミ）	富山縣	西礪波郡
東蟹谷村（ヒガシカニヤ）	富山縣	西礪波郡
東淵江村（ヒガシフチエ）	東京府	南足立郡
東村山村（ヒガシムラヤマ）	東京府	北多摩郡
東秋留村（ヒガシアキル）	東京府	西多摩郡
東箕輪村（ヒガシミノワ）	長野縣	上伊那郡
東春近村（ヒガシハルチカ）	長野縣	上伊那郡
東鹽田村（ヒガシシホダ）	長野縣	小縣郡
東武儀村（ヒガシムギ）	岐阜縣	武儀郡
東白川村（ヒガシシラカワ）	岐阜縣	加茂郡
東調布町（ヒガシテウフ）	東京府	荏原郡
東山村（ヒガシヤマ）	德島縣	麻植郡
	新潟縣	古志郡
	高知縣	幡多郡
	靜岡縣	小笠郡
	奈良縣	添上郡
	福島縣	北會津郡
	福岡縣	山門郡
	新潟縣	東蒲原郡
	高知縣	香美郡
東川村（ヒガシカワ）	高知縣	安藝郡
	北海道	上川郡
	福島縣	大沼郡
東谷村（ヒガシタニ）	大分縣	下毛郡
	新潟縣	古志郡
	兵庫縣	川邊郡
	富山縣	中新川郡
東郷村（ヒガシゴウ）	福井縣	敦賀郡
	山形縣	西田川郡
	山形縣	北村上郡
	宮崎縣	南那珂郡
東野村（ヒガシノ）	岐阜縣	惠那郡
	廣島縣	豐田郡
	廣島縣	賀茂郡
東根町（ヒガシネ）	山形縣	北村上郡
東根村（ヒガシネ）	山形縣	西置賜郡
	宮城縣	伊具郡
東浦村（ヒガシウラ）	福井縣	敦賀郡
	愛知縣	知多郡
東内村（ヒガシウチ）	長野縣	小縣郡
東澤村（ヒガシサワ）	山形縣	南村山郡
東湊村（ヒガシミナト）	石川縣	鹿島郡
東里村（ヒガシサト）	奈良縣	山邊郡
東條村（ヒガシゼウ）	長野縣	埴科郡
東島村（ヒガシシマ）	石川縣	鹿島郡
東方村（ヒガシホウ）	鹿兒島縣	大島郡
東桂村（ヒガシカツラ）	山梨縣	南都留郡
東黒村（ヒガシクロ）	奈良縣	添上郡
東市村（ヒガシイチ）	奈良縣	添上郡
東江村（ヒガシエ）	岐阜縣	海津郡
東又村（ヒガシマタ）	高知縣	高岡郡
東館村（ヒガシタテ）	秋田縣	北秋田郡
東通村（ヒガシトホリ）	青森縣	下北郡
東村（ヒガシ）	千葉縣	長生郡
	廣島縣	世羅郡
	廣島縣	沼隈郡
	埼玉縣	北埼玉郡
	岐阜縣	郡上郡
	沖繩縣	國頭郡
	島根縣	簸川郡

新潟縣　南魚沼郡
大分縣　速見郡

兵庫村（ヒヤウゴ）　佐賀縣　佐賀郡
筆甫村（ヒツポ）　宮城縣　伊具郡
雛城村（ヒナシロ）　福岡縣　朝倉郡
平小茨村（ヒラオギ）　熊本縣　鹿本郡
平眞城村（ヒラマキ）　熊本縣　菊池郡
平野村（ヒラノ）
兵庫縣　明石郡
愛媛縣　喜多郡
山形縣　西置賜郡
長野縣　下高井郡
長野縣　諏訪郡
奈良縣　磯城郡
福島縣　信夫郡
埼玉縣　南埼玉郡
平井町（ヒラヰ）　香川縣　木田郡
平井村（ヒラヰ）
岡山縣　上道郡
熊本縣　玉名郡
東京府　西多摩郡
群馬縣　多野郡

平田町（ヒラタ）　島根縣　簸川郡
平田村（ヒラタ）
滋賀縣　蒲生郡
高知縣　幡多郡
靜岡縣　小笠郡
福島縣　信夫郡
平岡村（ヒラヲカ）
兵庫縣　加古郡
長野縣　下高井郡
長野縣　下伊那郡
千葉縣　君津郡
平林村（ヒラハヤシ）
新潟縣　岩船郡
山梨縣　中巨摩郡
平川村（ヒラカハ）
岡山縣　川上郡
山口縣　吉敷郡
平島村（ヒラシマ）
德島縣　那賀郡
長崎縣　西彼杵郡
岡山縣　上道郡
平良町（ヒララ）　沖繩縣　宮古郡
平坂町（ヒラサカ）　愛知縣　幡豆郡
平磯町（ヒライソ）　茨城縣　那珂郡
平潟町（ヒラカタ）　茨城縣　多賀郡

平生町（ヒラオ）　山口縣　熊毛郡
平戸町（ヒラト）　長崎縣　北松浦郡
平塚町（ヒラツカ）　神奈川縣　中郡
平澤町（ヒラサワ）　秋田縣　由利郡
平屋村（ヒラヤ）　京都府　北桑田郡
平佐村（ヒラサ）　鹿兒島縣　薩摩郡
平隱村（ヒラヲ）　長野縣　下高井郡
平端村（ヒラハシ）　奈良縣　生駒郡
平窪村（ヒラクボ）　福島縣　石城郡
平津村（ヒラツ）　岡山縣　御津郡
平丸村（ヒラマル）　新潟縣　中頸城郡
平泉村（ヒライヅミ）　岩手縣　西磐井郡
平牧村（ヒラマキ）　岐阜縣　可兒郡
平福町（ヒラフク）　兵庫縣　佐用郡
平原村（ヒラハラ）　愛知縣　幡豆郡
平尾村（ヒラヲ）　大阪府　南河内郡
平館村（ヒラタテ）　青森縣　東津輕郡
平取村（ピラトリ）　北海道　沙流郡
平根村（ヒラネ）　長野縣　北佐久郡
平賀村（ヒラガ）　長野縣　南佐久郡

平石（ヒライシ）	村	栃木縣	河内郡
平等（ヒラシナ）	村	山梨縣	東山梨郡
平方（ヒラカタ）	町	埼玉縣	北足立郡
枚岡南（ヒラヲカミナミ）	村	大阪府	中河内郡
枚方（ヒラカタ）	町	大阪府	北河内郡
枚田（ヒラタ）	村	兵庫縣	朝來郡
枚岡（ヒラヲカ）	村	大阪府	中河内郡
牧田（ヒラタ）	村	三重縣	鈴鹿郡
開（ヒラキ）	村	福岡縣	三池郡
稗原（ヒエハラ）	村	島根縣	簸川郡
稗造（ヒエツクリ）	村	石川縣	羽咋郡
稗田（ヒエタ）	村	福岡縣	京都郡
稗田野（ヒエダノ）	村	京都府	南桑田郡
䅬生（ヒオフ）	村	新潟縣	北魚沼郡
曳馬（ヒクマ）	村	靜岡縣	濱名郡
彦根（ヒコネ）	町	滋賀縣	犬上郡
彦島（ヒコシマ）	町	山口縣	豊浦郡
彦部（ヒコベ）	村	岩手縣	紫波郡
彦名（ヒコナ）	村	鳥取縣	西伯郡
彦成（ヒコナリ）	村	埼玉縣	北葛飾郡
彦山（ヒコサン）	村	福岡縣	田川郡
久ノ濱（ヒサノハマ）	町	福島縣	雙葉郡
久江（ヒサエ）	村	石川縣	鹿島郡
久常（ヒサツネ）	村	石川縣	能美郡
久友（ヒサトモ）	村	廣島縣	豊田郡
久居（ヒサヰ）	町	三重縣	一志郡
久枝（ヒサエダ）	村	愛媛縣	温泉郡
久木（ヒサキ）	村	島根縣	簸川郡
久勝（ヒサカツ）	村	德島縣	阿波郡
膝折（ヒザオリ）	村	埼玉縣	北足立郡
引田（ヒキタ）	町	香川縣	大川郡
引本（ヒキモト）	町	三重縣	北牟婁郡
引野（ヒキノ）	村	廣島縣	深安郡
匹見上（ヒキミウヘ）	村	島根縣	美濃郡
匹見下（ヒキミシモ）	村	島根縣	美濃郡
姫島（ヒメシマ）	村	大分縣	東國東郡
姫松（ヒメマツ）	村	宮城縣	栗原郡
姫治（ヒメハル）	村	福岡縣	浮羽郡
姫治（ヒメジ）	村	岐阜縣	可兒郡
姫戸（ヒメド）	村	熊本縣	天草郡
菱山（ヒシヤマ）	村	山梨縣	東山梨郡
菱海（ヒシカイ）	村	山口縣	大津郡
菱伊（ヒシイ）	村	島根縣	大原郡
菱里（ヒジサト）	村	新潟縣	東頸城郡
菱形（ヒジカタ）	村	熊本縣	鹿本郡
菱刈（ヒジカリ）	村	鹿兒島縣	伊佐郡
菱（ヒシ）	村	栃木縣	足利郡
響（ヒビキ）	村	秋田縣	山本郡
紐差（ヒモサシ）	村	長崎縣	北松浦郡
人舞（ヒトマイ）	村	北海道	上川郡

モの部

茂木（モテキ）	町	栃木縣	芳賀郡
茂木（モギ）	町	長崎縣	西彼杵郡
茂原（モハラ）	町	千葉縣	長生郡
茂市（モイチ）	村	岩手縣	下閉伊郡
茂呂（モロ）	村	群馬縣	佐波郡
茂別（モベツ）	村	北海道	上磯郡
茂庭（モニハ）	村	福島縣	伊達郡

百舌鳥村	モズ	大阪府	泉北郡
百引村	モモヒキ	鹿兒島縣	肝屬郡
百島村	モモシマ	廣島縣	沼隈郡
百間村	モンマ	埼玉縣	南埼玉郡
百塚村	モツカ	富山縣	婦負郡
百田村	モモタ	山梨縣	中巨摩郡
百石村	モモイシ	青森縣	上北郡
百枝村	モモエダ	大分縣	大野郡
百瀬村	モモセ	滋賀縣	高島郡
毛里田村	モリタ	群馬縣	山田郡
毛呂村	モロ	埼玉縣	入間郡
母里村	モリ	島根縣	能義郡
		兵庫縣	加古郡
藻岩村	モイハ	北海道	札幌郡
裳掛村	モカケ	岡山縣	邑久郡
妹背牛村	モセウシ	北海道	雨龍郡
諸富野村	モロトミノ	茨城縣	久慈郡
諸塚村	モロツカ	宮崎縣	西臼杵郡
諸木村	モロキ	高知縣	吾川郡
諸堤村	モロツツミ	大阪府	北河內郡
諸田村	モロタ	廣島縣	御調郡
諸橋村	モロハシ	石川縣	鳳至郡
諸岡村	モロヲカ	石川縣	鳳至郡
師崎町	モロザキ	愛知縣	知多郡
本山町	モトヤマ	高知縣	長岡郡
本山村	モトヤマ	長崎縣	南松浦郡
		兵庫縣	武庫郡
		香川縣	三豊郡
本宮町	モトミヤ	福島縣	安達郡
本宮村	モトミヤ	岩手縣	岩手郡
本銚子町	モトテウシ	千葉縣	海上郡
本新島村	モトシンシマ	茨城縣	稻敷郡
本大須賀村	モトヲヲスカ	千葉縣	香取郡
本楯村	モトタテ	山形縣	飽海郡
本澤村	モトサワ	山形縣	南村山郡
本宿村	モトシク	愛知縣	額田郡
本川村	モトカワ	高知縣	土佐郡
本泉村	モトイツミ	埼玉縣	兒玉郡
本野村	モトノ	長崎縣	北高來郡
本埜村	モトノ	千葉縣	印旛郡
本部村	モトブ	沖繩縣	國頭郡
本牧村	モトマキ	長野縣	北佐久郡
本原村	モトハラ	長野縣	小縣郡
本建村	モトタテ	山梨縣	南巨摩郡
本村	モト	三重縣	一志郡
元西馬音內村	モトニシモナイ	秋田縣	雄勝郡
元吉原村	モトヨシワラ	靜岡縣	富士郡
元箱根村	モトハコネ	神奈川縣	足柄下郡
元八王子村	モトハチワウジ	東京府	南多摩郡
元狹山村	モトサヤマ	埼玉縣	入間郡
元總社村	モトソウシャ	群馬縣	群馬郡
元加治村	モトカジ	埼玉縣	入間郡
元涌谷村	モトワクヤ	宮城縣	遠田郡
元泊村	モトトマリ	樺太	元泊郡
元岡村	モトヲカ	福岡縣	糸島郡
元村	モト	東京府	大島
持田村	モチダ	埼玉縣	北埼玉郡
		島根縣	八束郡
用瀬町	モチガセ	鳥取縣	八頭郡

森山（モリヤマ）村	千葉縣	香取郡
	高知縣	吾川郡
	長崎縣	北高來郡
	島根縣	八束郡
	德島縣	麻植郡
森（モリ）町	靜岡縣	周智郡
	大分縣	玖珠郡
	北海道	茅部郡
森（モリ）村	長野縣	埴科郡
	三重縣	飯南郡
	高知縣	土佐郡
森田（モリタ）村	福井縣	吉田郡
	青森縣	西津輕郡
森江野（モリエノ）村	福島縣	伊達郡
森町（モリマチ）村	新潟縣	南蒲原郡
森戶（モリト）村	茨城縣	猿島郡
森本（モリモト）村	石川縣	河北郡
森野（モリノ）村	山口縣	大島郡
森岳（モリタケ）村	秋田縣	山本郡
森脇（モリワキ）村	廣島縣	深安郡
守山（モリヤマ）町	滋賀縣	野洲郡
	愛知縣	東春日井郡
	福島縣	田村郡
守山（モリヤマ）村	長崎縣	南高來郡
	富山縣	射水郡
守口（モリクチ）町	大阪府	北河內郡
守谷（モリヤ）町	茨城縣	北相馬郡
守富（モリトミ）村	熊本縣	下益城郡
盛口（モリクチ）村	愛媛縣	越智郡
盛岡（モリヲカ）村	愛知縣	東加茂郡
盛里（モリ）村	山梨縣	南都留郡
護川（モリカハ）村	熊本縣	菊池郡
物部（モノベ）村	栃木縣	芳賀郡
	滋賀縣	栗太郡
	京都府	何鹿郡
木郎（モクロウ）村	石川縣	珠洲郡
樅木（モミキ）村	熊本縣	八代郡
桃園（モモソノ）村	大分縣	大分郡
	三重縣	一志郡
桃井（モモヰ）村	群馬縣	群馬郡
桃野（モモノ）村	群馬縣	利根郡
桃取（モモトリ）村	三重縣	志摩郡
桃生（モノフ）村	宮城縣	桃生郡
門別（モンベツ）村	北海道	沙流郡
門田（モンダ）村	福島縣	北會津郡
文珠（モンジュ）村	岐阜縣	本巢郡
	福島縣	田村郡
文間（モンマ）村	茨城縣	北相馬郡
文字（モジ）村	宮城縣	栗原郡
紋別（モンベツ）町	北海道	紋別郡

セの部

瀨戶田（セトダ）町	廣島縣	豐田郡
瀨戶鉛山（セトカナヤマ）村	和歌山縣	西牟婁郡
瀨戶谷（セトヤ）村	靜岡縣	志太郡
瀨戶崎（セトサキ）村	愛媛縣	越智郡
瀨戶（セト）町	岡山縣	赤磐郡
	德島縣	板野郡

瀬戸(セト)	村	長崎縣	西彼杵郡
		廣島縣	沼隈郡
瀬川(セガワ)	村	福島縣	田村郡
		長崎縣	西彼杵郡
瀬高(セタカ)	町	福岡縣	山門郡
瀬棚(セタナ)	町	北海道	瀬棚郡
瀬波(セナミ)	町	新潟縣	岩船郡
瀬上(セノウヘ)	町	福島縣	信夫郡
瀬越(セコシ)	村	石川縣	江沼郡
瀬田(セタ)	町	滋賀縣	栗田郡
瀬田(セタ)	村	熊本縣	菊池郡
瀬南(セナミ)	村	奈良縣	北葛城郡
瀬谷(セヤ)	村	神奈川縣	鎌倉郡
瀬加(セカ)	村	兵庫縣	神崎郡
瀬尻(セシリ)	村	岐阜縣	武儀郡
世田谷(セタガヤ)	町	東京府	荏原郡
世田米(セタマイ)	村	岩手縣	氣仙郡
世知原(セチハラ)	村	長崎縣	北松浦郡
世良田(セラタ)	村	群馬縣	新田郡
世木(セキ)	村	京都府	船井郡
世屋(セヤ)	村	京都府	與謝郡
世喜(セキ)	村	茨城縣	久慈郡
世矢(セヤ)	村	茨城縣	久慈郡
膳所(ゼゼ)	町	滋賀縣	滋賀郡
勢門(セト)	村	福岡縣	糟屋郡
政始(セイジ)	村	奈良縣	宇陀郡
成器(セイキ)	村	鳥取縣	岩美郡
正條(セイデウ)	村	鳥取縣	氣高郡
聖籠(セイロウ)	村	新潟縣	北蒲原郡
生母(セイボ)	村	岩手縣	東磐井郡
精道(セイドウ)	村	兵庫縣	武庫郡
精明(セイメイ)	村	埼玉縣	入間郡
清内路(セイナイヂ)	村	長野縣	下伊那郡
清哲(セイテツ)	村	山梨縣	北巨摩郡
清泉(セイセン)	村	熊本縣	菊池郡
西南郷(セイナンゴウ)	村	靜岡縣	小笠郡
西奈(セナ)	村	靜岡縣	庵原郡
洗馬(セバ)	村	長野縣	東筑摩郡
芹谷(セリタニ)	村	滋賀縣	犬上郡
節丸(セツマル)	村	福岡縣	京都郡
招提(セウダイ)	村	大阪府	北河内郡
妹尾(セノヲ)	町	岡山縣	都窪郡
背振(セフリ)	村	佐賀縣	神崎郡
關(セキ)	町	岐阜縣	武儀郡
		三重縣	鈴鹿郡
關(セキ)	村	千葉縣	長生郡
關本(セキモト)	町	茨城縣	眞壁郡
關本(セキモト)	村	茨城縣	多賀郡
關川(セキカワ)	村	茨城縣	新治郡
		愛媛縣	宇摩郡
關(セキ)ケ原(ハラ)	町	岐阜縣	不破郡
關原(セキハラ)	村	新潟縣	三島郡
關宿(セキヤド)	町	千葉縣	東葛飾郡
關前(セキゼン)	村	愛媛縣	越智郡
關宮(セキノミヤ)	村	兵庫縣	養父郡
關豐(セキトヨ)	村	千葉縣	君津郡
關南(セキナン)	村	茨城縣	多賀郡
關柴(セキシバ)	村	福島縣	耶麻郡
關谷(セキタニ)	村	新潟縣	岩船郡

關山(セキヤマ)村	新潟縣	中頸城郡
關原(セキハラ)村	福島縣	西白河郡
堰本(セキモト)村	福島縣	伊達郡
積志(セキシ)村	靜岡縣	濱名郡
石城川(セキビウカハ)村	大分縣	大分郡
石海(セツカイ)村	兵庫縣	揖保郡
仙崎(センサキ)町	山口縣	大津郡
仙田(センダ)村	新潟縣	中魚沼郡
仙石原(センゴクハラ)村	神奈川縣	足柄下郡
仙道(センドウ)村	秋田縣	雄勝郡
仙法志(センボウシ)村	北海道	利尻郡
仙養(センヤウ)村	廣島縣	神石郡
千足山(センゾクヤマ)村	愛媛縣	周桑郡
千駄ケ谷(センダガヤ)町	東京府	豐多摩郡
千手(センジユ)村	新潟縣	中魚沼郡
	福岡縣	嘉穂郡
千厩(セムマヤ)町	岩手縣	東磐井郡
千住(センジユ)町	東京府	南足立郡
千疋(センビキ)村	香川縣	綾歌郡
	岐阜縣	山縣郡
千德(セントク)村	岩手縣	下閉伊郡
千丈(センジヤウ)村	愛媛縣	西宇和郡
千咲(センサク)村	福島縣	河沼郡
千丁(センテウ)村	熊本縣	八代郡
千屋(センヤ)村	秋田縣	仙北郡
千貫(センクワン)村	宮城縣	名取郡
千田(センダ)村	廣島縣	深安郡
泉津(センツ)村	東京府	大島
善通寺(ゼンツウジ)町	香川縣	仲多度郡
善通寺(ゼンツウジ)村	福岡縣	三井郡
善入寺(ゼンニウジ)村	廣島縣	豐田郡
栴檀山(センダンヤマ)村	富山縣	東礪波郡
栴檀野(センダンノ)村	富山縣	東礪波郡
錢塘(ゼントモ)村	熊本縣	飽託郡
錢龜澤(ゼニカメサワ)村	北海道	龜田郡

スの部

須川(スカワ)村	秋田縣	雄勝郡
	島根縣	鹿足郡
須賀(スカワ)村	千葉縣	匝差郡
	埼玉縣	南埼玉郡
	埼玉縣	北埼玉郡
須賀川(スカガワ)村	栃木縣	那須郡
須賀川(スガカワ)町	福島縣	岩瀬郡
須惠(スエ)村	福岡縣	糟屋郡
	熊本縣	球磨郡
須江(スエ)村	宮城縣	桃生郡
須賀利(スカリ)村	三重縣	北牟婁郡
須々万(ススマ)村	山口縣	都濃郡
須佐(スサ)町	山口縣	阿武郡
須馬(スマ)村	神奈川縣	中郡
須知(スチ)町	京都府	船井郡
須崎(スサキ)町	高知縣	高岡郡
須坂(スサカ)町	長野縣	上高井郡
須津(スツ)村	靜岡縣	富士郡
須藤(スドウ)村	栃木縣	芳賀郡
須古(スコ)村	佐賀縣	杵島郡
須波(スナミ)村	廣島縣	豐田郡
須山(スヤマ)村	靜岡縣	駿東郡

須釜村	スガマ	福島縣	石川郡
須金村	スガネ	山口縣	都濃郡
須走村	スバシリ	靜岡縣	駿東郡
須木村	スキ	宮崎縣	西諸縣郡
須原村	スハラ	新潟縣	北魚沼郡
須田村	スダ	新潟縣	中蒲原郡
須影村	スカゲ	埼玉縣	北埼玉郡
須子村	スジ	熊本縣	天草郡
須禮吐寧波島	スレトネハ	北海道	新知郡
砂町	スナ	東京府	南葛飾郡
砂川村	スナカワ	東京府	北多摩郡
		北海道	空知郡
隅田町	スミダ	東京府	南葛飾郡
隅田村	スミダ	和歌山縣	伊都郡
諏訪村	スワ	新潟縣	中頸城郡
		山梨縣	東山梨郡
		茨城縣	鹿島郡
陶山村	スヤマ	岡山縣	小田郡
陶村	スエ	岐阜縣	惠那郡
		山口縣	吉敷郡
		香川縣	綾歌郡

洲本町	スモト	兵庫縣	津名郡
洲本村	スモト	岐阜縣	安八郡
洲原村	スハラ	岐阜縣	武儀郡
周參見町	スサミ	和歌山縣	西牟婁郡
周船寺村	スセンジ	福岡縣	糸島郡
周南村	スナミ	千葉縣	君津郡
周西村	スサイ	千葉縣	周津郡
周匝村	スサイ	岡山縣	赤磐郡
周防村	スワウ	山口縣	熊毛郡
周布村	スフ	島根縣	那賀郡
周枳村	スキ	京都府	中郡
巣鴨町	スガモ	東京府	北豐島郡
巣本村	スモト	新潟縣	中蒲原郡
鑄錢司村	スゼンジ	山口縣	吉敷郡
壽都町	スツツ	北海道	壽都郡
栖吉村	スヨシ	新潟縣	古志郡
栖本村	スモト	熊本縣	天草郡
主基村	スキ	千葉縣	安房郡
水原町	スイハラ	新潟縣	北蒲原郡
水津村	スイツ	新潟縣	佐渡郡

水澤村	スイサワ	三重縣	三重郡
水源村	スイゲン	熊本縣	菊池郡
吹田町	スイタ	大阪府	三島郡
摺澤村	スリサワ	岩手縣	東磐井郡
姿川村	スガタカワ	栃木縣	河内郡
姿村	スガタ	栃木縣	下都賀郡
菅原村	スガハラ	茨城縣	結城郡
		山梨縣	北巨摩郡
		大阪府	北河内郡
		新潟縣	中頸城郡
菅生村	スガフ	茨城縣	北相馬郡
		岡山縣	阿哲郡
		岡山縣	都窪郡
		大分縣	直入郡
菅野村	スガノ	廣島縣	御調郡
		兵庫縣	宍粟郡
		兵庫縣	飾磨郡
菅谷村	スガタニ	新潟縣	北蒲原郡
菅谷村	スガヤ	茨城縣	那珂郡
		埼玉縣	比企郡
		岡山縣	吉備郡

菅田	スガタ	町	岐阜縣	武儀郡
菅田	スガタ	村	愛媛縣	喜多郡
菅尾	スガヲ	村	熊本縣	阿蘇郡
			大分縣	大野郡
菅間	スガマ	村	茨城縣	筑波郡
菅山	スガヤマ	村	靜岡縣	榛原郡
菅島	スガシマ	村	三重縣	志摩郡
菅名	スガナ	村	新潟縣	中蒲原郡
裾野	スソノ	村	青森縣	中津輕郡
末武南	スエタケミナミ	村	山口縣	都濃郡
末武北	スエタケキタ	村	山口縣	都濃郡
末吉	スエヨシ	町	鹿兒島縣	囎唹郡
末吉	スエヨシ	村	東京府	八丈島
末森	スエモリ	村	石川縣	羽咋郡
末恒	スエツネ	村	鳥取縣	氣高郡
墨俣	スノマタ	町	岐阜縣	安八郡
宿毛	スクモ	町	高知縣	幡多郡
村主	スグリ	村	三重縣	安濃郡
勝呂	スグロ	村	埼玉縣	入間郡
助川	スケカワ	町	茨城縣	多賀郡
捨子古丹	ステココタン	島	北海道	占守郡
杉並	スギナミ	町	東京府	豐多摩郡
杉戸	スギト	町	埼玉縣	北葛飾郡
杉田	スギタ	村	福島縣	安達郡
杉山	スギヤマ	村	愛知縣	渥美郡
杉上	スギカミ	村	熊本縣	下益城郡
杉合	スギアヒ	村	熊本縣	下益城郡
杉谷	スギタニ	村	長崎縣	南高來郡
杉野	スギノ	村	滋賀縣	伊香郡
杉野澤	スギノサワ	村	新潟縣	中頸城郡
杉原	スギハラ	村	富山縣	婦負郡
杉原谷	スギハラタニ	村	兵庫縣	多可郡
角野	スミノ	村	愛媛縣	新居郡
角田	スミタ	村	福岡縣	築上郡
住吉	スミヨシ	村	佐賀縣	杵島郡
			宮崎縣	宮崎郡
			山梨縣	西山梨郡
			兵庫縣	武庫郡
			德島縣	板野郡
			鳥取縣	西伯郡
住用	スミヨウ	村	鹿兒島縣	大島郡
住道	スミノダウ	村	大阪府	北河内郡
雀宮	スズメノミヤ	村	栃木縣	河内郡
煤ケ谷	ススガヤ	村	神奈川縣	愛甲郡
硯島	スズリシマ	村	山梨縣	南巨摩郡
鈴田	ススタ	村	長崎縣	東彼杵郡
鈴川	スズカワ	村	山形縣	東村山郡
鈴張	スズハリ	村	廣島縣	安佐郡

郡別索引（朝鮮）（イロハ順）

イの部

伊川(イセン)郡　江原道
渭原(イゲン)郡　平安北道
殷栗(インリツ)郡　黄海道
陰城(インゼウ)郡　忠清北道

ロの部

論山(ロンサン)郡　忠清南道

ハの部

坡州(ハシウ)郡　京畿道
博川(ハクセン)郡　平安北道

ニの部

任實(ニンジツ)郡　全羅北道

ホの部

保寧(ホネイ)郡　忠清南道
報恩(ホウオン)郡　忠清北道
寶城(ホウゼウ)郡　全羅南道
奉化(ホウカ)郡　慶尚北道
鳳山(ホウサン)郡　黄海道
豊山(ホウサン)郡　咸鏡南道
抱川(ホウセン)郡　京畿道
北青(ホクセイ)郡　咸鏡南道

への部

平康(ヘイコウ)郡　江原道
平昌(ヘイシヨウ)郡　江原道
平山(ヘイサン)郡　黄海道
平壤(ヘイゼウ)府　平安南道
平原(ヘイゲン)郡　平安南道
碧潼(ヘキドウ)郡　平安北道

トの部

唐津(トウシン)郡　忠清南道
東萊(トウライ)郡　慶尚南道
統營(トウエイ)郡　慶尚南道
德源(トクゲン)郡　咸鏡南道
德川(トクセン)郡　平安南道

チの部

中和(チウワ)郡　平安南道
忠州(チウシウ)郡　忠清北道
鎭南浦(チンナンポ)府　平安南道
鎭川(チンセン)郡　忠清北道
鎭安(チンアン)郡　全羅北道
珍島(チントウ)郡　全羅南道

リの部

利川(リセン)郡　京畿道
利原(リゲン)郡　咸鏡南道
驪州(リシウ)郡　京畿道
麟蹄(リンテイ)郡　江原道
龍仁(リウニン)郡　京畿道
龍岡(リウコウ)郡　平安南道
龍川(リウセン)郡　平安北道

ヲの部

横城(ヲウゼウ)郡　江原道
瓮津(ヲウシン)郡　黄海道
穩城(ヲンゼウ)郡　咸鏡北道

ワの部

和順（ワジュン）郡　全羅南道
淮陽（ワイヨウ）郡　江原道

カの部

華川（カセン）郡　江原道
加平（カヘイ）郡　京畿道
牙山（ガサン）郡　忠清南道
開城（カイゼウ）郡　京畿道
价川（カイセン）郡　平安南道
槐山（カイサン）郡　忠清北道
會寧（カイネイ）郡　咸鏡北道
海州（カイシウ）郡　黃海道
海南（カイナン）郡　全羅南道
河東（カトウ）郡　慶尙南道
甲山（カウサン）郡　咸鏡南道
莞島（カントウ）郡　全羅南道
咸興（カンコウ）郡　咸鏡南道
咸平（カンペイ）郡　全羅南道
咸陽（カンヨウ）郡　慶尙南道
咸安（カンアン）郡　慶尙南道

ヨの部

楊平（ヨウヘイ）郡　京畿道
楊州（ヨウシウ）郡　京畿道
楊口（ヨウコウ）郡　江原道
陽德（ヨウトク）郡　平安南道
沃川（ヨクセン）郡　忠淸北道
沃溝（ヨクコウ）郡　全羅北道

タの部

大同（タイドウ）郡　平安南道
大田（タイテン）郡　忠淸南道
大邱（タイキウ）府　慶尙北道
泰川（タイセン）郡　平安北道
高原（タカハラ）郡　咸鏡南道
達城（タツゼウ）郡　慶尙北道
端川（タンセン）郡　咸鏡南道
丹陽（タンヨウ）郡　忠淸北道
潭陽（タンヨウ）郡　全羅南道

レの部

禮山（レイサン）郡　忠淸南道
靈巖（レイガン）郡　全羅南道
靈光（レイコウ）郡　全羅南道
麗水（レイスイ）郡　全羅南道
醴泉（レイセン）郡　慶尙北道
梁山（レウサン）郡　慶尙南道
漣川（レンセン）郡　京畿道

ソの部

楚山（ソサン）郡　平安北道

ツの部

通川（ツウセン）郡　江原道

ネの部

寧越（ネイエツ）郡　江原道
寧遠（ネイエン）郡　平安南道
寧邊（ネイヘン）郡　平安北道

ナの部

南海（ナンカイ）郡　慶尙南道
南原（ナンゲン）郡　全羅北道

ラの部

羅州（ラシウ）郡　全羅南道

ムの部

務安（ムアン）郡　全羅南道

ウの部

蔚珍（ウルチン）	郡	江原道
蔚山（ウルサン）	郡	慶尚北道
鬱陵（ウツレウ）	郡	慶尚北道
雲山（ウンサン）	郡	平安北道

エの部

永興（エイコウ）	郡	咸鏡南道
永同（エイドウ）	郡	忠清北道
永川（エイセン）	郡	慶尚北道
英陽（エイヨウ）	郡	慶尚北道
榮州（エイシウ）	郡	慶尚北道
盈徳（エイトク）	郡	慶尚北道
益山（エキサン）	郡	全羅北道
延白（エンハク）	郡	黄海道
燕岐（エンキ）	郡	忠清南道

クの部

軍威（グンイ）	郡	慶尚北道
群山（グンザン）	府	全羅北道

マの部

馬山（マサン）	府	慶尚南道

ケの部

京城（ケイゼウ）	府	京畿道
迎日（ゲイニチ）	郡	慶尚北道
慶源（ケイゲン）	郡	咸鏡北道
慶興（ケイコウ）	郡	咸鏡北道
慶山（ケイサン）	郡	慶尚北道
慶州（ケイシウ）	郡	慶尚南道
陜川（ケウセン）	郡	慶尚南道
鏡城（ケウゼウ）	郡	咸鏡北道
元山（ゲンザン）	府	咸鏡南道
原州（ゲンシウ）	郡	江原道

フの部

扶餘（フヨ）	郡	忠清南道
扶安（フアン）	郡	全羅北道
釜山（フザン）	府	慶尚南道
富寧（フネイ）	郡	咸鏡北道
富川（フウセン）	郡	京畿道
聞慶（ブンケイ）	郡	慶尚北道
文川（ブンセン）	郡	咸鏡南道

コの部

固城（コゼウ）	郡	慶尚南道
康津（コウシン）	郡	全羅南道
洪川（コウセン）	郡	江原道
洪原（コウゲン）	郡	咸鏡南道
洪城（コウゼウ）	郡	忠清南道
廣州（コウシウ）	郡	京畿道
黄州（コウシュ）	郡	黄海道
公州（コウシウ）	郡	忠清南道
厚昌（コウセウ）	郡	平安北道
光陽（コウヨウ）	郡	全羅南道
光州（コウシウ）	郡	全羅南道
江華（コウカ）	郡	京畿道
江陵（コウレウ）	郡	江原道
江東（コウトウ）	郡	平安南道
江西（コウセイ）	郡	平安南道
江界（コウカイ）	郡	平安北道
谷山（コクサン）	郡	黄海道
谷城（コクゼウ）	郡	全羅南道
高陽（コウヨウ）	郡	京畿道
高城（コウゼウ）	郡	江原道
高敞（コウヘイ）	郡	全羅北道
高興（コウコウ）	郡	全羅南道
高靈（コウレイ）	郡	慶尚北道

テの部

堤川（テイセン）	郡	忠清北道

定州郡	テイシウ	平安北道
定平郡	テイヘイ	咸鏡南道
鐵原郡	テツゲン	江原道
鐵山郡	テツサン	平安北道
長淵郡	チヤウエン	黄海道
長端郡	チヤウタン	京畿道
長津郡	チヤウシン	咸鏡南道
長水郡	チヤウスイ	全羅北道
長興郡	チヤウコウ	全羅南道
長城郡	チヤウゼウ	全羅南道
天安郡	テンアン	忠清南道

アの部

安城郡	アンゼウ	京畿道
安岳郡	アンガク	黄海道
安州郡	アンシウ	平安南道
安邊郡	アンヘン	咸鏡南道
安東郡	アントウ	慶尚北道

サの部

濟州郡	サイシウ	全羅南道
載寧郡	サイネイ	黄海道
朔州郡	サクシウ	平安北道
山清郡	サンセイ	慶尚南道
三陟郡	サンチヨク	江原道
三水郡	サンスイ	咸鏡南道

キの部

熙川郡	キセン	平安北道
龜城郡	キゼウ	平安北道
義州郡	ギシウ	平安北道
義城郡	ギゼウ	慶尚北道
吉州郡	キチシウ	咸鏡北道
居昌郡	キヨセウ	慶尚南道
宜寧郡	ギネイ	慶尚南道
求禮郡	キウレイ	全羅南道
金浦郡	キンホ	京畿道
金化郡	キンカ	江原道
金川郡	キンセン	黄海道
金堤郡	キンテイ	全羅北道
金泉郡	キンセン	慶尚北道
金海郡	キンカイ	慶尚南道
錦山郡	キンサン	全羅北道

メの部

明川郡	メイセン	咸鏡北道

ミの部

密陽郡	ミツヨウ	慶尚南道

シの部

泗川郡	シセン	慶尚南道
慈城郡	ジゼウ	平安北道
始興郡	シコウ	京畿道
舒川郡	ジヨセン	忠清南道
漆谷郡	シツコク	慶尚北道
順川郡	ジユンセン	平安南道
順天郡	ジユンテン	全羅南道
淳昌郡	ジユンセウ	全羅北道
春川郡	シユンセン	江原道
新溪郡	シンケイ	黄海道
新義州府	シンギシウ	平安北道
新興郡	シンコウ	咸鏡南道
晋州郡	シンシウ	慶尚南道
仁川府	ジンセン	京畿道
振威郡	シンヰ	京畿道
信川郡	シンセン	黄海道

モの部

茂山郡	モサン	咸鏡北道
茂朱郡	モシユ	全羅北道
孟山郡	モウサン	平安南道

木浦府	モク ホ	全羅南道

セの部

成川郡	セイ セン	平安南道
井邑郡	セイ ユウ	全羅北道
星州郡	セイ シウ	慶尙北道
靑陽郡	セイ ヨウ	忠淸南道
靑松郡	セイ セウ	慶尙北道
淸津府	セイ シン	咸鏡北道
淸州郡	セイ シウ	忠淸北道
淸道郡	セイ ドウ	慶尙北道
旌善郡	セイ ゼン	江原道
昌城郡	セイ ゼウ	平安北道
昌寧郡	セウ ネイ	慶尙南道
昌原郡	セウ ゲン	慶尙南道
松禾郡	セウ カ	黃海道
城津郡	ゼウ シン	咸鏡北道
鍾城郡	セウ ゼウ	咸鏡北道
尙州郡	セウ シウ	慶尙北道
襄陽郡	ゼウ ヨウ	江原道
善山郡	ゼン セン	慶尙北道
全州郡	ゼン シウ	全羅北道
宣川郡	セン セン	平安北道

スの部

瑞山郡	ズイ サン	忠淸南道
瑞興郡	ズイ コウ	黃海道
遂安郡	スイ アン	黃海道
水原郡	スイ ゲン	京畿道

面名索引

（イロハ順）

イの部

面名	読み	道	郡
伊西面	イセイ	全羅北道	全州郡
		慶尚北道	清道郡
伊川面	イセン	江原道	伊川郡
伊寧面	イネイ	黄海道	谷山郡
伊内面	イナイ	忠清北道	沃川郡
伊南面	イナン	忠清北道	沃川郡
伊山面	イサン	慶尚北道	栄州郡
伊東面	イトウ	全羅北道	全州郡
伊彦面	イケン	平安北道	定州郡
伊淡面	イタン	京畿道	楊州道
威化面	イカ	平安北道	義州郡
威遠面	イエン	平安北道	義州郡
渭原面	イゲン	平安北道	渭原郡
渭川面	イセン	慶尚北道	居昌郡
渭松面	イセウ	平安北道	渭原郡
位良面	イレウ	慶尚北道	金泉郡
有治面	イウジ	全羅南道	長興郡
祐面	イウ	平安北道	昌城郡
委延面	イエン	平安北道	雲山郡
一東面	イツトウ	京畿道	抱川郡
一竹面	イツチク	京畿道	安城郡
一老面	イチロウ	全羅南道	務安郡
一道面	イチドウ	黄海道	殷栗郡
一直面	イチチヨク	慶尚北道	安東郡
一運面	イチウン	慶尚南道	統營郡
一班城面	イツハンビツ	慶尚南道	晋州郡
邑東面	イフトフ	慶尚南道	泗川郡
		平安北道	龍川郡
邑内面	イフナイ	京畿道	安城郡
		京畿道	利川郡
邑外面	イフガイ	慶尚南道	居昌郡
邑西面	イフセイ	慶尚南道	泗川郡
邑南面	イフナン	慶尚南道	泗川郡
邑舘面	イフカン	咸鏡南道	三水郡
邑面	イフ	咸鏡北道	茂山郡
邑三面	イフサン	京畿道	龍仁郡
院面	イン	平安北道	泰川郡
寅目面	インモク	江原道	鐵原郡
殷山面	インサン	平安南道	順川郡
殷栗面	インリツ	黄海道	殷栗郡
陰縣面	インケン	京畿道	揚州郡
陰城面	インゼウ	忠清北道	陰城郡
陰峯面	インホフ	忠清南道	牙山郡
陰徳面	イントク	京畿道	水原郡
遠徳面	イントク	江原道	三陟郡
遠南面	インナン	忠清北道	陰城郡

ロの部

盧洞（ロドウ）面　全羅南道　寶城郡
　　　　　　　　　平安北道　龜城郡
蘆月（ログツ）面　黃海道　信川郡
蘆谷（ロコク）面　江原道　三陟郡
蘆海（ロカイ）面　京畿道　楊州郡
蘆西（ロセイ）面　咸鏡北道　慶興郡
盧花（ロクワ）面　全羅南道　莞島郡
魯城（ロビウ）面　忠清南道　論山郡
鷺池（ロチ）面　平安南道　平原郡
老隱（ロウエン）面　忠清北道　忠州郡
籠岩（ロウガン）面　慶尙北道　聞慶郡
琅城（ロウゼウ）面　忠清北道　清州郡
祿轉（ロクテン）面　慶尙北道　安東郡
論山（ロンサン）面　忠清南道　論山郡
論工（ロンコウ）面　慶尙北道　達城郡

ハの部

坡平（ハヘイ）面　京畿道　坡州郡
馬山（バサン）面　忠清南道　舒川郡
　　　　　　　　　全羅南道　求禮郡
　　　　　　　　　全羅南道　海南郡
　　　　　　　　　黃海道　瓮津郡
　　　　　　　　　黃海道　平山郡
　　　　　　　　　平安北道　定州郡
　　　　　　　　　平安南道　江東郡
馬場（バゼウ）面　江原道　鐵原郡
馬老（バロウ）面　忠清北道　報恩郡
馬東（バトウ）面　忠清南道　舒川郡
馬靈（バレイ）面　全羅北道　鎭安郡
馬川（バセン）面　慶尙南道　咸陽郡
馬利（バリ）面　慶尙南道　居昌郡
波道（ハドウ）面　咸鏡南道　端川郡
巴川（ハセン）面　慶尙北道　青松郡
場岩（バガン）面　忠清南道　扶餘郡
梅松（バイセウ）面　京畿道　水原郡
梅陽（バイヨウ）面　黃海道　瑞興郡
梅浦（バイホ）面　忠清北道　丹陽郡
梅谷（バイコク）面　忠清北道　永同郡
梅田（バイデン）面　慶尙北道　清道郡
排芳（ハイホウ）面　忠清南道　牙山郡
塘花（バイカ）面　咸鏡南道　安邊郡
培和（バイワ）面　平安南道　中和郡
八峯（ハツボウ）面　忠清南道　瑞山郡
八峰（ハチホウ）面　全羅北道　益山郡
八灘（ハチナン）面　京畿道　水原郡
八乙（ハチオツ）面　咸鏡北道　會寧郡
八德（ハツトク）面　全羅北道　淳昌郡
筏橋（バツケウ）面　全羅南道　寶城郡
伐谷（バツコク）面　忠清南道　論山郡
方峴（ハウケン）面　平安北道　龜城郡
白山（ハクサン）面　全羅北道　扶安郡
　　　　　　　　　全羅北道　金堤郡
白雲（ハクウン）面　全羅北道　鎭安郡
　　　　　　　　　忠清北道　永同郡
白石（ハクセキ）面　京畿道　楊州郡
白翎（ハクレイ）面　黃海道　長淵郡
白馬（ハクバ）面　黃海道　金川郡

白鷗	ハク オウ	面	全羅北道	金堤郡
白岫	ハク シウ	面	全羅南道	靈光郡
博川	ハク セン	面	平安北道	博川郡
柏谷	ハク コク	面	忠淸北道	鎭川郡
柏田	ハク デン	面	慶尙南道	咸鏡郡
栢梁	ハク レウ	面	平安北道	鐵山郡
栢沙	ハク サン	面	京畿道	利川郡
栢山	ハク サン	面	慶尙南道	陜川郡
板	ハン	面	平安北道	楚山郡
板橋	ハシ ケウ	面	江原道	伊川郡
板富	ハン フウ	面	江原道	原州郡
反浦	ハン ボ	面	忠淸南道	公州郡
蟠岩	ハン ガン	面	全羅北道	長水郡
潘南	ハン ナン	面	全羅南道	羅州郡
晩達	バン タツ	面	平安南道	江東郡
凡西	ハン セイ	面	慶尙南道	蔚山郡
半月	ハン ゲツ	面	京畿道	水原郡
泛川	ハン セン	面	忠淸南道	唐浦郡
斑石	ハン モキ	面	平安南道	江西郡

ニの部

二東	ニ トウ	面	慶尙南道	南海郡
			京畿道	龍仁郡
			京畿道	抱川郡
二西	ニ セイ	面	全羅南道	和順郡
二北	ニ ホク	面	慶尙南道	金海郡
二白	ニ ハク	面	全羅北道	南原郡
二班城	ニ ハン ビウ	面	慶尙南道	晋州郡
二同	ニ ドウ	面	慶尙南道	密陽郡
二運	ニ ウン	面	慶尙南道	統營郡
二道	ニ ドウ	面	黃海道	殷栗郡
二竹	ニ チク	面	京畿道	安城郡
二老	ニ ロウ	面	全羅南道	務安郡
日月	ニチ ゲツ	面	慶尙北道	英陽郡
日下	ニチ カ	面	平安南道	德川郡
日荊	ニチ ケイ	面	京畿道	水原郡
日新	ニツ シン	面	黃海道	海州郡
日光	ニツ コウ	面	慶尙南道	東萊郡
任南	ニン ナン	面	江原道	金化郡
任實	ニン ジツ	面	全羅北道	任實郡

ホの部

菩加	ボ カ	面	京畿道	利川郡
慕賢	ボ ケン	面	京畿道	龍仁郡
蒲谷	ホ コク	面	京畿道	龍仁郡
浦升	ホ セウ	面	京畿道	振威郡
浦頭	ホ トウ	面	全羅南道	高興郡
浦項	ホ コウ	面	慶尙北道	迎日郡
浦靑	ホ セイ	面	咸鏡南道	洪原郡
保安	ホ アン	面	全羅北道	扶安郡
木田	ボク デン	面	江原道	平康郡
木寺洞	ボク ジ ドウ	面	全羅南道	谷城郡
朴谷	ボク コク	面	全羅南道	務安郡
鳳山	ホウ サン	面	忠淸南道	禮山郡
			慶尙南道	陜川郡
			慶尙北道	金泉郡
			平安北道	寧邊郡

		平安北道	渭原郡
陽面鳳	ホウヨウ	慶尚北道	義城郡
		忠清北道	堤川郡
鳳鳴面	ホウメイ	平安南道	順川郡
		黄海道	谷山郡
鳳東面	ホウトウ	全羅北道	全州郡
鳳西面	ホウセイ	黄海道	延白郡
鳳北面	ホウホク	黄海道	延白郡
鳳樹面	ホウジユ	慶尚南道	宜寧郡
鳳峴面	ホウケン	慶尚北道	榮州郡
鳳岡面	ホウカウ	全羅南道	光陽郡
鳳鳩面	ホウキウ	黄海道	瓮津郡
鳳鳳面	ホウホウ	全羅南道	羅州郡
鳳儀面	ホウギ	咸鏡北道	會寧郡
鳳城面	ホウジヤウ	慶尚北道	奉化郡
		全羅南道	寶城郡
寶蓋面	ホウガイ	京畿道	安城郡
寶山面	ホウサン	黄海道	平山郡
寶節面	ホウセツ	全羅北道	南原郡
寶林面	ホウリン	全羅北道	井邑郡

豐山面	ホウサン	全羅北道	淳昌郡
		慶尚北道	安東郡
		平安南道	順川郡
豐海面	ホウカイ	咸鏡北道	慶興郡
		黄海道	松禾郡
豐上面	ホウジヤウ	咸鏡南道	德源郡
豐下面	ホウカ	咸鏡南道	德源郡
豐西面	ホウセイ	慶尚北道	安東郡
豐南面	ホウナン	慶尚北道	安東郡
豐北面	ボウホク	慶尚北道	安東郡
豐角面	ホウカク	慶尚北道	清道郡
豐歳面	ホウサイ	忠清南道	天安郡
豐基面	ホウキ	慶尚北道	榮州郡
豐溪面	ホウケイ	咸鏡北道	茂山郡
豐壤面	ホウクワイ	慶尚北道	醴泉郡
豐谷面	ホウコク	咸鏡北道	鏡城郡
豐德面	ホソトク	平安南道	德川郡
豐井面	ホウセイ	平安南道	江西郡
豐面	ホウ	平安北道	楚山郡
望祥面	ホウセウ	江原道	江陵郡

望雲面	ボウウン	全羅南道	務安郡
望城面	ボウジヤウ	全羅北道	益山郡
法聖面	ホウセイ	全羅南道	靈光郡
法田面	ホウデン	慶尚北道	奉化郡
法守面	ホソシユ	慶尚南道	咸安郡
峯山面	ホウサン	慶尚北道	迎日郡
峰潭面	ホウタン	京畿道	水原郡
蓬萊面	ホウライ	黄海道	松禾郡
		全羅南道	高興郡
蓬坪面	ホウヘイ	江原道	平昌郡
報恩面	ホウオン	忠清北道	報恩郡
畝長面	ホウテウ	江原道	鐵原郡
畝良面	ホレイ	全羅南道	靈光郡
方丈面	ホウジヤウ	江原道	伊川郡
方山面	ホウサン	江原道	楊口郡
		全羅北道	井邑郡
		忠清南道	天安郡
		忠清南道	大田郡
		慶尚南道	昌原郡
		慶尚南道	東萊郡

北面	ホク	慶尚北道	欝陵郡
		咸鏡南道	長津郡
		黄海道	瓮津郡
		江原道	旌善郡
		江原道	鐵原郡
		江原道	蔚珍郡
		江原道	寧越郡
		江原道	楊口郡
		江原道	麟蹄郡
		京畿道	振威郡
		京畿道	始興郡
		京畿道	漣川郡
		京畿道	加平郡
		京畿道	開城郡
		平安北道	熙川郡
		平安北道	博川郡
		平安南道	价川郡
北一面	ホクイチ	全羅北道	高敞郡
		全羅南道	長城郡
		忠清北道	清州郡
北一始面	ホクイチシ	全羅南道	靈巖郡
北一終面	ホクイチシウ	全羅南道	靈巖郡
北二面	ホクニ	全羅南道	長城郡
		忠清北道	清州郡
北三面	ホクサン	慶尚北道	漆谷郡
		全羅南道	長城郡
		江原道	三陟郡
北上面	ホクゼウ	全羅南道	長城郡
		慶尚南道	居昌郡
北下面	ホクカ	全羅南道	長城郡
北部面	ホクブ	黄海道	信川郡
		黄海道	殷栗郡
北栗面	ホクリツ	黄海道	載寧郡
北平面	ホクヘイ	全羅南道	海南郡
北洞面	ホクドウ	慶尚南道	山清郡
北川面	ホクセン	慶尚南道	河東郡
北後面	ホクゴ	慶尚北道	安東郡
北安面	ホクアン	慶尚北道	永川郡
北倉面	ホクソウ	平安南道	順川郡
北中面	ホクチウ	平安北道	龍川郡
北薪峴面	ホクシンケン	平安北道	寧邊郡
北鎮面	ホクチン	平安北道	雲山郡
北山面	ホクサン	江原道	春川郡
北方面	ホクホウ	江原道	洪川郡
北内面	ホクナイ	京畿道	驪川郡
北島面	ホクタウ	京畿道	富川郡
北青面	ホクセイ	咸鏡南道	北青郡
北州東面	ホクシウトウ	咸鏡南道	咸興郡
北斗日面	ホクトニチ	咸鏡南道	端川郡
北城面	ホクゼウ	咸鏡南道	徳源郡
牧甘面	ボクカン	黄海道	長淵郡
牧丹面	ボクタン	黄海道	延白郡
本良面	ホンレウ	全羅南道	羅州郡
本村面	ホンソン	全羅南道	光州郡

への部

平康面	ヘイコウ	江原道	平康郡
平昌面	ヘイセウ	江原道	平昌郡
平海面	ヘイカイ	江原道	蔚珍郡
平山面	ヘイサン	黄海道	平山郡

平(ヘイ)浦(ホ)面	咸鏡南道	洪原郡
平(ヘイ)陵(レウ)面	全羅南道	咸平郡
平(ヘイ)洞(ドウ)面	全羅南道	羅州郡
平(ヘイ)恩(オン)面	慶尙北道	榮州郡
平(ヘイ)居(キヨ)面	慶尙南道	晋州郡
米(ベイ)院(イン)面	忠清北道	清州郡
米(ベイ)面	全羅北道	沃溝郡
坪(ヘイ)山(サン)面	咸鏡南道	北青郡
丙(ヘイ)南(ナン)面	京畿道	振威郡
柄(ヘイ)谷(コク)面	慶尙南道	咸陽郡
柄(ヘイ)谷(コク)面	慶尙北道	盈德郡
別(ベツ)内(ナイ)面	京畿道	楊州郡
別(ベツ)東(トウ)面	咸鏡南道	三水郡
別(ベツ)良(レウ)面	全羅南道	順天郡
碧(ヘキ)潼(ドウ)面	平安北道	碧潼郡
碧(ヘキ)蹄(テイ)面	京畿道	高陽郡
碧(ヘキ)養(ヤウ)面	江原道	通川郡
碧(ヘキ)城(ゼウ)面	咸鏡北道	會寧郡
碧(ヘキ)珍(チン)面	慶尙北道	星州郡
碧(ヘキ)沙(サ)面	全羅北道	高敞郡
覓(ベキ)美(ビ)面	黄海道	谷山郡

トの部

都(ト)草(ソウ)面	咸鏡南道	文川郡
	全羅南道	務安郡
都(ト)山(サン)面	慶尙南道	山清郡
都(ト)泉(セン)面	慶尙南道	昌寧郡
都(ト)尺(シヤク)面	京畿道	廣州郡
都(ト)峙(ジ)面	黄海道	黄州郡
土(ド)城(ゼウ)面	江原道	襄陽郡
	黄海道	鳳山郡
土(ト)旨(シ)面	全羅南道	求禮郡
斗(ト)村(ソン)面	江原道	洪川郡
斗(ト)東(トウ)面	慶尙南道	蔚山郡
斗(ト)西(セイ)面	慶尙南道	蔚山郡
突(トツ)馬(バ)面	京畿道	廣州郡
突(トツ)山(サン)面	全羅南道	麗水郡
	全羅北道	南原郡
	忠清南道	大田郡

東(トウ)面	忠清南道	舒川郡
	忠清南道	天安郡
	忠清南道	燕岐郡
	慶尙南道	昌原郡
	慶尙南道	蔚山郡
	慶尙南道	梁山郡
	全羅南道	和順郡
	咸鏡北道	茂山郡
	咸鏡北道	明川郡
	咸鏡南道	利原郡
	江原道	旌善郡
	江原道	春川郡
	江原道	洪川郡
	江原道	楊口郡
	江原道	伊川郡
	京畿道	始興郡
	京畿道	漣川郡
	京畿道	開城郡
	平安北道	宣川郡
	平安北道	熙川郡

平安北道　楚山郡
平安北道　泰川郡
平安北道　博川郡
平安南道　孟山郡
平安南道　安州郡

東頭（トウトウ）面　平安南道　中和郡
　　　　　　　　　平安南道　平原郡

東倉（トウソウ）面　平安北道　昌城郡
　　　　　　　　　平安北道　熙川郡

東海（トウカイ）面　慶尚南道　固城郡
　　　　　　　　　慶尚北道　迎日郡
　　　　　　　　　咸鏡北道　吉州郡

東新（トウシン）面　平安北道　厚昌郡
　　　　　　　　　平安北道　雲山郡

東江（トウコウ）面　全羅南道　高興郡
　　　　　　　　　黃海道　海州郡

東山（トウサン）面　平安北道　龜城郡
　　　　　　　　　江原道　春川郡

東松（トウセウ）面　江原道　鐵原郡
　　　　　　　　　平安南道　平原郡

慶尚南道　統營郡

東部（トウブ）面　黃海道　瑞興郡
　　　　　　　　京畿道　廣州郡

東津（トウシン）面　全羅北道　扶安郡
　　　　　　　　　平安南道　江西郡

東下（トウカ）面　咸鏡南道　長津郡
　　　　　　　　平安北道　龍川郡

東上（トウジヨウ）面　咸鏡南道　新興郡
　　　　　　　　　　全羅北道　全州郡

東谷（トウコク）面　全羅南道　光州郡
東化（トウカ）面　全羅南道　長城郡
東中（トウチウ）面　全羅南道　濟州郡
東草（トウソウ）面　全羅南道　順天郡
東溪（トウケイ）面　全羅北道　淳昌郡
東二（トウニ）面　忠清北道　沃川郡
東良（トウレツ）面　忠清北道　忠州郡
東明（トウメイ）面　慶尚北道　漆谷郡
東後（トウゴ）面　慶尚北道　聞慶郡
東魯（トウロ）面　慶尚北道　聞慶郡
東原（トウゲン）面　咸鏡北道　慶源郡

東古川（トウコセン）面　咸鏡南道　新興郡
東州（トウシウ）面　平安北道　定州郡
東雲（トウウン）面　黃海道　海州郡
東村（トウソン）面　黃海道　谷山郡
東南（トウナン）面　黃海道　瓮津郡
東興（トウコウ）面　平安北道　厚昌郡
東灘（トウナン）面　京畿道　水原郡
東萊（トウライ）面　慶尚南道　東萊郡
東內（トウナイ）面　江原道　春川郡

道巖（ドウガン）面　江原道　旌善郡
　　　　　　　　　全羅南道　和順郡

道谷（ドワコク）面　全羅南道　和順郡
道林（ドウリン）面　全羅南道　和順郡
道陽（ドワヨウ）面　全羅南道　高興郡
道化（ドウカ）面　全羅南道　高興郡
道沙（ドウサ）面　全羅南道　順天郡
道岩（ドウガン）面　全羅南道　康津郡
道村（ドワソン）面　黃海道　延白郡
道（ドウ）　面　黃海道　瑞興郡
道所（ドワシヨ）面　黃海道　遂安郡

面名	読み	道	郡
道川面	ドウセン	江原道	襄陽郡
道山面	ドウサン	慶尚南道	統營郡
道洞面	ドウドウ	慶尚南道	晋州郡
道安面	ドウアン	忠清北道	槐山面
道高面	ドウカウ	忠清南道	牙山郡
唐井面	トウセイ	平安南道	中和郡
鎭津面	トウシン	忠清南道	唐津郡
豆磨面	トウマ	忠清南道	論山郡
豆原面	トウゲン	全羅南道	高興郡
豆洞面	トウドウ	全羅北道	南原郡
同仁面	ドウジン	咸鏡南道	甲山郡
同福面	ドウフク	全羅南道	和順郡
洞仙面	ドウセン	黄海道	鳳山郡
洞江面	ドウエ	全羅南道	鳳州郡
銅郷面	ドウガウ	全羅北道	鎭安郡
陶山面	トウサン	慶尚北道	安東郡
湯井面	トウセイ	忠清南道	牙山郡
遠南面	トウナン	江原道	蔚珍郡
冬火面	トウカ	黄海道	金川郡
統營面	トウエイ	慶尚南道	統營郡

面名	読み	道	郡
桃源面	トウゲン	黄海道	松禾郡
桃花面	トウカ	黄海道	谷山郡
桃開面	トウカイ	慶尚北道	善山郡
徳安面	トクアン	平安北道	博川郡
		平安南道	徳川郡
徳谷面	トクコク	慶尚南道	陜川郡
		慶尚北道	高靈郡
徳川面	トクセン	全羅北道	井邑郡
		咸鏡南道	咸興郡
		平安南道	徳川郡
徳山面	トクサン	忠清南道	禮山郡
		忠清北道	堤川郡
		忠清北道	鎭川郡
		咸鏡北道	吉州郡
		咸鏡南道	咸興郡
		平安南道	平原郡
徳興面	トクコウ	咸鏡南道	永興郡
徳城面	トクゼウ	咸鏡南道	北青郡
徳積面	トクセキ	京畿道	富川郡
徳達面	トクタツ	平安北道	定州郡

面名	読み	道	郡
徳化面	トクカ	平安南道	寧遠郡
徳峙面	トクジ	全羅北道	任實郡
徳果面	トクカ	全羅北道	南原郡
徳在面	トクザイ	黄海道	鳳山郡
纛島面	トクトウ	京畿道	高陽郡
獨山面	ドクサン	平安北道	寧邊郡
得粮面	トクレウ	全羅南道	寶城部
屯内面	トンナイ	江原道	横城郡
屯浦面	トンホ	忠清南道	牙山郡
屯徳面	トントク	慶尚南道	統營郡
屯南面	トンナン	全羅北道	任實郡

チの部

面名	読み	道	郡
地正面	チセイ	江原道	原州郡
地漢面	チカン	全羅南道	光州郡
地谷面	チコク	忠清南道	瑞山郡
智徳面	チトク	平安南道	孟山郡
智山面	チサン	全羅南道	珍島郡
智島面	チトウ	全羅南道	務安郡

智(チ)水(スイ)面 慶尙南道 晋州郡
知(チ)道(ドウ)面 京畿道 高陽郡
知(チ)谷(コク)面 慶尙北道 永川郡
知(チ)品(ヒン)面 慶尙北道 盈德郡
知(チ)保(ホ)面 慶尙北道 醴泉郡
知(チ)禮(レイ)面 慶尙北道 金泉郡
池(チ)雲(ウン)面 平安南道 龍岡郡
池(チ)谷(コク)面 慶尙南道 咸陽郡
中(チウ)面
全羅南道 濟州郡
京畿道 高陽郡
京畿道 漣川郡
京畿道 開城郡
中(チウ)東(トウ)面 慶尙北道 尙州郡
中(チウ)西(セイ)面
京畿道 開城郡
平安南道 价川郡
中(チウ)南(ナン)面
慶尙南道 蔚山郡
咸鏡南道 長津郡
平安南道 价川郡
中(チウ)和(ワ)面 平安南道 中和郡
中(チウ)部(ブ)面 京畿道 廣州郡
中(チウ)岱(タイ)面 京畿道 廣州郡
忠(チウ)州(シウ)面 忠淸北道 忠州郡
忠(チウ)化(カ)面 忠淸南道 扶餘郡
杻(チウ)洞(ドウ)面 慶尙南道 泗川郡
丑(チウ)山(サン)面 慶尙北道 盈德郡
竹(チク)南(ナン)面
慶尙南道 咸安郡
慶尙北道 迎日郡
竹(チク)谷(コク)面 全羅南道 谷城郡
竹(チク)山(サン)面 全羅北道 金堤郡
竹(チク)北(ホク)面 慶尙北道 迎日郡
竹(チク)旺(ワウ)面 江原道 襄陽郡
茶(チヤ)道(ドウ)面 全羅南道 羅州郡
茶(チヤ)山(サン)面 慶尙北道 高靈郡
鎭(チン)東(トウ)面
慶尙南道 昌原郡
咸鏡南道 甲山郡
鎭(チン)岑(シン)面 忠淸南道 大田郡
鎭(チン)川(セン)面 忠淸北道 鎭川郡
鎭(チン)海(カイ)面 慶尙南道 昌原郡
鎭(チン)田(デン)面 慶尙南道 昌原郡
鎭(チン)北(ホク)面 慶尙南道 昌原郡
鎭(チン)坪(ヘイ)面 咸鏡南道 永興郡
鎭(チン)安(アン)面 全羅北道 鎭安郡
珍(チン)富(フウ)面 江原道 平昌郡
珍(チン)原(グン)面 全羅南道 長城郡
珍(チン)島(トウ)面 全羅南道 珍島郡
珍(チン)良(レウ)面 慶尙北道 慶山郡
珍(チン)山(サン)面 全羅北道 錦山郡

りの部

吏(リ)西(セイ)面 平安北道 江界郡
里(リ)仁(ジン)面 咸鏡南道 豊山郡
利(リ)中(チウ)面 咸鏡南道 端川郡
利(リ)柳(リウ)面 忠淸北道 忠州郡
利(リ)安(アン)面 慶尙北道 尙州郡
梨(リ)坪(ヘイ)面
全羅北道 井邑郡
平安北道 慈城郡
梨(リ)峴(ケン)面 平安北道 龜城郡
梨(リ)月(グツ)面 忠淸北道 鎭川郡
梨(リ)北(ホク)面 忠淸南道 瑞山郡

梨房(リボウ)面	慶尚南道	昌寧郡
菉山(リョクサン)面	慶尚南道	金海郡
閭延(リョエン)面	平安北道	慈城郡
立(リツ)面	全羅南道	谷城郡
立石(リツセキ)面	平安南道	安州郡
立館(リツカン)面	平安北道	江界郡
立巖(リツガン)面	慶尚北道	英陽郡
栗(リツ)面	黄海道	新溪郡
	京畿道	利川郡
栗里(リツリ)面	黄海道	瑞興郡
	黄海道	松禾郡
	平安南道	大同郡
栗界(リツガイ)面	黄海道	遂安郡
栗村(リツソン)面	全羅南道	麗水郡
栗於(リツオ)面	全羅南道	寶城郡
栗谷(リツコク)面	慶尚南道	陜川郡
笠巖(リツガン)面	全羅北道	井邑郡
笠場(リツゼウ)面	忠清南道	天安郡
龍(リウ)面	全羅南道	潭陽郡
龍山(リウサン)面	忠清北道	永同郡
	黄海道	載寧郡
	黄海道	平山郡
	平安北道	寧邊郡
	平安南道	大同郡
龍淵(リウエン)面	黄海道	瓮津郡
	黄海道	長淵郡
	平安南道	大同郡
龍川(リウセン)面	咸鏡南道	洪原郡
	平安北道	龍川郡
龍溪(リウケイ)面	咸鏡北道	鏡城郡
	平安北道	博川郡
龍化(リウカ)面	忠清北道	永同郡
	平安南道	順川郡
龍城(リウゼウ)面	慶尚北道	慶山郡
	咸鏡北道	鏡城郡
龍興(リウコウ)面	忠清北道	清州郡
	咸鏡北道	會寧郡
龍德(リウトク)面	慶尚南道	宜寧郡
	咸鏡北道	慶源郡
龍門(リウモン)面	黄海道	安岳郡
	慶尚北道	醴泉郡
	黄海道	信川郡
	京畿道	楊平郡
龍雲(リウウン)面	咸鏡南道	洪原郡
龍坪(リウヘウ)面	黄海道	瑞興郡
龍源(リウゲン)面	咸鏡南道	洪原郡
龍岳(リウガク)面	平安南道	大同郡
龍花(リウカ)面	平安南道	安州郡
龍方(リウホウ)面	全羅南道	求禮郡
龍月(リウゲツ)面	平安南道	龍岡郡
龍湖(リウコ)面	平安南道	平原郡
龍岡(リウコウ)面	平安南道	龍岡郡
龍浦(リウホ)面	江原道	伊川郡
龍游(リウイウ)面	京畿道	富川郡
龍江(リウカウ)面	京畿道	高陽部
龍林(リウリン)面	平安北道	江界郡
龍泉(リウセン)面	黄海道	瓮津郡
龍道(リウドウ)面	黄海道	延白郡
龍順(リウジュン)面	黄海道	安岳郡

龍進(リウシン)	面	全羅北道	全州郡
龍北(リウホク)	面	全羅北道	井邑郡
龍池(リウチ)	面	全羅北道	金堤郡
龍潭(リウタン)	面	全羅北道	鎮安郡
龍州(リウシウ)	面	慶尚南道	陝川郡
龍南(リウナン)	面	慶尚南道	統營郡
龍頭(リウトウ)	面	慶尚北道	星州郡
龍宮(リウグウ)	面	慶尚北道	醴泉郡
柳川(リウセン)	面	忠清南道	大田郡
		慶尚北道	醴泉郡
柳谷(リウコウ)	面	慶尚南道	宜寧郡
		黄海道	延白郡
柳林(リウリン)	面	慶尚南道	咸陽郡
柳等(リウトウ)	面	全羅北道	淳昌郡
林原(リングン)	面	平安南道	大同郡
林川(リンセン)	面	忠清南道	扶餘郡
林谷(リンコク)	面	全羅南道	光州郡
臨海(リンカイ)	面	平安北道	定州郡
臨津(リンシン)	面	京畿道	坡州郡
臨漢(リンカン)	面	京畿道	開城郡
臨溪(リンケイ)	面	江原道	旌美郡
臨淮(リンワイ)	面	全羅南道	珍島郡
臨皐(リンカウ)	面	慶尚北道	永川郡
臨河(リンカ)	面	慶尚北道	安東郡
臨東(リントウ)	面	慶尚北道	安東郡
臨南(リンナン)	面	江原道	通川郡
臨北(リンホク)	面	慶尚北道	安東郡
臨陂(リンハ)	面	全羅北道	沃溝郡
麟蹄(リンテイ)	面	江原道	麟蹄郡
麟山(リンサン)	面	黄海道	平山郡

ヲオの部

於雲(オウン)	面	江原道	鐵原郡
瓮東(コウトウ)	面	全羅北道	井邑郡
横城(オウビウ)	面	江原道	横城郡
憶岐(オクキ)	面	咸鏡南道	永興郡
温井(ヲンセイ)	面	黄海道	延白郡
		江原道	蔚珍郡
温泉(ヲンセン)	面	黄海道	信川郡
		平安南道	陽徳郡
温陽(オンヨウ)	面	慶尚南道	蔚山郡
		忠清南道	牙山郡
温山(オンサン)	面	慶尚南道	蔚山郡
遅和(オンワ)	面	平安南道	寧遠郡
恩平(オンヘイ)	面	京畿道	高陽郡
恩津(オンシン)	面	忠清南道	論山郡
恩山(オンサン)	面	忠清南道	扶餘郡
穏城(オンゼウ)	面	咸鏡北道	穏城郡
音岩(オンガン)	面	忠清南道	瑞山郡

ワの部

和昌(ワセウ)	面	平安北道	渭原郡
和道(ワドウ)	面	京畿道	楊州郡
和順(ワジユン)	村	全羅南道	和順郡
淮陽(ワイヨウ)	面	江原道	淮陽郡
倭館(ワイカン)	面	慶尚北道	漆谷郡
旺澄(ワウテウ)	面	京畿道	漣川郡
旺谷(ワウコク)	面	全羅南道	羅州郡
旺山(ワウサン)	面	江原道	江陵郡

面名	讀	道	郡
横川面	ワウセン	咸鏡南道	永興郡
		慶尙南道	河東郡
王峙面	ワウジ	全羅北道	南原郡
王宮面	ワウキウ	全羅北道	益山郡

カの部

面名	讀	道	郡
禾回面	カカイ	黄海道	瑞興郡
河東面	カトウ	慶尙南道	河東郡
衙洞面	カドウ	京畿道	坡州郡
霞城面	カゼウ	京畿道	金浦郡
果川面	カセン	京畿道	始興郡
駕洛面	カラク	慶尙南道	金海郡
火面	カ	全羅南道	谷城郡
臥龍面	ガリウ	慶尙北道	安東郡
架山面	カサン	慶尙北道	漆谷郡
何多面	カタ	咸鏡南道	端川郡
雅山面	ガサン	全羅北道	高敞郡
茄川面	カセン	黄海道	瓮津郡
茄佐面	カサ	黄海道	海州郡
花山面	カサン	慶尙北道	永川郡
		全羅南道	海南郡
		黄海道	載寧郡
花豊面	カホウ	咸鏡北道	會寧郡
花村面	カソン	黄海道	谷山郡
花城面	カゼウ	黄海道	延白郡
花園面	カエン	慶尙北道	達城郡
花開面	カカイ	慶尙南道	河東郡
河岾面	カカン	京畿道	江華郡
河南面	カナン	全羅南道	光州郡
河濱面	カヒン	慶尙北道	達城郡
河陽面	カヨウ	慶尙北道	慶山郡
河淸面	カセイ	慶尙南道	統營郡
牙川面	ガセン	慶尙北道	金泉郡
牙浦面	ガホ	慶尙北道	金泉郡
瓦石面	ガセキ	京畿道	坡州郡
瓦阜面	ガフ	京畿道	楊州郡
瓦村面	カソン	慶尙北道	慶山郡
佳會面	カカイ	慶尙南道	陝川郡
		咸鏡南道	北靑郡
佳谷面	カコク	忠淸北道	丹陽郡
佳音面	カオン	慶尙北道	義城郡
伽泉面	カセン	慶尙北道	星州郡
伽耶面	カヤ	慶尙南道	咸安郡
		慶尙南道	陝川郡
果谷面	カコク	慶尙北道	金泉郡
化村面	カソン	江原道	洪川郡
		平安南道	陽德郡
化京面	カキヨウ	平安北道	江界郡
化東面	カトウ	慶尙北道	尙州郡
化西面	カセイ	慶尙北道	尙州郡
化北面	カホク	慶尙北道	尙州郡
化城面	カゼウ	忠淸南道	靑陽郡
加山面	カサン	黄海道	信川郡
		平安北道	義州郡
		京畿道	抱川郡
加東面	カトウ	慶尙南道	居昌郡
加西面	カセイ	慶尙南道	居昌郡
加南面	カナン	京畿道	驪州郡
加北面	カホク	慶尙南道	居昌郡

面	道	郡
加(カ)別(ベツ)面	平安北道	碧潼郡
加(カ)蓮(レン)面	黄海道	信川郡
加(カ)平(ヘイ)面	咸鏡南道	新興郡
加(カ)徳(トク)面	忠清北道	清州郡
加(カ)恩(オン)面	慶尚北道	聞慶郡
加(カ)宗(シウ)面	慶尚南道	河東郡
可(カ)金(キン)面	忠清北道	忠州郡
可(カ)也(ヤ)谷(コク)面	忠清南道	論山郡
嘉(カ)東(トウ)面	平安北道	博川郡
嘉(カ)南(ナン)面	平安北道	博川郡
嘉(カ)山(サン)面	平安北道	博川郡
嘉(カ)昌(セウ)面	慶尚北道	達城郡
嘉(カ)禮(レイ)面	慶尚南道	宜寧郡
華(カ)陽(ヨウ)面	全羅南道	麗水郡
華(カ)陽(ヨウ)面	慶尚北道	清道郡
華(カ)陽(ヨウ)面	慶尚南道	宜寧郡
華(カ)陽(ヨウ)面	忠清南道	舒川郡
華(カ)蓋(ガイ)面	京畿道	江華郡
華(カ)川(セン)面	江原道	華川郡
華(カ)井(セイ)面	全羅南道	麗水郡

面	道	郡
華(カ)東(トウ)面	慶尚北道	永川郡
下(カ)東(トウ)面	慶尚南道	密陽郡
下(カ)東(トウ)面	慶尚南道	金海郡
下(カ)東(トウ)面	江原道	寧越郡
下(カ)西(セイ)面	全羅北道	扶安郡
下(カ)西(セイ)面	慶尚南道	密陽郡
下(カ)西(セイ)面	慶尚南道	梁山郡
下(カ)南(ナン)面	慶尚南道	密陽郡
下(カ)南(ナン)面	江原道	華川郡
下(カ)北(ホク)面	慶尚南道	蔚山郡
下(カ)北(ホク)面	慶尚南道	梁山郡
下(カ)北(ホク)面	江原道	淮陽郡
下(カ)里(リ)面	慶尚北道	醴泉郡
下(カ)里(リ)面	黄海道	松禾郡
下(カ)道(ドウ)面	京畿道	江華郡
下(カ)道(ドウ)面	平安南道	中和郡
下(カ)一(イチ)面	慶尚南道	固城郡
下(カ)二(ニ)面	慶尚北道	固城郡
下(カ)圖(ト)面	黄海道	谷山郡
下(カ)柳(リウ)面	黄海道	載寧郡

面	道	郡
下(カ)聖(セイ)面	黄海道	載寧郡
下(カ)方(ホウ)面	黄海道	載寧郡
下(カ)湖(コ)里(リ)面	黄海道	載寧郡
下(カ)長(テウ)面	江原道	三陟郡
下(カ)面	京畿道	加平郡
下(カ)龍(リウ)面	平安南道	陽徳郡
下(カ)朝(テウ)陽(ヨウ)面	咸鏡南道	咸鏡郡
下(カ)岐(キ)川(セン)面	咸鏡南道	咸鏡郡
下(カ)車(シヤ)書(シヨ)面	咸鏡南道	北青郡
下(カ)鉢(ハチ)面	咸鏡南道	高原郡
下(カ)元(グン)川(セン)面	咸鏡南道	新興郡
下(カ)加(カ)面	咸鏡北道	明川郡
下(カ)雲(ウ)面	咸鏡北道	明川郡
下(カ)古(コ)面	咸鏡北道	明川郡
下(カ)離(リ)面	全羅北道	金堤郡
下(カ)廂(セウ)面	慶尚南道	蔚山郡
下(カ)界(カイ)面	慶尚南道	金海郡
澮(カイ)縣(ケン)面	全羅北道	沃溝郡
檜(カイ)泉(セン)面	京畿道	楊州郡
荷(カ)衣(イ)面	全羅南道	務安郡

槐(カイ)山(サン)面		忠清北道	槐山郡
解(カイ)顏(ガン)面		慶尚北道	達城郡
掛(カイ)弓(キウ)面		黄海道	延白郡
亥(ガイ)安(アン)面		江原道	楊口郡
懷(カイ)南(ナン)面		忠清北道	報恩郡
懷(カイ)北(ホク)面		忠清北道	報恩郡
懷(カイ)德(トク)面		忠清南道	大田郡
海(カイ)南(ナン)面		黄海道	海州郡
		全羅南道	海南郡
海(カイ)龍(リウ)面		全羅南道	順天郡
		黄海道	延白郡
海(カイ)蘇(ソ)面		平安南道	平原郡
海(カイ)鴨(アウ)面		平安南道	中和郡
海(カイ)雲(ウン)面		平安南道	龍岡郡
海(カイ)山(サン)面		平安北道	定州郡
海(カイ)安(アン)面		黄海道	長淵郡
海(カイ)保(ホ)面		全羅南道	咸平郡
海(カイ)際(サイ)面		全羅南道	務安郡
海(カイ)平(ヘイ)面		慶尚北道	善山郡
海(カイ)美(ビ)面		忠清南道	瑞山郡
海(カイ)里(リ)面		全羅北道	高敞郡
海(カイ)州(シウ)面		黄海道	海州郡
海(カイ)城(ゼウ)面		黄海道	延白郡
海(カイ)月(ゲツ)面		黄海道	延白郡
開(カイ)浦(ホ)面		慶尚北道	醴泉郡
開(カイ)津(シン)面		慶尚北道	高靈郡
開(カイ)寧(ネイ)面		慶尚北道	金泉郡
開(カイ)井(イ)面		全羅北道	沃溝郡
會(ガイ)麟(リン)面		咸鏡南道	甲山郡
會(カイ)寧(ネイ)面		咸鏡北道	會寧郡
會(カイ)泉(セン)面		全羅南道	寶城郡
會(カイ)華(カ)面		慶尚南道	固城郡
介(カイ)軍(グン)面		京畿道	驪州郡
介(カイ)川(セン)面		慶尚南道	固城郡
价(カイ)川(セン)面		平安南道	价川郡
外(ガイ)東(トウ)面		慶尚北道	慶州郡
		平安南道	价川郡
外(ガイ)西(セイ)面		全羅南道	順天郡
		慶尚北道	尚州郡
		京畿道	加平郡
		平安南道	价川郡
外(ガイ)南(ナン)面		慶尚北道	尚州郡
		平安北道	朔州郡
		全羅南道	和順郡
		忠清南道	大田郡
外(ガイ)北(ホク)面		全羅南道	和順郡
外(ガイ)山(サン)面		全羅南道	求禮郡
		忠清南道	扶餘郡
外(ガイ)貴(キ)面		平安北道	江界郡
外(ガイ)邑(フ)面		全羅南道	務安郡
外(ガイ)上(ゼウ)面		平安北道	龍川郡
外(ガイ)下(カ)面		平安北道	龍川郡
外(ガイ)四(シ)面		京畿道	龍仁郡
外(ガイ)柳(リウ)面		黄海道	金川郡
葛(カツ)山(サン)面		平安北道	定州郡
		京畿道	楊平郡
葛(カツ)末(マツ)面		江原道	鐵原郡
黨(カツ)田(テン)面		忠清南道	天安郡
康(カウ)川(セン)面		京畿道	驪州郡
鄕(ガウ)南(ナン)面		京畿道	水原道
降(カウ)峴(ケン)面		江原道	襄陽郡

交(カウ)井(セイ)面	黄海道	瓮津郡
江(カウ)面	平安北道	楚山郡
江(カウ)東(トウ)面	慶尚南道	蔚山郡
	江原道	江陵郡
	平安北道	泰川郡
江(カウ)西(セイ)面	平安北道	泰川郡
江(カウ)上(ゼウ)面	京畿道	楊平郡
江(カウ)下(カ)面	京畿道	楊平郡
江(カウ)鎭(チン)面	咸鏡南道	三水郡
江(カウ)津(シン)面	全羅北道	任實郡
好(カウ)賢(ケン)面	咸鏡南道	洪原郡
好(ガウ)仁(ジン)面	咸鏡南道	三水郡
高(カウ)山(サン)面	黄海道	海州郡
	咸鏡南道	定平郡
	平安北道	江界郡
高(カウ)道(ドウ)面	忠清南道	洪城郡
高(カウ)峴(ケン)道	平安北道	定州郡
高(カウ)村(ソン)面	京畿道	金浦郡
高(カウ)揷(ソウ)面	江原道	平康郡
鶴(カク)泉(セン)面	咸鏡南道	洪原郡
	平安南道	孟山郡
鶴(カク)鳳(ホウ)面	江原道	伊川郡
鶴(カク)城(ゼウ)面	咸鏡南道	安邊郡
	咸鏡北道	城津郡
鶴(カク)上(ゼウ)面	咸鏡北道	城津郡
鶴(カク)東(トウ)面	咸鏡北道	城津郡
鶴(カク)西(サイ)面	咸鏡北道	城津郡
鶴(カク)南(ナン)面	咸鏡北道	城津郡
鶴(カク)中(チウ)面	咸鏡北道	城津郡
鶴(カク)山(サン)面	忠清北道	永同郡
鶴(カク)橋(キヨク)面	全羅南道	咸平郡
鶴(カク)一(イチ)面	江原道	通川郡
鶴(カク)二(ニ)面	江原道	通川郡
鶴(カク)三(サン)面	江原道	通川郡
郭(カク)山(サン)面	平安北道	定州郡
岳(ガク)陽(ヨウ)面	慶尚南道	河東郡
角(カク)南(ナン)面	慶尚北道	淸道郡
角(カク)北(ホク)面	慶尚北道	淸道郡
甲(カフ)川(セン)面	江原道	横城郡
寒(カン)水(スイ)面	忠清北道	堤川郡
寒(カン)泉(セン)面	全羅南道	和順郡
觀(カン)舟(シウ)面	平安北道	定州郡
觀(カン)海(カイ)面	咸鏡北道	富寧郡
觀(カン)會(カイ)面	平安北道	碧潼郡
干(カン)北(ホク)面	平安北道	江界郡
杆(カン)城(ゼウ)面	江原道	高城郡
韓(カン)山(サン)面	忠清南道	舒川郡
歡(カン)城(ゼウ)面	忠清南道	天安郡
館(カン)興(コウ)面	咸鏡南道	三水郡
閑(カン)山(サン)面	慶尚南道	統營郡
乾(カン)先(セン)面	全羅北道	扶安郡
莞(カン)島(トウ)面	全羅南道	莞島郡
顔(ガン)川(セン)面	全羅北道	鎭安郡
看(カン)東(トウ)面	江原道	華川郡
	平安南道	中和郡
漢(カン)芝(シ)面	京畿道	高陽郡
漢(カン)川(セン)面	平安南道	平原郡
巖(ガン)泰(タイ)面	全羅南道	務安郡

甘(カン)谷(コク)面	全羅北道	井邑郡
	忠清北道	陰城郡
甘(カン)勿(フツ)面	忠清北道	槐山郡
甘(カン)泉(セン)面	慶尚北道	醴泉郡
甘(カン)川(セン)面	慶尚北道	金泉郡
咸(カン)從(ジウ)面	平安南道	江西郡
咸(カン)興(コウ)面	咸鏡南道	咸興郡
咸(カン)平(ヘイ)面	全羅南道	咸平郡
咸(カン)昌(セウ)面	慶尚北道	尚州郡
咸(カン)陽(ヨウ)面	慶尚南道	咸陽郡
咸(カン)安(アン)面	慶尚南道	咸安郡
咸(カン)羅(ラ)面	全羅北道	益山郡
咸(カン)悅(エツ)面	全羅北道	益山郡

ヨの部

餘(ヨ)閑(カン)面	平安北道	鐵山郡
餘(ヨ)航(カウ)面	慶尚南道	咸安郡
陽(ヨウ)東(トウ)面	京畿道	金浦郡
陽(ヨウ)西(セイ)面	京畿道	金浦郡
陽(ヨウ)南(ナン)面	慶尚北道	慶州郡
陽(ヨウ)北(ホク)面	慶尚北道	慶州郡
陽(ヨウ)山(サン)面	忠清北道	永同郡
陽(ヨウ)谷(コク)面	平安南道	龍岡郡
陽(ヨウ)德(トク)面	平安南道	陽德郡
陽(ヨウ)城(ゼウ)面	京畿道	安城郡
陽(ヨウ)村(ソン)面	京畿道	金浦郡
陽(ヨウ)化(カ)面	咸鏡南道	北靑郡
鷹(ヨウ)峰(ホウ)面	忠清南道	禮山郡
用(ヨウ)珍(チン)面	黃海道	信川郡
楊(ヨウ)東(トウ)面	京畿道	楊平郡
楊(ヨウ)口(コウ)面	江原道	楊口郡
楊(ヨウ)川(モン)面	咸鏡南道	北靑郡
沃(ヨク)川(モン)面	忠清北道	沃川郡

タの部

多(タ)面	黃海道	新溪郡
多(タ)朱(シユ)面	京畿道	富川郡
多(タ)美(ミ)面	平安南道	龍岡郡
多(タ)侍(ジ)面	全羅南道	羅州郡
多(タ)鴨(アツ)面	全羅南道	光陽郡
多(タ)斯(シ)面	慶尚北道	達城郡
多(タ)仁(ジン)面	慶尚北道	義城郡
大(タイ)馬(バ)面	全羅南道	靈光郡
大(タイ)寶(ホウ)面	平安南道	大同郡
大(タイ)幷(ヘイ)面	慶尚南道	陝川郡
大(タイ)平(ヘイ)面	平安北道	碧潼郡
大(ダイ)坪(ヘウ)面	黃海道	遂安郡
	慶尚南道	晋州郡
大(タイ)德(トク)面	慶尚北道	金泉郡
	全羅南道	潭陽郡
	全羅南道	長興郡
	京畿道	安城郡
	平安北道	渭原郡
大(ダイ)同(ドウ)面	全羅南道	咸平郡
大(ダイ)同(ドウ)江(カウ)面	平安南道	大同郡
大(タイ)池(チ)面	慶尚南道	昌寧郡
大(タイ)知(チ)面	慶尚南道	咸陽郡
大(ダイ)倫(リン)面	平安南道	陽德郡

大旺（ダイワウ）面	京畿道	廣州郡
大和（ダイワ）面	江原道	平昌郡
大合（ダイガフ）面	慶尙南道	昌寧郡
大可（タイカ）面	慶尙南道	固城郡
大家（タイカ）面	慶尙北道	星州郡
大串（ダイカン）面	京畿道	金浦郡
大江（タイカウ）面	京畿道	長湍郡
大陽（タイヤウ）面	慶尙南道	陜川郡
大村（タイソン）面	全羅南道	光州郡
大倉（ダイソウ）面	平安北道	昌城郡
大南（タイナン）面	京畿道	長湍郡
大野（タイヤ）面	全羅北道	沃溝郡
大月（ダイゲツ）面	京畿道	利川郡
大杏（タイカウ）面	黃海道	安岳郡
大峴（タイケン）面	慶尙南道	蔚山郡
大阜（タイフ）面	京畿道	富川郡
大崗（タイコウ）面	忠淸北道	丹陽郡
大興（タイコウ）面	忠淸南道	禮山郡
	平安南道	寧遠郡
大口（タイコウ）面	全羅南道	康津郡

大湖芝（タイコシ）面	忠淸南道	瑞山郡
大谷（タイコク）面	慶尙南道	晋州郡
	平安南道	成川郡
大遠（ダイエン）面	黃海道	安岳郡
大田（タイデン）面	忠淸南道	大田郡
	平安北道	定州郡
	全羅南道	潭陽郡
大山（タイサン）面	忠淸南道	瑞山郡
	慶尙南道	昌原郡
	全羅北道	高敞郡
	全羅北道	南原郡
大義（タイギ）面	慶尙南道	宜寧郡
大救（ダイキウ）郡	黃海道	長淵郡
大邱（ダイキウ）面	平安南道	成川郡
大所（タイショ）面	忠淸北道	陰城郡
大神（タイジン）面	京畿道	驪州郡
大峙（ダイジ）面	忠淸南道	靑陽郡
大述（タイジュツ）面	忠淸南道	禮山郡
大渚（タイショ）面	慶尙南道	金海郡
大川（タイセン）面	忠淸南道	保寧郡

大聖（タイセイ）面	京畿道	開城郡
大城（タイゼウ）面	慶尙北道	淸道郡
大西（タイセイ）道	全羅南道	高興郡
大千（ダイセン）面	黃海道	遂安郡
大靜（タイセイ）面	全羅南道	濟州郡
大昌（タイセウ）面	慶尙北道	永川郡
大松（ダイセウ）面	慶尙北道	迎日郡
太尼（ダイニ）面	平安南道	安州郡
太代（ダイダイ）面	平安南道	龍岡郡
太極（タイキヨク）面	平安南道	德川郡
泰川（タイセン）面	平安北道	泰川郡
泰平（タイヘイ）面	平安北道	寧邊郡
泰安（タイアン）面	忠淸南道	瑞山郡
泰仁（タイジン）面	全羅北道	井邑郡
代車（ダイシヤ）面	黃海道	海州郡
代項（ダイコウ）面	慶尙北道	金泉郡
代山（ダイサン）面	慶尙南道	咸安郡
乃村（ダイソン）面	江原道	洪川郡
乃文（ダイブン）面	江原道	鐵原郡
乃城（ダイゼウ）面	慶尙北道	奉化郡

台(タイ)山(サン)面　平安北道　宜川郡
台(タイ)章(セウ)面　京畿道　水原郡
退(タイ)村(ソン)面　京畿道　廣州郡
帶(タイ)江(コウ)面　全羅北道　南原郡
達(タフ)西(セイ)面　慶尙北道　達城郡
達(タツ)田(テン)面　慶尙北道　迎日郡
達(タツ)山(サン)面　慶尙北道　盈德郡
桃(タウ)源(ゲン)面　平安北道　楚山郡
踏(タウ)錢(セン)面　江原道　通川郡
站(タ)面　平安北道　鐵山郡
炭(タン)縣(ケン)面　京畿道　坡州郡
炭(タン)釜(フ)面　忠淸北道　報恩郡
炭(タン)洞(ドウ)面　忠淸南道　大田郡
潭(タン)陽(ヨウ)面　全羅南道　潭陽郡
丹(タン)月(ゲツ)面　京畿道　楊平郡
丹(タン)陽(ヨウ)面　忠淸北道　丹陽郡
丹(タン)山(サン)面　慶尙北道　榮州郡
丹(タン)村(ソン)面　慶尙北道　義城郡
丹(タン)北(ホク)面　慶尙北道　義城郡
丹(タン)密(ミツ)面　慶尙北道　義城郡
丹(タン)城(ビウ)面　慶尙南道　山淸郡
丹(タン)場(ビウ)面　慶尙南道　密陽郡

レの部

靈(レウ)泉(セン)面　黃海道　鳳山郡／平安南道　成川郡
靈(レイ)興(コウ)面　京畿道　富川郡
靈(レイ)仁(ジン)面　忠淸南道　牙山郡
靈(レイ)巖(ガン)面　全羅南道　靈巖郡
靈(レイ)光(コウ)面　全羅南道　靈光郡
靈(レイ)山(サン)面　慶尙南道　昌寧郡
禮(レイ)安(アン)面　慶尙北道　安東郡
禮(レイ)山(サン)面　忠淸南道　禮山郡
醴(レイ)泉(セン)面　慶尙北道　醴泉郡
礪(レイ)山(サン)面　全羅北道　益山郡
麗(レイ)水(スイ)面　全羅南道　麗水郡
梁(レウ)山(サン)面　慶尙南道　梁山郡
兩(レウ)花(カ)面　平安南道　平原郡
兩(レウ)山(サン)面　平安北道　朔州郡
兩(レウ)寺(ジ)面　京畿道　江華郡
兩(レフ)邊(ヘン)面　江原道　寧越郡
嶺(レツ)北(ホク)面　京畿道　開城郡
嶺(レツ)南(ナン)面　京畿道　開城郡
嶺(レイ)斤(キン)面　京畿道　漣川郡
陵(レウ)中(チウ)面　平安南道　成川郡
陵(レウ)西(セイ)面　京畿道　驪州郡
綾(ソウ)州(シウ)面　全羅南道　和順郡
良(レウ)道(ドウ)面　京畿道　江華郡
良(レウ)家(カ)面　咸鏡南道　北靑郡
良(レウ)甫(ホ)面　慶尙南道　河東郡
良(レウ)化(カ)面　忠淸南道　扶餘郡
連(レン)井(セイ)面　黃海道　松禾郡
連(レン)芳(ハウ)面　黃海道　松禾郡
連(レン)谷(コク)面　江原道　江陵郡
連(レン)浦(ボ)面　咸鏡南道　咸興郡
連(レン)川(セン)面　咸鏡北道　富寧郡
連(レン)山(ザン)面　忠淸南道　論山郡

ソの部

楚山（ソサン）	面	平安北道	楚山郡
楚臥（ソガ）	面	黄海道	鳳山郡
蘇屹（ソキツ）	面	京畿道	抱川郡
蘇萊（ソライ）	面	京畿道	富川郡
蘇伊（ソイ）	面	忠清北道	陰城郡
蘇台（ソダイ）	面	忠清北道	忠州郡
草里（ソウリ）	面	平安南道	江西郡
		黄海道	信川郡
草坪（ソウヘイ）	面	忠清北道	鎭川郡
草田（ソウデン）	面	慶尚北道	星州郡
草村（ソウソン）	面	忠清南道	扶餘郡
草處（ソウショ）	面	全羅北道	金堤郡
草浦（ソウホ）	面	全羅北道	全州郡
草溪（ソウケイ）	面	慶尚南道	陝川郡
双山（ソウサン）	面	黄海道	鳳山郡
双置（ソウチ）	面	全羅北道	淳昌郡
雙龍（ソウリウ）	面	平安南道	江西郡
		平安南道	成川郡
雙鳳（ソウホウ）	面	全羅南道	麗水郡
雙巖（ソウガン）	面	全羅南道	順天郡
雙洞（ソウドウ）	面	慶尚北道	高靈郡
雙冊（ソウサツ）	面	慶尚南道	陝川郡
雙坎（ソウカン）	面	全羅北道	金堤郡
甑山（ソウザン）	面	平安南道	江西郡
		慶尚北道	金泉郡
蒼水（ソウスイ）	面	京畿道	抱川郡
		慶尚北道	盈德郡
滄洲（ソウシウ）	面	慶尚北道	迎日郡
挿橋（ソウケウ）	面	忠清南道	禮山郡
曾坪（ソウヘウ）	面	忠清北道	槐山郡
壯谷（ソウコク）	面	黄海道	海州郡
俗厚（ゾクコウ）	面	咸鏡南道	北青郡
俗離（ゾクリ）	面	忠清北道	報恩郡
速達（ソクタツ）	面	黄海道	長淵郡
村（ソン）	面	黄海道	新溪郡
孫佛（ソンブツ）	面	全羅南道	咸平郡
巽陽（ソンヨウ）	面	江原道	襄陽郡

ツの部

通口（ツウコク）	面	江原道	金化郡
通川（ツウセン）	面	江原道	通川郡
通仙（ツウセン）	面	平安南道	成川郡

ネの部

寧海（ネイカイ）	面	慶尚北道	盈德郡
寧越（ネイエツ）	面	江原道	寧越郡
寧邊（ネイヘン）	面	平安北道	寧邊郡
寧遠（ネイエン）	面	平安南道	寧遠郡

ナの部

奈洞（ナイドウ）	面	慶尚南道	晋州郡
內（ナイ）	面	江原道	麟蹄郡
內東（ナイトウ）	面	慶尚北道	慶州郡
		平安南道	价川郡

內西面（ナイセイ）
- 慶尙南道　昌原郡
- 慶尙北道　尙州郡

內南面（ナイナン）
- 慶尙北道　慶州郡
- 全羅南道　和順郡
- 平安南道　順川郡

內北面（ナイホク）
- 全羅南道　和順郡
- 忠淸北道　報恩郡

內中面（ナイチウ）　平安北道　龍川郡

內山面（ナイサン）
- 忠淸南道　扶餘郡
- 全羅南道　求禮郡

內四面（ナイシ）　京畿道　龍仁郡

內德面（ナイトク）　黃海道　瑞興郡

內可面（ナイカ）　京畿道　江華郡

內村面（ナイソン）　京畿道　抱川郡

內藏道（ナイノウ）　全羅北道　井邑郡

- 忠淸南道　瑞山郡
- 忠淸南道　燕岐郡
- 忠淸南道　扶餘郡
- 慶尙南道　南海郡
- 慶尙南道　河東郡

南面（ナン）
- 慶尙南道　河東郡
- 慶尙南道　東萊郡
- 慶尙北道　金泉郡
- 慶尙北道　欝陵郡
- 全羅南道　高興郡
- 全羅南道　麗水郡
- 全羅南道　潭陽郡
- 全羅南道　長城郡
- 咸鏡南道　利原郡
- 江原道　旌美郡
- 江原道　春川郡
- 江原道　洪川郡
- 江原道　寧越郡
- 江原道　楊口郡
- 江原道　麟蹄郡
- 江原道　平康郡
- 京畿道　始興郡
- 京畿道　漣川郡
- 東畿道　加平郡
- 京畿道　開城郡

- 平安北道　宣川郡
- 平安北道　熙川郡
- 平安北道　定州郡
- 平安北道　楚山郡
- 平安北道　泰川郡
- 平安北道　博川郡

南上面（ナンビウ）
- 慶尙南道　居昌郡
- 全羅南道　長興郡

南下面（ナンカ）
- 全羅南道　長興郡
- 慶尙南道　居昌郡

南一面（ナンイチ）
- 全羅北道　錦山郡
- 忠淸北道　淸州郡

南二面（ナンニ）
- 忠淸北道　淸州郡
- 全羅北道　錦山郡

南部面（ナンブ）
- 黃海道　信川郡
- 黃海道　殷栗郡

南山面（ナンサン）
- 江原道　春川郡
- 慶尙北道　慶山郡
- 咸鏡北道　鏡城郡

南陽面（ナンヨウ）
- 慶尙南道　泗川郡
- 全羅南道　高興郡

南西面	ナンセイ	平安北道	朔州郡
南海面	ナンカイ	慶尚南道	南海郡
南亭面	ナンテイ	慶尚北道	盈德郡
南後面	ナンゴ	慶尚北道	安東郡
南洞面	ナンドウ	京畿道	富川郡
南平面	ナンヘイ	全羅南道	羅州郡
南斗日面	ナントニチ	咸鏡南道	端川郡
南四面	ナンシ	京畿道	龍仁郡
南串面	ナンカン	平安南道	大同郡
南終面	ナンシウ	京畿道	廣州郡
南栗面	ナンリツ	黃海道	載寧郡
南松面	ナンセウ	平安北道	寧邊郡
南新面	ナンシン	平安北道	厚昌郡
南先面	ナンセン	慶尚北道	安東郡
南原面	ナングン	全羅北道	南原郡
南谷面	ナンコク	慶尚南道	昌寧郡
南州東面	ナンシウトウ	咸鏡北道	咸興郡
南川面	ナンセン	慶尚北道	慶山郡
南薪峴面	ナンシンケン	平安北道	寧邊郡
南兄弟山面	ナンケイテイサン	平安南道	大同郡
灘川面	ナンセン	忠清南道	公州郡

ラの部

羅德面	ラトク	黃海道	海州郡
羅南面	ラナン	咸鏡北道	鏡城郡
羅州面	ラシウ	全羅南道	羅州郡
羅新面	ラシン	全羅南道	羅州郡
羅浦面	ラホ	全羅北道	沃溝郡
來城面	ライビウ	黃海道	海州郡
朗山面	ラウサン	全羅北道	益山郡
龍安面	ラウアン	全羅北道	益山郡
老安面	ラウアン	全羅南道	羅州郡
落月面	ラクグツ	全羅南道	靈光郡
洛川面	ラクセン	平安南道	陽德郡
洛東郡	ラクトウ	慶尚北道	尚州郡
洛西面	ラクセイ	慶尚南道	宜寧郡
樂生面	ラクセイ	京畿道	廣州郡
樂壤面	ラクビソ	江原道	伊川郡
樂道面	ラクドウ	黃海道	長淵郡
樂安面	ラクアン	全羅南道	順天郡
田面	ランデン	全羅北道	全州郡
蘭谷面	ランコク	江原道	淮陽郡
藍浦面	ランポ	忠清南道	保寧郡

ムの部

牟東面	ムトウ	慶尚北道	尚州郡
西牟面	ムセイ	慶尚北道	尚州郡

ウの部

雨汀面	ウテイ	京畿道	水原郡
雨順面	ウジユン	全羅北道	井邑郡
雨林面	ウリン	全羅北道	全州郡
烏川面	ウセン	全羅北道	任實郡
		慶尚北道	迎日郡
烏保面	ウホ	慶尚北道	盈德郡
右面	ウ	全羅南道	濟州郡
雩時面	ウジ	平安北道	碧潼郡

蔚珍（ウッチン）面	江原道	蔚珍郡
蔚山（ウルサン）面	慶尚南道	蔚山郡
雲山（ウンサン）面	忠清南道	瑞山郡
	黄海道	延白郡
	黄海道	海州郡
	平安北道	鐵山郡
	平安北道	雲山郡
雲谷（ウンコク）面	忠清南道	靑陽郡
	咸鏡南道	高原郡
	平安南道	安州郡
雲岳（ウンガク）面	京畿道	楊平郡
雲中（ウンチウ）面	黄海道	谷山郡
雲遊（ウンユウ）面	黄海道	松禾郡
雲田（ウンデン）面	咸鏡南道	咸興郡
雲林（ウンリン）面	咸鏡南道	文川郡
雲峰（ウンホウ）面	全羅北道	南原郡
雲岩（ウンガン）面	全羅北道	任實郡
雲東下（ウントウカ）面	全羅北道	全州郡
雲興（ウンコウ）面	咸鏡南道	甲山郡
雲浦（ウンポ）面	咸鏡南道	洪原郡
雲頭（ウントウ）面	咸鏡北道	會寧郡
雲水（ウンスイ）面	慶尚北道	高靈郡
雲門（ウンモン）面	慶尚北道	清道郡
雲仙（ウンセン）面	全羅北道	全州郡

ノの部

農所（ノウショ）面	慶尚南道	蔚山郡
	慶尚北道	金泉郡

クの部

區池（クチ）面	平安南道	江東郡
九龍（クリウ）面	平安南道	成川郡
九聖（クセイ）面	黄海道	黄州郡
華方（クリホウ）面	咸鏡北道	鏡城郡
華山（クワサン）面	全羅北道	全州郡
光城（クワウゼウ）面	平安北道	義州郡
官仁（クワンジン）面	京畿道	漣川郡
舘西（クワンセイ）面	平安北道	龜城郡
花源（クワゲン）面	全羅南道	海南郡
隅川（グウセン）面	江原道	横城郡
君子（クンシ）面	京畿道	始興郡
訓戎（クンジウ）面	咸鏡北道	穏城郡
軍威（グンイ）面	慶尚北道	軍威郡
郡内（グンナイ）面	全羅南道	珍島郡
	咸鏡南道	高原郡
	咸鏡南道	文川郡
	咸鏡南道	長津郡
	京畿道	金浦郡
	京畿道	漣川郡
	京畿道	加平郡
	京畿道	長湍郡
	京畿道	抱川郡
郡東（グントウ）面	全羅南道	康津郡
郡西（グンセイ）面	全羅南道	靈光郡
	全羅南道	靈巖郡
	忠清北道	沃川郡
郡南（グンナン）面	全羅南道	靈光郡
	京畿道	漣川郡

郡北面（グンホク）	慶尙南道	咸安郡
	全羅北道	錦山郡
	忠淸北道	沃川郡
郡外面（グンガイ）	全羅南道	莞島郡
郡山面（グンサン）	平安北道	宜川郡

ヤの部

冶爐面（ヤロ）	慶尙南道	陜川郡
八院面（ヤイン）	平安北道	寧邊郡
楊西面（ヤウセイ）	平安北道	龍川郡
	京畿道	楊平郡
楊井面（カウセイ）	平安南道	中和郡
楊光面（ヤウコウ）	平安北道	龍川郡
楊下面（ヤウカ）	平安北道	龍川郡
楊甘面（ヤウカン）	京畿道	水原郡
楊江面（ヤウコウ）	忠淸北道	永同郡
陽村道（ヤウソン）	忠淸南道	論山郡
暘社面（ヤウシヤ）	咸鏡北道	吉州郡

マの部

馬巖面（マガン）	慶尙南道	固城郡
麻長面（マチヤウ）	京畿道	利川郡
麻道面（マドウ）	京畿道	水原郡
麻西面（マセイ）	黃海道	新溪郡
麻城面（マゼウ）	慶尙北道	聞慶郡
萬泉面（マンセン）	黃海道	鳳山郡
萬井面（マンセウ）	忠淸北道	鎭川郡
萬頃面（マンケイ）	全羅北道	金堤郡

ケの部

慶安面（ケイアン）	京畿道	廣州郡
慶源面（ケイゲン）	咸鏡北道	慶源郡
慶興面（ケイコウ）	咸鏡北道	慶興郡
慶山面（ケイサン）	慶尙北道	慶州郡
慶州面（ケイシウ）	慶尙北道	慶州郡
溪谷面（ケイコク）	全羅南道	海南郡
溪南面（ケイナン）	全羅北道	長水郡
溪北面（ケイホク）	全羅北道	長水郡
溪內面（ケイナン）	全羅北道	長水郡
桂陽里面（ケイヤウリ）	京畿道	富川郡
桂南面（ケイナン）	京畿道	富川郡
景浦面（ケイホ）	咸鏡南道	洪原郡
兄山面（ケイザン）	慶尙北道	迎日郡
桂城面（ケイゼウ）	慶尙南道	昌寧郡
鷄龍面（ケイリウ）	忠淸南道	公州郡
月籠面（ゲツロウ）	京畿道	坡州郡
月串面（ゲツカン）	京畿道	金浦郡
月城面（ゲツゼウ）	黃海道	金川郡
月祿面（ゲツロク）	黃海道	海州郡
月背面（ゲツハイ）	慶尙北道	達城郡
月恒面（ゲツコウ）	慶尙北道	星州郡
月村面（ゲツソン）	全羅北道	金堤郡
月燈面（ゲツトウ）	全羅南道	順天郡
月也面（ゲツヤ）	全羅南道	咸平郡
月山面（ゲツサン）	全羅南道	潭陽郡
月華面（ゲツカ）	平安北道	義州郡

面	道	郡
結城(ケツゼツ)面	忠清南道	洪城郡
仰城(ゲウゼウ)面	忠清北道	忠州郡
陜川(ケウセン)面	慶尚南道	陜川郡
恭儉(ケウケン)面	慶尚北道	尙州郡
縣(ケン)面	咸鏡南道	德源郡
縣東(ケントウ)面	慶尚北道	青松郡
縣西(ケンセイ)面	慶尚北道	青松郡
縣南(ケンナン)面	江原道	襄陽郡
縣北(ケンホク)面	江原道	襄陽郡
縣内(ケンナイ)面	黄海道	金川郡
	江原道	高城郡
	江原道	平康郡
縣山(ケンサン)面	全羅南道	海南郡
元灘(ゲンナン)面	平安南道	江東郡
元南(ゲンナン)面	平安南道	孟山郡
元堂(ゲンドウ)面	京畿道	高陽郡
元谷(ゲンコク)面	京畿道	安城郡
元平(ゲンヘイ)面	咸鏡南道	新興郡
檢山(ケンサン)面	平安南道	平原郡
檢丹(ケンタン)面	黄海道	海州郡
兼(ケン)面	全羅南道	谷城郡
兼白(ケンハク)面	全羅南道	寶城郡
兼二浦(ケンニホ)面	黄海道	黄州郡
彦州(ケンシウ)面	京畿道	廣州郡
彦陽(ゲンコウ)面	慶尚南道	蔚山郡
玄德(ゲントク)面	京畿道	振威郡
玄慶(ゲンケイ)面	全羅南道	務安郡
玄風(ゲンフウ)面	慶尚北道	達城郡
見谷(ケンコク)面	慶尚北道	慶州郡
巖政(ゲンセイ)面	忠清北道	忠州郡
嚴多(ゲンタ)面	全羅南道	咸平郡
原州(ゲンシウ)面	江原道	原州郡
建登(ケントウ)面	江原道	原州郡
黔丹(ケンタン)面	京畿道	金浦郡
賢都(ケント)面	忠清北道	清州郡

フの部

面	道	郡
扶西(フセイ)面	平安北道	鐵山郡
扶餘(フヨ)面	忠清南道	扶餘郡
扶寧(フネイ)面	全羅北道	扶安郡
扶梁(フリヤウ)面	全羅北道	金堤郡
釜項(フコウ)面	慶尚北道	金泉郡
釜谷(フコク)面	慶尚南道	昌寧郡
普林(フリン)面	平安南道	江西郡
普惠(フケイ)面	咸鏡南道	甲山郡
普門(フモン)面	慶尚北道	醴泉郡
斧山(フザン)面	平安南道	大同郡
武(ブ)面	全羅南道	潭陽郡
府羅(フラ)面	平安北道	龍川郡
府内(フナイ)面	京畿道	江華郡
	咸鏡南道	德源郡
	咸鏡南道	定平郡
府東(フトウ)面	全羅南道	長興郡
	慶尚北道	青松郡
府南(フナン)面	慶尚北道	青松郡
府北(フホク)面	慶尚南道	密陽郡
夫鉢(フハチ)面	京畿道	利川郡
夫赤(フセキ)面	忠清南道	論山郡
夫山(フサン)面	全羅南道	長興郡

浮石(フセキ)面	慶尚北道	榮州郡
	忠清南道	瑞山郡
芙蓉(フヨウ)面	京畿道	振威郡
	忠清北道	清州郡
舞乙(ブオツ)面	慶尚北道	善山郡
物野(ブツヤ)面	慶尚北道	奉化郡
佛恩(ブツオン)面	京畿道	江華郡
佛頂(ブツテウ)面	忠清北道	槐山郡
佛甲(ブツコウ)面	全羅南道	靈光郡
富内(フウナイ)面	京畿道	富川郡
富論(フウロン)面	江原道	原州郡
富民(フミン)面	黄海道	瓮津郡
富寧(フネイ)面	咸鏡北道	富寧郡
富居(フウキョ)面	咸鏡北道	富寧郡
富林(フリン)面	慶尚南道	宜寧郡
富貴(フキ)面	全羅北道	鎭安郡
富安(フアン)面	全羅北道	高敞郡
富利(フリ)面	全羅北道	錦山郡
富南(フウナン)面	全羅北道	茂朱郡
岳溪(フウケイ)面	平安北道	軍威郡
楓洞(フウドウ)面	平安南道	中和郡
封仁(フウジン)面	平安南道	孟山郡
福興(フクコウ)面	全羅北道	淳昌郡
	咸鏡南道	永興郡
福内(フクナイ)面	全羅南道	寶城郡
福壽(フクジュ)面	全羅北道	錦山郡
福貴(フキ)面	咸鏡南道	端川郡
文山(ブンザン)面	忠清南道	舒川郡
	慶尚南道	晋州郡
	咸鏡南道	安邊郡
	咸鏡南道	定平郡
	黄海道	安岳郡
文武(ブンブ)面	黄海道	信川郡
	黄海道	平山郡
文玉(ブンギョク)面	平安北道	江界郡
文鶴(ブンカク)面	京畿道	富川郡
文井(ブンセイ)面	黄海道	鳳山郡
文化(ブンカ)面	黄海道	信川郡
文殊(ブンシュ)面	慶尚北道	榮州郡
文徳(ブントク)面	全羅南道	寶城郡
文義(ブンギ)面	忠清北道	清州郡
文光(ブンコウ)面	忠清北道	槐山郡
文白(ブンハク)面	忠清北道	鎭川郡
聞慶(ブンケイ)面	慶尚北道	聞慶郡

コの部

古(コ)面	黄海道	新溪郡
	平安北道	楚山郡
古邑(コイフ)面	全羅南道	高興郡
	全羅南道	長興郡
	咸鏡北道	鍾城郡
	京畿道	楊平郡
	平安北道	定州郡
	平安南道	江東郡
古德(コトク)面	忠清南道	禮山郡
	京畿道	振威郡
古寧(コネイ)面	咸鏡南道	永興郡
古寧朔(コネイサク)面	平安北道	義州郡

古城(ジヤウ)面	平安北道	義州郡
	平安北道	寧邊郡
古平(ヘイ)面	平安南道	大同郡
古三(サン)面	京畿道	龍仁郡
古津(シン)面	平安北道	義州郡
古館(カン)面	平安北道	義州郡
古之(シ)面	黃海道	平山郡
古今(コン)面	全羅南道	莞島郡
古阜(フ)面	全羅北道	井邑郡
古水(スイ)面	全羅北道	高敞郡
古縣(ケン)面	慶尙南道	南海郡
古田(デン)面	慶尙南道	河東郡
古村(ソン)面	慶尙北道	永川郡
古老(ロウ)面	慶尙北道	軍威郡
古郡(グン)面	全羅南道	康津郡
	全羅南道	珍島郡
古達(タツ)面	全羅南道	谷城郡
古生陽(セイヤウ)面	平安南道	中和郡
古西(セイ)面	全羅南道	潭陽郡
古東(トウ)面	黃海道	金川郡
吾北(ホク)面	平安北道	碧潼郡
吾新(シン)面	平安南道	龍岡郡
吾丁(テイ)面	京畿道	富川郡
吾可(カ)面	忠淸南道	禮山郡
五山(サン)面	全羅北道	高敞郡
	全羅北道	益山郡
五峰(ホウ)面	平安北道	龜城郡
五浦(ホ)面	京畿道	廣州郡
戶法(ホウ)面	京畿道	利川郡
戶西南(セイナン)面	慶尙北道	聞慶郡
湖東(トウ)面	黃海道	延白郡
湖南(ナン)面	黃海道	延白郡
虎島(トウ)面	咸鏡南道	永興郡
虎鳴(メイ)面	慶尙北道	醴泉郡
虎溪(ケイ)面	慶尙北道	聞慶郡
梧里(リ)面	慶安北道	寧邊郡
梧雲(ウン)面	慶安南道	順川郡
梧城(ゼウ)面	京畿道	振威郡
梧垈(ダイ)面	江原道	高城郡
梧洞(ドウ)面	黃海道	遂安郡
梧村(ソン)面	咸鏡北道	鏡城郡
梧倉(ソウ)面	忠淸北道	淸州郡
梧谷(コク)面	全羅南道	谷城郡
梧釜(フ)面	慶尙南道	山淸郡
固城(ゼウ)面	慶尙南道	固城郡
孤山(サン)面	慶尙北道	慶山郡
吳江(カウ)面	平安南道	陽德郡
骨若(コツジヤク)面	全羅南道	光陽郡
江東(トウ)面	慶尙北道	慶州郡
	平安南道	江東郡
江西(セイ)面	忠淸北道	淸州郡
	平安南道	江西郡
	慶尙北道	慶州郡
江內(ナイ)面	忠淸北道	淸州郡
江上(ゼウ)面	京畿道	長湍郡
江外(ガイ)面	忠淸北道	淸州郡
江景(ケイ)面	忠淸南道	論山郡
江界(カイ)面	平安北道	江界郡
江陵(レウ)面	江原道	江陵郡
孝泉(セン)面	全羅南道	光州郡

孝令（コウレイ）	面	慶尙北道	軍威郡
高泉（コウセン）	面	平安南道	江東郡
高大（コウダイ）	面	忠淸南道	唐津郡
高城（コウゼウ）	面	江原道	高城郡
高興（コウコウ）	面	全羅南道	高興郡
高靈（コウレイ）	面	慶尙北道	高靈郡
高牙（コウガ）	面	慶尙北道	善山郡
高梯（コウテイ）	面	慶尙南道	居昌郡
高岩（コウガン）	面	慶尙南道	昌寧郡
高北（コウホク）	面	忠淸南道	瑞山郡
高敞（コウセウ）	面	全羅北道	高敞郡
高山（コウサン）	面	全羅北道	全州郡
孔音（コウオン）	面	全羅北道	高靈郡
孔德（コウトク）	面	全羅北道	金堤郡
孔道（コウドウ）	面	京畿道	安城郡
黃登（コウトウ）	面	全羅北道	益山郡
黃澗（コウカン）	面	忠淸北道	永同郡
黃金（コウキン）	面	忠淸北道	永同郡
黃州（コウシウ）	面	黃海道	黃州郡
黃龍（コウリウ）	面	全羅南道	長城郡
黃山（コウサン）	面	全羅南道	海南郡
黃田（コウデン）	面	全羅南道	順天郡
興川（コウセン）	面	京畿道	驪州郡
興教（コウケウ）	面	京畿道	開城郡
興業（コウギヤウ）	面	江原道	原州郡
興嵋（コウビ）	面	黃海道	瓮津郡
興海（コウカイ）	面	慶尙北道	迎日郡
興德（コウトク）	面	全羅北道	高敞郡
廣德（コウトク）	面	咸鏡南道	定平郡
		忠淸南道	天安郡
廣川（コウセン）	面	忠淸南道	洪城郡
廣坪（コウヘイ）	道	平安北道	義州郡
廣灘（コウナン）	面	京畿道	坡州郡
廣積（コウセキ）	面	京畿道	楊州郡
廣泉（コウセン）	面	咸鏡南道	端川郡
光德（コウトク）	面	京畿道	開城郡
光石（コウセキ）	面	忠淸南道	論山郡
光陽（コウヨウ）	面	全羅南道	光陽郡
光州（コウシウ）	面	全羅南道	光州郡
光義（コウギ）	面	全羅南道	求禮郡
光道（コウドウ）	面	慶尙南道	統營郡
光時（コウジ）	面	忠淸南道	禮山郡
厚昌（コセウ）	面	平安北道	厚昌郡
		咸鏡南道	北靑郡
厚灘（コウナン）	面	平安南道	順川郡
好楮（コウチヨ）	面	江原道	原州郡
好賢（コウケン）	面	黃海道	金川郡
洪川（コウセン）	面	江原道	洪川郡
洪仁（コウニン）	面	咸鏡南道	永興郡
洪州（コウシウ）	面	忠淸南道	洪城郡
洪東（コウトウ）	面	忠淸南道	洪城郡
洪北（コウホク）	面	忠淸南道	洪城郡
公山（コウサン）	面	全羅南道	羅州郡
		慶尙北道	達城郡
公平（コウヘイ）	面	平安南道	平原郡
公西（コウセイ）	面	平安北道	江界郡
公北（コウホク）	面	平安北道	江界郡
公州（コウシウ）	面	忠淸南道	公州郡
公浦（コウホ）	面	黃海道	遂安郡
公根（コウコン）	面	江原道	橫城郡

鴻山(コウサン)面	忠清南道	扶餘郡
幸安(コウアン)面	全羅北道	扶安郡
皇華(コウクワ)面	全羅北道	益山郡
候南(コウナン)面	黄海道	長淵郡
鰲川(ゴウセン)面	忠清南道	保寧郡
嵋山(コウサン)面	忠清南道	保寧郡
康津(コウシン)面	全羅南道	康津郡
口耳(コウジ)面	黄海道	金川郡
弘農(コウノウ)面	全羅南道	靈光郡
功城(コウゼウ)面	慶尙北道	尙州郡
合德(ゴウトク)面	忠清南道	唐津郡
合灘(ゴウナン)面	黄海道	金川郡
谷山(コクサン)面	黄海道	谷山郡
谷松(コクセウ)面	慶尙北道	金泉郡
谷城(コクゼウ)面	全羅南道	谷城郡
黑橋(コクケウ)面	黄海道	黄州郡
黑山(コクサン)面	全羅南道	務安郡
黑松(コクモウ)面	全羅北道	南原郡
極樂(ゴクラク)面	全羅南道	光州郡
昆一始(コンイチシ)面	全羅南道	靈巖郡
昆二始(コンニシ)面	全羅南道	靈巖郡
昆一終(コンイチシウ)面	全羅南道	靈巖郡
昆二終(コンニシウ)面	全羅南道	靈巖郡
昆陽(コンヨウ)面	慶尙南道	泗川郡
昆明(コンメイ)面	慶尙南道	泗川郡
艮文(コンブ)面	全羅南道	濟州郡

エの部

永北(エイホク)面	咸鏡北道	茂山郡
	京畿道	抱川郡
永登浦(エイトウホ)面	京畿道	始興郡
永宗(エイソウ)面	京畿道	富川郡
永柔(エイジウ)面	平安南道	平原郡
永樂(エイラク)面	平安南道	寧遠郡
永春(エイシユン)面	忠清北道	丹陽郡
永同(エイドウ)面	忠清北道	永同郡
永忠(エイチウ)面	咸鏡北道	穩城郡
永川(エイセン)面	慶尙北道	永川郡
永順(エイジユン)面	慶尙北道	聞慶郡
永吾(エイゴ)面	慶尙南道	固城郡
永縣(エイケン)面	慶尙南道	固城郡
永高(エイカウ)面	咸鏡南道	新興郡
永瓦(エイガ)面	咸鏡北道	穩城郡
永豐(エイホウ)面	黄海道	黄州郡
永中(エイチウ)面	京畿道	抱川郡
永元(エイゲン)面	全羅北道	井邑郡
液東(エイトウ)面	黄海道	海州郡
榮山(エイサン)面	全羅南道	羅州郡
榮州(エイシウ)面	慶尙北道	榮州郡
盈德(エイトク)面	慶尙北道	盈德郡
英北(エイホク)面	咸鏡北道	吉州郡
英陽(エイヨウ)面	慶尙北道	英陽郡
鹽峙(エンジ)面	忠清南道	牙山郡
鹽山(エンサン)面	全羅南道	靈光郡
衛益(エイエキ)面	咸鏡南道	安邊郡
耀德(エウトク)面	咸鏡南道	永興郡
益山(エキサン)面	全羅北道	益山郡
遠東(エントウ)面	江原道	金化郡
遠南(エンナン)面	江原道	金化郡

遠北面（エンホク）	江原道 / 忠清南道	金化郡 / 瑞山郡
遠三面（エンサン）	京畿道	龍仁郡
遠梁面（エンレウ）	慶尚南道	統營郡
延岩面（エンガン）	黄海道	遂安郡
延安面（エンアン）	黄海道	延白郡
延社面（エンシャ）	咸鏡北道	茂山郡
延上面（エンゼウ）	咸鏡北道	茂山郡
延山面（エンサン）	平安北道	寧邊郡
延禧面（エンキ）	京畿道	高陽郡
延豐面（エンボウ）	忠清北道	槐山郡
延日面（エンニチ）	慶尚北道	迎日郡
延草面（エンソウ）	慶尚南道	統營郡
燕湖面（エンコ）	平安南道	安州郡

テの部

貞面（テイ）	全羅南道	潭陽郡
貞美面（テイビ）	忠清南道	瑞山郡
定州面（テイシウ）	平安北道	定州郡
定山面（テイサン）	忠清南道	青陽郡
丁惠面（テイケイ）	平安北道	鐵山郡
丁洞面（テイドウ）	江原道	江陵郡
程川面（テイセン）	全羅北道	鎭安郡
泥谷面（デイコク）	咸鏡南道	北青郡
堰川面（テイセン）	忠清北道	堤川郡
鼎冠面（テイカン）	慶尚南道	東萊郡
鐵山面（テツサン）	平安北道	鐵山郡
鐵原面（テツゲン）	江原道	鐵原郡
鐵馬面（テツマ）	慶尚南道	東萊郡
長安面（テウアン）	慶尚南道 / 京畿道 / 平安南道	東萊郡 / 水原郡 / 江西郡
長興面（テウコウ）	全羅南道 / 京畿道 / 咸鏡南道	長興郡 / 楊州郡 / 永興郡
長平面（テウヘイ）	全羅南道 / 咸鏡南道	長興郡 / 甲山郡
長白面（テウハク）	咸鏡北道	吉州郡
長東面（テウトウ）	全羅南道	長興郡
長土面（テウド）	平安北道	慈城郡
長洞面（テウドウ）	平安北道	煕川郡
長道面（テウドウ）	京畿道	長湍郡
長林面（テウリン）	平安北道	泰川郡
長陽面（テウヨウ）	江原道	淮陽郡
長楊面（テウヨウ）	黄海道	松禾郡
長連面（テウレン）	黄海道	殷栗郡
長南面（テウナン）	京畿道	長湍郡
長延面（テウエン）	忠清北道	槐山郡
長淵面（テウエン）	黄海道	長淵郡
長原面（テウゲン）	咸鏡南道	定平郡
長谷面（テウコク）	忠清南道	洪城郡
長山面（テウサン）	全羅南道	務安郡
長岐面（テウキ）	忠清南道	公州郡
長鬐面（テウキ）	慶尚北道	迎日郡
長有面（テウユウ）	慶尚南道	金海郡
長壽面（テウジユウ）	慶尚北道	榮州郡
長木面（テウモク）	慶尚南道	統營郡
長川面（テウセン）	慶尚北道	善山郡
長水面（テウスイ）	全羅北道	長水郡

面名	読み	道	郡
長城面	チウゼウ	全羅南道	長城郡
		全羅南道	寶城郡
鳥島面	テウトウ	全羅南道	珍島郡
鳥致院面	テウチイン	忠淸南道	燕岐郡
朝雲面	テウウン	平安南道	平原郡
天柱面	テンチウ	黃海道	黃州郡
天加面	テンカ	慶尙南道	昌原郡
天南面	テンナン	咸鏡南道	豐山郡
天摩面	テンマ	平安北道	龜城郡
天谷面	テンコク	平安南道	中和郡
天安面	テンアン	忠淸南道	天安郡
天川面	テンセン	全羅北道	長水郡
天成面	テンセイ	平安南道	成川郡
田倉面	デンソウ	平安北道	昌城郡
點谷面	テンコク	慶尙北道	義城郡

アの部

面名	読み	道	郡
阿耳保面	アジホ	平安北道	定州郡
阿山面	アサン	咸鏡北道	慶源郡
阿英面	アエイ	全羅北道	南原郡
陀間面	アカン	咸鏡北道	明川郡
藹田面	アイデン	平安南道	孟山郡
押海面	アウカイ	全羅南道	務安郡
押梁面	アフレウ	慶尙北道	慶山郡
安城面	アンゼウ	全羅北道	茂朱郡
		黃海道	平山郡
安水面	アンスイ	咸鏡南道	豐山郡
安州面	アンシウ	平安南道	安州郡
安興面	アンコウ	平安北道	定州郡
安龍面	アンリウ	京畿道	水原郡
安峽面	アンケフ	江原道	伊川郡
安豐面	アンホウ	江原道	淮陽郡
安岳面	アンガク	黃海道	安岳郡
安谷面	アンコク	黃海道	安岳郡
安山面	アンサン	咸鏡南道	豐山郡
安道面	アンドウ	咸鏡南道	安邊郡
安農面	アンノウ	咸鏡北道	慶源郡
安溪面	アンケイ	慶尙北道	義城郡
安平面	アンペイ	慶尙北道	義城郡
安良面	アンレウ	全羅南道	長興郡
安內面	アンナイ	忠淸北道	沃川郡
安東面	アントウ	慶尙北道	安東郡
安定面	アンテイ	慶尙北道	榮州郡
安心面	アンシン	慶尙北道	慶山郡
安佐面	アンサ	全羅南道	務安郡
安南面	アンナン	忠淸北道	沃川郡
安德面	アントク	慶尙北道	靑松郡
安義面	アンギ	慶尙南道	咸陽郡
安眠面	アンミン	忠淸南道	瑞山郡
淹川面	アンセン	全羅南道	康津郡

サの部

面名	読み	道	郡
左面	サ	黃海道	金川郡
		全羅南道	濟州郡
涉味面	サミ	忠淸北道	忠州郡
沇器面	サキ	平安北道	龜城郡
沙川面	サセン	江原道	江陵郡
沙芝面	サシ	黃海道	新溪郡

面	道	郡
沙梨(サリ)面	忠清北道	槐山郡
沙下(サカ)面	慶尙南道	東萊郡
沙上(サゼウ)面	慶尙南道	東萊郡
沙等(サトウ)面	慶尙南道	統營郡
西(サイ)面	京畿道	始興郡
西下(サイカ)面	咸鏡北道	茂山郡
西南(サイナン)面	京畿道	漣川郡
細谷(サイコク)面	黃海道	平山郡
細坪(サイヘイ)面	黃海道	瑞興郡
細枝(サイエ)面	全羅南道	羅州郡
柴足(サイソク)面	平安南道	大同郡
柴芚(サイトン)面	京畿道	楊州郡
濟賢(サイケン)面	平安南道	順川郡
濟州(サイシウ)面	全羅南道	濟州郡
濟原(サイゲン)面	全羅北道	錦山郡
彩雲(サイウン)面	全羅南道	論山郡
才山(サイサン)面	慶尙北道	奉化郡
載寧(サイネイ)面	黃海道	載寧郡
在京里(ザイケウリ)面	平安南道	大同郡
草月(サウゲツ)面	京畿道	廣州郡

面	道	郡
朔州(サクシウ)面	平安北道	朔州郡
山(サン)面	平安北道	宜川郡
山二(サンニ)面	全羅南道	海南郡
山浦(サンポ)面	全羅南道	羅州郡
山北(サンホク)面	慶尙北道	聞慶郡
山東(サントウ)面	全羅北道	南原郡
	慶尙北道	善山郡
山外(サンガイ)面	全羅北道	井邑郡
	慶尙南道	密陽郡
	忠清北道	報恩郡
	黃海道	金川郡
山陽(サンヨウ)面	慶尙南道	統營郡
山內(サンナイ)面	全羅北道	井邑郡
	全羅北道	扶安郡
	全羅北道	南原郡
	慶尙南道	密陽郡
	慶尙北道	慶州郡
	忠清南道	大田郡
	江原道	伊川郡
山南(サンナン)面	咸鏡南道	甲山郡

面	道	郡
山雲(サンウン)面	慶尙北道	義城郡
山谷(サンコク)面	咸鏡南道	高原郡
山尺(サンシャク)面	忠清北道	忠州郡
山仁(サンジン)面	慶尙南道	咸安郡
山清(サンセイ)面	慶尙南道	山清郡
山城(サンゼウ)面	慶尙北道	軍威郡
山西(サンセイ)面	全羅北道	長水郡
山川(サンモン)面	黃海道	信川郡
山水(サンスイ)面	黃海道	鳳山郡
三山(サンサン)面	慶尙南道	固城郡
	全羅南道	麗水郡
	全羅南道	海南郡
	京畿道	江華郡
三豐(サンホ)面	平安北道	慈城郡
三平(サンペイ)面	咸鏡南道	咸興郡
三登(サント)面	平安南道	江東郡
三德(サントク)面	平安南道	成川郡
三道(サンドウ)面	全羅南道	羅州郡
三東(サントウ)面	慶尙南道	南海郡
三同(サンドウ)面	慶尙南道	蔚山郡

面名	讀方	道	郡
三竹面	サンチク	京畿道	安城郡
三陟面	サンチョク	江原道	三陟郡
三和面	サンワ	平安南道	龍岡郡
三嘉面	サンカ	慶尚南道	陜川郡
三海面	サンカイ	慶尚北道	富寧郡
三荘面	サンソウ	慶尚南道	山清郡
三南面	サンナン	咸鏡南道	三水郡
三渓面	サンケイ	全羅北道	任實郡
三郷面	サンカウ	全羅南道	務安郡
三興面	サンコウ	平安北道	慈城郡
		平安南道	成川郡
三田面	サンデン	黄海道	黄州郡
三長面	サンテウ	咸鏡北道	茂山郡
三岐面	サンキ	全羅南道	谷城郡
三奇面	サンキ	全羅北道	全州郡
三箕面	サンギ	全羅北道	益山郡
三日面	サンジツ	全羅南道	麗水郡
三社面	サンシャ	咸鏡北道	茂山郡
三支江面	サンシカウ	黄海道	載寧郡
三成面	サンセイ	忠清北道	陰城郡
三升面	サンセウ	忠清北道	報恩郡
三千浦面	サンゼンポ	慶尚南道	泗川郡
三西面	サンセイ	咸鏡南道	三水郡
參禮面	サンレイ	全羅北道	全州郡
蠶上面	サンゼウ	平安南道	徳川郡
蠶島面	サントウ	平安南道	徳川郡

キの部

面名	讀方	道	郡
貴城面	キジョウ	平安南道	龍岡郡
貴來面	キライ	江原道	原州郡
龜山面	キサン	咸鏡南道	文川郡
		慶尚南道	昌原郡
龜城面	キジョウ	平安北道	龜城郡
龜淵面	キエン	黄海道	鳳山郡
龜洛面	キラク	黄海道	黄州郡
龜川面	キセン	慶尚北道	義城郡
龜尾面	キビ	慶尚北道	善山郡
龜浦面	キホ	慶尚南道	東萊郡
龜岩面	キガン	全羅北道	淳昌郡
龜項面	キコウ	忠清南道	洪城郡
杞溪面	キケイ	慶尚北道	迎日郡
杞城面	キジョウ	忠清南道	大田郡
巳梅面	キバイ	全羅北道	南原郡
麒麟面	キリン	江原道	麟蹄郡
麒山面	キザン	忠清南道	舒川郡
岐梧面	キゴ	江原道	金化郡
岐川面	キセン	黄海道	鳳山郡
岐谷面	キコク	咸鏡南道	咸興郡
希賢面	キケン	咸鏡南道	洪原郡
歸林面	キリン	咸鏡南道	定平郡
蝟島面	キトウ	全羅南道	靈光郡
義州面	ギシウ	平安北道	義州郡
義新面	ギシン	全羅南道	珍島郡
義興面	ギコウ	慶尚北道	軍威郡
義城面	ギジョウ	慶尚北道	義城郡
儀旺面	ギワウ	京畿道	水原郡
儀堂面	ギドウ	忠清南道	公州郡
窺岩面	キガン	忠清南道	扶餘郡
器興面	キヨ	京畿道	龍仁郡

凞川面	キセン	平安北道	凞川郡
箕城面	キゼウ	江原道	蔚珍郡
宜寧面	ギネイ	慶尚南道	宜寧郡
機張面	キテウ	慶尚南道	東萊郡
吉祥面	キチヤウ	京畿道	江華郡
吉城面	キチゼウ	咸鏡北道	吉州郡
吉安面	キチアン	慶尚北道	安東郡
吉谷面	ギチコク	慶尚南道	昌寧郡
玉山面	ギヨクサン	全羅北道	沃溝郡
		忠清南道	扶餘郡
		慶尚北道	義城郡
		忠清北道	清州郡
玉泉面	ギヨクセン	平安南道	孟山郡
		平安北道	定州郡
		全羅南道	海南郡
玉龍面	ギヨクリウ	全羅南道	光陽郡
玉谷面	ギヨクコク	全羅南道	光陽郡
玉果面	ギヨクカ	全羅南道	谷城郡
玉浦面	ギヨクホ	慶尚北道	達城郡
玉城面	ギヨクゼウ	慶尚北道	善山郡
玉東面	ギヨクトウ	慶尚北道	河東郡
玉溪面	ギヨクケイ	江原道	江陵郡
玉尚面	ギヨクセウ	平安北道	義州郡
曲河面	キヨクカ	平安北道	江界郡
曲江面	キヨクコウ	慶尚北道	迎日郡
巨濟面	キヨサイ	慶尚南道	統營郡
巨流面	キヨリウ	慶尚南道	固城郡
居山面	キヨサン	咸鏡南道	北青郡
居昌面	キヨセウ	慶尚南道	居昌郡
漁雷面	ギヨライ	平安北道	江界郡
漁郎面	ギヨロウ	咸鏡北道	鏡城郡
漁下面	ギヨカ	咸鏡北道	茂山郡
魚上川面	ギヨゼウセン	忠清北道	丹陽郡
九龍面	キウリウ	忠清南道	扶餘郡
		平安南道	陽德郡
九子谷面	キウシコク	忠清南道	論山郡
九川面	キウセン	京畿道	廣州郡
九曲面	キウキヨク	平安北道	朔州郡
九圃面	キウホ	黄海道	瑞興郡
九岩面	キウガン	全羅南道	潭陽郡
九萬面	キウマン	慶尚南道	固城郡
九則面	キウソク	忠清南道	大田郡
九耳面	キウジ	全羅北道	全州郡
九里面	キウリ	京畿道	楊州郡
舊邑面	キウイウ	咸鏡南道	長津郡
		全羅北道	沃溝郡
舊左面	キウサ	全羅南道	濟州郡
舊右面	キウウ	全羅南道	濟州郡
牛頭川面	ギウトウセン	黄海道	載寧郡
牛峙面	ギウジ	全羅南道	光州郡
牛谷面	キウコク	慶尚北道	高靈郡
牛城面	ギウゼウ	忠清南道	公州郡
求禮面	キウレイ	全羅南道	求禮郡
求智面	キウチ	慶尚北道	達城郡
求所要面	キウシヨヨウ	慶尚北道	金泉郡
弓興面	キウコウ	黄海道	信川郡
宮柳面	キウリウ	慶尚南道	宜寧郡
休川面	キウセン	慶尚南道	咸陽郡
邱井面	キウセイ	江原道	江陵郡

金(キン)川(セン)面	全羅南道	羅州郡
	黄海道	金川郡
金(キン)城(ゼウ)面	全羅南道	潭陽郡
	江原道	金化郡
金(キン)谷(コク)面	慶尚南道	晋州郡
	平安南道	龍岡郡
金(キン)馬(バ)面	全羅北道	益山郡
	忠清南道	洪城郡
金(キン)祭(サイ)面	平安南道	大同郡
金(キン)沙(シャ)面	京畿道	驪州郡
金(キン)光(コウ)面	京畿道	安城郡
金(キン)泉(セン)面	慶尚北道	金泉郡
金(キン)井(セイ)面	全羅南道	靈巖郡
金(キン)化(カ)面	江原道	金化郡
金(キン)岩(ガン)面	黄海道	平山郡
金(キン)日(ニチ)面	全羅南道	莞島郡
金(キン)加(カ)面	忠清北道	忠州郡
金(キン)山(サン)面	黄海道	延白郡
金(キン)旺(ワウ)面	忠清北道	陰城郡
金(キン)堤(テイ)面	全羅北道	金堤郡
金(キン)溝(コウ)面	全羅北道	金堤郡
金(キン)果(カ)面	全羅北道	淳昌郡
金(キン)陵(レウ)面	慶尚北道	金泉郡
金(キン)水(スイ)面	慶尚北道	星州郡
金(キン)陽(ヨウ)面	慶尚南道	河東郡
金(キン)海(カイ)面	慶尚南道	金海郡
金(キン)地(チ)面	全羅北道	南原郡
銀(ギン)川(セン)面	黄海道	延白郡
銀(ギン)紅(コウ)面	黄海道	安岳郡
銀(ギン)山(サン)面	黄海道	載寧郡
銀(ギン)尺(シャク)面	慶尚北道	尚州郡
銀(ギン)河(カ)面	忠清南道	洪城郡
錦(キン)山(サン)面	黄海道	海州郡
	全羅南道	高興郡
	全羅北道	錦山郡
錦(キン)城(ゼウ)面	全羅北道	錦山郡
	忠清北道	堤川郡
錦(キン)南(ナン)面	忠清南道	燕岐郡
錦(キン)川(セン)面	慶尚北道	清道郡
近(キン)東(トウ)面	江原道	金化郡
近(キン)南(ナン)面	江原道	蔚珍郡
	江原道	金化郡
近(キン)北(ホク)面	江原道	金化郡
近(キン)徳(トク)面	江原道	三陟郡
近(キン)興(コウ)面	忠清南道	瑞山郡
琴(キン)湖(コ)面	慶尚北道	永川郡
琴(キン)山(サン)面	慶尚南道	晋州郡
今(キン)西(セイ)面	慶尚南道	山清郡

ユの部

楡(ユ)津(シン)面	江原道	平康郡
瑜(ユ)伽(カ)面	慶尚北道	達城郡
熊(ユウ)川(セン)面	慶尚南道	昌原郡
	忠清南道	保寧郡
熊(ユウ)耳(ジ)面	咸鏡南道	豊山郡
熊(ユウ)灘(ナン)面	江原道	伊川郡
熊(ユウ)峙(ジ)面	全羅南道	寶城郡
熊(ユウ)上(ゼウ)面	慶尚南道	梁山郡
熊(ユウ)村(ソン)面	慶尚南道	梁山郡

面名	読み	道	郡
熊陽面	ユウ・ヨウ	慶尙南道	居昌郡
熊浦面	ユウ・ホ	全羅北道	益山郡
熊東面	ユウ・トウ	慶尙南道	昌原郡
熊南面	ユウ・ナン	慶尙南道	昌原郡
雄基面	ユウ・キ	咸鏡北道	慶興郡
雄坪面	ユウ・ヘウ	咸鏡北道	吉州郡
遊漁面	ユウ・ギ	慶尙南道	昌寧道
有德面	ユウ・トク	咸鏡北道	慶源郡
友保面	ユウ・ホ	慶尙北道	軍威郡

メの部

面名	読み	道	郡
明湖面	メイ・コ	慶尙北道	奉化郡
明孝面	メイ・コウ	咸鏡南道	文川郡
鳴石面	メイ・セキ	慶尙南道	晋州郡
鳴旨面	メイ・シ	慶尙南道	金海郡
妙山面	メウ・サン	慶尙南道	陜川郡
沔川面	メン・セン	忠淸南道	唐津郡

ミの部

面名	読み	道	郡
密田面	ミツ・デン	平安南道	順川郡
密山面	ミツ・サン	平安北道	渭原郡
密陽面	ミツ・ヨウ	慶尙南道	密陽郡
彌栗面	ミ・リツ	黃海道	海州郡
彌力面	ミ・リヨク	全羅南道	寶城郡
斗羅面	ミ・ラ	黃海道	信川郡
未老面	ミ・ロウ	江原道	三陟郡

シの部

面名	読み	道	郡
志士面	シ・シ	慶尙北道	星州郡
矢川面	シ・セン	慶尙南道	山淸郡
只沙面	シ・サ	全羅北道	任實郡
砥堤道	シ・テイ	京畿道	楊平郡
史北面	シ・ホク	江原道	春川郡
史內面	シ・ナイ	江原道	華川郡
自西面	ジ・セイ	咸鏡南道	三水郡
自德面	ジ・トク	平安南道	平原郡
枝川面	シ・セン	慶尙北道	漆谷郡
四州面	シ・シウ	忠淸北道	淸州郡
四佳面	シ・カ	平安南道	成川郡
泗東面	シ・トウ	江原道	淮陽郡
泗川面	シ・セン	慶尙南道	泗川郡
始終面	シ・シウ	全羅南道	靈巖郡
慈山面	ジ・サン	平安南道	順川郡
慈城面	ジ・ゼウ	平安北道	慈城郡
慈下面	ジ・カ	平安北道	慈城郡
慈恩面	ジ・オン	全羅南道	務安郡
慈仁面	ジ・ジン	慶尙北道	慶山郡
寺奉面	ジ・ホウ	慶尙南道	晋州郡
寺谷面	ジ・コク	忠淸南道	公州郡
時中面	ジ・チウ	平安北道	江界郡
時草面	ジ・フウ	忠淸南道	舒川郡
芝正面	シ・セイ	慶尙南道	宜寧郡
七坪面	シチ・ヘイ	平安北道	厚昌郡
七星面	シチ・セイ	忠淸北道	槐山郡
七良面	シチ・レウ	全羅南道	康津郡
七谷面	シチ・コク	慶尙南道	宜寧郡
七寶面	シチ・ホウ	全羅北道	井邑郡
晶湖面	シヨウ・コ	平安南道	江東郡

松禾面	シヨウカ	黄海道	松禾郡
書院面	シヨイン	江原道	横城郡
稷山面	シヨクサン	忠清南道	天安郡
紫陽面	シヨヨウ	慶尚北道	永川郡
舒川面	ジヨセン	忠清南道	舒川郡
所草面	シヨソウ	江原道	原州郡
所達面	シヨタツ	江原道	三陟郡
所沙面	シヨサ	黄海道	瑞興郡
所安面	シヨアン	全羅南道	莞島郡
所遠面	シヨエン	忠清南道	瑞山郡
所聲面	シヨセイ	忠清北道	井邑郡
所陽面	シヨヨウ	全羅北道	全州郡
助馬面	ジヨマ	慶尚北道	金泉郡
助村面	ジヨソン	全羅北道	全州郡
初同面	シヨドウ	慶尚南道	密陽郡
淨土面	ジヨウド	全羅北道	井邑郡
食知面	シヨクチ	全羅南道	咸平郡
上面	ジヨウ	京畿道	加平郡
上東面	ジヨウトウ	慶尚南道	密陽郡
		慶尚南道	金海郡
		江原道	寧越郡
上西面	ジヤウセイ	全羅北道	扶安郡
		慶尚南道	梁山郡
		江原道	華川郡
上南面	ジヤウナン	慶尚南道	昌原郡
		慶尚南道	密陽郡
		慶尚南道	蔚山郡
		咸鏡南道	長津郡
上北面	ジヤウホク	慶尚南道	梁山郡
		江原道	淮陽郡
上雩南面	ジヤウウナン	咸鏡北道	明川郡
上雩北面	ジヤウウホク	咸鏡北道	明川郡
上里面	ジヤウリ	慶尚南道	固城郡
		慶尚北道	醴泉郡
		黄海道	松禾郡
上月面	ジヤウゲツ	忠清道	論山郡
		黄海道	平山郡
上下面	ジヤウカ	全羅南道	高敞郡
		咸鏡南道	慶興郡
上閑面	ジヤウカン	全羅北道	全州郡
上田面	ジヤウデン	全羅北道	鎭安郡
上井面	ジヤウセイ	慶尚南道	宜寧郡
上砂面	ジヤウサ	全羅南道	順天郡
上古面	ジヤウコ	咸鏡北道	明川郡
上加面	ジヤウカ	咸鏡北道	明川郡
上毛面	ジヤウモウ	忠清北道	槐山郡
上村面	ジヤウソン	忠清北道	永同郡
上元川面	ジヤウゲンセン	咸鏡南道	箱興郡
上栢面	ジヤウハク	慶尚南道	陜川郡
上山面	ジヤウサン	咸鏡南道	高原郡
上岐川面	ジヤウキセン	咸鏡南道	咸興郡
上朝陽面	ジヤウデウヨウ	咸鏡南道	咸鏡郡
上道面	ジヤウドウ	京畿道	開城郡
上長面	ジヤウテウ	江原道	三陟郡
上圖面	ジヤウト	黄海道	谷山郡
上車書面	ジヤウシヤシヨ	咸鏡南道	北青郡
上方面	ジヤウホウ	黄海道	載寧郡
上柳面	ジヤウリウ	黄海道	載寧郡
上龍面	ジヤウリウ	平安南道	陽德郡
上道面	ジヤウドウ	平安南道	中和郡
城南面	ジヨウナン	平安北道	碧潼郡

城陽面	ジョウヨウ	平安南道	徳川郡
城巖面	ジョウガン	平安南道	江西郡
城洞面	ジョウドウ	黄海道	遂安郡
漆谷面	シツコク	慶尚北道	漆谷郡
漆原面	シツゲン	慶尚南道	咸安郡
漆西面	シツセイ	慶尚南道	咸安郡
漆北面	シツホク	慶尚南道	咸安郡
實村面	ジツソン	京畿道	廣州郡
占東面	シムトウ	京畿道	驪州郡
周徳面	シウトク	忠清北道	忠州郡
周浦面	シウホ	忠清南道	保寧郡
周生面	シツセイ	全羅北道	江原郡
舟山面	シウサン	全羅北道	扶安郡
集賢面	シウケン	慶尚南道	晋州郡
修身面	シウシン	忠清南道	天安郡
終道面	シウドウ	慶尚北道	清道郡
柔浦面	ジウホ	咸鏡北道	穏城郡
秋乙美面	シウヲツビ	平安南道	大同郡
秋花面	シウカ	黄海道	海州郡
秋富面	シウフ	全羅北道	錦山郡
秀岩面	シウガン	京畿道	始興郡
住巖面	ジウガン	全羅南道	順天郡
從西面	ジウセイ	平安北道	江界郡
從南面	ジウナン	平安北道	江界郡
楸子面	シウシ	全羅南道	濟州郡
宿仁面	シクニン	黄海道	金川郡
沙里院面	シヤリイン	黄海道	鳳山郡
沙伐面	シヤバツ	慶尚北道	尚州郡
斜陽面	シヤヨク	忠清南道	青陽郡
舍人面	シヤジン	黄海道	鳳山郡
		平安南道	順川郡
舍谷面	シヤコク	慶尚北道	義城郡
鵲川面	ジヤクセン	全羅南道	康津郡
車黄面	シヤコウ	慶尚南道	山清郡
若木面	ジヤクボク	慶尚北道	漆谷郡
春陽面	シユンコウ	全羅南道	和順郡
		慶尚北道	奉化郡
春川面	シユンセン	江原道	春川郡
春柳面	シユンリウ	咸鏡南道	定平郡
春山面	シユンサン	慶尚北道	義城郡
春浦面	シユンボ	全羅北道	益山郡
順安面	ジユンアン	平安南道	平原郡
順川面	ジユンセン	平安南道	順川郡
順嶺面	ジユンレイ	江原道	通川郡
順寧面	ジユンネイ	咸鏡南道	永興郡
順城面	ジユンゼウ	忠清南道	唐津郡
順天面	ジユンテン	全羅北道	順天郡
順興面	ジユンコウ	慶尚北道	榮州郡
淳昌面	ジユンセウ	全羅北道	淳昌郡
朱川面	シユンセン	全羅北道	鎭安郡
		全羅北道	南原郡
朱地面	シユチ	咸鏡南道	咸興郡
朱伊面	シユイ	咸鏡南道	定平郡
朱乙溫面	シユオツオン	咸鏡北道	鏡城郡
朱南道	シユナン	咸鏡北道	鏡城郡
朱北面	シユホク	咸鏡北道	鏡城郡
州内面	シユウナイ	平安北道	義州郡
州北面	シウホク	咸鏡南道	洪興郡
州西面	シウセイ	咸鏡南道	洪興郡
州翼面	シウヨク	咸鏡南道	洪原郡

州外面	シウガイ	忠清南道	公州郡
肅川面	シュクセン	平安南道	平原郡
尊澤面	ジュンタク	黃海道	長淵郡
珠山面	ジュサン	忠清南道	保寧郡
壽城面	ジュゼウ	慶尚北道	達城郡
主尙面	シュセウ	慶尚南道	居昌郡
首比面	シュヒ	慶尚北道	英陽郡
儒城面	ジュゼウ	忠清南道	大田郡
酒村面	シュソン	慶尚南道	金海郡
新東道	シントウ	平安南道	旌善郡
		京畿道	始興郡
新西面	シンサイ	江原道	鐵原郡
新南面	シンナン	咸鏡南道	長津郡
		江原道	春川郡
新北面	シンホク	全羅南道	靈巖郡
		江原道	春川郡
		京畿道	抱川郡
		江原道	高城郡
新平面	シンヘイ	全羅北道	任實郡
		慶尚北道	義城郡
		忠清南道	唐津郡
新昌面	シンセウ	忠清南道	牙山郡
		咸鏡南道	北青郡
新倉面	シンソウ	平安南道	順川郡
		平安北道	昌城郡
新寧面	シンネイ	慶尚北道	永川郡
		平安南道	龍岡郡
新興面	シンコウ	平安南道	江西郡
		平安南道	中和郡
新安面	シンアン	平安北道	定州郡
		咸鏡北道	慶興郡
新安州面	シンアンシウ	平安南道	安州郡
新里面	シンリ	江原道	江陵郡
新城面	シンゼウ	平安南道	寧遠郡
新島面	シントウ	平安北道	龍川郡
新豊面	シンホウ	平安北道	熙川郡
新府面	シンフ	平安北道	宣川郡
新屯面	シントン	京畿道	利川郡
新巖面	シンガン	黃海道	平山郡
新浦面	シンポ	咸鏡南道	北青郡
新滿面	シンマン	咸鏡南道	端川郡
新茅面	シンバウ	咸鏡南道	安邊郡
新光面	シンコウ	全羅南道	咸平郡
新右面	シンウ	全羅南道	濟州郡
新左面	シンサ	全羅南道	濟州郡
新村面	シンソン	慶尚北道	永川郡
新等面	シントウ	慶尚南道	山清郡
新岩面	シンガン	忠清南道	禮山郡
新陽面	シンヨウ	忠清南道	禮山郡
新上面	シンゼウ	忠清南道	公州郡
新下面	シンカ	忠清南道	公州郡
新德面	シントク	全羅北道	任實郡
新林面	シンリン	全羅北道	高敞郡
新溪面	シンケイ	黃海道	新溪郡
新智面	シンチ	全羅南道	莞島郡
新尼面	シンニ	忠清北道	忠州郡
新花面	シンカ	黃海道	長淵郡
眞面	シン	平安北道	熙川郡
進鳳面	シンホウ	京畿道	開城郡
		全羅北道	金堤郡
進禮面	シンレイ	慶尚南道	金海郡

眞乾面	シンカン	京畿道	楊州郡
眞風面	シンプウ	黃海道	松禾郡
眞寶面	シンホウ	慶尙北道	青松郡
晋州面	シンシユ	慶尙南道	晋州郡
晋城面	シンゼウ	慶尙南道	晋州郡
仁橋面	ジンケウ	黃海道	黃州郡
仁興面	ジンコウ	咸鏡南道	永興郡
仁州面	ジンシウ	忠淸南道	牙山郡
仁同面	ジンドウ	慶尙北道	漆谷郡
仁旨面	ジンシ	忠淸南道	瑞山郡
仁溪面	ジンケイ	全羅北道	淳昌郡
身北面	シンホク	慶尙北道	聞慶郡
心元面	シンゲン	全羅北道	高敞郡
神道面	シンドウ	京畿道	高陽郡
神林面	シンリン	江原道	原州郡
神光面	シンコウ	慶尙北道	迎日郡
神院面	シンイン	慶尙南道	居昌郡
森西面	シンサイ	全羅南道	長城郡
森溪面	シンケイ	全羅南道	長湍郡
津東面	シントウ	京畿道	長湍郡
津西面	シンサイ	京畿道	長湍郡
津南面	シンナン	京畿道	長湍郡
津上面	シンゼウ	全羅南道	光陽郡
津月面	シンゲツ	全羅南道	光陽郡
辰橋面	シンケウ	慶尙南道	河東郡
深川面	シンセン	平安北道	宣川郡
		忠淸北道	永同郡
荏子面	ジンシ	全羅南道	務安郡
榛接面	シンセツ	京畿道	楊州郡
信川面	シンセン	黃海道	信川郡

ヒの部

飛鳳面	ヒホウ	京畿道	水原郡
		忠淸南道	青陽郡
		全羅北道	全州郡
飛禽面	ヒキン	全羅南道	務安郡
飛鴉面	ヒカ	全羅南道	光州郡
美灘面	ビナン	江原道	平昌郡
美水面	ビスイ	黃海道	新溪郡
美浦面	ビホ	咸鏡北道	穩城郡
美川面	ビセン	慶尙南道	晋州郡
薇陽面	ビヤウ	京畿道	安城郡
嵋金面	ビキン	京畿道	楊州郡
嵋山面	ビサン	京畿道	漣川郡
比安面	ヒアン	慶尙北道	義城郡
枇峴面	ヒケン	平安北道	義州郡
庇仁面	ヒニン	忠淸南道	舒川郡
百鶴面	ヒヤクツル	京畿道	漣川郡

モの部

茂長面	モテウ	全羅北道	高敞郡
茂林面	モリン	全羅北道	淳昌郡
茂朱面	モシユ	全羅北道	茂朱郡
茂豐面	モホウ	全羅北道	茂朱郡
孟山面	モウサン	平安南道	孟山郡
孟洞面	モウドウ	忠淸北道	陰城郡
木面	モク	忠淸南道	青陽郡
木甘面	モクカン	黃海道	瑞興郡

木洞面（モクドウ）	忠淸南道	公州郡
木川面（モクセン）	忠淸南道	天安郡
百嶺面（モモレウ）	平安北道	寧邊郡
門內面（モンナイ）	全羅南道	海南郡
文平面（モンペイ）	全羅南道	羅州郡

セの部

世道面（セドウ）	忠淸南道	扶餘郡
松面（セウ）	平安北道	楚山郡
松山面（セウサン）	忠淸南道	唐津郡
	京畿道	水原郡
松林面（セウリン）	黃海道	海州郡
	黃海道	黃州郡
松西面（セウセイ）	平安北道	碧潼郡
松長面（セウテウ）	平安北道	義州郡
松鶴面（セウガク）	忠淸北道	堤川郡
松蓬面（セウホウ）	黃海道	延白郡
松羅面（セウラ）	慶尙北道	迎日郡
松光面（セウコウ）	全羅南道	順天郡
松汀面（セウテウ）	全羅南道	光州郡
松旨面（セウシ）	全羅南道	海南郡
松石面（セウセキ）	全羅南道	和順郡
松岳面（セウガク）	忠淸南道	牙山郡
松嶽面（セウガク）	忠淸南道	唐津郡
松炭面（セウタン）	京畿道	振威郡
松浦面（セウホ）	京畿道	高陽郡
松海面（セウカイ）	京畿道	江華郡
松都面（セウト）	京畿道	開城郡
城面（ゼウ）	平安北道	楚山郡
	平安北道	雲山郡
城山面（ゼウサン）	慶尙南道	昌寧郡
	江原道	江陵郡
城東面（ゼウトウ）	忠淸南道	論山郡
城西面（ゼウセイ）	慶尙北道	達城郡
城南面（ゼウナン）	忠淸南道	天安郡
城北面（ゼウホク）	慶尙北道	達城郡
城津面（ゼウシン）	咸鏡北道	城津郡
城德面（ゼウトク）	江原道	江陵郡
城湖面（ゼウコ）	京畿道	水原郡
城田面（ゼウデン）	全羅南道	康津郡
城干面（ゼウカン）	平安北道	江界郡
昌城面（セウゼウ）	平安北道	昌城郡
昌州面（セウシウ）	平安北道	昌城郡
昌斗面（セウト）	咸鏡北道	會寧郡
昌平面（セウヘイ）	全羅南道	潭陽郡
昌善面（セウゼン）	慶尙南道	南海郡
昌寧面（セウネイ）	慶尙南道	昌寧郡
昌樂面（セウラク）	慶尙南道	昌寧郡
昌原面（セウゲン）	慶尙南道	昌原郡
小白面（セウハク）	平安南道	寧遠郡
小南面（セウナン）	京畿道	長湍郡
小川面（セウセン）	慶尙北道	奉化郡
召羅面（セウラ）	全羅南道	麗水郡
召保面（セウホ）	慶尙北道	軍威郡
召文面（セウブン）	慶尙北道	善城郡
正南面（セウナン）	京畿道	水原郡
正谷面（セウコク）	慶尙南道	宜寧郡
正安面（セイアン）	忠淸南道	公州郡
祥原面（セウゲン）	平安南道	中和郡

祥雲(セウウン)面	慶尚北道	奉化郡
鍾城(セウゼウ)面	咸鏡北道	鍾城郡
鍾川(セウセン)面	忠清南道	舒川郡
尚州(セウシウ)面	慶尚北道	尚州郡
沼壽(セウジユ)面	忠清北道	槐山郡
仍次(ゼウヂ)面	平安南道	江西郡
少林(セウリン)面	平安北道	寧邊郡
條里(ゼウリ)面	京畿道	坡州郡
襄陽(ゼウヨウ)面	江原道	襄陽郡
文麻(ゼウマ)面	慶尚南道	昌寧郡
	忠清南道	舒川郡
	忠清南道	燕岐郡
	慶尚南道	南海郡
	慶尚南道	東萊郡
	慶尚北道	慶州郡
	慶尚北道	鬱陵郡
	全羅南道	順天郡
	全羅南道	和順郡
	咸鏡北道	明川郡
	咸鏡南道	利原郡

西(セイ)面	黄海道	瓮津郡
	江原道	旌善郡
	江原道	襄陽郡
	江原道	金化郡
	江原道	洪川郡
	江原道	高城郡
	江原道	蔚珍郡
	江原道	寧越郡
	江原道	平康郡
	江原道	伊川郡
	京畿道	振威郡
	京畿道	開城郡
	京畿道	抱川郡
	平安北道	熙川郡
	平安北道	定州郡
	平安北道	楚山郡
	平安北道	泰川郡
	平安北道	博川郡
西部(セイブ)面	忠清南道	洪城郡
	黄海道	殷栗郡

西上(セイゼウ)面	京畿道	廣州郡
	慶尚南道	咸陽郡
	江原道	春川郡
	咸鏡北道	富寧郡
西中(セイチウ)面	全羅南道	濟州郡
西下(セイカ)面	江原道	春川郡
	慶尚南道	咸陽郡
西南(セイナン)面	忠清南道	南川郡
西北(セイホク)面	黄海道	金川郡
西二(セイニ)面	京畿道	始興郡
西三(セイサン)面	全羅南道	長城郡
西邊(セイヘン)面	黄海道	海州郡
西峰(セイホウ)面	黄海道	平山郡
西新(セイシン)面	京畿道	水原郡
西古川(セイコセン)面	咸鏡南道	新興郡
西退潮(セイタイチウ)面	咸鏡南道	成興郡
西湖(セイコ)面	咸鏡南道	咸興郡
西炭(セイタン)面	京畿道	振威郡
西川(セイセン)面	平安南道	大同郡
西浦(セイホ)面	慶尚南道	泗川郡

西生面（セイセイ）	慶尚南道	蔚山郡
西林面（セイリン）	平安北道	鐵山郡
西倉面（セイソウ）	全羅南道	光州郡
西海面（セイカイ）	平安南道	平原郡
西泰面（セイタイ）	平安北道	渭原郡
西島面（セイタウ）	京畿道	江華郡
西後面（セイゴ）	慶尚北道	安東郡
西鍾面（セイセウ）	黄海道	鳳山郡
西村面（セイソン）	黄海道	谷山郡
西串面（サイカン）	京畿道	富川郡
西宗面（セイソウ）	京畿道	楊平郡
西山面（セーサン）	平安北道	亀城郡
西泉面（セイセン）	黄海道	金川郡
西河面（セイガ）	黄海道	安岳郡
西邑内面（セイフナイ）	平安北道	泰川郡
星台面（セイダイ）	平安北道	江西郡
星岱面（セイダイ）	咸鏡南道	北青郡
星山面（セイサン）	慶尚北道	高靈郡
星州面（セイシウ）	慶尚北道	星州郡
星内面（セイナイ）	全羅北道	高莞郡
星松面（セイセウ）	全羅北道	高敞郡
井谷面（セイコク）	江原道	橫城郡
井村面（セイソン）	慶尚南道	晋州郡
井邑面（セイイフ）	全羅北道	井邑郡
聖壽面（セイジュ）	全羅北道	鎭安郡
	全羅北道	任實郡
聖山面（セイサン）	全羅北道	沃溝郡
	平安南道	順川郡
聖巖面（セイガン）	慶尚北道	星州郡
聖堂面（セイドウ）	全羅北道	益山郡
聖居面（セイキヨ）	忠清南道	天安郡
聖德面（セイトク）	全羅北道	金堤郡
聖淵面（セイエン）	忠清南道	瑞山郡
青龍面（セイリウ）	黄海道	黄州郡
	黄海道	海州郡
	平安北道	博川郡
	平安南道	大同郡
青山面（セイサン）	全羅南道	莞島郡
	忠清北道	沃川郡
	京畿道	抱川郡
	平安北道	昌城郡
	平安南道	平原郡
青西面（セイセイ）	忠清北道	沃川郡
青南面（セイナン）	忠清北道	沃川郡
青北面（セイホク）	京畿道	振威郡
青海面（セイカイ）	咸鏡南道	北青郡
青川面（セイセン）	忠清北道	槐山郡
青杞面（セイキ）	慶尚北道	英陽郡
青里面（セイリ）	慶尚北道	尚州郡
青松面（セイセウ）	慶尚北道	青松郡
青坡面（セイバ）	慶尚北道	星州郡
青巖面（セイガン）	慶尚南道	河東郡
青良面（セイレウ）	慶尚南道	蔚山郡
青德面（セイトク）	慶尚南道	陜川郡
青陽面（セイヨウ）	忠清南道	青陽郡
青場面（セイゼウ）	忠清南道	青陽郡
青雄面（セイユウ）	全羅北道	任實郡
青蝦面（セイカ）	全羅北道	金堤郡
青雲面（セイウン）	京畿道	楊平郡
青石面（セイセキ）	京畿道	坡州郡

青郊（セイコウ）	面	京畿道	開城郡
清渓（セイケイ）	面	全羅南道	務安郡
		黄海道	谷山郡
清水里（セイスイリ）	面	黄海道	載寧郡
清水（セイスイ）	面	黄海道	黄州郡
清渼（ゼイビ）	面	京畿道	利川郡
清岩（セイガン）	面	咸鏡北道	富寧郡
清安（セイアン）	面	忠清北道	槐山郡
清風（セイフウ）	面	忠清北道	堤川郡
清州（セイシウ）	面	忠清北道	清州郡
清所（セイショ）	面	忠清南道	保寧郡
清羅（セイラ）	面	忠清南道	保寧郡
清豊（セイホウ）	面	全羅南道	和順郡
清河（セイカ）	面	慶尚北道	迎日郡
清通（セイツウ）	面	慶尚北道	永川郡
清鏡（セイキヨウ）	面	慶尚北道	永川郡
清道（ゼイドウ）	面	慶尚南道	密陽郡
成川（ゼイセン）	面	平安南道	成川郡
成龍（ゼイリウ）	面	平安南道	寧遠郡
成歡（セイカイ）	面	忠清南道	天安郡

生草（ゼイソウ）	面	慶尚南道	山清郡
生比良（ゼイヒレウ）	面	慶尚南道	山清郡
生林（セイリン）	面	慶尚南道	金海郡
旌善（セイゼン）	面	江原道	旌善郡
旌義（セイギ）	面	全羅南道	済州郡
笙極（セイキヨク）	面	忠清北道	陰城郡
晴日（セイニチ）	面	江原道	横城郡
雪星（セツセイ）	面	京畿道	西川郡
雪川（セツセン）	面	慶尚南道	南海郡
		全羅北道	茂朱郡
赤城（セキゼウ）	面	全羅北道	淳昌郡
		忠清北道	丹陽郡
赤松（セキセウ）	面	平安南道	江西郡
赤余（セキヨ）	面	黄海道	新渓郡
赤田（セキデン）	面	咸鏡南道	徳源郡
赤良（セキレウ）	面	慶尚南道	河東郡
赤谷（セキコク）	面	忠清南道	青陽郡
赤中（セキチウ）	面	慶尚南道	陜川郡
赤裳（セキセウ）	面	全羅北道	茂朱郡

石谷（セキコク）	面	全羅北道	高敞郡
		全羅南道	谷城郡
		全羅南道	光州郡
石積（セキセキ）	面	慶尚北道	漆谷郡
石城（セキゼウ）	面	忠清南道	扶餘郡
石保（セキホ）	面	慶尚北道	英陽郡
石峴（セキケン）	面	忠清北道	金泉郡
石津（セキシン）	面	全羅南道	務安郡
石門（セキモン）	面	忠清南道	唐津郡
石幕（セキマク）	面	咸鏡北道	富寧郡
石山（セキサン）	面	黄海道	延白郡
石岩（セキガン）	面	平安南道	平原郡
積城（セキゼウ）	面	京畿道	漣川郡
磧岩（ゼキガン）	面	黄海道	平山郡
席卜（セキボク）	面	慶尚南道	咸陽郡
席洞（セキドウ）	面	黄海道	海州郡
宣川（センセン）	面	平安北道	宣川郡
宣興（センコウ）	面	咸鏡南道	永興郡
宣徳（セントク）	面	咸鏡南道	定平郡
全義（ゼンギ）	面	忠清南道	燕岐郡

全東面	ゼントウ	忠清南道	燕岐郡
全州面	ゼンシウ	全羅北道	全州郡
川原面	センゲン	咸鏡南道	咸興郡
川西面	センセン	咸鏡南道	咸興郡
川北面	センホク	忠清南道	保寧郡
		慶尚北道	慶州郡
泉峴面	センケン	京畿道	坡州郡
泉決面	センケツ	黄海道	海州郡
泉洞面	センドウ	黄海道	松禾郡
泉谷面	センコク	黄海道	遂安郡
仙沼面	センセウ	平安南道	順川郡
仙源面	センゲン	京畿道	江華郡
華学面	センセウ	忠清南道	牙山郡
船南面	センナン	慶尚北道	星州郡
前川面	ゼンセン	平安北道	江界郡
占岩面	センガン	全羅南道	高興郡
善山面	ゼンサン	慶尚北道	善山郡

スの郡

		京畿道	坡州郡
州内面	スナイ	京畿道	驪州郡
		京畿道	揚州郡
州南面	スナン	黄海道	黄州郡
水山面	スイザン	平安南道	中和郡
		平安南道	江西郡
		忠清北道	堤川郡
水豊面	スイホウ	平安北道	朔州郡
水鎮面	スイチン	平安北道	義州郡
氷清面	ズイセイ	平安北道	宜川郡
水餘面	スイヨ	京畿道	龍仁郡
水品面	スイセウ	京畿道	江華郡
水原面	スイゲン	京畿道	水原郡
水入面	スイニフ	江原道	楊口郡
水周面	スイシウ	江原道	寧越郡
水洞面	スイドウ	江原道	高城郡
		咸鏡南道	高原郡
水口面	スイコウ	黄海道	遂安郡
水下面	スイカ	咸鏡南道	端川郡
水汗面	スイカン	忠清北道	報恩郡
水下面	スイカ	忠清北道	堤川郡
水北面	スイホク	全羅南道	潭陽郡
水東面	スイトウ	慶尚南道	咸陽郡
水谷面	スイコク	慶尚南道	晋州郡
水旨面	スイシ	全羅北道	南原郡
水流面	スイリウ	全羅北道	金堤郡
水枝面	スイシ	京畿道	龍仁郡
瑞和面	ズイワ	江原道	麟蹄郡
		平安南道	龍岡郡
瑞雲面	ズイウン	京畿道	安城郡
瑞石面	ズイセキ	江原道	洪川郡
瑞興面	ズイコウ	黄海道	瑞興郡
瑞谷面	ズイコク	咸鏡南道	安邊郡
瑞坊面	ズイバウ	全羅南道	光州郡
瑞山面	ズイサン	忠清南道	瑞山郡
瑞穂面	ズイズイ	全羅北道	沃溝郡
遂安面	スイアン	黄海道	遂安郡
崇正面	スウセイ	平安北道	渭原郡
崇仁面	スウジン	平安南道	成川郡
		京畿道	高陽郡

郡別索引（臺灣）

（イロハ順）

イの部

員林（インリン）郡　臺中州

ニの部

新豐（ニヒトヨ）郡　臺南州
新高（ニヒタカ）郡　臺中州

ホの部

北港（ホクコウ）郡　臺南州
北門（ホクモン）郡　臺南州
北斗（ホクト）郡　臺中州
澎湖（ボウコ）廳　澎湖廳
鳳山（ホウザン）郡　高雄州

への部

屏東（ヘイトウ）郡　高雄州
苗栗（ベウリツ）郡　新竹州

トの部

豐原（トヨハラ）郡　臺中州
東港（トウコウ）郡　高雄州
東石（トウセキ）郡　臺南州
東勢（トウセイ）郡　臺中州
桃園（トウエン）郡　新竹州
斗六（トロク）郡　臺南州

チの部

中壢（チウレキ）郡　新竹州
竹南（チクナン）郡　新竹州
竹東（チクトウ）郡　新竹州

ヲの部

岡山（オカヤマ）郡　高雄州

カの部

嘉義（カギ）郡　臺南州
海山（カイサン）郡　臺北州
花蓮港（カレンコウ）廳　花蓮港廳

ヨの部

能高（ヨクタカ）郡　臺中州

タの部

竹山（タケヤマ）郡　臺中州
臺東（タイトウ）廳　臺東廳
臺南（タイナン）市　臺南州
臺中（タイチウ）市　臺中州
臺北（タイホク）市　臺北州
高雄（タカオ）市　高雄州
大甲（タイコウ）郡　臺中州
大屯（タイトン）郡　臺中州
大湖（タイコ）郡　新竹州
大溪（タイケイ）郡　新竹州
淡水（タンスイ）郡　臺北州

ソの部

蘇澳（ソオウ）郡　臺北州
曾文（ソブン）郡　臺南州

ナの部

南投（ナントウ）郡　臺中州

ラの部

羅東郡（ラトウ）　臺北州

フの部

文山郡（ブンサン）　臺北州

コの部

恒春郡（コウシユン）　高雄州
虎尾郡（コビ）　臺南州

テの部

潮州郡（テウシウ）　高雄州

キの部

旗山郡（キザン）　高雄州

宜蘭郡（ギラン）　臺北州
基隆市（キイルン）　臺北州
基隆郡（キイルン）　臺北州

シの部

七星郡（シチセイ）　臺北州
新營郡（シンエイ）　臺南州
新竹郡（シンチク）　新竹州
新莊郡（シンソウ）　臺北州
新化郡（シンカ）　臺南州
彰化郡（シヤウクワ）　臺中州

街庄別索引

（イロハ順）

イの部

板橋（イタバシ）	庄	臺北州	海山郡
石門（イシモン）	庄	臺北州	淡水郡
員山（インサン）	庄	臺北州	宜蘭郡
員林（インリン）	街	臺中州	員林郡

ロの部

六家（ロクカ）	庄	新竹州	新竹郡
六甲（ロクカウ）	庄	臺南州	曾文郡
六脚（ロクキャク）	庄	臺南州	東石郡
六龜（ロッキ）	庄	高雄州	屛東郡
鹿港（ロクコウ）	街	臺中州	彰化郡
路竹（ロチク）	庄	高雄州	岡山郡

ハの部

萬丹（バンタン）	庄	高雄州	東港郡
萬巒（バンラン）	庄	高雄州	潮州郡
萬里（バンリ）	庄	臺南州	基隆郡
番狂（バンシャ）	庄	臺南州	新營郡
番路（バンロ）	庄	臺南州	嘉義郡
坡心（ハシン）	庄	臺中州	員林郡
白沙（ハクシャ）	庄	澎湖廳	

ニの部

二水（ニスイ）	庄	臺中州	員林郡
二林（ニリン）	庄	臺中州	北斗郡
二崙（ニコン）	庄	臺南州	虎尾郡
仁武（ニンブ）	庄	高雄州	鳳山郡

ホの部

埔鹽（ホアン）	庄	臺中州	彰化郡
埔里（ポリ）	街	臺中州	能高郡
枋寮（ボウレウ）	庄	高雄州	潮州郡
枋山（ボウザン）	庄	高雄州	潮州郡
鳳山（ホウザン）	庄	高雄州	鳳山郡
北投（ホクトウ）	庄	臺北州	七星郡
北屯（ホクトン）	庄	臺中州	大屯郡
北斗（ホクト）	街	臺中州	北斗郡
北門（ホクモン）	庄	臺南州	北門郡
北港（ホクコウ）	街	臺南州	北港郡
朴子（ボクシ）	街	臺南州	東石郡
布袋（ホテイ）	庄	臺南州	東石郡

への部

坪林（ヘイリン）	庄	臺北州	文山郡
平溪（ヘイケイ）	庄	臺北州	七星郡
平鎭（ヘイチン）	庄	新竹州	中壢郡
屛東（ヘイトウ）	街	高雄州	屛東郡

トの部

土城（ドジヤウ）庄　臺北州　海山郡
土庫（ドコ）庄　臺南州　虎尾郡
斗六（トロク）街　臺南州　斗六郡
斗南（トナン）庄　臺南州　斗六郡
豐原（トヨハラ）街　臺中州　豐原郡
東勢（トウセイ）庄　臺中州　東勢郡
東石（トウセキ）庄　臺南州　東石郡
東港（トウコウ）街　高雄州　東港郡
頭圍（トウヰ）庄　臺北州　宜蘭郡
頭分（トウフン）庄　新竹州　竹南郡
頭屋（トウヤ）庄　新竹州　苗栗郡
冬山（トウザン）庄　臺北州　羅東郡
銅鑼（ドウラ）庄　新竹州　苗栗郡

チの部

中和（チウワ）庄　臺北州　海山郡
中寮（チユウレヨウ）庄　臺中州　南投郡
中埔（チウホ）庄　臺南州　嘉義郡
竹南（チクナン）庄　新竹州　竹南郡
竹塘（チクトウ）庄　臺中州　北斗郡
竹山（チクヤマ）庄　臺中州　竹山郡

リの部

里港（リコウ）庄　高雄州　屏東郡
龍井（リウヰ）庄　臺中州　大甲郡
龍崎（リウキ）庄　臺南州　新豐郡
琉球（リウキユウ）庄　高雄州　東港郡
柳營（リウエイ）庄　臺南州　新營郡
林口（リンコウ）庄　臺北州　新莊郡
林園（リンエン）庄　高雄州　鳳山郡
林邊（リンヘン）庄　高雄州　東港郡

ヲ（オ）の部

大里（オホサト）庄　臺中州　大屯郡
大肚（オホド）庄　臺中州　大甲郡
大安（オホアン）庄　臺中州　大甲郡
大竹（オホタケ）庄　臺中州　彰化郡
大村（オホムラ）庄　臺中州　員林郡
大城（オホシロ）庄　臺中州　北斗郡
大內（オホウチ）庄　臺南州　曾文郡
岡山（オカヤマ）庄　高雄州　岡山郡
鶯歌（オウカ）庄　臺北州　海山郡

ワの部

和美（ワビ）庄　臺中州　彰化郡

カの部

嘉義（カギ）街　臺南州　嘉義郡
鹿草（カソウ）庄　臺南州　東石郡
下營（カエイ）庄　臺南州　曾文郡
佳里（カリ）庄　臺南州　北門郡
佳冬（カトフ）庄　高雄州　東港郡

海口	カイコウ	庄	臺南州	虎尾郡
外埔	ガイホ	庄	臺中州	大甲郡
金山	カナヤマ	庄	臺北州	基隆郡
香山	カウザン	庄	新竹州	新竹郡
學甲	ガクコウ	庄	臺南州	北門郡
學西	カンサイ	庄	新竹州	新竹郡

タの部

臺東	タイトウ	街	臺東廳	
大湖	タイコ	庄	新竹州	大湖郡
大平	タイヘイ	庄	臺中州	大屯郡
大雅	ダイガ	庄	臺中州	豐原郡
大甲	ダイカフ	街	臺中州	大甲郡
大林	タイリン	庄	臺南州	嘉義郡
大埔	タイホ	庄	臺南州	嘉義郡
大埤	タイヒ	庄	臺南州	斗六郡
大寮	ダイレウ	庄	高雄州	鳳山郡
大樹	ダイジウ	庄	高雄州	鳳山郡
田中	タナカ	庄	臺中州	員林郡
田寮	タレウ	庄	高雄州	旗山郡
卓蘭	タクラン	庄	新竹州	大湖郡
玉井	タマヰ	庄	臺南州	新化郡
竹崎	タケサキ	庄	臺南州	嘉義郡
竹田	タケタ	庄	高雄州	潮州郡
民雄	タミヲ	庄	臺南州	嘉義郡
淡水	タンスイ	街	臺北州	淡水郡
潭子	タンシ	庄	臺中州	豐原郡
玉里	タマサト	庄	花蓮港廳	

ソの部

蘇澳	ソオウ	庄	臺北州	蘇澳郡
造橋	ゾウキヤウ	庄	新竹州	竹南郡
雙溪	ソウケイ	庄	臺北州	基隆郡
壯圍	ソウヰ	庄	臺北州	宜蘭郡
草屯	ソウトン	庄	臺中州	南投郡

ツの部

通霄	ツウシヨウ	庄	新竹州	苗栗郡

ナの部

名間	ナマ	庄	臺中州	南投郡
內湖	ナイコ	庄	臺北州	七星郡
內埔	ナイホ	庄	臺中州	豐原郡
內門	ナイモン	庄	高雄州	旗山郡
內埔	ナイホ	庄	高雄州	潮州郡
南庄	ナンシヨウ	庄	新竹州	竹南郡
南屯	ナントン	庄	臺中州	大屯郡
南郭	ナンカク	庄	臺中州	彰化郡
南投	ナントウ	街	臺中州	南投郡
南化	ナンクワ	庄	臺南川	新化郡
楠西	ナンセイ	庄	臺南州	新化郡
楠梓	ナンシ	庄	高南州	岡山郡

ラの部

羅東	ラトウ	街	臺北州	羅東郡

ムの部

霧峯	ムホウ	庄	臺中州	大屯郡

ウの部

烏（ウ）日（ジツ）庄　臺中州　大屯郡

クの部

九（ク）塊（クワイ）庄　高雄州　屏東郡
關（クワン）廟（ビヨウ）庄　臺南州　新豐郡
官（クワン）田（ダ）庄　臺南州　曾化郡
花（クワ）壇（ダン）庄　臺中州　彰化郡
花（クワ）連（レン）港（コウ）街　花連港廳

ヤの部

山（ヤマ）上（カミ）庄　臺南州　新化郡
八（ヤメ）里（リ）庄　臺北州　淡水郡

マの部

麻（マ）豆（トウ）庄　臺南州　曾文郡
松（マツ）山（ヤマ）庄　臺北州　七星郡
滿（マン）州（シウ）庄　高雄州　恒春郡
馬（マ）公（コウ）庄　澎湖廳

ケの部

溪（ケイ）湖（コウ）庄　臺中州　員林郡
溪（ケイ）州（シウ）庄　臺中州　北斗郡
溪（ケイ）口（コウ）庄　臺南州　嘉義郡
元（ゲン）長（チヤウ）庄　臺南州　北港郡

フの部

太（フト）保（ヤス）庄　臺南州　東石郡
福（フク）興（コウ）庄　臺中州　彰化郡
芬（フン）園（エン）庄　臺中州　彰化郡

コの部

梧（ゴ）棲（セイ）街　臺中州　大甲郡
小（コ）梅（ウメ）庄　臺南州　嘉義郡
小（コ）港（ミナト）庄　高雄州　鳳山郡
虎（コ）尾（ビ）庄　臺南州　虎尾郡
口（コ）湖（コウ）庄　臺南州　北港郡
古（コ）坑（コウ）庄　臺南州　斗六郡
湖（コ）口（コウ）庄　新竹州　新竹郡
湖（コ）內（ナイ）庄　高雄州　岡山郡
湖（コ）西（サイ）庄　澎湖廳
五（ゴ）股（コウ）庄　臺北州　新莊郡
五（ゴ）結（ケツ）庄　臺北州　羅東郡
後（コウ）龍（リウ）庄　新竹州　竹南郡
後（コウ）壁（ヘキ）庄　臺南州　新營郡
紅（コウ）毛（モウ）庄　新竹州　新竹郡
公（コウ）館（クワン）庄　新竹州　苗栗郡
恒（コウ）春（シユン）庄　高雄州　恒春郡
甲（コウ）仙（セン）庄　高雄州　旗山郡
高（コウ）樹（ジユ）庄　高雄州　屏東郡
貢（コウ）寮（リヨウ）庄　臺北州　基隆郡
國（コク）姓（セイ）庄　臺中州　能高郡

崙(コン)背(ハイ)庄 臺南州 虎尾郡

エの部

永(エイ)清(セイ)庄 臺中州 員林郡
永(エイ)寧(ネイ)庄 臺南州 新豐郡
永(エイ)康(コウ)庄 臺南州 新豐郡
鹽(エン)水(スイ)街 臺南州 新營郡
鹽(エン)埔(ボ)庄 高雄州 屏東郡
燕(エン)巢(リウ)庄 高雄州 岡山郡
苑(エン)裡(リ)庄 新竹州 苗栗郡

テの部

潮(テウ)州(シユウ)庄 高雄州 潮州郡
長(テウ)興(コウ)庄 高雄州 屏東郡
鳥(テウ)松(シヨウ)庄 高雄州 鳳山郡
田(デン)尾(ビ)庄 臺中州 北斗郡

アの部

阿(ア)蓮(レン)庄 高雄州 岡山郡

安(アン)定(テイ)庄 臺南州 新化郡
安(アン)順(ジユン)庄 臺南州 新豐郡

サの部

左(サ)鎮(チン)庄 臺南州 新化郡
左(サ)營(エイ)庄 高雄州 岡山郡
西(サイ)港(コウ)庄 臺南州 北門郡
鷺(サギ)洲(ス)庄 臺北州 新莊郡
三(サン)芝(シバ)庄 臺北州 淡水郡
三(サン)星(セイ)庄 臺北州 羅東郡
三(サン)峽(キヤウ)庄 臺北州 海山郡
三(サン)灣(ワン)庄 新竹州 竹南郡
三(サン)叉(サ)庄 新竹州 苗栗郡
杉(サン)林(リン)庄 高雄州 旗山郡
西(サイ)嶼(シヨ)庄 澎湖廳

キの部

宜(ギ)蘭(ラン)街 臺北州 宜蘭郡
歸(キ)仁(ジン)庄 臺南州 新豐郡

義(ギ)竹(チク)庄 臺南州 東石郡
旗(キ)山(ザン)庄 高雄州 旗山郡
清(キヨ)水(ミヅ)街 臺中州 大甲郡
魚(ギヨ)池(チ)庄 臺中州 新高郡

ミの部

彌(ミ)陀(ダ)庄 高雄州 岡山郡
美(ミ)濃(ノ)庄 高雄州 岡山郡
水(ミツ)上(カミ)庄 臺南州 嘉義郡

シの部

士(シウ)林(リン)庄 臺北州 七星郡
獅(シ)潭(タラ)庄 新竹州 大湖郡
莿(シ)桐(ドウ)庄 臺南州 斗六郡
四(シ)湖(コウ)庄 新竹州 苗栗郡
四(シ)湖(コ)庄 臺南州 北港郡
汐(シホ)止(トメ)庄 臺北州 七星郡

七股	庄	臺南州	北門郡
鹿谷	庄	臺中州	竹山郡
白河	庄	臺南州	新營郡
集集	庄	臺中州	新高郡
沙鹿	庄	臺中州	大甲郡
沙山	庄	臺中州	北斗郡
社頭	庄	臺中州	員林郡
車城	庄	高雄州	恒春郡
秀水	庄	臺中州	彰化郡
神岡	庄	臺中州	豐原郡
仁德	庄	臺南州	新豐郡
深坑	庄	臺北州	文山郡
新店	庄	臺北州	文山郡
新莊	街	臺北州	新莊郡
新埔	庄	新竹州	新竹郡
新竹	街	新竹州	新竹郡
新社	庄	臺中州	東勢郡
新化	庄	臺南州	新化郡
新市	庄	臺南州	新化郡
新營	庄	臺南州	新營郡
新巷	庄	臺南州	嘉義郡
新埤	庄	高雄州	潮州郡
新園	庄	高雄州	東港郡

ヒの部

埤頭	庄	臺中州	北斗郡
苗栗	街	新竹州	苗栗郡

モの部

望安	庄	澎湖廳	

セの部

西螺	街	臺南州	虎尾郡
西屯	庄	臺中州	大屯郡
礁溪	庄	臺北州	宜蘭郡
彰化	街	臺中州	彰化郡
將軍	庄	臺南州	北門郡
石碇	庄	臺北州	文山郡
石岡	庄	臺中州	東勢郡
善化	庄	臺南州	新化郡
線西	庄	臺中州	新化論

スの部

水林	庄	臺南州	北港郡

昭和四年十月十日印刷
昭和四年十月十五日發行

いろは引市町村名索引
定價 金壹圓五拾錢

不許複製

著者 杉田久信
東京市京橋區南紺屋町四番地
發行權印刷者 福神和三
東京市京橋區南紺屋町四番地
印刷所 福神製本印刷所

東京市京橋區南紺屋町四番地
發行所 福神出版部

東京市京橋區南紺屋町四番地
發賣所 文錄社
電話京橋六七一〇番
振替東京三二三四六番

昭和四年版

內務省地方局 村田福次郎先生校閲

最近檢定 **市町村名鑑**

一廳三府四十三縣、朝鮮
臺灣、樺太、關東洲、南洋

菊判クロース
金字入上製
六百二十餘頁
定價三圓八十錢
送料廿七錢

本書は一廳三府四十三縣、朝鮮、臺灣、樺太、關東洲、南洋の市町村大字官衙學校及名稱呼稱の明細等一切を配列せるものにして、大正七年內務省市町村課の原簿により編纂發行以來年々嚴重なる調査の上、訂正を加へて版を重ね來りしも、昭和二年以來本年四月一日迄の變化は横濱市の五區制、最近京都市の五區制、其他各府縣下に於ける市制、町制、及び村邑の合併、改廢等實に其數全完を通じて數千ヶ所の多きに達して居る。而も其複雜なる訂正を一として漏らさず、而して內務省地方局、村田福次郎先生の嚴重なる校閲を經たるを以て本年版にして一層正確なるを誇とす。

いろは引市町村名索引と共に備ふる時は其便なること妙なるべし

昭和四年版

最近檢定 **市町村名鑑**

いろは引市町村名索引

合本

菊判 九百餘頁
クロース最上 金字入
定價 五圓二十錢
送料 三十六錢

地方自治法研究復刊大系〔第262巻〕

いろは引市町村名索引〔昭和4年初版〕

日本立法資料全集 別巻 1072

2019(平成31)年1月25日　復刻版第1刷発行　7672-5:012-010-005

著　者　杉　田　久　信
発行者　今　井　貴
　　　　稲　葉　文　子
発行所　株式会社信山社

〒113-0033 東京都文京区本郷6-2-9-102東大正門前
Ⓣ03(3818)1019　Ⓕ03(3818)0344
来栖支店〒309-1625 茨城県笠間市来栖2345-1
Ⓣ0296-71-0215　Ⓕ0296-72-5410
笠間才木支店〒309-1611 笠間市笠間515-3
Ⓣ0296-71-9081　Ⓕ0296-71-9082

印刷所　ワイズ書籍
製本所　カナメブックス
用　紙　七洋紙業

printed in Japan　分類 323.934 g 1072

ISBN978-4-7972-7672-5 C3332 ¥28000E

JCOPY <(社)出版者著作権管理機構 委託出版物>

本書の無断複写は著作権法上での例外を除き禁じられています。複写される場合は,
そのつど事前に,(社)出版者著作権管理機構(電話03-3513-6969,FAX03-3513-6979,
e-mail:info@jcopy.or.jp)の承諾を得てください。

日本立法資料全集 別巻

地方自治法研究復刊大系

仏蘭西邑法 和蘭邑法 皇国郡区町村編制法 合巻〔明治11年8月発行〕／箕作麟祥 閲 大井憲太郎 譯／神田孝平 譯
郡区町村編制法 府県会規則 地方税規則 三法綱論〔明治11年9月発行〕／小笠原美治 編輯
郡吏議員必携三新法便覧〔明治12年2月発行〕／太田啓太郎 編輯
郡区町村編制 府県会規則 地方税規則 新法例纂〔明治12年3月発行〕／柳澤武運三 編輯
全国郡区役所位置 郡政必携 全〔明治12年9月発行〕／木村陸一郎 編輯
府県会規則大全 附 裁定録〔明治16年6月発行〕／朝倉達三 閲 若林友之 編輯
区町村会議要覧 全〔明治20年4月発行〕／阪田辨之助 編纂
英国地方制度 及 税法〔明治20年7月発行〕／良保両氏 合著 水野遵 翻訳
鼇頭傍訓 市制町村制註釈 及 理由書〔明治21年1月発行〕／山内正利 註釈
英国地方政治論〔明治21年2月発行〕／久米金彌 翻譯
市制町村制 附 理由書〔明治21年4月発行〕／博聞本社 編
傍訓 市町村制及説明〔明治21年5月発行〕／高木周次 編纂
鼇頭註釈 市町村制俗解 附 理由書 第2版〔明治21年5月発行〕／清水亮三 註解
市制町村制註釈 完 附 市制町村制理由 明治21年初版〔明治21年5月発行〕／山田正賢 著述
市町村制詳解 全 附 市町村制理由〔明治21年5月発行〕／日鼻豊作 著
市制町村制釈義〔明治21年5月発行〕／壁谷可六 上野太一郎 合著
市制町村制詳解 全 附 理由書〔明治21年5月発行〕／杉谷庸 訓點
町村制詳解 附 市制及町村制理由〔明治21年5月発行〕／磯部四郎 校閲 相澤富蔵 編述
傍訓 市制町村制 附 理由〔明治21年5月発行〕／鶴聲社 編
市制町村制 並 理由書〔明治21年7月発行〕／萬字堂 編
市制町村制正解 附 理由〔明治21年6月発行〕／芳川顯正 序文 片貝正晉 註解
市制町村制釈義 附 理由書〔明治21年6月発行〕／清岡公張 題字 樋山廣業 著述
市制町村制釈義 附 理由 第5版〔明治21年6月発行〕／建野郷三 題字 櫻井一久 著
市町村制註解 完〔明治21年6月発行〕／若林市太郎 編輯
市町村制釈義 全 附 市町村制理由〔明治21年7月発行〕／水越成章 著述
市制町村制義解 附 理由〔明治21年7月発行〕／三谷軌秀 馬袋鶴之助 著
傍訓 市制町村制註解 附 理由書〔明治21年8月発行〕／鯰江貞雄 註解
市制町村制註釈 附 市制町村制理由 3版増訂〔明治21年8月発行〕／坪谷善四郎 著
傍訓 市制町村制 附 理由書〔明治21年8月発行〕／同盟館 編
市町村制正解 明治21年第3版〔明治21年8月発行〕／片貝正晉 註釈
市制町村制註釈 完 附 市制町村制理由 第2版〔明治21年9月発行〕／山田正賢 著述
傍訓註釈 日本市制町村制 及 理由書 第4版〔明治21年9月発行〕／柳澤武運三 註解
鼇頭参照 市町村制註解 完 附 理由書及参考諸令〔明治21年9月発行〕／別所富貴 著述
市町村制問答詳解 附 理由書〔明治21年9月発行〕／福井淳 著
市制町村制註釈 附 市制町村制理由 4版増訂〔明治21年9月発行〕／坪谷善四郎 著
市制町村制 並 理由書 附 直接間接税類別 及 実施手続〔明治21年10月発行〕／高崎修助 著述
市町村制釈義 附 理由書 訂正再版〔明治21年10月発行〕／松木堅葉 訂正 福井淳 釈義
増訂 市制町村制註解 全 附 市制町村制理由挿入 第3版〔明治21年10月発行〕／吉井太 註解
鼇頭註釈 市町村制俗解 附 理由書 増補第5版〔明治21年10月発行〕／清水亮三 註解
市町村制施行取扱心得 上巻・下巻 合冊〔明治21年10月・22年2月発行〕／市岡正一 編纂
市制町村制傍訓 完 附 市制町村制理由 第4版〔明治21年10月発行〕／内山正如 著
鼇頭対照 市町村制解釈 附理由書及参考諸布達〔明治21年10月発行〕／伊藤寿 註釈
市制町村制俗解 明治21年第3版〔明治21年10月発行〕／春陽堂 編
市町村制正解 明治21年第4版〔明治21年10月発行〕／片貝正晉 註釈
市制町村制詳解 附 理由 第3版〔明治21年11月発行〕／今村長善 著
町村制実用 完〔明治21年11月発行〕／新田貞橘 鶴田嘉内 合著
町村制精解 完 附 理由書 及 問答録〔明治21年11月発行〕／中目孝太郎 磯谷群爾 註釈
市町村制問答詳解 附 理由 全〔明治22年1月発行〕／福井淳 著述
訂正増補 市町村制問答詳解 附 理由 及 追輯〔明治22年1月発行〕／福井淳 著
市町村制質問録〔明治22年1月発行〕／片貝正晉 編述
傍訓 市町村制 及 説明 第7版〔明治21年11月発行〕／高木周次 編纂
町村制要覧 全〔明治22年1月発行〕／浅井元 校閲 古谷省三郎 編纂
鼇頭 市制町村制 附 理由書〔明治22年1月発行〕／生稲道蔵 略解
鼇頭註釈 町村制 附 理由 全〔明治22年2月発行〕／八乙女盛次 校閲 片野続 編釈
市町村制実解〔明治22年2月発行〕／山田顕義 題字 石黒磐 著
町村制実用 全〔明治22年3月発行〕／小島鋼次郎 岸野武司 河毛三郎 合述
実用詳解 町村制 全〔明治22年3月発行〕／夏目洗蔵 編集
理由挿入 市町村制俗解 第3版増補訂正〔明治22年4月発行〕／上村秀昇 著
町村制市制全書 完〔明治22年4月発行〕／中嶋廣蔵 著
英国市制実見録 全〔明治22年5月発行〕／高橋達 著
実地応用 町村制質疑録〔明治22年5月発行〕／野田籐吉郎 校閲 國吉拓郎 著
実用 町村制市制事務提要〔明治22年5月発行〕／島村文耕 輯解
市町村条例指鍼 完〔明治22年5月発行〕／坪谷善四郎 著
参照比較 市町村制註釈 完 附 問答理由〔明治22年6月発行〕／山中兵吉 著述
市町村議員必携〔明治22年6月発行〕／川瀬周次 田中迪三 合著
参照比較 市町村制註釈 完 附 問答理由 第2版〔明治22年6月発行〕／山中兵吉 著述
自治新制 市町村会法要談 全〔明治22年11月発行〕／高嶋正載 著述 田中重策 著述

信山社